Günter Werner

Südpfalz

Die Menschen · Die Landschaft · Die Wirtschaft
Der Wald · Der Wein · Der Rhein

Impressum

Herausgeber:

höma
VERLAG

HMV höma Verlags GmbH & Co. KG
Geschäftsführer Dieter Mauer
Im Schlangengarten 56, 76877 Offenbach
Tel.: 06438/959391, Fax: 06348/959392
www.hoemaverlag.de
e-mail: info@hoema-verlag.de

Idee, Konzeption und Text: Günter Werner

Redaktionelle Mitarbeit: Dieter Hörner

Titelbild: Armin Hott

Fotos:
Günter Werner, Paul van Schie, Rolf Übel,
Axel Brachat, Dieter Hörner, Hermann Rieder,
Bernd Satter

Layout und Gestaltung:
CityMedia Publishing
Hauptstraße 17, 76877 Offenbach
Tel.: 06348/9836-0, Fax: 06348/9836-11
e-mail: info@citymedia-offenbach.de

Druck:
NINO Druck GmbH
Im Altenschemel 21, 67435 Neustadt/Wstr.
Tel.: 06327/97430, Fax: 06327/974333
e-mail: info@ninodruck.de

Wir danken für das Überlassen von Fotos:
Stadt Landau, Stadt Germersheim, Stadt Wörth,
Kreisverwaltungen Südliche Weinstraße und
Germersheim, Stadtarchiv Landau, Büros für
Tourismus, Verwaltungen, Firmen, Unternehmen,
Museen, Freizeiteinrichtungen, Restaurants,
Weingüter, Weinstuben, Universitäten Landau und
Germersheim sowie diversen Privatpersonen.

ISBN-Nr. 978-3-937329-28-4

Günter Werner

SÜDPFALZ

DIE MENSCHEN · DIE LANDSCHAFT · DIE WIRTSCHAFT ·

DER WALD · DER WEIN · DER RHEIN

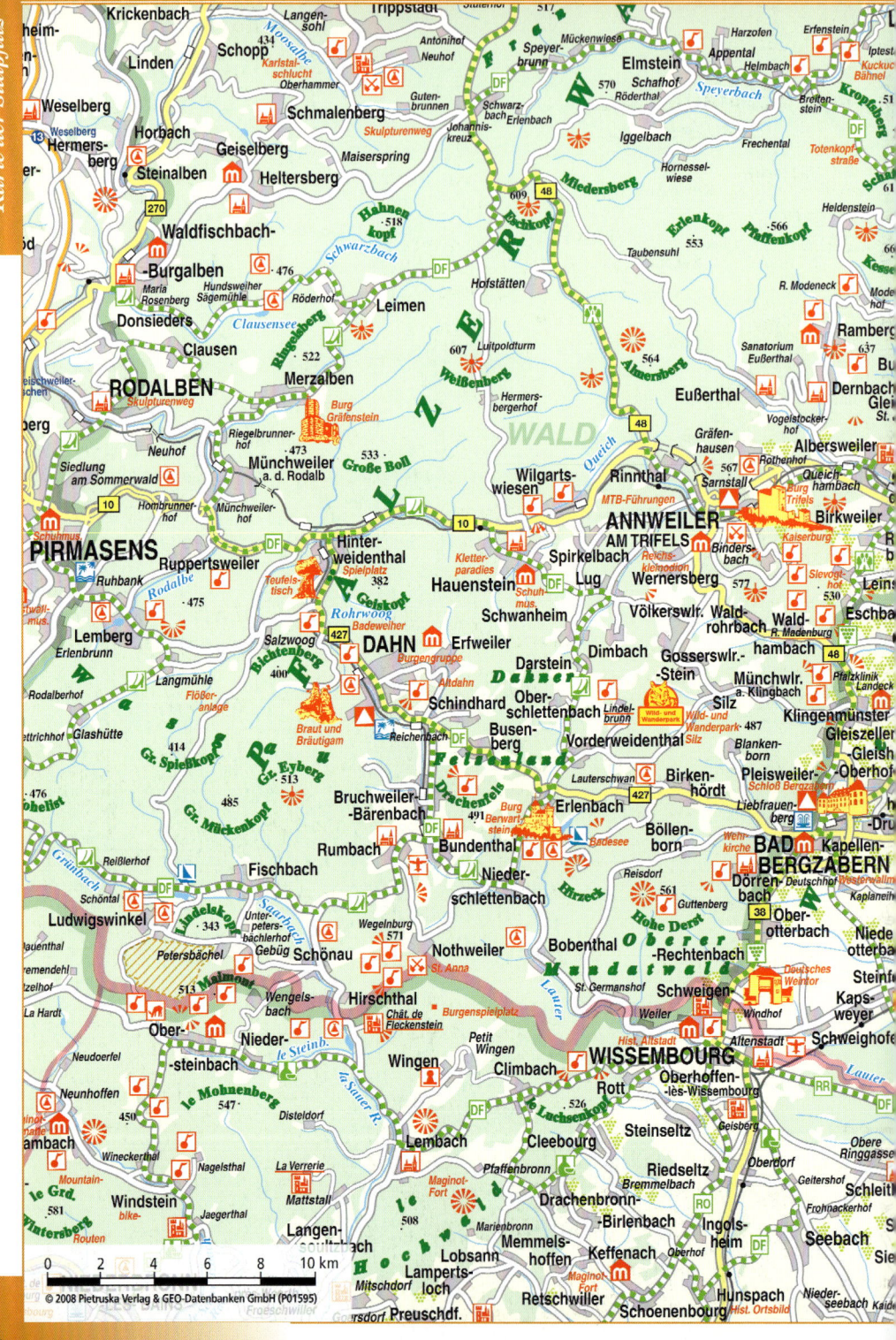

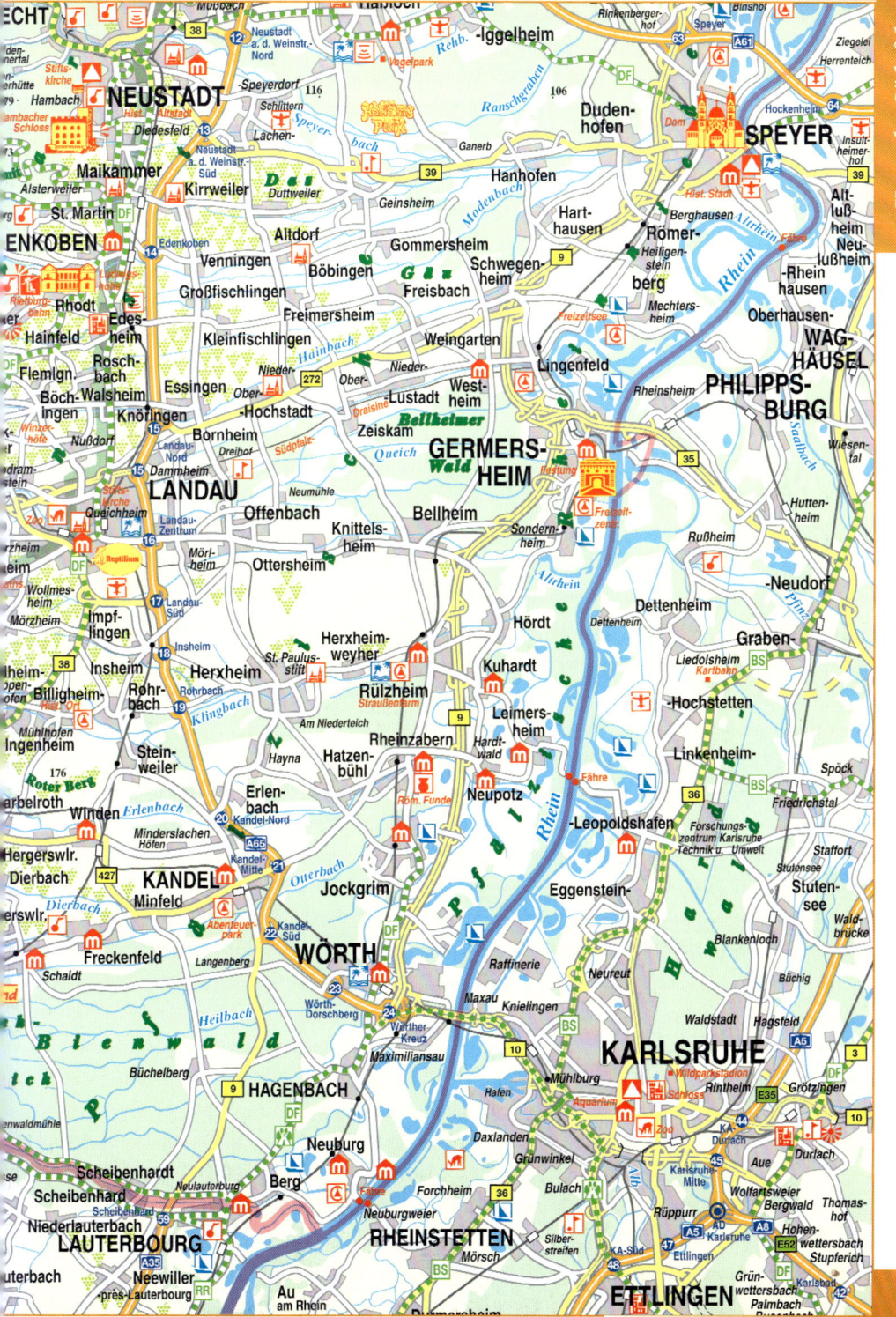

INHALTSVERZEICHNIS

Vorwort

Es verändert sich schnell sehr viel

Bis dato gibt es kein Buch, das die Südpfalz in ihrer Gesamtheit - mit allen ihren Facetten - beschreibt. Eigentlich unerklärlich. Diese Lücke soll mit diesem Werk geschlossen werden. Es soll so etwas wie die Bestandsaufnahme einer Region sein, die in der Pfalz ihren festen und anerkannten Rang hat.

Es ist dies ein ausschließlich an Fakten orientiertes Buch. In manchen Bereichen war es unumgänglich, auszuwählen. Die Persönlichkeiten von einst und jetzt, die Künstler und Schriftsteller, die Winzer, die porträtiert werden - die Restaurants, Weinstuben und Wanderhütten, die vorgestellt werden, sie alle stehen stellvertretend für die gesamte Südpfalz. Die Auswahl wurde von Autor und Verlag nach bestem Wissen und Gewissen vorgenommen, ohne Rücksicht auf persönliche Vorlieben. Viele weitere Personen und Einrichtungen der verschiedensten Art hätten es verdient, in das Werk aufgenommen zu werden. Aber dann wäre ein unübersichtlicher und unlesbarer Wälzer entstanden.

Ich bin kein gebürtiger Südpfälzer, aber ich arbeite seit Jahrzehnten journalistisch in dieser Region und habe sie auch als Bürger einer Landgemeinde im Kreis SÜW kennen und schätzen gelernt. Ich bilde mir ein, die Menschen nach so vielen Jahren täglichen Miteinanders gut zu kennen, die Stärken dieses Teils der Pfalz beurteilen zu können. Mein Beruf hat es mit sich gebracht, dass ich sehr viele Behörden und Betriebe, Bildungs- und andere Einrichtungen, Sehenswürdigkeiten und interessante Plätze im Laufe der Zeit unter die Lupe nehmen und „studieren" konnte. Das kam mir bei der Zuammenstellung zugute.

Dieses Buch ist, wie gesagt, eine Bestandsaufnahme, aber auch eine Art „Liebeserklärung" an die Südpfalz und ihre Menschen. Das wird der Leser sicher an manchen Stellen eindeutig erkennen.

Bei meinen Recherchen habe ich irgendwo den Satz gelesen, in der Südpfalz verändere sich sehr schnell sehr wenig. Dieser Spruch ist falsch. Es verändert sich heute sehr schnell sehr viel. Dieses Buch soll es deutlich machen.

G.W.

Dr. Fritz Brechtel
Landrat
des Kreises Germersheim

EINE WAHRE PIONIERTAT

Ein Südpfalz-Buch herauszubringen, ist sicherlich eine faszinierende Aufgabe. Handelt es sich doch um eine Region mit interessanten Menschen, bezaubernden, vielfältigen Landschaften, ehrwürdigen, traditionsgebundenen Orten, reizvollen Kontrasten zwischen Altem und Neuem, modernster Industrie, reicher Kultur und durch den Wein geprägt. Nur mit Engagement und profunder Sachkenntnis lässt sich die Südpfalz, die näher kennen zu lernen sich lohnt, in einem Buch darstellen.

Günter Werner als Autor hat Hervorragendes geleistet. Mit der erstmaligen Aufarbeitung des Themas Südpfalz ist ihm eine wahre Pioniertat gelungen. Der Journalist beschreibt unsere Südpfalz, wie er sie erlebt: als modern und vital, mit reicher Vergangenheit und guten Zukunftsaussichten, mit hochmoderner Technik und zu Stein gewordener Historie, mit attraktiven Landschaften, mit Menschen, die aufgeschlossen und gastfreundlich sind, freundschaftlich verbunden mit dem elsässischen Nachbarn.

Die Tatsache, dass die Südpfälzer auf zwischenmenschliche Beziehungen aus sind, spricht nicht gegen sie. Die Gelassenheit im Umgang mit dem materiellen Wohlstand, Bewusstsein für Pflichten, auch gegenüber dem Staat und der Kommune, die Suche nach Entspannung in einer bacchantischen Landschaft mit einer vorzüglichen Gastronomie und hervorragenden Tropfen, die bewusste Pflege von überlieferten Volksbräuchen, das Engagement in Bürgerinitiativen sind Hinweise darauf, dass sich im Selbstverständnis der Menschen positive Veränderungen vollzogen haben, ohne zu billigem Zeitgeist zu verkommen.

Theresia Riedmaier
Landrätin
des Kreises Südliche Weinstraße

Hans-Dieter Schlimmer
Oberbürgermeister
der Stadt Landau

Südpfalz heute und morgen

FRÜHER ARMES GRENZLAND, HEUTE REGION MIT ZUKUNFT

Die drei Verwaltungschefs sind sich einig: Die Südpfalz hat sich in den vergangenen Jahrzehnten sehr positiv entwickelt, gehört zu den Zukunftsregionen in Deutschland und steht vor einer - wie es aussieht - guten bis sehr guten Zukunft. Landrätin Theresia Riedmaier (Kreis Südliche Weinstraße) sagt: „Aus dem früher armen Grenzland Südpfalz haben die Menschen etwas geschaffen, was aller Anerkennung wert ist."

Landrat Dr. Fritz Brechtel (Kreis Germersheim) ergänzt: „Die Südpfalz zeichnet sich heute durch ihre Internationalität aus, steht im Mittelpunkt der vier Regionen Metropolregion Rhein-Neckar, Technologieregion Karlsruhe, Eurodistrict Pamina und Oberrhein, was in der Zukunft positive Auswirkungen haben wird." Und Oberbürgermeister Hans-Dieter Schlimmer (Landau) stellt fest: „Die gemeinsame Vergangenheit hat die Südpfalz zusammengeschweißt. Die Menschen haben sich immer gesagt: Wir geben nicht auf! Hinzugekommene wurden gerne aufgenommen, das wird auch so bleiben."

Die beiden Landräte und der Landauer OB weichen bei der Beschreibung des Ist-Zustandes der Südpfalz kaum voneinander ab. Theresia Riedmaier: „Wir sind eine moderne, weltoffene und traditionell heimatverbundene Region. Die Art, wie hier Wein gemacht wird, zeichnet uns aus und macht uns stark." Sie lobt das „ganz besondere Lebensgefühl" in dieser Region und nennt als Vorzüge der Menschen deren Gastfreundschaft, Nachbarschaftlichkeit und Feierfreude. Und fügt an: „Menschen, die gute Laune haben, arbeiten besser."

„Dass die Menschen in der Südpfalz so sind, wie sie sind, ist kein Zufall", ist sich Oberbürgermeister Schlimmer sicher. „Wir sind nun einmal südländisch orientiert. Wir feiern gerne, wenn etwas geschafft ist." Landrat Dr. Brechtel wundert sich nicht, dass die Menschen, die in der Südpfalz geboren und aufgewachsen sind oder irgendwann berufsbedingt hier landeten, bleiben wollen, weil sie sich wohlfühlen. Und er bekennt: „Zu denen, die nicht weg wollen, gehöre auch ich." Seine beiden Kollegen in der Runde nicken bei dieser Äußerung zustimmend.

Von links: Hans-Dieter Schlimmer, Theresia Riedmaier, Dr. Fritz Brechtel.

Landrätin Riedmaier unterstreicht die gemeinsame Feststellung von der Zukunftsregion Südpfalz mit Hinweis auf die nationalen und internationalen Rankings, in denen diese Region meist beste Noten bekommt. „Wir sind umworben", freut sie sich und belegt diese Behauptung mit den Worten: „Die Metropolregionen Rhein-Neckar und Oberrhein legen bei neuen Planungen immer mehr Wert auf die Teilnahme der Südpfalz."

In den Augen von Dr. Brechtel ist die Südpfalz wegen ihrer wirtschaftlichen Stärke, ihrer schönen Landschaft, wegen der „freundlichen, pragmatischen und aufgeschlossenen, aber zugleich bodenständigen Menschen", des milden Klimas und der innovativen Kraft zu einer aufstrebenden Zukunftsregion geworden. Das enorme Entwicklungspotenzial sei noch nicht ausgeschöpft.

„Wer in seiner Heimat verwurzelt ist, kann viel offener auftreten", weiß OB Schlimmer aus Erfahrung. Die gemeinsame Identität der Südpfälzer lässt nach seiner Einschätzung vieles erreichen, was bei anderer Ausgangslage vielleicht etwas auf der Strecke bliebe.

Ein Blick in die Zukunft ist generell nicht ganz leicht, weil viele Dinge, die morgen oder übermorgen Entwicklungen beeinflussen können, noch unbekannt sind. Die drei südpfälzischen Verwaltungschefs wagen trotz dieses Wissens klare Aussagen. Landrätin Riedmaier und Oberbürgermeister Schlimmer schließen sich vollinhaltlich dem von Landrat Dr. Brechtel formulierten Satz an: „Die Südpfalz steht vor einer weiteren positiven Entwicklung. Aber sie muss die gebotenen Chancen nutzen und die Weichen richtig stellen." Schlimmer verweist in diesem Zusammenhang auf die Fortsetzung der gemeinsamen Strukturpolitik. Theresia Riedmaier begründet ihren Zukunftsoptimismus auch mit einer weiteren Tatsache: „Die Südpfalz ist die Region in Rheinland-Pfalz mit der größten interkommunalen Zusammenarbeit." Schlusswort von Hans-Dieter Schlimmer: „In der Südpfalz hat man die Herausforderungen begriffen."

Blick in die Geschichte

DIE SÜDPFALZ IST SO ALT WIE DIE PFALZ

Die Südpfalz - wie alt ist diese Region eigentlich, welche Vergangenheit hat sie, wie hat sie sich zu ihrer heutigen Bedeutung entwickelt? Das ist nicht auf wenigen Buchseiten zu erklären, wie sonst hätten Helmut Seebach und Rolf Übel mehrere dickleibige Werke schreiben müssen, um die Geschichte darzustellen. Wer also bis ins letzte Detail informiert werden möchte, sollte sich in die Arbeit dieser beiden bodenständigen Heimatforscher vertiefen und wird alles erfahren. Hier kann nur ein grober geschichtlicher Abriss über die Südpfalz gegeben werden.

Nördliches Tor im Landauer Fort.

D ie Südpfalz ist so alt wie die Pfalz. Forscher meinen, wie wir aus Karl Moerschs „Geschichte der Pfalz" erfahren, dass in dem Gebiet, das seit Urzeiten diesen Namen trägt („Die ‚Pfalz', das ist ursprünglich weder der Name einer Landschaft noch der Name einer Dynastie oder eines dynastischen Wohnsitzes. Wir verdanken diese Bezeichnung niemand anders als den alten Römern und ihrer Stadt, möglicherweise sogar einer Göttin"), schon vor mindestens 100.00 Jahren, wahrscheinlich sogar 120.000 Jahren, Menschen lebten. Darauf lassen die ältesten Menschenspuren hindeuten. Es waren laut Moersch Verwandte des Neandertalers, wie sich unter anderem aus Knochenfunden in Ilbesheim und Leinsweiler ergibt.

Die (Süd)Pfälzer waren in der Steinzeit dem heutigen Homo sapiens weit ähnlicher als die Neandertalmenschen der Altsteinzeit. In unserer Region wurden aber aus dieser Epoche keine bearbeiteten Tierknochen oder menschlichen Knochenreste gefunden, wie zum Beispiel bei Roxheim, Bolanden, Kallstadt, Asselheim, Trulben oder Wilgartswiesen. Aus der Mittleren Steinzeit stammen Funde - u. a. von der Kleinen Kalmit und aus dem Pfälzerwald -, die eine weitere Siedlungsepoche nachweisen.

Es würde den Rahmen dieses Aufsatzes sprengen, in jeder folgenden Epoche nach Dingen zu suchen, die für die Südpfalz eine mehr oder weniger große historische

Bedeutung haben. Aus den Daten zur Geschichte der Südpfalz bis ins 19. Jahrhundert sollen der Bedeutung wegen nur ein paar herausragende Jahreszahlen genannt werden.

1081:	Erste schriftliche Erwähnung der späteren Reichsfeste Trifels.
1148:	Gründung des Zisterzienserklosters Eußerthal.
1194:	Der englische König Richard Löwenherz befindet sich als Gefangener Heinrich VI. auf dem Trifels.
1274:	Rudolf von Habsburg verleiht Landau die Stadtrechte.
1525:	Ausbruch des Pfälzischen Bauernkrieges in Nußdorf.
1648:	Im „Westfälischen Frieden" bleibt Landau zwar Reichsgebiet, wird aber als Mitglied des elsässischen Zehn-Städte-Bundes dem französischen König Ludwig XIV. unterstellt.
1697:	Im Frieden von Rijswijk behält Ludwig XIV. Landau und Straßburg.
1688 - 1691:	Festungsbau in Landau nach den Plänen von Vauban.
1701 - 1714:	Landau wechselt im Spanischen Erbfolgekrieg wiederholt den Besitzer.
1798:	Die südlich der Queich gelegenen Teile der Südpfalz gehören zum Departement Bas-Rhin mit Straßburg als Hauptstadt.
1814:	Der Erste Pariser Friede bestimmt, dass Landau mit der Queichlinie französisch bleibt.
1815:	Im Zweiten Pariser Frieden muss Frankreich auf Landau und die Queichlinie verzichten.

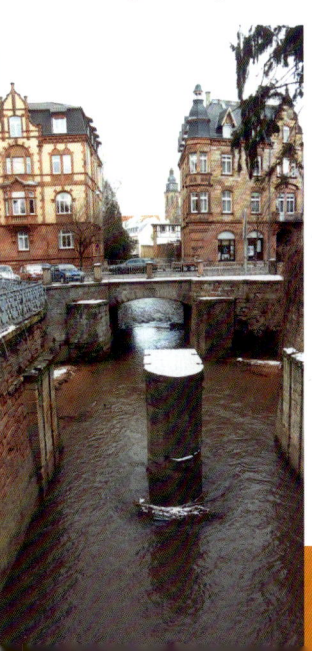

Einlassschleuse der ehemaligen Festung Landau.

Ein wichtiges Datum in den Geschichtsbüchern ist der 23. April 1525. An diesem Tag begann auch in Nußdorf der Bauernkrieg, nachdem sich vorher bereits in Schwaben, Thüringen, Franken und im Bodenseegebiet Bauern erhoben hatten. Der Landauer Heimatforscher Rolf Übel hat sich mit diesem Thema intensiv befasst und dazu geschrieben: „Der Pfälzer Bauernkrieg brach am Kerwesonntag nicht aus heiterem Himmel in Nußdorf aus. Vielmehr war dieses Ereignis der Kumulationspunkt einer Entwicklung, die sich schon durch bäuerliche Aufstandsbewegungen vorher abgezeichnet hatte."

Der „Nußdorfer Haufen" griff zuerst kirchliche Niederlassungen an, wie das Kloster Klingenmünster und die Besitzungen des Zisterzienserklosters Eußerthal in Mechtersheim, Mörlheim sowie den Geilweiler Hof. Die Attacken des „Kolbenhaufens" richteten sich gegen Städte (Annweiler und Bergzabern) und Burgen (Ramburg, Erfenstein, Breitenstein, Spangenburg, Hohenecken, Guttenburg, Lindelbrunn, Landeck). Auch der Nußdorfer Haufen überfiel später Burgen, so in Böchingen, die Neu-Scharfeneck, die Kropsburg oder die Kästenburg (heute Hambacher Schloss).

Den Bauern aber ging es nicht nur ums Rauben und Plündern, sie forderten die Freiheit des Evangeliums, die Wahl des Pfarrers und die freie, unverfälschte Predigt aus der Schrift. Insbesondere wehrten sie sich aber gegen die immer drückenderen Abgaben an ihre Landesherren. Die Bauernerhebung „erstarb" im wahrsten Sinne des Wortes schließlich in einer zweitägigen Schlacht bei Pfeddersheim. Mehr als 4000 Bauern verloren ihr Leben. Rolf Übel: „Am 18. Juli 1525 zog Kurfürst Ludwig als Sieger über die Bauern in Heidelberg ein. Der Bauernkrieg in der Pfalz war zu Ende."

Hier noch einige wichtige Daten aus der südpfälzischen Chronik des 20. Jahrhunderts, jeweils bezogen auf die Gebietskörperschaften Landau, Kreis Südliche Weinstraße und Kreis Germersheim, zusammengestellt von Theo Schwarzmüller (veröffentlicht in dem Buch „Die Pfalz im 20. Jahrhundert") und vom Stadtarchiv Landau.

STADT LANDAU

1901: Bürgermeister Friedrich August Mahla benennt das Fort in Luitpoldpark um. - **1902:** In Ecuador stirbt als US-Konsul der 1840 in Landau geborene und in die USA ausgewanderte berühmte Karikaturist Thomas Nast. - **1905:** Die SPD gründet einen Ortsverein Landau; Baubeginn für die

Reiterstandbild des Prinzregenten Luitpold auf dem Landauer Rathausplatz.

Festhalle. - **1910:** Landau wird als erste pfälzische Stadt kreisfrei. - **1911:** Erste Landung eines Zeppelins in Landau; Weihe der katholischen Marienkirche. - **1913:** Die Oberlandbahn zwischen Landau und Neustadt geht in Betrieb. - **1925:** Erstes Pfälzisches Musikfest in der Festhalle. - **1927:** Übergabe des neu errichteten Südpfalzstadions. - **1936:** Landau wird wieder deutsche Garnison. - **1937:** Eingemeindung von Mörlheim und Queichheim.- **1944/1945:** Schwere Schäden an Wohngebäuden und öffentlichen Gebäuden durch Luftangriffe. - **1946:** Dr. Alois Kraemer (CDU) wird Oberbürgermeister. - **1947:** Landau erklärt sich offiziell für trümmerfrei. **1949:** Süd-

Die früher zwischen Landau und Neustadt verkehrende Oberlandbahn.

westdeutsche Gartenbauausstellung (Süwega); erster Landauer Blumenkorso. - **1954:** Reiterstandbild des Prinzregenten Luitpold kehrt auf den Rathausplatz zurück. - **1960:** Begründung der Städtepartnerschaft mit Rappoltsweiler. - **1964:** Städtepartnerschaft mit Hagenau. - **1968:** Die Erziehungswissenschaftliche Hochschule nimmt ihren Studienbetrieb auf. - **1970:** Das Gefängnis schließt seine Pforten. - **1972:** Eingemeindung von Arzheim, Dammheim, Godramstein, Mörzheim, Nußdorf und Wollmesheim. - **1983:** Die US-Streitkräfte verlassen den Ebenberg. - **1984:** OB Walter Morio geht in Pension, sein Nachfolger wird Christof Wolff (ebenfalls CDU). - **1987:** Eröffnung des restaurierten Frank-Loebschen Hauses. - **1990:** Freigabe der A 65 zwischen Landau und Edenkoben; die EWH wird Universität. - **1997:** Eröffnung des Alten Kaufhauses als Kulturzentrum. - **1999:** Die letzten französischen Einheiten verlassen Landau; die Generalsanierung der Festhalle läuft an.

KREIS SÜDLICHE WEINSTRASSE

1900: Edenkoben erhält elektrisches Licht (wie schon 1890 Bergzabern als erste pfälzische Stadt). - **1907:** Bürstenbinderstreik in Ramberg. - **1908:** Eröffnung des Kalmithauses bei Maikammer als erste bewirtschaftete Hütte in der Pfalz. - **1909:** Das Schloss in Bergzabern brennt ab, wird in 15 Monaten wiederaufgebaut. - **1930:** Überführung des Sargs von August Becker von Eisenach nach Klingenmünster. -

Sportschule in Edenkoben.

Zugefrorener Rhein bei Germersheim im Jahre 1929.

1931: Erstes Sandbahnrennen in Herxheim. - **1932:** Max Slevogt stirbt auf Gut Neukastel („Slevogthof") bei Leinsweiler. - **1934:** Vertreter der verbotenen SPD treffen sich auf dem Asselstein bei Annweiler, um den Aufbau von Widerstandsgruppen zu besprechen. - **1935:** Eröffnung der Deutschen Weinstraße. **1936:** Einweihung des Weintores bei Schweigen. **1940:** Am 22. Oktober Deportation der pfälzischen Juden nach Gurs/Südfrankreich. **1944:** Annweiler wird durch Bomben schwer zerstört. - **1948:** Die Landesregierung genehmigt den Bau der Finanzschule Rheinland-Pfalz in Edenkoben. - **1953:** Die Firma Hornbach errichtet ihr erstes Gebäude in Bornheim. **1954:** Inbetriebnahme der Sportschule Edenkoben. - **1956:** In Bergzabern stirbt der Maler Rolf Müller-Landau. - **1964:** Bergzabern wird „Bad". - **1969:** Zusammenschluss der Kreise Landau und Bergzabern zu einem Landkreis. - **1971:** Gründung des Vereins Südliche Weinstraße. - **1976:** Der Landkreis Landau - Bad Bergzabern erhält den Namen Südliche Weinstraße. - **1977:** Proteste gegen den Arbeitsplatz-Abbau beim ICI-Werk in Offenbach. - **1978:** Der Kreis Südliche Weinstraße verkauft das Weintor an die Genossenschaft Deutsches Weintor. - **1984:** Freigabe der neuen B 10-Umgehung Albersweiler (1996 folgt die Umgehung Annweiler). - **1986:** Übergabe des Teilstücks der A 65 von Lachen-Speyerdorf bis Edenkoben. - **1987:** Rhodt siegt beim Bundeswettbewerb „Unser Dorf soll schöner werden". - **1990:** Abschluss der Madenburg-Sanierung bei Eschbach. - **1992:** 2000 Menschen feiern den Wegfall der Zollschranken zwischen Schweigen und Weißenburg - **1994:** SPD-Politiker Kurt Beck aus Steinfeld wird in Mainz zum Ministerpräsidenten von Rheinland-Pfalz gewählt. - **1997:** Landrat Gerhard Weber erliegt den Folgen eines schweren Unfalls. - **1998:** Wirbel um angeblichen Verkauf des Edesheimer Schlosses an Popstar Michael Jackson.

KREIS GERMERSHEIM

1900: Der Maler Heinrich von Zügel aus München macht Wörth als Künstlerkolonie bekannt. - **1918:** Germersheim verliert seine bayerische Garnison, dafür ziehen 1930 französische Besatzungstruppen ein. - **1920:** Beginn der Schleifung der Festung Germersheim. - **1925:** Erstes Handkeesfescht in Lustadt. - **1929:** Bei minus 26 Grad friert der Rhein bei Germersheim zu (20. Februar). - **1932:** Jockgrim ernennt die Schriftstellerin Lina Sommer zur Ehrenbürgerin. -

1937: Kandel erhält die Stadtrechte. - **1938:** Bau des Bien-
waldstadions in Kandel. - **1945:** Französische Truppen nehmen Scheibenhardt ein (19. März). - **1947:** Gründung der
Dolmetscherschule Germersheim (heute FASK). - **1953:**
Bau der Berufsschulen Kandel und Germersheim sowie der
Gymnasien Germersheim und Wörth. - **1955:** Starke Hochwasser des Rheins richten erhebliche Schäden an. - **1963:**
Daimler nimmt mit 100 Mitarbeitern die Produktion in
Wörth auf. - **1965:** Verleihung der Europafahne an Kandel
als erste Stadt in Rheinland-Pfalz. - **1972:** Die Falzziegelfabrik Ludowici in Jockgrim brennt ab, die Produktion wird
eingestellt. - **1978:** Eröffnung des Terra-Sigillata-Museums
in Rheinzabern. - **1981:** Der Südpfälzer SPD-Politiker und
Bundestagsabgeordnete Klaus von Dohnanyi wird Regieren-
der Bürgermeister in Hamburg. - **1986:** Bildhauer Franz
Bernhard in Jockgrim erhält den rheinland-pfälzischen
Kunstpreis. - **1991:** Eröffnung des zentralen Versorgungsla-
gers von Mercedes-Benz auf der Insel Grün bei Germersheim. - **1993:** Der Landkreis Germersheim feiert 175.
Geburtstag. - **1995:** Eröffnung des Deutschen Straßenmuse-
ums in Germersheim. - **1996:** Der Landkreis Germersheim
zählt erstmals mehr als 120.000 Einwohner. - **1998:** Der
Kreis Germersheim verkauft seine beiden Krankenhäuser. -
1999: Stabhochspringerin Nicole Humbert aus Zeiskam
(vormals Nicole Rieger aus Landau-Godramstein) springt in
Stockholm mit 4,56 Meter neuen Weltrekord.

*Modell der früheren Ziegelfabrik
Ludowici in Jockgrim, die 1972 die
Produktion einstellte.*

Südpfalz heute

EINE STARKE REGION MITTEN IN EUROPA

Die Südpfalz ist eine der vier großen Regionen der Pfalz - neben Vorder-, West- und Nordpfalz, und die landschaftlich schönste und interessanteste Region. Aber das ist eine völlig subjektive Einschätzung. Die Südpfalz ist nach wie vor - im klassischen Sinne - Grenzregion, weil sie im Süden direkt an Frankreich grenzt, auch wenn es keine Schlagbäume mehr gibt und man hinüber fahren kann ins Elsass, ohne von Grenzbeamten gefragt zu werden, ob man etwas zu verzollen habe. Die Europäische Union hat es möglich gemacht.

Die Südpfalz liegt heute mitten in Europa. Die Grenze im Osten ist in erster Linie der Rhein, im Westen der Kreis Südwestpfalz und im Norden die Stadt Neustadt. Die Südpfalz grenzt aber auch an den Rhein-Pfalz-Kreis und den Kreis Bad Dürkheim.

Die Südpfalz ist eine historisch gewachsene Region, besteht aus der kreisfreien Stadt Landau - die den Mittelpunkt bildet -, den Landkreisen Südliche Weinstraße und Germersheim. Die in der Südpfalz lebenden rund 278.000 Menschen haben ein eigenes, sehr ausgeprägtes Selbstbewusstsein, ein ausgesprochen starkes Zusammengehörigkeitsgefühl und einen ständig zum Ausdruck kommenden Stolz auf ihre Heimat.

Es gibt viele Beschreibungen über die Südpfalz. Eine der ältesten stammt aus der Feder des Schriftstellers August Becker (1828-1891) aus Klingenmünster, nachzulesen in seinem auch heute

Annweiler

Blick auf Weyher.

noch mit Vergnügen zu studierenden Standardwerk „Die Pfalz und die Pfälzer". Weil das, was er über die Südpfalz Mitte des 19. Jahrhunderts geschrieben hat, im Kern nach wie vor zutreffend ist, seien einige Sätze zitiert:

„Die Rheinebene liegt nicht sehr erhaben über dem Niveau des Rheins und wird an den Ufern oft genug überschwemmt. Auch in anderer Hinsicht sind die Ufer benachteiligt, wohin besonders die Fieber entwickelnden Sümpfe und die dicken Rheinnebel gehören. Weiter ins Land hinein ist dafür die Luft desto gesünder und reiner, da die Winde frei die Ebene durchstreifen können. Diluvialboden, an wenigen Strecken Sand, bildet den Hauptbestandteil der Rheinebene und macht sie zu einem äußerst fruchtbaren Land, wo die weiten Fruchtfelder und Wiesen nur hie und da von fetten Rheinwäldern unterbrochen sind. Hier ist der getreide- und tabakreiche ‚Gau' mit großen reichen Dörfern."

Und weiter heißt es: „Westlich gegen die hochherabschauende Bergkette hebt sich allmählich das Land etwas. Von den Bergen laufen mit den Bächen lange, bebaute Hügelrücken, welche flache Täler und am Fuße der Berge das herrliche Weinland an den Vogesen und der Haardt bilden. Hier vereinigen Ebene und Gebirge ihre Schönheiten. Die der Ebene zugewendeten Abhänge der langen Bergkette saugen alle Strahlen der Sonne gierig ein, das mildeste Klima beglückt diesen Strich, und weithin am Fuße der Berge reiht sich ein

Fronte Lamotte in Germersheim.

stadtähnliches Dorf an das andere. Weite Rebenfelder geben herrlichen Wein, Kastanienwälder rauschen um die ruinengekrönten Bergspitzen, Mandeln und Pfirsiche schmücken die Weinberge und Alleen von Nußbäumen reichen weit hinab ins ebene Land."

Die Südpfalz ist ein Landstrich mit viel Wald und viel Wein, mit bedeutender Landwirtschaft, mit fleißigem Handwerk und renommierten Industriebetrieben. Wohin man auch kommt, spürt man: Die Südpfalz atmet Geschichte. Sie bietet Sehenswürdigkeiten en masse, was sich nicht zuletzt sehr positiv auf den Tourismus auswirkt. Die Südpfalz ist nicht unbedingt die Region der Dichter und Denker, aber zumindest die Heimat von in der Pfalz und darüber hinaus anerkannten Künstlern, Schriftstellern und (Mundart)Autoren, von vielen bedeutenden Persönlichkeiten aus allen gesellschaftlichen Bereichen (Politik, Sport, Wirtschaft, Wissenschaft), die ihre Herkunft oder ihre Wahlheimat nicht verleugnen.

Die Südpfalz in Zahlen:
Einwohner: 277.684
Fläche: 1186,2 Quadratkilometer
Bevölkerungsdichte: 235 Einwohner pro Quadratkilometer
Städte: 8 - kreisfreie Stadt Landau, verbandsfreie Städte Germersheim und Wörth sowie Kleinstädte Annweiler, Bad Bergzabern, Edenkoben, Hagenbach, Kandel.

Gemeinden: 99
Verbandsgemeinden: 13
Ehemalige und erhaltene Burgen und Schlösser: 110
Bestehende Burgen, Burgreste, Ruinen und Schlösser: 42
Radwanderwegenetz: rund 1000 Kilometer
Bundesautobahn: 34,7 Kilometer
Streckenkilometer der Deutschen Bahn: 112 km
Häfen: 2
Kartierte Biotope: mehr als 15.000
Bundes- und landesweit gefährdete Pflanzenarten:
rund 80
Arbeitsplätze: rund 120.000
*(Quellen für diese Zahlen: Statistisches Landesamt Rheinland-Pfalz, Wirtschaftsmagazin „Neuland", Ausgabe „Südpfalz",
Oktober 2007).*

Stichwort Wirtschaft. „Neuland" schrieb: „Heute zählt die Südpfalz zu den stärksten und dynamischsten Regionen Deutschlands. Für die Zukunft ist der Wirtschaftsraum bestens gerüstet. Und das ganz ohne Forschungstempel und Hightech-Cluster. Oder vielleicht gerade deshalb?"

Die Südpfalz wird zu Recht als „Gewinnerregion" bezeichnet. Im Prognos-Ranking von 430 Landkreisen und kreisfreien Städten in Deutschland liegt Landau auf Platz 31, der Kreis Germersheim liegt auf Platz 92 und der Kreis Südliche Weinstraße auf Platz 136. Dass die Südpfalz als Boom-Region

Hauptstraße in Hayna.

Bellheim

eingestuft wird, erklärt der Projektleiter der Regional-studie „Zukunftsatlas 2007" der Prognos AG, Tobias Koch, so: „Die Südpfalz ist an Mannheim, Ludwigsha-fen, Heidelberg und Karlsru-he angebunden, Straßburg ist nicht weit, der TGV schafft eine schnelle Verbin-dung nach Paris. Wir bewe-gen uns hier also in einem deutschen und europäischen Verkehrskorridor." Die Süd-pfalz entwickelt sich immer mehr zum Bindeglied zwi-schen den Metropolregionen Rhein-Neckar und Ober-rhein.

Die Verkehrsinfrastruktur der Südpfalz ist hervorra-gend. Das kommt der Wirt-schaft und dem Tourismus entgegen. Durch das milde Klima (1800 Sonnenstunden pro Jahr) und den Wein hat sich diese Region zum „Kali-fornien Europas" etabliert, wie manche Leute blumig zum Ausdruck bringen. Auch ist gerne von der „deutschen Toska-na" die Rede. Warum immer wieder solche Vergleiche? Die Südpfalz braucht sie nicht, denn sie ist unverwechselbar, hat ihren eigenen Charakter, ihre eigene Kultur und Vielfalt, ihr eigenes Flair und bietet insgesamt eine Atmosphäre, wie sie von Menschen mit Sinn für Schönheit und Aufgeschlossen-heit für die Natur geschätzt wird.

Die Südpfalz hat mehr zu bieten als guten Wein. In der Sinnen- und Genusslandschaft wachsen Feigen und Zitronen, Kiwis und Maulbeeren, Kastanien und Nüsse, Mandeln und Artischocken, Tabak und Lavendel und vieles weitere mehr. Angelockt werden die Touristen durch das Klima (Zitat aus einem Prospekt: „Hier ist es echt kuschelig") und die in vie-len Dörfern noch immer herrschende Ruhe, durch die Feste und die kulturellen Angebote, durch die tolle Natur. Es locken der Rhein und die Baggerseen, die Schwimmbäder und die vielfältigen Sportmöglichkeiten, die gut ausgebauten Wander- und Radwanderwege (Zitat aus einem Prospekt: „Wer beim Radwandern einen Gang zurückschaltet, erkennt Dinge, die er vielleicht nie erfahren würde").

Anziehungspunkte für Fremde sind auch viele gute Restaurants und originelle Weinstuben, Einkehrhütten im Pfälzerwald (Wasgau) und im Bienwald. Zum Angebot gehören geführte Wanderungen durch Wald und Flur, durch die Weinberge und zu Burgen, zu interessanten Ecken, die nur findet, wer Tippgeber hat. Die Menschen in der Südpfalz sind aufgeschlossen und kennen keine Berührungsängste.

Die Südpfalz ist auch ein „adlig Land". Denn hier leben Königinnen und Prinzessinen wie in kaum einer anderen Region, darunter Deutsche und Pfälzische Weinmajestäten, lokale Weinprinzessinen. Es gibt die Heidelbeer- und die Spargelprinzessin, die Kastanien- und die Tabakprinzessin, eine Zwiebelkönigin und eine Purzelmarktkönigin und in der närrischen Jahreszeit in vielen Orten Fastnachtsprinzessinen. Nur eine Weinbergschneckenkönigin, wie an der Mittelhaardt, ist in der Südpfalz noch nie ernannt worden. Was nicht ist, kann ja noch werden...

„Aus dem Versteck der Bäche
greifen wie Flügel
in das Vorgebirge der Abhänge
die Federschwingen langer Rebenzeilen.
Die Sonne rollt bergaufwärts sich
im Steigen, die sanften Wellen fallen
und sie stürmen nach Westen hin
und liegen gedehnt und schwingen
südwärts-nordwärts in den Dunst.
Dort, wo der Anprall zerstob,
rinnt aus den Flanken der Berge
der rote Grund, ein sanfter Übergang,
von oben neigt das Land sich kaum
und fließt nach Osten doch ins Weite.
Wenn abends dann der Tag im Wald
versinkt und goldne Blitze in die Schatten
schießt, deckt Kühle Tücher übers Feld
und zähmt der Reben Lauf und Sprung.
Wie breiter Tiere Rücken liegt das Land
und atmet weich und ohne Überschwang."

(Dichter Wolfgang Diehl aus Landau
über die Südpfalz)

25

Germersheim

FESTUNGS- UND UNIVERSITÄTSSTADT AM RHEIN

„Für den, den Festungswerke interessieren, bietet Germersheim viel Wichtiges." Diese Empfehlung gab der Pfalzkenner und Schriftsteller August Becker („Die Pfalz und die Pfälzer") schon Mitte des 19. Jahrhunderts - zu einem Zeitpunkt, als die Festung noch längst nicht geschleift war. Heute könnte er seine Feststellung durchaus wiederholen, denn es gibt noch einige ansehnliche Reste der Wehranlage zu besichtigen. Becker würde aber wahrscheinlich so formulieren: „Für den, der eine lebendige, junge Schul-, Universitäts- und Garnisonstadt kennen lernen möchte, eine Stadt von hohem Lebenswert und vielen Möglichkeiten der Freizeitgestaltung, bietet Germersheim sehr viel."

Die Kreisstadt am Rhein, die einschließlich des 1972 eingemeindeten Ortsteils Sondernheim rund 25.500 Einwohner zählt, ist eine Kommune mit überschaubaren Proportionen, eine Stadt, die man - beinahe - noch vom Kirchturm aus überblicken kann. Die Lage auf der linken Seite des Rheins hat seit jeher Germersheims Bedeutung und das äußere Erscheinungsbild geprägt. Die großen Handelswege der Römerzeit und des Mittelalters, von Italien und der Schweiz entlang des großen Stromes ins Rheinland, begründeten schon früh die Tradition des Orts als Handels- und Umschlagsplatz. Daran hat sich nichts geändert, nicht zuletzt dank des 60 Hektar großen Industrie- und Handelshafens.

Weißenburger Tor , Teil der ehemaligen Festung.

Germersheim verfügt über eine leistungsfähige Industrie und Wirtschaft mit Verbindungen in die ganze Welt und mehr als 10.000 Arbeitsplätzen in Handel, Gewerbe, Industrie und zahlreichen Behörden. Als Mittelzentrum ist „Ger" auch eine Einkaufsstadt mit einem großen gastronomischen Angebot.

Das Stadtbild wird geprägt von den 2500 Studierenden aus fast 100 Nationen am Fachbereich Angewandte Sprach- und Kulturwissenschaft (FASK) der Johannes-Gutenberg-Universität Mainz.

In den letzten Jahren hat sich Germersheim den Anforderungen einer modernen Stadt gestellt und die Innenstadt saniert sowie die großen Festungsbauten zu einem touristischen Ziel ausgebaut. Wer neu zuzieht, ist erstaunt über die gute Infrastruktur, den hohen Wohn- und Freizeitwert, das lückenlose Schulangebot und die zahlreichen sozialen Einrichtungen. Zum Erscheinungsbild der Stadt gehören verkehrsberuhigte Zonen, ein vorbildliches Radwegenetz und viele Freizeitangebote (zum Beispiel das Naherholungsgebiet Sondernheim mit mehreren Baggerseen).

„Alles in allem ist Germersheim eine junge Stadt mit bedeutender Vergangenheit. Auf Schritt und Tritt begegnen einem historische Festungsbauwerke, die wegen ihrer Einmaligkeit einen Anziehungspunkt für Historiker aus aller Welt darstellen", ist in einem Buch zu lesen. Zu den weiteren Pfunden, mit denen „Ger" neben den erhalten gebliebenen Festungwerken wuchern kann, gehören das Deutsche Straßenmuseum und das Festungsmuseum, der Skulpturenpark Fronte Beckers, die Sankt Jakobuskirche (ehemalige Kirche des Serviten- und St. Jakobus-Klosters mit einer 1975 wiederentdeckten Krypta), die zahlreichen sehenswerten Bürger- und Fachwerkhäuser in der Innenstadt - und natürlich der Rhein.

Schon vor 1800 Jahren befand sich an der Stelle des heutigen Ortes oder in der unmittelbaren Umgebung eine römische Soldatenniederlassung, deren Name „Vicus Julius" seit Ende des 4. Jahrhunderts überliefert ist. Was zwischen dem beginnenden 5. und dem Ende des 11. Jahrhunderts geschah und wie sich der Ort entwickelte, ist in tiefes Dunkel gehüllt. Der Name „Germersheim" findet sich erstmals in der Sinsheimer Chronik aus dem Jahre 1090. Am 18. August 1276 erklärte Rudolf von Habsburg Germersheim zur Reichsstadt. 1330 wurde die Stadt an Kurpfalz verpfändet, 1674 von den Franzosen verbrannt, 1765 von einem Feuer, das kein Feind gelegt hatte, zerstört. Im 19. Jahrhundert wurde Germersheim bayerische Festung.

„Vieles schließt sich in Germersheim zu einem Kreis: ausgeprägter Bürgersinn, pulsierendes Wirtschafts- und Kulturleben und nicht zuletzt eine lebendige Vergangenheit. Das Prädikat ‚liebenswerte Stadt' hat auch in Zukunft Gültigkeit", lässt die Stadt gerne wissen.

Stattliches Gebäude
in der Innenstadt.

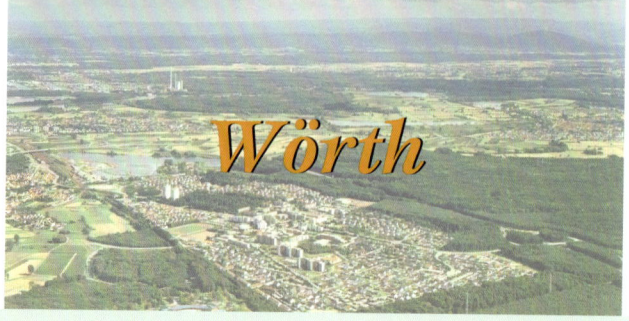

Wörth

VOM FISCHERDORF ZUR INDUSTRIESTADT

Einst war Wörth ein beschauliches Fischerdorf am Rhein („Der Altrhein bespült noch die Gärten des Dorfes und gewährt den Einwohnern reichlichen Fischfang", schrieb August Becker Mitte des 19. Jahrhunderts), wurde noch vor wenigen Jahrzehnten respektlos als „Kaff bei Karlsruhe" abgetan. Aber das ist vorbei. Die Zeitschrift „Neuland" verkündete 2007 ihren Lesern in ganz Deutschland: „Geschickt und in aller Stille hat Bürgermeister Harald Seiter aus der Stadt am Rhein ein Paradies für Fabrikherren gemacht."

D er Landkreis Germersheim, zu dem Wörth mit seinen rund 19.400 Einwohnern (einschließlich dreier Ortsteile) gehört, beschreibt die Stadt in Werbebroschüren so: „Tradition und Moderne, Natur und Technik gehen eine einzigartige Symbiose ein. Da gehören zur malerischen Kulisse des florierenden Landeshafens am Rhein das größte Nutzfahrzeugwerk und die leistungsstärkste Papiermaschine der Welt." In seiner heutigen Gebietsstruktur besteht Wörth seit 1979. Damals wurde die Verbandsgemeinde Wörth - bestehend aus den Ortsgemeinden Büchelberg, Maximiliansau, Schaidt und Wörth - in eine verbandsfreie Gemeinde umgewandelt. Seitdem sind diese Orte Teile der Stadt.

Rheinbrücke

Wörth ist für die nähere Umgebung wirtschaftlicher Mittelpunkt mit über 15.000 Arbeitsplätzen. Viele tausend Arbeitnehmer pendeln täglich ein, arbeiten „beim Daimler", bei der Wellpappe-Fabrik Palm, in zahlreichen Klein- und Mittelbetrieben. Die kleine Stadt gehört zu den wohlhabendsten Gemeinden des Landes Rheinland-Pfalz. Aber die Industrieansiedlung hat auch ihre Nachteile, das spüren besonders die Bewohner des alten Ortsbereichs.

Sie klagen über Lärmbelästigungen durch den starken Verkehr. Die Stadt mit ihren vier Ortsbezirken hat einige Gesichter: mit vielen neuen Wohnungen, großzügigen Sportanlagen, Einkaufs- und Einkehrmöglichkeiten, Angeboten für Erholung und Entspannung. Der Daseinssicherung nicht nur der Einheimischen dienen Einrichtungen aller Art. Groß ist auch das kulturelle Angebot, stellvertretend sei nur die Heinrich-von-Zügel-Galerie im Alten Rathaus genannt mit einer der größten Sammlungen des großen Impressionisten und seiner Schüler aus der berühmten Wörther Malschule. Der Skulpturengarten 2000 reflektiert den Übergang der Menschen und ihrer Errungenschaften ins dritte Jahrtausend.

Festhalle

Die einzige Siedlung inmitten des großen Bienwaldes ist der Ortsteil Büchelberg, idealer Ausgangspunkt und Ziel für Rad- und Fußwanderer. Unmittelbar gegenüber Karlsruhe liegt Maximiliansau, ebenfalls ein Ortsteil mit hohem Freizeitwert. Umweltfreundliche Industrie und der Ausbau des Bienwaldes zur Erholungszone begünstigen auch Schaidt, wo sich die Gemarkungssteine mit den Emblemen des Hochstiftes Speyer und des Klosters zu Weißenburg befinden. Kirchturm und Chor der Pfarrkirche St. Leo stammen aus der Zeit der Spätgotik.

Neben viel Wasser (Rhein, Altrheinarme) bietet Wörth auch viel Wald, mehr als jede andere Kommune der pfälzischen Rheinebene. Drei Viertel der Gemarkung sind Wald, überwiegend dem Bienwald zugehörig. Mit einer Fläche von mehr als 131 Quadratkilometer ist Wörth eine der flächengrößten Gemeinden des Landes und ist sogar größer als die kreisfreien rheinland-pfälzischen Städte, ausgenommen Kaiserslautern.

Altstadt

Das heutige Wörth hatte einen Vorläufer. Das in der Rheinniederung liegende Wörth, 1306 erstmals urkundlich erwähnt, ging im 17. Jahrhundert in den Fluten des Rheins unter. Die Bewohner zogen um 1664 in das benachbarte Forlach und gaben diesem den Namen ihres Heimatortes. Wörth hatte in seiner Geschichte unter Kriegen zu leiden. Hochwasser fügten der Landwirtschaft große Schäden zu. Ende der fünfziger Jahre des vorigen Jahrhunderts konnte die Bevölkerung von der Landwirtschaft nicht mehr leben. Viele Menschen suchten sich Arbeitsplätze im Großraum Karlsruhe. Als 1960 die Daimler-Benz AG - nachdem die Landesregierung von Rheinland-Pfalz Dämme, Straßen, Gleisanlagen und einen Hafen gebaut hatte - 150 Hektar Gelände für ein Lkw-Montagewerk erwarb und zwei Jahre später der Bau einer (heute nicht mehr bestehenden) Raffinerie beschlossen wurde, ging es mit Wörth bergauf.

Rathaus in der Stadtmitte.

Annweiler

ROMANTISCHES LEBENDIGES STÄDTCHEN

Die nach Speyer älteste Reichsstadt in der Pfalz ist Annweiler. Das Wahrzeichen des über die Jahrhunderte ein reizvolles kleines Landstädtchen gebliebenen Orts ist die ehemalige Reichsfeste Trifels, von den Saliern gegründet und eine der am meisten besuchten Sehenswürdigkeiten der Pfalz zusammen mit dem Speyerer Dom und dem Hambacher Schloss. Auch wenn Gäste in erster Linie kommen, um die Burg und die Ruinen Anebos und Münz zu besichtigen - es ist noch vieles andere mehr zu sehen.

Als „romantisches lebendiges Städtchen mit einem hübsch restaurierten historischen Stadtkern" preist sich Annweiler im Internet an. Bei einem Rundgang sollte sich der Besucher etwas Zeit nehmen, um den mittelalterlichen Charme der Stadt zu erleben. Wer das Rathaus betritt, muss an einem „Bewacher" vorbei, der aber keine Fragen nach dem Begehr stellt. Denn Kaiser Friedrich II., an der linken Ecke des Gebäudes, ist in Stein gehauen. Im Festsaal lohnt sich ein intensiverer Blick auf ein 1951/52 von Maler Adolf Keßler geschaffenes Fresko, das die Verleihung der Stadtrechte an Annweiler und den Einzug von Kaiser Heinrich VI. in Palermo zeigt.

Zur Besichtigung bieten sich weiter an: Die protestantische Stadtkirche, vor 1153 errichtet, 1944 durch Bomben zerstört und 1952 in der heutigen Form wiederaufgebaut; das Keysersche Anwesen als Schmuckstück des Rathausplatzes; der Prangertshof, wo im Mittelalter Ehrenstrafen vollzogen wurden, aber es wurde niemand gefoltert; das Fachwerkhaus Storchentor von 1560, in dem sich die älteste Gaststätte an der Südlichen Weinstraße befindet; die Stadtmühle mit dem Wasserrad, das früher eine Getreidemühle antrieb; die Kapelle zu unserer lieben Frau von 1429; das Museum unterm Trifels; und Reste der alten Stadtmauer neben dem Museum.

Annweiler, 1086 erstmals urkundlich erwähnt, hat vier Ortsbezirke: Bindersbach, Gräfenhausen, Queichhambach und Sarnstall. Die Firma Stabila ist ein bedeutender Messgeräte-Hersteller, die Firma Buchmann eine angesehene Kartonfabrik.

Historische Altstadt.

Bad Bergzabern

KURORT IN BESCHAULICHER IDYLLE

„Dort, wo der Wasgau mit seinen schroffen Felslandschaften und seinen weiten Wäldern auf die Deutsche Weinstraße trifft, ... dort liegt Bad Bergzabern, ein Städtchen, das sich ... zu einem Kurort gemausert hat, ohne allerdings seine beschauliche Idylle zu verlieren", schreibt die Journalistin Monika Lauer in einem Buch über das Staatsbad des Landes Rheinland-Pfalz (seit 1975), das bereits seit 1875 Kurort für Herz- und Gefäßkrankheiten, Nervenleiden und chronische Katarrhe ist. Die Wirtschaftsstruktur von Bad Bergzabern, das sich „Kneippheilbad" und „Heilklimatischer Kurort" nennen darf, wird geprägt vom Kur-Tourismus, weist aber auch Betriebe und Arbeitsplätze im öffentlichen Dienst, im industriellen Gewerbe, im Handwerk und Handel auf.

Ob Bergzabern, das erst seit 1964 offiziell Bad Bergzabern heißt, einmal eine römische Siedlung war, wie der lateinische Name Tabernae Montanae vermuten lässt, wird von Historikern bezweifelt. Wahrscheinlich ist der Ort eine spätere Gründung der Ordensmänner des Klosters Klingenmünster. Gegründet irgendwann im 9. oder 10. Jahrhundert, erhielt Bergzabern bereits am 21. April 1286 das Stadtrecht, verliehen von König Rudolf I. von Habsburg. Das am meisten fotografierte historische Gebäude der Stadt dürfte das prächtige, von den Zweibrücker Herzögen gebaute Renaissanceschloss aus dem 16. Jahrhundert sein, hervorgegangen aus einer Wasserburg. Nach der Zerstörung des Schlosses 1676 durch die Franzosen entstand unter Herzog Gustav Samuel von 1720 bis 1725 die Vierflügelanlage mit den beiden mächtigen Türmen an der Südwest- und Südostecke. Nicht minder viel Aufmerksamkeit erregt bei den Touristen das Gasthaus „Zum Engel" erbaut um 1600, das

Renaissanceschloss, heute Sitz von Stadt- und Verbandsgemeindeverwaltung.

prächtigste Renaissancehaus in der Pfalz mit reich gestalteten Giebelwänden mit Eckerkern und zwei Treppentürmen.

Weitere Sehenswürdigkeiten in Bad Bergzabern (Auswahl): Bergkirche, evangelische Marktkirche, altes Rathaus, Markt- und Adler-Apotheke, ehemalige Stadtbefestigung, Dicker Turm, Storchenturm, Kurpark, Bismarckturm, schöne Barockhäuser.

Bellheim

DYNAMISCHE WOHN- UND INDUSTRIEGEMEINDE

Wenn es nicht schon seit 1965 ein Denkmal für ihn gäbe (es steht auf dem Rathausvorplatz), müsste es schnellstens in Auftrag gegeben werden. Denn der Mundartdichter Bellemer Heiner, der eigentlich August Heinrich hieß, 1881 geboren und knapp 84 Jahre alt wurde, hat seine Heimatgemeinde zu Lebzeiten überall bekannt gemacht. Auch die Hauptschule trägt seinen Namen. Ob er heute noch genau so dichten würde wie 1920, als es in seinem Gedicht „Es isch" (Auszug) hieß: „Ehr liewe Leit, isch deß e Zeit, / ,s isch schiergar nit se gläwe, / uff dere Welt isch's nimmi schee, / mehr megt fascht nimmi läwe. / Das Bier isch schlecht, de Wei isch deier, / un Schnaps isch nit se käfe, / un wann d'mol Sauermilch wit, / do hoscht erum se läfe."

In seinem Geburtsort bekäme der Bellemer Heiner gutes Bier (dank der ortsansässigen Brauerei) und auch preiswerten Wein (immerhin gibt es im Ort zwei Winzer), und Schnaps könnte er kaufen, so viel er will. Der Heiner würde staunen, wie sich Bellheim seit seinem Tod gemausert hat, was es alles zu bieten hat. Aus dem früheren Bauerndorf ist eine dynamische Wohn- und Industriegemeinde geworden, nicht zuletzt dank neuer Wohngebiete und der Ansiedlung gewerblicher Betriebe. Bellheim ist staatlich anerkannte Fremdenverkehrsgemeinde.

Die Brauerei Park & Bellheimer kann besichtigt werden. Wer Interesse an sportlicher Betätigung hat, findet (fast) alles, was das Herz begehrt: Schwimmpark mit fünf Sprungtürmen und Riesenrutsche; Nordic-Walking-Park; Skaterbahn mit 20 Kilometer langer Route („Erholung pur auf Rollen" wird versprochen); Rollschuhbahn; Reitbetrieb mit Ponys und Großpferden beim örtlichen Reiterverein; schöne Wander- und Radwege.

Sehenswert sind die beiden örtlichen Gotteshäuser: die katholische Kirche St. Nikolaus von 1869 und die protestantische Kirche von 1872. Die erste Erwähnung von Bellheim findet sich auf einer Schenkungsurkunde des Klosters Lorsch von 774, der Ort hieß damals „Bellinheim im Speiergau". Früher war er eine fränkische Siedlung, die im Mittelalter Bedeutung gewann.

Katholische und protestantische Kirche.

Edenkoben

EINGEBETTET IN EIN MEER VON REBEN

Der frühere Bürgermeister Franz Schmidt kann, wenn er irgendwo in Deutschland gefragt werden sollte, wo denn seine Heimatstadt liege, auf ein selbst geschriebenes Buch von 2005 verweisen und daraus - wenn er es denn gerade zur Hand hat - folgende Sätze zitieren: „Eingebettet in ein Meer von Reben liegt Edenkoben am Rande des Pfälzerwaldes auf den Vorhügeln der Haardt. Vielfach abgestuftes Grün, vom Blaugrün der Berge bis zum zarten Grün der tief in den Ort vordringenden Reben, umrahmt die von den Türmen der beiden Kirchen beherrschte Silhouette des Städtchens an der Weinstraße. Kesselberg, Hochberg und Kalmit, Rietburg, Schloss Villa Ludwigshöhe, das Sieges- und Friedensdenkmal auf dem Werderberg und die Kropsburg bilden eine eindrucksvolle Kulisse." Wer nach dieser hübschen Schilderung nicht umgehend in die „weinfrohe Stadt" fährt - wie sich Edenkoben schon sehr lange nennt -, der ist selbst schuld...

Seit dem 19. Jahrhundert ist der Fremdenverkehr in Edenkoben ein wichtiger Wirtschaftsfaktor. Aber der Name der Stadt ist „draußen" nicht nur wegen seiner Sehenswürdigkeiten und seines Weins, seiner Erholungsmöglichkeiten und seines hohen Unterhaltungswerts bekannt. Sondern vor allem auch durch den weltweit führenden Produzenten für schalldämpfende Einrichtungen Heinrich Gillet KG, heute zur amerikanischen Teneco-Gruppe gehörend. Auch der Haustü-

Lederstrumpf-Brunnen am Goldenen Eck.

ren-Hersteller Biffar ist, wie einige weitere Betriebe im Gewerbe- und Industriegebiet, überregional bekannt.

Das Schloss Villa Ludwigshöhe, einst Landsitz des bayerischen Königs Ludwig I., mit der bedeutendsten deutschen Sammlung von Werken des Impressionisten Max Slevogt, ist für Fremde die erste Adresse auf der Besichtigungsliste. Auf dieser Liste dürfen die evangelische Pfarrkirche St. Laurentius, die katholische Pfarrkirche St. Ludwig, das Fachwerkhaus Klosterstraße 25 aus dem 16. Jahrhundert und das Kloster Heilsbruck ebenso wenig fehlen wie zahlreiche Winzerhäuser aus dem 16. bis 18. Jahrhundert und schließlich das Friedensdenkmal.

Hagenbach

SEIT DEM JAHR 2006 WIEDER STADT

In einem Pfalzlexikon sind Hagenbach gerade mal sechs Zeilen plus ein Bild in beinahe Briefmarkengröße gewidmet. Eine so bescheidene „Vorstellung" hat die Stadt nicht verdient. Denn sie hat sich in der Nachkriegszeit enorm entwickelt, ihre Einwohnerzahl erhöhte sich von 2340 (1950) auf heute 5700. Das hat vor allem damit zu tun, dass sich hoch qualifiziertes Gewerbe und bedeutende Industriebetriebe ansiedelten, Arbeitsplätze schufen und verhinderten, dass die Hagenbacher dorthin zogen, wo man gutes Geld verdienen kann. Aus dem einst kleinbäuerlichen Dorf ist eine moderne Wohngemeinde geworden.

Bis zum Zweiten Weltkrieg lebte die Bevölkerung von Hagenbach weitgehend von der Landwirtschaft. Nach dem Zusammenbruch suchten sich viele Bürger Arbeitsplätze im nahen Karlsruhe. Die Bauern starben praktisch aus. Aus Scheunen und Ställen wurden anspruchsvolle Wohnhäuser, Äcker und Wiesen erfuhren eine Umwidmung in Baugebiete. Dass aus dem ehemaligen Grenzland an Lauter und Rhein ein Herzland Europas geworden ist, kam auch Hagenbach zugute.

Kirche St. Michaelis.

Seit 22. Januar 2006 ist Hagenbach wieder Stadt, wie schon von 1281 bis 1803. Die Landesregierung von Rheinland-Pfalz fasste den entsprechenden Beschluss, weil alle Voraussetzungen gegeben waren und sich der Ort in den letzten Jahrzehnten eine immer stärkere städtische Ausprägung gegeben hatte. König Rudolf von Habsburg hatte die Kommune 1281 zur Reichsstadt erhoben. Über 500 Jahre übte Hagenbach Stadtfunktionen aus, ehe in der Zeit der napoleonischen Herrschaft über die Pfalz 1803 die Stadtprivilegien verloren gingen.

Das Wahrzeichen der jungen Stadt ist die St. Michaeliskirche. Hagenbach ist vermutlich um 850 entstanden, hieß bis Ende des 16. Jahrhunderts Hagenbuch. Die erste Erwähnung des Orts findet sich 1146 in einem Reisetagebuch des Abts der Zisterzienser und Klostergründers Bernhard von Clairvaux.

Herxheim

DORF MIT STÄDTISCHEN CHARAKTERZÜGEN

Wenn bei einem Quiz gefragt würde, was dem Gegenüber spontan zu Herxheim einfällt, würden die meisten wahrscheinlich spontan sagen: Sandbahnrennen, Pferdesport, Tabakanbau. Und es würde natürlich der Name Karl-Emil Kuntz fallen. Denn der Sternekoch in der „Krone" im Ortsbezirk Hayna hat den Ruhm der Gemeinde in den letzten Jahren gemehrt wie kaum ein anderer und hochrangige Gäste angelockt, die sich sonst wohl nie hierher „verirrt" hätten.

D abei hat das Großdorf mit städtischen Charakterzügen, das repräsentativ die Strukturen der Region widerspiegelt und diese kulturell, sozial und wirtschaftlich befruchtet, noch einiges mehr zu bieten als bereits angeschnitten. Die mittelständisch geprägte Wirtschaft mit zahlreichen Industrie-, Handels- und Handwerksbetrieben und teilweise europaweiten Kundenverflechtungen hat dazu beigetragen, dass Herxheim ein wichtiges Mittelzentrum geworden ist. Hayna ist eine der deutschen Tabakbaugemeinden mit den größten Anbauflächen. Die Villa Wieser steht für Kunst und Kultur.

Das Wahrzeichen der Gemeinde ist die katholische Pfarrkirche St. Maria Himmelfahrt in der Ortsmitte. Das Gotteshaus wurde 1507 im spätmittelalterlichen Baustil errichtet, war vermutlich die dritte Herxheimer Kirche seit 1004. Ein Beweis für die lange christliche Tradition des Dorfes. Das heutige einfache, spätbarocke Kirchenschiff stammt von 1776/77. Chor, Sakristei und der Unterbau des Turms von 1507 sind angebunden.

Gegründet wurde Herxheim im 6. Jahrhundert durch fränkische Siedler und 773 erstmals in einer Urkunde erwähnt. 1998 feierte die Gemeinde deshalb ihr 1225-jähriges Bestehen. Ein wichtiges Gebäude in der Geschichte ist neben der Kirche das 1770 errichtete Schloss, das heute ein Altersheim beherbergt. Das ehemalige Wacht- und Arresthaus, 1830 nach einem Entwurf von Leo von Klenze in klassizistischem Stil mit Säulenporticus gebaut, ist Ehrenmal.

Motorrad aus Bronze von Bildhauer Gernot Rumpf.

Jockgrim

SCHON IMMER DIE KÜNSTLER ANGELOCKT

In dem Kapitel „Burgen und Burgruinen in der Südpfalz" in diesem Buch fehlt in der Auflistung die Ende des 14. Jahrhunderts errichtete Jockgrimer Burg, aus der im 16. Jahrhundert eine Burgvogtei mit Gerichtsbarkeit für die umliegenden Orte wurde. Der Grund für das Fehlen: Es sind nicht einmal mehr Reste dieser Burg vorhanden, wohl aber von der Befestigung. Dafür gibt es andere Sehenswürdigkeiten: So das historische „Hinterstädtel" mit stattlichen Fachwerkhäusern aus dem 18. Jahrhundert, das zum Kulturzentrum ausgebaute Zehnthaus und die Wallfahrtskapelle „Schweinheimer Kirchel".

Bei dem bischöflichen Oberhof Sueinheim entwickelte sich seit etwa 1190 ein Dorf, das erstmals 1366 als „Jochgrim" erwähnt wurde. Der Name stammte aus einem Heldenlied. Jockgrim gehörte einst zu den „Königsdörfern" am Rande des Bienwaldes, die 1265 an das Hochstift Speyer gefallen waren. Unter Kaiser Karl IV. erhielt der Ort 1336 Stadtrechte, die aber bereits 1378 entzogen wurden. Durch Kriege und Pest wurde die Gemeinde wieder zu einem kleinen Ort reduziert. Heute ist Jockgrim eine Wohngemeinde und ein Grundzentrum. Im Ort haben sich Handwerk, Handel und Dienstleistungsbetriebe angesiedelt.

Baumaterialien waren früher stets Ziegel und Backstein. Um die zu brennen, war in den Tonlagern am Otterbach reichlich „Rohstoff" vorhanden. Carl Ludowici baute 1883 die erste Falzziegelfabrik in Deutschland und hatte damit großen Erfolg. Viele der malerischen Fachwerkhäuser in Jockgrim sind mit original Ludowici-Ziegeln gedeckt. Die einst größte europäische Ziegelei besteht nicht mehr. In einem

Historisches Hinterstädtel.

Ziegeleimuseum, bei dem auch das restaurierte Ludowici-Kugelhaus aufgestellt ist, kann man die Herstellung von Ziegeln nachvollziehen.

Die idyllische Lage hat schon früher zahlreiche Künstler (wie Maler Albert Haueisen, Dichterin Lina Sommer und andere) hierher gelockt, daran hat sich nichts geändert. Nach Lina Sommer ist ein Platz benannt.

Kandel

BELIEBTE WOHN- UND EINKAUFSSTADT

„Kandel ist ein stolzer Gauort mit 3900 Einwohnern. Er gilt als Marktflecken und ist Gerichtssitz für die ganze Landschaft an den Säumen des Bienwaldes. Seine wohlhabenden Bewohner wohnen in stattlichen Häusern." Das hat August Becker etwa um 1850 festgehalten. Manches davon ist auch heute noch zutreffend. Kandel ist als ausgewiesenes Mittelzentrum mit allen erforderlichen Infrastruktureinrichtungen eine beliebte Wohn- und Einkaufsstadt und von daher - um bei der Sprache von früher zu bleiben - ein bedeutender Marktflecken. Ein Amtsgericht gibt es auch noch, ebenso stattliche Häuser. Ob die Bürger wohlhabend sind, soll das Finanzamt entscheiden...

D er mit der Geschichte der Stadt bestens vertraute Chronist Werner Mühl sagt: „Wer Kandel kennen lernen will, der sollte die Mühe nicht scheuen und auf den St. Georgs-Turm, Kandels stolzes Wahrzeichen, hinaufsteigen. Von hoch oben kann er mit einem Blick das ganze Städtchen erfassen." Und was sieht der Interessierte von dort aus? Die vier Kilometer lange Hauptstraße, die eng aneinander gebauten Häuser des Ortskerns um Rathaus und Kirche, die neu errichteten Stadtteile; dazu in der Ferne den Rhein, die Berge des Wasgaus und natürlich den Bienwald, dem Kandel die Bezeichnung „Bienwaldstadt" verdankt.

Als Kandel 1937 zur Stadt erhoben wurde, war der Ort durch die Landwirtschaft geprägt. Nur noch wenige Betriebe sind erhalten geblieben. Einige mittelständische Unternehmen bieten Arbeitsplätze, aber viele Bürger verdienen ihren Lebensunterhalt in Karlsruhe.

St. Georgsturm

Das an der Nordspitze des Bienwald-Dreiecks liegende Kandel wurde 1150 erstmals als Siedlung erwähnt. Die Ansiedlung ist jedoch wesentlich älter. Keltengräber im Bienwald und römische Funde im Ortsbereich lassen auf eine sehr frühe Besiedlung schließen. Werner Mühl bedauert: „Leider findet man keine Bauzeugen mehr aus Kandels früher Vergangenheit. Allzu oft ging die Kriegsfurie über die Stadt hinweg und allzu oft wurde der Ort ein Raub der Flammen."

Lingenfeld

EIN BAGGERSEE MIT SANDSTRAND LOCKT

Die regelmäßige intensive Schnakenbekämpfung macht es möglich, dass Lingenfeld über ein weithin bekanntes Erholungsgebiet verfügt. Am großen Baggersee in unmittelbarer Nachbarschaft des Altrheins zwischen Lingenfeld und Römerberg kann man sogar am Sandstrand liegen und sich wie an der Riviera fühlen. Ein Campingplatz befindet sich unmittelbar am See. Sogar einen Wasserfall kann man bestaunen, von der Größe her bescheiden, aber immerhin. Der beste Blick bietet sich von der Holzbrücke unterhalb des Bahnübergangs aus, wenn man diesen Punkt durch eine Wanderung entlang des Altrheins erreicht hat. Es gibt viele Möglichkeiten zur sportlichen Betätigung. Wer Lust hat, kann im Wald wandern oder Rad fahren, man kann paddeln, angeln, segeln oder rudern.

Der Name Lingenfeld ist offensichtlich auf die entlang des Rheins gelegene langgezogene Gemarkungsfläche (Siedlung „bei dem langen Feld") zurückzuführen. In einer Urkunde König Heinrichs IV. wurde „Lengenveld" 1063 erstmals erwähnt. Rund 250 Hektar Fläche verlor der Ort in den vergangenen Jahrhunderten durch Unterspülung des Hochufers durch den Rhein. Dass die eingebettet zwischen Altrheinauen und Wald liegende Gemeinde - nicht zuletzt dank ihrer guten Infrastruktur, ihrer verkehrsgünstigen Lage an der Bundesstraße 9 und der optimalen Erholungsmöglichkeiten - bei den Menschen als sehr attraktiv empfunden wird, zeigt die Bevölkerungsentwicklung. 1953 zählte der Ort erstmals 3000 Einwohner, inzwischen sind es rund 5900.

Verbandsgemeindeverwaltung

Die katholische Pfarrkirche St. Martinus wurde von 1837 bis 1840 von August von Voit in neuromanischen Formen erbaut. An gleicher Stelle standen früher eine Kapelle aus dem 14. Jahrhundert und eine im 15. Jahrhundert errichtete Kirche, die im Dreißigjährigen Krieg weitgehend zerstört und bis zum Neubau vor 170 Jahren notdürftig instand gehalten wurde. Die protestantische Christuskirche ist wesentlich jünger und erst 1973 eingeweiht worden.

Maikammer

URBANER WEINBAUORT AM FUSSE DER KALMIT

„Der urban wirkende Ort weist zahlreiche stattliche Bürgerhäuser auf, einige noch aus der Renaissance, die meisten aus dem 18. und 19. Jahrhundert" ist in einer Kurzbiografie über Maikammer zu lesen. Der namentlich nicht genannte Autor eines Büchleins über den Ort weiß aus Erfahrung: „Viele schöne Dinge gibt es in Maikammer zu erforschen." Und er empfiehlt als oberstes Gebot, „nicht ohne (vorherige) Weinprobe von dannen zu ziehen." Pröbeln kann man in zahlreichen Weingütern, von denen einige zur pfälzischen, ja deutschen Spitzenklasse gehören. So gestärkt, steht einem Rundgang nichts im Wege.

Der am Fuße der Kalmit gelegene Weinbauort hat interessante sakrale Kunst zu bieten. Beim Besuch der katholischen Pfarrkirche St. Cosmas und Damian, der 1756/57 errichteten weiträumigen barocken Saalanlage mit dem spätgotischen Turm von 1508, sollte neben der im Stil des Rokoko gehaltenen Einrichtung das besondere Augenmerk dem neu geschaffenen Altartisch des Neustadter Bildhauers Gernot Rumpf gelten. Auch der Ambo ist sein Werk. In der Alsterweilerer Kapelle befindet sich ein berühmtes spätgotisches Tafelgemälde von 1470 bis 1480 vom ehemaligen gotischen Hochaltar in Maikammer. Das wohl beste Tafelbild der Pfalz, urteilen Experten; es zählt zu den wenigen noch erhaltenen Beispielen gotischer Tafelmalerei im pfälzischen Raum und ist ein wertvolles Zeugnis oberrheinischer Malerei.

Maikammers Vergangenheit wurde nie ganz aufgehellt. Der um 1100 erstmals namentlich genannte Ort dürfte einst eine fränkische Siedlung gewesen sein. Zumindest lassen namhafte Bodenfunde darauf schließen. Seit 1800 trägt der Ort den Namen Maikammer, vorher hieß er unter anderem Menkemmer, Meinkeymer und Meynkammer. Ein auf dem Marktplatz stehendes, übermannsgroßes Denkmal von 1900 hält die Erinnerung an einen der größten Söhne Maikammers wach, an Jakob Michael Karl Freiherr von Hartmann (1795-1873), der es nach einer glänzenden militärischen Laufbahn bis zum General brachte. Er starb im Alter von 78 Jahren an einer Lungenentzündung.

Das Hartmann-Denkmal erinnert an einen der größten Söhne der Gemeinde.

39

Offenbach

KLEINZENTRUM FÜR DEN NAHBEREICH

„Sei kein Frosch. Komm dahin, wo auch Störche Urlaub machen." Mit diesem originellen Slogan wirbt Offenbach um Gäste. In der Tat machen jedes Jahr viele Störche in intakter Natur „Nisturlaub". Wer ein paar Kilometer weiter fährt nach Bornheim, kann in der „Storchenscheune" noch mehr Störche beobachten und sich im „Storchenzentrum" viele Informationen über diese Tiere holen.

Offenbach an der Queich ist ein Kleinzentrum für den Nahbereich, ein Einkaufs- und Dienstleistungszentrum und zusammen mit den Gemeinden Bornheim, Essingen und Hochstadt auch eine Ferienregion. Sportliche Menschen können auf einem Reiterhof in der Nähe reiten, im Queichtalbad schwimmen, im Stadion Runden drehen, auf mehreren Bouleplätzen in der Umgebung die Kugeln rollen lassen, im Wald auf topfebenen Strecken joggen, im Freizeitcenter Bornheim Minigolf, Tennis oder Squash spielen, auch kegeln. Und dann gibt es, von Offenbach aus selbst für passionierte Fußgänger leicht erreichbar, auf dem Dreihof eine der schönsten Golfanlagen in Deutschland mit 18 Löcher-Platz.

Die hervorragende Infrastruktur hat bedeutende Firmen in den „Interpark" gelockt, so betreibt die Daimler AG hier ihr zentrales Logistik-Center für Zubehörteile und Accessoires und seit Mai 2007 unterhält die Firma Prowell das größte Wellpappenformatwerk für Schwerwellpappe in Europa. Es gibt zudem drei weitere Gewerbegebiete.

Auch wer keinen Sport treiben will, bekommt in Offenbach keine Langeweile. Das Queichtalmuseum in der Ortsmitte bietet regelmäßig Ausstellungen zu den Bereichen Kunst und Naturkunde. In der „Kulturscheune" finden Konzerte, Matinees und Lesungen statt. Seit Herbst 2006 gibt es einen Indoor-

Queichtalmuseum in der Ortsmitte.

Spielplatz für Kinder, ganz in Meeresoptik gehalten. Der Wald- und Wiesenstorchenweg, ausgeschildert mit dem Storchensymbol, lädt zu einer dreistündigen Wanderung über elf Kilometer ein.

Offenbach ist eine sehr alte Gemeinde, erstmals im Jahre 784 erwähnt. Die Geschichte des Orts ist eng verknüpft mit den Schenkungen von Fürsten, Rittern und Klöstern.

Rülzheim

EIN STÜCK AFRIKA IN DER SÜDPFALZ

Mit zwei besonderen Attraktionen lockt Rülzheim Gäste an: mit dem Erlebnispark Moby Dick und der Straußenfarm von Uschi Braun und Christoph Kistner. Beide Angebote werden gut angenommen. Kein Wunder, kann man im „Moby" das ganze Jahr über im 50 Meter langen Becken unabhängig vom Wetter schwimmen, während die Kids die Kinderspiellandschaft mit Felsengrotte und Wasserfall genießen. Im größte Straußenzuchtbetrieb Deutschlands leben die größten Vögel der Welt auf 130.000 Quadratmeter Fläche fast wie in freier Wildbahn. Man glaubt einen Hauch von Afrika zu spüren.

Die Gemeinde behauptet im Internet: „Rülzheim ist ein liebenswerter Ort mit vielen Möglichkeiten, in dem es sich zu leben lohnt." Wer wollte da widersprechen? Im Gästebuch hat ein begeisterter Freund des Orts seine Anerkennung in nur vier Worten ausgedrückt: „Ich finde Rülzheim cool." „Echt cool" findet ein anderer Besucher vor allem die Straußenfarm. Dass heute noch Raucher kommen, um zu sehen, wie in Rülzheim Zigarren hergestellt werden, ist eher unwahrscheinlich. Denn die früher bedeutende Zigarrenindustrie ist nach dem Zweiten Weltkrieg zum Erliegen gekommen. Die letzte Fabrik schloss 1956. Der Rauch der Enttäuschung ist aber längst verflogen. Denn zahlreiche Gewerbe- und mittlere Industriebetriebe haben für Ersatz für die verloren gegangenen Arbeitsplätze gesorgt.

Eine Gemeinde mit großer historischer Vergangenheit.

Rülzheim ist eine Gemeinde mit großer historischer Vergangenheit. Die geschichtlichen Anfänge lassen sich zurückverfolgen bis in die heidnische Zeit. Ein Findling, der in vorrömischer Zeit wohl als Altar diente, ist Beleg hierfür. 774 wurde der Ort erstmals erwähnt und dann wieder um 800. Wie der Ort zu seinem Namen kam, ist nicht endgültig verbürgt, aber wahrscheinlich hat ein Notar namens Ruodleich, der am Hofe Karls des Großen arbeitete, Pate gestanden. Aus „Heim des Ruodleich" wurde vermutlich Rülzheim. Der Deutsche Orden hatte von 1234 bis 1805 hier Fuß gefasst.

Städte und Gemeinden

VON A BIS Z – VON ALBERSWEILER BIS ZEISKAM

KREISFREIE STADT

 LANDAU. Einwohner (EW) 43.200; Feste: Maimarkt Ende April/Anfang Mai, Landauer Sommer am 2. Wochenende im Juli, Herbstmarkt am 2. und 3. Wochenende im September, Federweißenfest am 3. Wochenende im Oktober; Sehenswürdigkeiten: Festhalle, Frank-Loebsches Haus, Altes Kaufhaus, Galeerenturm, Rathaus, Böckingsches Haus, Deutsches und Französisches Tor, Justizgebäude, Villa Streccius, Strieffler-Haus, Rote Kaserne, Stadtbibliothek, Stiftskirche, Marienkirche, Katharinenkapelle, Augustinerkirche; Sitz: Marktstraße 50, 76829 Landau; Tel 0 63 41/130; Fax 0 63 41/13 195; Homepage: www.landau.de; E-Mail: stadtverwaltung@landau.de

LANDAUER ORTSTEILE

 ARZHEIM. EW: 1600; Sehenswürdigkeiten: Ehemalige bischöfliche Amtskellerei (erbaut um 1600), Kleine Kalmit mit Kapelle, kath. Kirche St. Georg mit spätgotischem Chorturm; Feste: Weinkerwe am 3. Wochenende im August; Ortsvorsteherbüro: Arzheimer Hauptstraße 58, 76829 Landau-Arzheim; Tel. 0 63 41/32 073; Fax 0 63 41/93 05 12; Homepage: www.arzheim.de; E-Mail: ovb-arzheim@de

 DAMMHEIM. EW: 1021; Sehenswürdigkeiten: Altes Schulhaus, Dorfplatz, Kirche von 1739; Feste: Weinkerwe am 3. Wochenende im August; Ortsvorsteherbüro: Schulstraße 3, 76829 Landau-Dammheim; Tel. 0 63 41/52 832; Fax 0 63 41/95 01 52; Homepage: www.dammheim.com; E-Mail: ovb-dammheim @landau.de.

 GODRAMSTEIN. EW: 3000; Sehenswürdigkeiten: Kath. Kirche, evang. Kirche und Turm; Feste: Weinkerwe am 2. Wochenende im August; Ortsvorsteherbüro: Godramsteiner Hauptstraße 96, 76829 Landau-Godramstein; Tel. 0 63 41/60 231; Fax: 0 63 41 96/04 07; Homepage: www.landau-godramstein.de; E-Mail: ovb-godramstein@landau.de

MÖRLHEIM. EW: 932; Sehenswürdigkeiten: Evang. Kirche von 1846/1851 (älteste Gustav-Adolf-Kirche), kath. Kirche von 1742, Fachwerkhaus von 1684 in der Hofgasse; Feste: Kerwe am 3. Wochenende im September; Ortsvorsteherbüro: Mörlheimer Hauptstraße 49, 76829 Landau-Mörlheim; Tel. 0 63 41/52 907; Fax. 0 63 41/95 02 67; Homepage: www.landau.de (Ortsteile); E-Mail: ovb-moerlheim@landau.de

 MÖRZHEIM. EW: 1200; Sehenswürdigkeiten: Alte Fachwerkhäuser (das älteste von 1561), Holzkelter von 1711 im Hof des Weinguts Becker, evang. Kirche; Feste: Kerwe am vorletzten Wochenende im Juli; Ortsvorsteherbüro: Mörzheimer Hauptstraße 31, 76829 Landau-Mörzheim; Tel. 0 63 41/32 008; Fax 0 63 41/ 93 02 91; Homepage: www.moerzheim.de; E-Mail: ovb-moerzheim@landau.de

 NUSSDORF. EW: 1460; Sehenswürdigkeiten: Bauernkriegshaus, Bauern-kriegerdenkmal, prot. Kirche mit frühgotischem Chor und mittelalterlichen Fresken, Weinerlebnispfad; Feste: Weinkerwe am 1. Wochenende im August, Bauernkriegshausfest am letzten Wochenende im August, „Wein und Kunst" auf dem Weinerlebnispfad am 1. Wochenende im September, Nacht der offenen Keller am Vorabend des Tages der Deutschen Einheit/3. Oktober; Tel. 0 63 41/62 928; Fax 0 63 41/96 01 39; Homepage: www.landau-nuss-dorf.de; E-Mail: ovb-nussdorf@landau.de

 QUEICHHEIM. EW: 3400; Sehenswürdigkeiten: Dreischiffige kath. Kirche Mariä Himmelfahrt von 1926, evang. Kirche im Stil des „Bauernbarock"; Feste: Kerwe am 1. Wochenende im September; Ortsvorsteherbüro: Queich-heimer Hauptstraße 79, 76829 Landau-Queichheim; Tel. 0 63 41/51 139; Fax 0 63 41/95 22 14; Homepage: www.queichheim.de; E-Mail: ovb-queich-heim@landau.de

 WOLLMESHEIM. EW: 800; Sehenswürdigkeiten: Ältester Kirchturm der Pfalz von 1040, Hauptstraße mit schmucken alten Fachwerkhäusern (teil-weise aus dem 16. Jahrhundert); Feste: Weinfest am 1. Mai, Kerwe am 4. Wo-chenende im August; Ortsvorsteherbüro: Wollmesheimer Hauptstraße 9, 76829 Landau-Wollmesheim; Tel. 0 63 41/31 378; Fax 0 63 41/93 05 47; Homepage: www.landau.de (Ortsteile); E-Mail: ovb-wollmesheim@landau.de

VERBANDSFREIE STÄDTE

 GERMERSHEIM. EW: 25.500; Sehenswürdigkeiten: Festungsanlage Fronte Beckers, Weißenburger- und Ludwigstor, Zeughaus, historische Kasernenge-bäude, Festungsanlage Fronte Lamotte, Stadt- und Festungsmuseum, Deutsches Straßenmuseum; Feste: Frühlingsfest 14 Tage vor Ostern, Pfingstmarkt, Fes-tungsfest alle zwei Jahre, Kultursommer etwa 6 Wochen vor den Sommerferien,

Sondernheimer Kirchweih am 3. Wochenende im August, Straßenfest auf dem Kirchenplatz am 1. Wochenende im September, Martinsmarkt und Kultur- und Museumsnacht eine Woche vor dem Volkstrauertag, Germersheimer Weihnachtsmarkt am 1. und 2. Adventswochenende im Dezember, Sondernheimer Christkindelmarkt am 3. Adventswochenende im Dezember; Sitz: Kolpingplatz 3, 76726 Germersheim; Tel. 0 72 74/96 00; Fax 0 72 74/96 02 47; Homepage: www.germersheim.de; E-Mail: info@germersheim.de

WÖRTH. EW: 19.400; Sehenswürdigkeiten: Skulpturengarten, Landeshafen, Bienwald, Rhein, Rheinauen, Luppert-Haus, Heinrich-von-Zügel-Gedächtnisgalerie im Rathaus, Kirchturm und Chor der Pfarrkirche St. Leo in Schaidt; Feste: Maimarkt Wörth am 3. Wochenende im Mai, Kerwe in Maximiliansau über Pfingsten, Kerwe in Schaidt am 2. Wochenende im Juli, Kerwe in Büchelberg am 2. Wochenende im August, Kerwe in Maximiliansau am letzten Wochenende im August, Kerwe in Wörth am 3. Wochenende im September; Sitz: Mozartstraße 2, 76744 Wörth; Tel. 0 72 71/13 10; Fax 0 72 71/13 11 31; Homepage: www.woerth.de; E-Mail: info@woerth.de

VERBANDSGEMEINDEN

ANNWEILER. EW: 17.330; Sitz: Meßplatz 1, 76855 Annweiler; Tel. 0 63 46/30 10; Fax 0 63 46/30 12 00; Homepage: www.vg-annweiler.rlp.de; E-Mail: info@annweiler.rlp.de

BAD BERGZABERN. EW: 24.613; Sitz: Königstraße 61, 76887 Bad Bergzabern; Tel. 0 63 43/70 10; Fax 0 63 43/70 198; Homepage: www.bad-bergzabern.de; E-Mail: info@vgbza.de

BELLHEIM. EW: 13.676; Sitz: Schubertstraße 18, 76756 Bellheim; Tel. 0 72 72/70 080; Fax 0 72 72/70 08 555; Homepage: www.bellheim.de; E-Mail: verbandsgemeinde@vg-bellheim.de

EDENKOBEN. EW: 19.772; Sitz: Poststraße 23, 67480 Edenkoben; Tel. 0 63 23/95 90; Fax 0 63 23/95 92 99; Homepage: www.vg-edenkoben.de; E-Mail: info@vg-edenkoben.de

HAGENBACH. EW: 11.396; Sitz: Ludwigstraße 20, 76767 Hagenbach; Tel. 0 72 73/94 100; Fax 0 72 73/94 10 26; Homepage: www.vg-hagenbach.de; E-Mail: info@vg-hagenbach.de

HERXHEIM. EW: 14.834; Sitz: Obere Hauptstraße 2, 76863 Herxheim; Tel. 0 72 76/50 10; Fax 0 72 76/50 12 00; Homepage: www.herxheim.de; E-Mail: info@herxheim.de

JOCKGRIM. EW: 16.208; Sitz: Untere Buchstraße 22, 76751 Jockgrim; Tel. 0 72 71/59 90; Fax 0 72 71/59 91 15; Homepage: www.vg-jockgrim.de; E-Mail: info@vg-jockgrim.de

 KANDEL. EW: 15.571; Sitz: Gartenstraße 8, 76870 Kandel; Tel. 0 72 75/96 00; Fax 0 72 75/96 01 01; Homepage: www.vg-kandel.de; E-Mail: info@vg-kandel.de

 LANDAU-LAND. EW: 14.154; Sitz: An 44, Nr. 31, 76829 Landau; Tel. 0 63 41/ 14 30; Fax 0 63 41/14 370; Homepage: www.landau-land.de; E-Mail: info@landau-land.de

 LINGENFELD. EW: 16.065; Sitz: Hauptstraße 60, 67360 Lingenfeld; Tel. 0 63 44/50 92 00; Fax 0 63 44/50 91 99; Homepage: www.vg-lingenfeld.de; E-Mail: info@vg-lingenfeld.de

 MAIKAMMER. EW: 8367; Sitz: Immengartenstraße 24, 67487 Maikammer; Tel. 0 63 21/58 990; Fax 0 63 21/58 99 99; Homepage: www.maikammer.de; E-Mail: vg-maikammer@t-online.de

 OFFENBACH. EW: 11.912; Sitz: Konrad-Lerch-Ring 6, 76877 Offenbach; Tel. 0 63 48/98 60; Fax 0 63 48/98 61 41; Homepage: www.offenbach-queich.de; E-Mail: rathaus@offenbach-queich.de

 RÜLZHEIM. EW: 15.440; Sitz: Am Deutschordensplatz 1, 76761 Rülzheim; Tel. 0 72 72/70 020; Fax 0 72 72/70 02 66; Homepage: www.ruelzheim.de; E-Mail: info@ruelzheim.de

GEMEINDEN

 ALBERSWEILER. EW: 1979; Sehenswürdigkeiten: Archäologischer Park, Klosterkirche St. Johann, Rokokoschlösschen St. Johann, Albersweilerer Kanal, kath. Kirche St. Stephan, prot. Bergkirche; Feste: Weinfest am 3. Wochenende im Juli, Kerwe am 1. Wochenende im September; Sitz: Hauptstraße 66, 76857 Albersweiler; Tel. 0 63 45/36 01; Fax 0 63 45/35 50; Homepage: www.albersweiler.de; E-Mail: ortsgemeinde@albersweiler.de

 ALTDORF. EW: 746; Sehenswürdigkeiten: Kirche von 1772, historische Bauernhäuser; Feste: Weinkerwe am 3. Wochenende im September, Tag der offenen Höfe; Sitz: Ringstraße 1, 67482 Altdorf; Tel. 0 63 27/47 25; Homepage: www.altdorf-pfalz.de

ANNWEILER (Stadt). EW: 7153; Sehenswürdigkeiten: Burg Trifels, historische Altstadt, Fresko im Ratssaal, Kurpark, Stadtmühle, Wassergasse, Messplatz; Feste: Markttage 2. Samstag/Sonntag im Juni, Richard-Löwenherz-Fest am letzten Wochenende im Juli, Burgfest am 1. Wochenende im August; Sitz: Hauptstraße 20, 76855 Annweiler; Tel. 0 63 46/96 59 700; Fax 0 63 46/96 59 750; Homepage: www.annweiler.de; E-Mail: info@annweiler.de

BAD BERGZABERN (Stadt). EW: 7600; Sehenswürdigkeiten: Historischer Altstadtkern, Schloss der Zweibrücker Herzöge, prot. Marktkirche, Taufkirche der Heiligen Edith Stein, Bergkirche, Stadtbefestigung, historisches Renaissance-Gasthaus „Zum Engel"; Feste: Ostermarkt am 2. Wochenende vor Ostern, Altstadtfest am 1. Wochenende im Juni, Schlossfest am 3. Wochenende im August, Kurparkleuchten am 2. Sonntag im September, Herbstmarkt vom 4. Wochenende im Oktober bis zum 1. Wochenende im November, Herzogin-Karolinen-Markt im Innenhof des Schlosses am 2. Wochenende im Dezember; Sitz: Königstraße 63, 76887 Bad Bergzabern; Tel. 0 63 43/70 114; Fax 0 63 43/70 198; Homepage: www.bad-bergzabern.de; E-Mail: info@bad-bergzabern.de

BARBELROTH. EW: 650; Sehenswürdigkeiten: Historische Fachwerkhäuser, ehemaliges Pfarrhaus, prot. Kirche; Feste: Kerwe am 2. Wochenende im September; Sitz: Am Schützenplatz 9, 76889 Barbelroth; Tel. 0 63 43/87 35; Fax 0 63 43/32 67; Homepage: www.barbelroth.de

BELLHEIM. EW: 8569: Sehenswürdigkeiten: Kath. und evang. Kirche, Queichlinien, Lordplatz, Brauerei; Feste: Blumen- und Gartenmarkt an Pfingsten, Parkfest jedes 2. Jahr im Juni, Brauereifest am 3. Wochenende im Juli, Waldfest des Musikvereins im August, Grumbeerfeschd am 2. Wochenende im September, Nikolausmarkt am 1. Advent, Eisbärenparty der Feuerwehr jedes Jahr am 30. Dezember; Sitz: Schubertstraße 18, 76756 Bellheim; Tel. 0 72 72/70 080; Fax 0 72 72/70 08 555; Homepage: www.bellheim.de; E-Mail: t.baumgaertner@vg-bellheim.de

BERG. EW: 2260; Sehenswürdigkeiten: Zollmuseum im Ortsteil Neulauterburg, Mühlengebäude aus dem 17. Jahrhundert, Fischtreppe; Feste: Kerwe am 1. Wochenende im September; Sitz: Ludwigstraße 48, 76768 Berg; Tel. 0 72 73/ 12 84; Homepage: www.berg-pfalz.de; E-Mail: buergermeister@berg-pfalz.de

BILLIGHEIM-INGENHEIM. EW: 3978; Sehenswürdigkeiten in Billigheim: Oberes Stadttor, prot. Kirche St. Martin aus dem 11. Jahrhundert, Stadtschreiberhaus gegenüber dem Rathaus; Ingenheim: Evang. Kirche von 1822/23, jüdischer Friedhof am westlichen Ortsrand; Appenhofen: Johann-

Baptist-Kapelle im Kaiserbachtal, erbaut etwa um 1400; Mühlhofen: Kirche von 1839, renoviert 2007; Feste: Billigheimer Purzelmarkt am 3. Sonntag im September, Weinfest Mühlhofen am letzten Wochenende im Juli, Klingbachfest Ingenheim am 2. Wochenende im August; Sitz: Marktstraße 29, 76 831 Billigheim-Ingenheim; Tel. 0 63 49/99 64 01; Fax 0 63 49/99 64 02; Homepage: www.billigheim-ingenheim.de; E-Mail: rathaus@billigheim-ingenheim.de

BIRKENHÖRDT. EW: 698; Sehenswürdigkeiten: Kirche im Ortskern (genannt Wasgau-Dom), Friedenskapelle; Feste: Kerwe an 3. Wochenende im Oktober; Sitz: Hauptstraße (DGH), 76889 Birkenhördt; Tel. 0 63 43/93 81 81; Fax 0 63 43/93 30 75; Homepage: www.birkenhoerdt.de; E-Mail: webmaster@birkenhoerdt.de

BIRKWEILER. EW: 719; Sehenswürdigkeiten: Kath. Kirche von 1896, prot. Kirche von 1870; Feste: Hohenbergfest am 1. Mai, kulinarische Weinbergswanderung an Pfingsten, Weinfest am 4. Wochenende im Juli, Kerwe am letzten Wochenende im August; Sitz: Gemeindeverwaltung, 76831 Birkweiler; Tel. 0 63 45/26 37; Homepage: www.birkweiler.de; E-Mail: gemeinde@birkweiler.de

BÖBINGEN. EW: 718; Sehenswürdigkeiten: Kath. und evang. Kirche, Leopold-Reitz-Platz; Feste: Kerwe am 3. Wochenende im Juli; Sitz: Hauptstraße 110, 67482 Böbingen; Tel. 0 63 27/8 68; Fax 0 63 27/96 01 99; E-Mail: pulg.pfalz@t-online.de

BÖCHINGEN. EW: 791; Sehenswürdigkeiten: Kirche, Schloss Böchingen, Fabelbrunnen, Hainbachrenaturierung („Klein Venedig"); Feste: Weinfest am 2. Wochenende im August, Fest der Begegnung am 3. oder 4. Wochenende im August, „Böchinger Herbst" auf dem Dorfplatz an 5 Sonntagen im September und Oktober; Sitz: Burrweiler Straße 1, 76833 Böchingen; Tel. 0 63 41/63 415; Homepage: www.boechingen.de; E-Mail: info@boechingen.de

BÖLLENBORN. EW: 270; Sehenswürdigkeiten: Ehemalige Wallfahrtskirche mit Gnadenmadonna aus dem 15. Jahrhundert, Mundatsteine, Wendelinuskapelle in Reisdorf; Feste: Kerwe in Reisdorf am 2. Wochenende und in Böllenborn am 3. Wochenende im September; Brotbackfest des PWV im August; Sitz: Friedhofstraße 13, 76887 Böllenborn; Tel. und Fax 0 63 43/54 79; Homepage: www.pfalzparadies.de

BORNHEIM. EW: 1343; Sehenswürdigkeiten: Storchenzentrum, Storchenscheune, Wachthäusel von 1835, Saubrunnen, Max-und-Moritz-Platz; Feste: Saubrunnenfest am Wochenende nach Pfingsten, Storchenfest am 1. Sonntag

im August, Kerwe am 1. Wochenende im September; Sitz: Hauptstraße 19, 76879 Bornheim; Tel. 0 63 48/88 08; Fax 0 63 48/61 50 801; Homepage: gemeinde.bornheim@t-online.de

BURRWEILER. EW: 905; Sehenswürdigkeiten: Kirche von 1523, Amtshaus Grafen von der Leyen, St. Anna-Kapelle, Rathaus; Feste: Kerwe am 1. Wochenende im Juli, Weinfest am letzten Wochenende im August; Sitz: Gaisbergstraße 9, 76835 Burrweiler; Tel. 0 63 45/36 92; Fax 0 63 34/52 26; Homepage: www.burrweiler.de; E-Mail: wind-rabold@t-online.de

DERNBACH. EW: 490; Sehenswürdigkeiten: Prot. und kath. Kirche, Lourdesgrotte, Burgruinen Neuscharfeneck, Meistersel und Ramburg; Feste: Kerschehoogekerwe am 3. Wochenende im Juli; Sitz: Dreimorgen 7, 76857 Dernbach; Tel. 0 63 45/37 36; Fax 0 63 46/37 36; Homepage: www.dern-bach-pfalz.de; E-Mail: edwin.gensheimer@dernbach-pfalz.de

DIERBACH. EW: 580, Sehenswürdigkeiten: Kirche St. Anna, verschiedene Winzerhöfe; Feste: Weinfest am 1. Wochenende im Oktober; Sitz: Jahnstraße, 7688 Dierbach; Tel. 0 63 40/274; Fax 0 63 40/56 12; Homepage: www.ge-meinde-dierbach.de; E-Mail: webmaster@gemeinde-dierbach.de

DÖRRENBACH. EW: 980; Sehenswürdigkeiten: Historische Fachwerkbauten mit Rathaus von 1590, Wehrkirchanlage aus dem Mittelalter, Kolmerberg-Wallfahrtskapelle, Aussichtsturm Stäffelsberg; Feste: Martini-Kerwe mit Umzug Anfang November, Dornröschen-Krönung Anfang Juni; Sitz: Hauptstraße 39, 76889 Dörrenbach; Tel. 0 63 43/48 64; Fax 0 63 43/93 87 78; Homepage: www.doerrenbach.de; E-Mail: info@doerrenbach.de

EDENKOBEN (Stadt). EW: 6787; Sehenswürdigkeiten: Villa Ludwigshöhe, Friedensdenkmal, prot. Stadtkirche, kath. Stadtkirche St. Ludwig; Feste: Owergässer Winzerkerwe (5 Tage) jeweils ab Fronleichnam, Weinfest der Südlichen Weinstraße am 4. Wochenende im September; Sitz: Weinstraße 86, 67480 Edenkoben; Tel. 0 63 23/38 11; Fax 0 63 23/98 11 37; Homepage: www.edenkoben.de; E-Mail: rathaus@edenkoben.de

EDESHEIM. EW: 2326; Sehenswürdigkeiten: Edesheimer Schloss, kath. Kirche; Feste: Waldfest im Modenbachtal am 3. Wochenende im Juli, Edesheimer Jahrmarkt am 1. Wochenende im September, Fest des neuen Weines um den 3. Oktober; Sitz: Ludwigstraße 1, 67483 Edesheim; Tel. 0 63 23/29 06; Homepage: www.edesheim.de

ERLENBACH. EW: 750; Sehenswürdigkeiten: Kirche von 1821, Kirchturm von 1866/67, Naturdenkmal Märzenbecher; Feste: Kerwe am letzten Wochenende im Juni; Sitz: Hauptstraße 31, 76872 Erlenbach; Tel. 0 72 75/13 04; Homepage: www.erlenbach.net

ESCHBACH. EW: 718; Sehenswürdigkeiten: Madenburg, kath. Kirche von 1832; Feste: Weinfest am 2. Wochenende im August, Kerwe am 2. Wochenende im November; Sitz: Weinstraße 81 a, 76831 Eschbach; Tel. 0 63 45/ 53 06; Fax 0 63 45/40 70 828; Homepage: www.eschbach-pfalz.de; E-Mail: info@eschbach-pfalz.de

ESSINGEN. EW: 2041; Sehenswürdigkeiten: St. Wendelinuskapelle von 1280, Rathaus von 1590, jüdischer Friedhof von 1618; Feste: Kerwe am 4. Wochenende im August, Hobby-Künstlerausstellung Anfang November; Sitz: Fichtenstraße 5, 76879 Essingen; Tel. 0 63 47/403; Homepage: www.unser-essingen.de

EUSSERTHAL. EW: 938; Sehenswürdigkeiten: Zisterzienserkirche von 1148, Forellenzucht; Feste: Schälebrichelkerwe am 3. Wochenende im August; Sitz: Sulzbachweg 6, 76857 Eußerthal; Tel. 0 63 45/74 84; Homepage: www.eusserthal.de; E-Mail: info@eusserthal.de

FLEMLINGEN. EW: 420; Sehenswürdigkeiten: Burg Scharfeneck, neuer Weinbrunnen; Feste: Kerwe am 2. Wochenende im August; Sitz: Bachstraße 10, 76835 Flemlingen; Tel 0 63 23/28 15; Fax 0 63 23/70 40 483; Homepage: www.flemlingen.com

FRANKWEILER. EW: 914; Sehenswürdigkeiten: Historische Steinhäuser des 18. und 19. Jahrhunderts, prot. Kirche St. Georg, Gedenkstein Dagobertshecke, Burgruine Neuscharfeneck; Feste: Fest des Federweißen am 2. Wochenende im Oktober, Stäbrecherfest am 3. Wochenende im Juni, König-Dagobert-Tafel am 1. Wochenende im September; Sitz: Orensfelsstraße 5 a, 76833 Frankweiler; Tel. 0 63 45/27 34; Homepage: www.frankweiler.de

FRECKENFELD. EW: 1640; Sehenswürdigkeiten: Dampfnudeltor, Kirche St. Wolfgang, Dorfbrunnen Hauptstraße 77, ältester Birnbaum der Pfalz in der Lindenstraße; Feste: Museumstag am 1. Sonntag im Mai, Kerwe am 2. Wochenende im Oktober; Sitz: Hauptstraße 65, 76872 Freckenfeld; Tel. 0 63 40/92 666 oder 82 42; Homepage: www.freckenfeld.de

FREIMERSHEIM. EW: 1008; Sehenswürdigkeiten: Kirche von 1760 mit Turm von 1100, historische Torbogen, Fachwerkhäuser; Feste: Weinfest am 2. Wochenende im Juli, Kerwe am Wochenende nach Fronleichnam; Sitz: Hauptstraße 16, 67482 Freimersheim; Tel. 0 63 47/87 41; Fax 0 63 47/ 60 87 08; Homepage: www.freimersheim.de

FREISBACH. EW: 1100; Sehenswürdigkeiten: Pfarrkirche von 1788/89 mit einer von Johann Georg Geib erbauten Orgel; Feste: Parkfest im Juni, Kerwe im August; Sitz: Waldstraße 15, 67360 Freisbach; Tel. 0 63 44/89 91 oder 0162/29 09 110 (Bürgermeister); Homepage: www.freisbach.de; E-Mail: petergauweiler@web.de

 GLEISWEILER. EW: 560; Sehenswürdigkeiten: Kath. Pfarrkirche St. Stephan, prot. Martin-Bucer-Kirche, Kurpfälzischer Zehnthof mit Museum „Faszination Papier", Park mit Sonnentempel, künstlerisch gestaltete Sandsteinbrunnen, historische Walddusche, ältester Edelkastanienbaum der Südpfalz; Feste: Weinkerwe „Wein und Kunst" am 1. Wochenende im August; Sitz: Kronstraße 31, 76835 Gleisweiler; Tel. 0 63 45/84 84 (Bürgermeister); Homepage: www.gleisweiler.de

 GLEISZELLEN-GLEISHORBACH. EW: 820; Sehenswürdigkeiten: Dyonisuskapelle; Feste: Kerwe am 3. Wochenende im August, Weinfest am 2. Wochenende im September, Federweißenfest am 3. Wochenende im Oktober; Sitz: Schulstraße 10, 76889 Gleiszeller-Gleishorbach; Tel. 0 63 43/70 07 575; Fax 0 63 43/93 94 52; Homepage: www.bad-bergzabern.de

 GÖCKLINGEN. EW: 970; Sehenswürdigkeiten: Freihof (Fronhof des ehemaligen Klosters Klingenmünster), kath. Kirche von 1791, altes Winzerhaus von 1595 in der Pfaffengasse 6, evang Kirche von 1789, Rathaus von 1830, Biotopweiher „Alte Tongrube"; Feste: Weinfest am 3. Wochenende im Juni, Kerwe am vorletzten Wochenende im August; Sitz: Schulplatz 1, 76831 Göcklingen; Tel. 0 63 49/62 34; Fax 0 63 49/69 22; Homepage: www.goecklingen.de; E-Mail: fritzgarrecht@web.de

 GOMMERSHEIM. EW: 1500; Sehenswürdigkeiten: Alte Bauernhäuser; Feste: Kindelsbrunnenfest am 1. Sonntag im Juli, Kerwe am 2. Wochenende im Juli, Weihnachtsmarkt am 1. Advent; Sitz: Hauptstraße 74, 67377 Gommersheim; Tel. 0 63 27/97 64 44; Homepage: www.gommersheim.de

 GOSSERSWEILER-STEIN. EW:1552; Sehenswürdigkeiten: Bizarre Buntsandsteinfelsen; Feste: Kerwe in Gossersweiler am 3. Wochenende im September; Sitz: Am Kaiserbach, 76857 Gossersweiler-Stein; Tel. 0 63 46/67 89; Fax 0 63 46/98 96 46; Homepage: www.gossersweiler-stein.de; E-Mail: ortsgemeinde@gossersweiler-stein.de

 GROSSFISCHLINGEN. EW: 680; Sehenswürdigkeiten: Nudelfabrik, Brunnen; Feste: Weinkerwe am letzten Wochenende im August; Sitz: Hauptstraße 22, 67483 Großfischlingen; Tel. 0 63 23/98 91 83; Homepage: www.grossfischlingen.de; E-Mail: gemeinde@grossfischlingen.de

HAGENBACH (Stadt). EW: 5732; Sehenswürdigkeiten: Kirche St. Michael von 1752, Reste der Stadtmauer, Skulpturenweg, schmucke Fachwerkhäuser, historischer Altstadtkern; Feste: Kerwe im Oktober, Brunnenfest alle vier Jahre im Juli; Sitz: Ludwigstraße 18, 76767 Hagenbach; Tel. 0 72 73/41 83; Homepage: www.hagenbach.de; E-Mail: f.x.scherrer@ hagenbach.de

HAINFELD. EW: 778; Sehenswürdigkeiten: Romanische Christuskirche von 1200 (1508 spätgotischer Neubau an der Südseite, 1718/19 Umgestaltung zur Barockkirche, Barbarabogen von 1725, Fresken aus dem 15. Jahrhundert), Immaculata am südlichen Ortsausgang, viele barocke Statuen an alten Winzerhäusern, Röhrenbrunnen von 1561; Feste: Weinkerwe am 3. Wochenende im August, Fest des Federweißen am 1. Wochenende im Oktober; Sitz: Dorfplatz 1, 76835 Hainfeld; Tel. 0 63 23/57 85; Homepage: www.hainfeld.de; E-Mail: info@hainfeld.de

HATZENBÜHL. EW: 2850; Sehenswürdigkeiten: Fachwerkhäuser, kath. Kirche St. Wendelinus mit Kopie des berühmten Speyerer Madonnenbildes, Bildstöckel aus dem 15. Jahrhundert am Herxheimer Weg, Sammlung von Tabakpfeifen im Rathaus; Feste: Erntedankfest am 1. Sonntag im August, Sommernachtsfest am letzten Wochenende im August, Kerwe am 1. Wochenende im November, Wendelinusfest am Sonntag um den 20. Oktober; Sitz: Kirchstraße 7, 76770 Hatzenbühl; Tel. 0 72 75/34 51; Fax 0 72 75/91 84 25; Homepage: www.hatzenbuehl.de; E-Mail: rathaus@hatzenbuehl.de

HERGERSWEILER. EW: 236; Sehenswürdigkeiten: Alte Bauernhäuser; Feste: Feuerwehrfest am 1. Wochenende im Juli, Kerwe am 1. Wochenende im September; Sitz: Hauptstraße 44, 76872 Hergersweiler; Tel. 0 63 49/78 88; Fax 0 63 49/99 65 22; Homepage: www.hergersweiler.de; E-Mail: helmut.heib@hergersweiler.de

HERXHEIM. EW: 10.435; Sehenswürdigkeiten in Herxheim: Villa Wieser mit Park, Dorfplatz mit Brunnen von Gernot und Barbara Rumpf, Museum mit Hof und Historarium, kath. Pfarrkirche, historischer Waschplatz mit Plastiken von G. und B. Rumpf; Hayna: Fachwerkhäuser, Tabakschuppen, Tabakbrunnen von G. und B. Rumpf, Bürgerhaus; Feste: Frühlingsmarkt im Mai, St. Gallusmarkt im Oktober, internationales Sandbahnrennen an Christi Himmelfahrt; Sitz: Obere Hauptstraße 2, 76863 Herxheim; Tel. 0 72 76/ 50 10; Fax 0 72 76/50 12 00; Homepage: www.herxheim.de; E-Mail: info@ herxheim.de

HERXHEIMWEYHER. EW: 490; Sehenswürdigkeiten: Historisches Rathaus, Fachwerkhäuser, St. Antoniuskirche, Kapelle, Tabakschuppen; Feste: Kirchenpatronatsfest am Sonntag nach Antonius; Sitz: Hauptstraße 48, 76863 Herxheimweyher; Tel. 0 72 76/85 70; Fax 0 72 76/59 54 (Bürgermeister); Homepage: www.herxheimweyher.de

 HEUCHELHEIM-KLINGEN. EW: 913; Sehenswürdigkeiten: In Heuchelheim Rathaus von 1592, in Klingen Kirche von 1519 mit der ältesten Orgel der Pfalz, alte Wappenschmiede (Hammerschmiede); Feste: Weinfest am 2. Wochenende im Juli, Heuchelheimer Kerwe am 2. Wochenende im August, Rotweinkerwe am 1. Wochenende im September, Herbschdwächelfeschd am 3. Wochenende im Oktober; Sitz: Hauptstraße 44, 76831 Heuchelheim-Klingen; Tel. 0 63 49/99 07 30; Homepage: www.heuchelheim-klingen.de oder www.klingbachtal.de; E-Mail: ruckstuhl.karl-heinz@asa-landau.lsjv.rlp.de

 HOCHSTADT. EW: 2500; Sehenswürdigkeiten: Zahlreiche Fachwerkhäuser, kleiner jüdischer Friedhof, Weinlehrpfad mit Aussichsturm; Feste: Wein- und Knoppfest am 2. Wochenende im August, Kerwe am 2. Wochenende im September; Sitz: Hauptstraße 75, 76879 Hochstadt; Tel. 0 63 47/24 84; Fax 0 63 47/60 80 155; Homepage: www.offenbach-queich.de

 HÖRDT. EW: 2480; Sehenswürdigkeiten: St. Georgskirche, Mauerrest des ehemaligen Klosters, Rheinaue (zweitgrößtes Naturschutzgebiet der Pfalz); Feste: Kerwe am letzten Wochenende im August, Spargelfest im Mai, Augustinerfest, Klosterfest alle fünf Jahre; Sitz: Schulzenstraße 18, 76771 Hördt; Tel. 0 72 72/83 58; Fax 0 72 72/77 202; Homepage: www.klosterdorf-hoerdt.de; E-Mail: info@klosterdorf-hoerdt.de

 ILBESHEIM. EW: 1264; Sehenswürdigkeiten: Rathaus von 1558, Dorfmittelpunkt, Heimatmuseum, Alte Waschbank, Napoleonsbank, Kalmitwingert; Feste: Kalmitfest am letzten Wochenende im Juli, Weinkerwe am 1. Wochenende im September; Sitz: Madenburgstraße 8, 76831 Ilbesheim; Tel. und Fax 0 63 41/31 851; Homepage: www.ilbesheim.de

 IMPFLINGEN. EW: 840; Sehenswürdigkeiten: Kirche von 1249 mit Krämerorgel von 1778; Feste: Weinfest am 3. Wochenende im August; Sitz: Kirchstraße 1, 76831 Impflingen; Tel. 0 63 41/84 364; Fax 0 63 41/89 86 97; Homepage: www.impflingen.de; E-Mail: guenter.flicker@web.de

 INSHEIM. EW: 2300; Sehenswürdigkeiten: Rathaus von 1733, prot. Kirche (erstmals im 9. Jahrhundert erwähnt), Zeppelinsbrunnen am Großen Platz; Feste: Weinfest am 5. Wochenende nach dem 31. Juli; Sitz: Hauptstraße 15, 76865 Insheim; Tel. 0 63 41/86 320; Homepage: www.insheim.de; E-Mail: kontakt@insheim.de

JOCKGRIM. EW: 7266; Sehenswürdigkeiten: Ziegeleimuseum, Zehnthaus, Schweinheimer Kirchel, historisches Hinterstädtel, Kirche Dr. Dionysius, Tongruben; Feste: Kerwe am 2. Wochenende im August, Hinterstädtelfest alle zwei Jahre; Sitz: Maximilianstraße 36, 76751 Jockgrim; Tel. 0 72 71/ 52 895; Fax 0 72 71/98 17 07; Homepage: www.jockgrim.de; E-Mail: rathaus@jockgrim.de

 KANDEL (Stadt). EW: 15.500; Sehenswürdigkeiten: St. Georgs-Turm aus dem 16. Jahrhundert, Fachwerkbauten aus dem 17. und 18. Jahrhundert, Bienwald (mit römischen Meilensteinen, Keltengräbern und Westwallbunkern), Abenteuerpark; Feste: Maimarkt, Oktobermarkt, Stadtfest, Chistkindelmarkt, Kräutermarkt, Ostereiermarkt, Töpfermarkt; Sitz: Hauptstraße 61, 76870 Kandel; Tel. 0 72 75/91 980; Fax 0 72 75/96 01 01; Homepage: www.kandel.de; E-Mail: stadt-kandel@vg-kandel.de

 KAPELLEN-DRUSWEILER. EW: 1000; Feste: Weinfest am 1. Wochenende im August, Federweißenfest am 3. Wochenende im September; Sitz: Obere Hauptstraße 5, 76889 Kapellen-Drusweiler; Tel. 0 63 43/93 95 80; Fax 0 63 43/93 95 81; Homepage: www.kapellen-drusweiler.de

 KAPSWEYER. EW: 1000; Sehenswürdigkeiten: St. Ulrich-Kirche mit Chorfresko, Brunnenplastik von Jürgen Görtz; Feste: In geraden Jahren am letzten Wochenende im Juni Kerwe mit Straßenflohmarkt, in ungeraden Jahren am letzten Juni-Wochenende Grenzlandfest mit Handwerker- und Bauernmarkt; Sitz: Raiffeisenstraße 1, 76889 Kapsweyer; Tel. 0 63 40/51 25; Homepage: www.kapsweyer.de

 KIRRWEILER. EW: 2122; Sehenswürdigkeiten: Kath. Pfarrkirche Heilig-Kreuz-Erhöhung von 1749, Marienkapelle „mater dolorosa" von 1765/69, Winzerhöfe mit eindrucksvollen Portalen aus dem 16. bis 19. Jahrhundert, Edelhof und Schlössel; Feste: Weinfest am 1. Wochenende im Juli, Weinkerwe am 2. Wochenende im September; Sitz: Hauptstraße 12, 67489 Kirrweiler; Tel. 0 63 21/50 79, Fax: 0 63 21/58 99 99; Homepage: www.kirrweiler.de

 KLEINFISCHLINGEN. EW: 300; Sehenswürdigkeiten: Evang. Kirche mit Malereien aus dem 15. Jahrhundert, Florum mit Kräutergarten in der Niedergasse; Feste: Storchenkerwe am 1. Wochenende im Juli; Sitz: Schulstraße 1, 67483 Kleinfischlingen; Tel. 0 63 47/29 58; Homepage: www.kleinfischlingen.de; E-Mail: h-g-buchert@gmx.de

 KLINGENMÜNSTER. EW: 2400; Sehenswürdigkeiten: Kloster von 626, Fliehburg Schlössel, Burg Landeck, ehemaliges Amtshaus; Feste: 1. Mai-Fest auf dem Karlsplatz, Landeckfest am letzten Wochenende im Juni, Kerwe am

letzten Wochenende im August; Sitz: Steinstraße 2, 76899 Klingenmünster; Tel. 0 63 49/64 10 oder 63 44; Fax 0 63 49/63 44; Homepage: www.klingenmuenster.de; E-Mail: christel.flory@nexgo.de

KNITTELSHEIM. EW: 1080; Sehenswürdigkeiten: Kath. Kirche St. Georg von 1833/36 mit Turm aus dem 15. Jahrhundert und Orgel von 1840; Feste: Kerwe am 1. Wochenende im Oktober, Flammkuchenfest zur Sonnenwende am 2. oder 3. Wochenende im Juni; Sitz: Ludwigstraße 27, 76879 Knittelsheim; Tel. 0 63 48/251; Fax 0 63 48/70 08 555; Homepage: www.knittelsheim.de; E-Mail: ulrich.christmann@t-online.de

KNÖRINGEN. EW: 472; Sehenswürdigkeiten: Kath. und prot. Kirche; Feste: Amselkerwe am 2. Wochenende im Mai, Weinfest am 3. Wochenende im Juni; Sitz: Hauptstraße 34, 76833 Knöringen; Tel. 0 63 41/94 50 26; Homepage: www.landau-land.de

KUHARDT. EW: 1948; Sehenswürdigkeiten: Wachthäusel von 1835, kath. Pfarrkirche St. Anna von 1758, Heimatmuseum im Gemeindehaus; Feste: Patronatsfest St. Anna-Tag (Wallfahrt und Prozession) am letzten Sonntag im Juli, Auwälder-Musiktage im August, Kerwe am zweiten Wochenende im September; Sitz: Hauptstraße 1, 76773 Kuhardt; Tel. 0 72 72/83 18; Fax 0 72 72/75 05 97; Homepage: www.kuhardt.de; E-Mail: info@kuhardt.de

LEIMERSHEIM. EW: 2800; Sehenswürdigkeiten: Rheinfähre Leimersheim-Eggenstein, Heimatmuseum Fischerhaus; Feste: Maifest mit Maibaumaufstellung am 30. April/1. Mai, Kerwe am letzten Wochenende im September, Dorffest alle fünf Jahre; Sitz: Hauptstraße 29, 76774 Leimersheim; Tel. 0 72 72/22 10; Homepage: www.ruelzheim.de; E-Mail: m.schardt@ruelzheim.de

LEINSWEILER. EW: 430, Sehenswürdigkeiten: Slevogthof, historisches Rathaus mit Arkadenhalle von 1619 und davor Drei-Röhren-Brunnen von 1581, Martinskirche aus dem 13. Jahrhundert; Feste: Brunnenfest am 3. Wochenende im Juli, Weinfest am 3. Wochenende im August; Sitz: Slevogtstraße 30, 76829 Leinsweiler; Tel. 0 63 45/91 90 84; Fax 0 63 41/91 90 85; Homepage: www.leinsweiler.de; E-Mail: info@leinsweiler.de

LINGENFELD. EW: 5348; Sehenswürdigkeiten: Kath. Martinuskirche von 1413 (Neubau 1837/1840), evang. Christuskirche von 1973; Feste: Kerwe am 3. Wochenende im September, Straßenfest der Vereine und Gastronomen am letzten Wochenende im Juli; Sitz: Hauptstraße 58, 67360 Lingenfeld; Tel. 0 63 44/56 01; Fax 0 63 44/93 85 64; Homepage: www.lingenfeld.de; E-Mail: ortsgemeinde_lingenfeld@t-online.de

LUSTADT. EW: 3500; Sehenswürdigkeiten: Jüdischer Friedhof nördlich der B 272; Feste: Handkeesfescht um den 1. Mai, Kerwe im Unterdorf am 2. Wochenende im August, Kerwe im Oberdorf am 1. Wochenende im September; Sitz: Obere Hauptstraße 140, 67363 Lustadt; Tel. 0 63 47/336; Fax 0 63 47/ 67 94; Homepage: www.lustadt.de

 MAIKAMMER. EW: 4309; Sehenswürdigkeiten: Kath. Kirche St. Kosmas und Damian, Maria-Schmerzen-Kapelle in Alsterweiler mit Altarbild (Triptychon); Feste: Maifest von Christi Himmelfahrt bis Sonntag, Brunnenkerwe Alsterweiler am letzten Wochenende im Juni, Kerwe Maikammer am 3. Wochenende im Juli, Gartenmarkt am 3. Wochenende im August; Sitz: Immengartenstraße 24, 67487 Maikammer; Tel. 0 63 21/58 990; Fax 0 63 21/ 58 99 99; Homepage: www.maikammer.de

 MINFELD. EW: 1600; Sehenswürdigkeiten: Wertvolle Fresken in der historischen prot. Kirche von 1051/53, Kulturscheune; Feste: Storchenfest im Juni, Kerwe im September, „Minfelder Sommer" alle zwei Jahre; Sitz: Herrengasse 5, 76872 Minfeld; Tel. 0 72 75/22 42; Fax 0 72 75/91 31 70; Homepage: www.minfeld.de; E-Mail: manfred_foos@fwg-minfeld.de

 MÜNCHWEILER AM KLINGBACH. EW: 250; Sehenswürdigkeiten: Ein der Goldammer gewidmeter Brunnen; Feste: Kerwe am 3. Wochenende im Juni; Sitz: Gemeindeverwaltung, 76857 Münchweiler am Klingbach; Tel. 0 63 46/54 10 oder 57 85; Fax 0 63 46/56 81; Homepage: www.muenchweiler-am-klingbach.de; E-Mail: info@annweiler.rlp.de

Neupotz

 NEUBURG. EW: 2700; Sehenswürdigkeiten: Kath. und prot. Kirche, Dorfplatz, Rheinaue-Museum, Schiffahrts-Museum, Schiffermast am Rathausplatz; Feste: Fischerfest des Angelsportvereins am 3. Wochenende im Juli, Fischerfest der Anglerfreunde am 2. Wochenende im August, Kerwe am 2. Wochenende im Oktober; Sitz: Hauptstraße 50, 76776 Neuburg; Tel. 0 72 73/12 26; Fax 0 72 73/92 023; Homepage: www.neuburg-rhein.de; E-Mail: gemeinde.neuburg@t-online.de

 NEUPOTZ. EW: 1794; Sehenswürdigkeiten: St. Bartholomäuskirche von 1836/1840, Altrheinauen-Landschaft mit urwüchsigen Auenwäldern; Feste: Storchenfest (Termin

richtet sich nach den großen Ferien), Aktionsradtag „Vom Riesling zum Zander" am 3. Sonntag im Juli, Kirchweih am 3. Wochenende im September; Sitz: Oberdorf 4, 76777 Neupotz; Tel. 0 72 72/21 92; Fax 0 72 71/59 91 15; Homepage: www.neupotz-rhein.de; E-Mail: rathausneupotz@gmx.de

 NIEDERHORBACH. EW: 500; Sehenswürdigkeiten: Lehrwanderpfad „Wein und Natur", prot. Kirche, Fachwerkhäuser; Feste: Brunnenfest im Mai, Weinkerwe am 2. Wochenende im August; Sitz: Raiffeisenstraße 28, 76889 Niederhorbach; Tel. 0 63 43/33 49; Homepage: www.niederhorbach.de

 NIEDEROTTERBACH. EW: 360; Sehenswürdigkeiten: Kath. Kirche St. Nikolaus von 1470, prot. Kirche von 1816, Reste des Westwalls (Höckerlinie, Panzergräben); Feste: Kerwe am 2. Wochenende im September; Sitz: Niedergasse 2, 76889 Niederotterbach; Tel. 0 63 40/83 79; Fax 0 63 40/92 640; Homepage: www.niederotterbach.de

 OBERHAUSEN. EW: 501; Sehenswürdigkeiten: Hist. Rathaus mit Glockenturm von 1874; Feste: Kerwe am Wochenende mit letztem Sonntag im August; Sitz: Obere Hauptstraße 7, 76887 Oberhausen; Tel. 0 63 49/36 36; Fax 0 63 49/99 15 40; Homepage: www.bad-bergzabern.de

 OBEROTTERBACH. EW: 1200; Sehenswürdigkeiten: Prot. Pfarrhaus von 1732, Prinz-Philipp-Schlössel, Ruine Guttenburg; Feste: Kerwe am 1. Wochenende im September, Weinfest in den Winzerhöfen an Pfingsten, Fest des Federweißen am letzten Wochenende im September, Schützenfest am 3. Wochenende im Juli; Sitz: Rotackerweg 2, 76889 Oberotterbach; Tel. 0 63 42/91 90 33; Fax 0 63 42/91 90 34; Homepage: www.bad-bergzabern.de; E-Mail: f.beck@onlinehome.de

 OBERSCHLETTENBACH.
EW: 138; Sehenswürdigkeiten: Fachwerkhäuser unter Denkmalschutz; Feste: Pingschdequackfescht am Pfingstmontag, Kerwe am 1. Wochenende im September; Sitz: Glimbornstraße 23, 76889 Oberschlettenbach; Tel. 0 63 98/443; Homepage: www.oberschlettenbach.de

Oberschlettenbach,
die kleinste Gemeinde der Südpfalz.

OFFENBACH. EW: 6114, Sehenswürdigkeiten: Altes Rathaus von 1541, Fachwerkhaus von 1747; Feste: Fischerfest am 2. Wochenende im Juli, Bähnlerfest am letzten Wochenende im Juli, Jahrmarkt am 4. Wochenende im September; Sitz: Konrad-Lerch-Ring 6, 76877 Offenbach an der Queich; Tel. 0 63 48/98 60; Fax 0 63 48/98 61 41; Homepage: www.offenbach-queich.de; E-Mail: rathaus@offenbach-queich.de

 OTTERSHEIM. EW: 1940; Sehenswürdigkeiten: Historisches Rathaus von 1555 (ältestes Gebäude im Ort), prot. Kirche von 1813/20, kath. Kirche von 1618, Schmiedemuseum; Feste: Kerwe am 2. Wochenende im September, Martinsmarkt im November; Sitz: Germersheimer Straße 1, 76879 Ottersheim; Tel. 0 63 48/86 00; Homepage: www.ottersheim-pfalz.de; E-Mail: gemeinde@ottersheim-pfalz.de

 PLEISWEILER-OBERHOFEN. EW: 844, Sehenswürdigkeiten: Wasserschloss, Wappenschmiede aus dem 16. Jahrhundert, zwei je etwa 250 Jahre alte Kirchen; Feste: Weinfest (Fest des Federweißen) am 2. Wochenende im Oktober; Sitz: Weinstraße 69, 76889 Pleisweiler-Oberhofen; Tel. 0 63 43/93 90 91; Homepage: www.pleisweiler-oberhofen.de; E-Mail: ortsbuergermeister@t-online.de.

 RAMBERG. EW: 1045; Sehenswürdigkeiten: Bürstenbindermuseum, Burgen Ramburg, Meistersel und Neuscharfeneck; Feste: Bürstenbinder-Kerwe am 2. Wochenende im Juli; Sitz: Hauptstraße 20, 76857 Ramberg; Tel. 0 63 45/82 41; Homepage: www.ramberg.de; E-Mail: ob1ramberg@aol.com

 RANSCHBACH. EW: 664; Sehenswürdigkeiten: Pfarr- und Wallfahrtskirche mit Wehrturm aus dem 15. Jahrhundert, Wallfahrtsstätte Kaltenbrunn; Feste: Häckerweinfest mit Bauern- und Kunsthandwerkermarkt am vorletzten Wochenende im August, Martinikerwe am 2. Wochenende im November; Sitz: Weinstraße 57, 76829 Ranschbach; Tel. 0 63 45/93 058; Fax 0 63 45/40 76 90; Homepage: www.ranschbach.de, E-Mail: hubertscherthan@t-online.de

 RHEINZABERN. EW: 4800; Sehenswürdigkeiten: Terra-Sigillata-Museum, römische Brennöfen; Feste: Kerwe am 4. Wochenende im August, Annereselmarkt am 1. Advent; Sitz: Hauptstraße 33, 76764 Rheinzabern; Tel. 0 72 72/10 98; Fax 0 72 72/77 309; Homepage: www.rheinzabern.de; E-Mail: info@rheinzabern.de

 RHODT. EW: 1198, Sehenswürdigkeiten: Rietburg, Theresienstraße, St. Georgskirche; Feste: Heimat- und Blütenfest an Pfingsten, Fest des neuen Weines am 3. Wochenende im September; Sitz: Weinstraße 19, 76835 Rhodt unter Rietburg; Tel. 0 63 23/29 29 oder 44 97; Homepage: rhodt-unter-rietburg.de

RINNTHAL. EW: 686; Sehenswürdigkeiten: Klassizistische Kirche von 1831/1834; Feste: Triftfest am letzten Wochenende im Juni, Kerwe am 2. Wochenende im August; Sitz: Hauptstraße 32, 76857 Rinnthal; Tel. 0 63 46/88 87; Fax 0 63 46/30 12 00

ROHRBACH. EW: 1709; Sehenswürdigkeiten: St. Michaelskirche von 1484-1515, Heimatmuseum im Pfiesterhaus, Fachwerkhäuser; Feste: Weinfest in den Winzerhöfen am 2. Wochenende im Juni; Sitz: Insheimer Straße 6, 76865 Rohrbach; Tel./Fax 0 63 49/99 05 92; Homepage: www.herxheim.de

ROSCHBACH. EW: 850; Sehenswürdigkeiten: Barockkirche, Turm mit gedrehter Spitze von 1300; Feste: Weinfest am letzten Wochenende im Juli; Sitz: Riedstraße 8, 76835 Roschbach; Tel. 0 63 23/67 11 209 (d), 0 63 23/93 83 70 (p); Homepage: www.roschbach.de; E-Mail: josefderichs@web.de

RÜLZHEIM. EW: 8142; Sehenswürdigkeiten: Badepark Moby Dick, Straußenfarm Mhou, Dieterskirchel; Feste: Kirchweih am 1. Wochenende im August, Heimatfest alle fünf Jahre, Sommerfest der Vereine; Sitz: Am Deutschordensplatz 1, 76761 Rülzheim; Tel. 0 72 72/70 020; Fax 0 72 72/70 02 66; Homepage: www.ruelzheim.de; E-Mail: info@ruelzheim.de

SANKT MARTIN. EW: 1900, Sehenswürdigkeiten: Historischer Ortskern unter Denkmalschutz, Fachwerkhäuser, Adelssitze aus dem 15., 16. und 18. Jahrhundert, winkelige Gassen, Heiligennischen, Erkervorbauten, Torschlusssteine, Kropsburg, Pfarrkirche St. Martin mit Bibelgarten; Feste: Weinfest am 1. Wochenende im August, Martinus-Weinfest am 11. November, Weihnachtsmarkt vom 1. bis 3. Adventswochenende; Sitz: Alte Kellerei 1, 67487 St. Martin; Tel. 0 63 23/43 02; Fax 0 63 23/69 26; Homepage: www.sankt-martin.de; E-Mail: typoprint@web.de

SCHEIBENHARDT. EW: 720; Sehenswürdigkeiten: Lauterbrücke mit Schlagbaum (Grenzübergang zu Frankreich); Feste: Deutsch-französisches Brückenfest am 1. Wochenende im Juni; Sitz: Mühlweg 15, 76779 Scheibenhardt; Tel. 0 72 77/674; Fax 0 72 77/89 81 13; Homepage: www.scheibenhardt.de; E-Mail: gemeinde@scheibenhardt.de

Schwegenheim

SCHWEGENHEIM. EW: 3059; Sehenswürdigkeiten: Rathaus, ehemaliges Schulhaus von 1834; Feste: Straßenfest am 3. Wochenende im Juni, Kerwe am 2. Wochenende im September; Sitz: Hauptstraße 78, 67365 Schwegenheim; Tel. 0 63 44/56 58; Fax 0 63 44/69 12; Homepage: www.schwegenheim.de; E-Mail: rathaus@schwegenheim.de

SCHWEIGEN-RECHTENBACH. EW: 1505; Sehenswürdigkeiten: Deutsches Weintor, evang. Kirchen in beiden Ortsteilen, Weinlehrpfad; Feste: Burgunderfrühling am letzten Wochenende im April, Schweigener Kerwe am 1. Wochenende im Mai, Johannisfeuer am 3. Wochenende im Juni, Rebblütenfest am 1. Wochenende im Juli, Traminerwettstreit am 3. Wochenende im September, Herbstabschlussfest am letzten Wochenende im Oktober; Sitz: Schulstraße 3, 76889 Schweigen-Rechtenbach; Tel. 0 63 42/78 82; Fax 0 63 43/263; Homepage: www.bad-bergzabern.de; E-Mail: ortsgemeinde@schweigen-rechtenbach.de

SCHWEIGHOFEN. EW: 520; Sehenswürdigkeiten: Kirche von 1906, Haftelhof von 1470; Feste: Kerwe am 1. Wochenende im September; Sitz: Hauptstraße 89, 76889 Schweighofen; Tel. 0 63 42/91 90 21; Fax 0 63 42/91 90 22; Homepage:www.schweighofen.de; E-Mail: gpautler@t-online.de

SIEBELDINGEN. EW: 1037; Sehenswürdigkeiten: Simultankirche, Geilweilerhof (Julius-Kühn-Institut); Feste: Sigibaldus-Weintage zwei Tage Ende März/Anfang April, Kerwe am 2. Wochenende im Juni, kulinarische Weinbergswanderung rund um den Ort am 3. Wochenende im September; Sitz: Bismarckstraße 31, 76833 Siebeldingen; Tel. 0 63 45/34 31 oder 72 20; Fax 0 63 45/14 370; Homepage: www.landau-land.de

SILZ. EW: 805; Sehenswürdigkeiten: Wild- und Wanderpark, Silzer See, Baumlehrpfad; Feste: Schneckekerwe am 1. Wochenende im August, Weihnachtsmarkt am 1. Adventswochenende; Sitz: Hauptstraße, 76857 Silz; Tel. 0 63 46/55 40; Fax 0 63 46/68 74; Homepage: www.silz.de; E-Mail: info@silz.de

STEINFELD. EW: 2063; Sehenswürdigkeiten: Kirche St. Leodegar, Westwall (Panzergraben, Höckerlinien); Feste: Froschfest am 2. Wochenende im Juni, Heidelbeer- und Musikfest am 1. Wochenende im Juli, Kerwe am 2. Wochenende im Oktober; Sitz: Obere Hauptstraße 7, 76889 Steinfeld; Tel. 0 63 40/ 12 12; Fax 0 63 40/12 23; Homepage:www.bad-bergzabern.de

STEINWEILER. EW: 1950; Sehenswürdigkeiten: Kath. Kirche, prot. Kirche, Bürgerhaus; Feste: Kerwe am 2. Sonntag nach Laurentius (10. Juli), historisches Dorffest jedes 2. Jahr am letzten Wochenende im Mai; Sitz: Hauptstraße 38, 76872 Steinweiler; Tel. 0 63 49/63 83; Homepage: www.steinweiler.de

VENNINGEN. EW: 950; Sehenswürdigkeiten: Historischer Ortskern, alte Winzerhöfe, Worschdezibbel-Brunnen, altes Schulhaus; Feste: Weinfest am 3. Wochenende im Juli, Weinkerwe am 1. Wochenende im September; Sitz: Am Mittelweg, 67482 Venningen; Tel. 0 63 23/8 14 69 (Bürgermeister); Homepage: www.venningen.de; E-Mail: info@venningen.de

 VÖLKERSWEILER. EW: 680; Sehenswürdigkeiten: Schöne alte Häuser; Feste: Holzappelkerwe am Wochenende nach dem 16. Oktober; Sitz: Hauptstraße 64, 76857 Völkersweiler; Tel. 0 63 46/52 92 (Bürgermeister); Homepage: www.voelkersweiler.de

 VOLLMERSWEILER. EW: 240; Sehenswürdigkeiten: Historische Fachwerkhäuser; Feste: Kerwe am 3. Wochenende im September; Sitz: Hauptstraße 38, 76744 Vollmersweiler; Homepage: www.vg-kandel.de

 VORDERWEIDENTHAL. EW: 680; Sehenswürdigkeiten: Burgruine Lindelbrunn, Kletterfelsen Rödelstein, in der Nähe Burg Berwartstein; Feste: Kerwe am 3. Wochenende im Oktober, Weihnachtsmarkt am 1. Adventssonntag, Ostermarkt; Sitz: Hauptstraße 31, 76889 Vorderweidenthal; Tel. 0 63 98/10 42; Homepage: www.vorderweidenthal.de

 WALDHAMBACH. EW: 380; Sehenswürdigkeiten: Historische Fachwerkhäuser, Burganlage Madenburg; Feste: Kerwe am 2. Wochenende im Juli; Sitz: Am Wingertsberg 18, 76857 Waldhambach; Tel. 0 63 46/56 86 (Bürgermeister)

 WALDROHRBACH. EW: 450; Sehenswürdigkeiten: Historische Fachwerkhäuser; Feste: Kerwe am 4. Wochenende im September; Sitz: Lärchenstraße 8, 76857 Waldrohrbach; Tel. 0 63 46/62 10 (Bürgermeister); E-Mail: info@waldrohrbach.de

 WALSHEIM. EW: 530; Sehenswürdigkeiten: Fränkisches Plattengrab, prot. Kirche; Feste: Weinfest am 3. Wochenende im Juli, Kerwe am 1. Wochenende im September; Sitz: Am Landhaus 2, 76833 Walsheim; Tel. 0 63 41/63 682; Fax 0 63 41/96 00 76; Homepage: www.landau-land.de; E-Mail: klaus.degen@gmx.de

 WEINGARTEN. EW: 1647; Sehenswürdigkeiten: Prot. Kirche, Fachwerkhäuser; Feste: Woi- und Gässelfescht am 1. Wochenende im August, Kerwe am letzten Wochenende im August ; Sitz: Neugasse 1, 67366 Weingarten; Tel. 0 63 44/56 38; Fax 0 63 44/58 87; Homepage: www.weingarten-pfalz.de; E-Mail: weingarten-pfalz@freenet.de

WERNERSBERG. EW: 1170; Sehenswürdigkeiten: Felspartien Bunter Hund, Wachtfels und Geilersteine, Kirche; Feste: Kerwe am 2. Wochenende im Mai; Sitz: Am Bornbach 20, 76857 Wernersberg; Tel. 0 63 46/21 12; Fax 0 63 46/30 80 020; Homepage: www.wernersberg.de; E-Mail: helmut-heller@t-online.de

 WESTHEIM. EW: 1758; Sehenswürdigkeiten: Fachwerkhäuser aus dem 18. Jahrhundert (das älteste, unter Denkmalschutz stehende Haus wurde 1702 gebaut), privates Heimatmueum Hummel, prot. Pfarrkirche von 1791; Feste: Kerwe am 4. Wochenende im September mit Oldtimer-Traktorenparade; Sitz: Martin-Luther-Weg (Bürgerhaus), 67368 Westheim; Tel. 0 63 44/ 56 35; Homepage: www.westheim-pfalz.de

 WEYHER. EW: 600; Sehenswürdigkeiten: Kirche von 1717, Rathaus von 1608, Mariengrotte von 1904 (Erweiterung 1933); Feste: Kerwe am 3. Wochenende im Juni, Weinfest am 2. Wochenende im September; Sitz: Oberdorf 8, 76835 Weyher; Tel. 0 63 23/98 13 17; Fax 0 63 23/98 13 19; Homepage: www.vg-edenkoben.de; E-Mail: ortsgemeinde.weyher@gmx.de

 WINDEN. EW: 1060; Sehenswürdigkeiten: Historische Kornmühle am Ortsrand, Fachwerkhäuser, Nachtwächterhäuschen gegenüber dem historischen Rathaus; Feste: Kerwe im September; Sitz: Hauptstraße 31, 76872 Winden; Tel. 0 63 49/62 07; Homepage: www.vg-kandel.de; E-Mail: roland.laubach@ t-online.de

 ZEISKAM. EW: 2280; Sehenswürdigkeiten: Kath. Kirche von 1755/56 (Simultankirche mit zwei Barockaltären und Kanzel mit gezierten Eckpilastern und Rokoko-Schnitzdekor); Feste: Reit- und Fahrturnier an Pfingsten, Wein- und Musikfest am letzten Wochenende im Juni, Zäskämer Zwewwelfeschd am ersten Wochenende im August, Zäskämer Kirwe am letzten Wochenende im August, Wein- und Kelterfest am letzten Wochenende im September; Sitz: Hauptstraße 34, 67378 Zeiskam; Tel. 0 63 47/15 28; Homepage: www.zeiskam.de; E-Mail: gemeinde@zeiskam.de

Landau

EINE STADT MIT VIELEN GESICHTERN

Die kreisfreie Stadt Landau ist der Mittelpunkt der Südpfalz, so etwas wie die heimliche Hauptstadt der Region. Für Menschen, die Landau nicht kennen, wird die geografische Lage gerne so skizziert: Gelegen zwischen Pfälzerwald und dem Rhein im Südwesten der Republik, da, wo die Fernsehwetterkarte meist die höchsten Temperaturen aufweist. Frankreich (das Elsass) ist nur knapp 30 Kilometer entfernt. Zahlreiche Dichter und Schriftsteller haben Landau beschrieben, so Wolfgang Schwarz: „Eine Stadt, einmal in deutscher, das andere Mal in französischer Hand, jetzt umzäunt, dann offen, schließlich so etwas wie Schilderhaus, heut' dem Osten, morgen dem Westen zugedreht, zu guter Letzt auch noch Markt, Forum, Florettplatz, Streitgesprächarena in der Reformation und Festhallenmanege im 20. Jahrhundert.“

Paul Ginthum hat Landau „die südpfälzische Herzstadt“ genannt. Willi Gutting stellte fest: „Wo das sanftwellige Weinland endet und der flachgrundige Gau beginnt, ist Landau hingesetzt: ein roter Fleck auf der grünen Karte, die Spinne im Netz der diversen Linien, der breiteste Ort unter enggestreuten kleinen Orten, ein wimmelnder Menschenhaufen in der nahrhaften Landesaue, fleißig zusammengetragen aus Wohngehäusen und künstlichen Straßen dazwischen, aus Kirchen, Schulen und Kaufläden, aus Geschäftigkeit, aus Handel und Verkehr, aus Gelehrsamkeit und Kunstfertigkeit, aus Leben und Sterben."

Konzertgarten der Festhalle.

Für den wortgewaltigen Leopold Reitz war der Name Landau „keine Bezeichnung, sondern ein Gefühl". Jede Begegnung mit Landau war für ihn „eine Rührung". Wolfgang Schwarz hat sein Landau dichterisch wie kein anderer besungen: „Landau hat die Schönheit, die es hat, / nicht parat wie eine Midinette. / Um den Hals hat aber diese Stadt / eine alte kaiserliche Kette. / Von französischer, von deutscher Art / mehr als einmal bis ins Mark gepeinigt, / hat sie sich auf eine Gegenwart / ganz aus ihrem eigenen Kern geeinigt. / Und sie lebt und lädt zu leben ein, / halb Bazar, halb bürgerliche Klause, / zwischen Pfälzerwald und Pfälzerwein, / beidem nah, doch bei sich selbst zuhause.“

Landau ist eine Stadt mit vielen Gesichtern. Das war früher so, das ist heute nicht anders. Landau war Festungs- und Soldatenstadt, ist Wein- und Gartenstadt, Markt- und Einkaufsstadt, Kultur- und Universitätsstadt. „Hier konzentriert sich

das Angebot für alle Bereiche", heißt es in einem Prospekt völlig zutreffend. Und an anderer Stelle ist die Rede davon, dass Landau „eine Sympiose aus Natur, Kultur und Geschäftigkeit" sei. Auch das ist richtig. Zu Landau gehören acht Stadtteile, zwei - Queichheim und Mörlheim - wurden bereits 1937 eingemeindet, die anderen sechs - Arzheim, Dammheim, Godramstein, Mörzheim, Nußdorf und Wollmesheim - kamen 1972 dazu.

Festungsstadt war Landau nach dem Bau der Festung durch Vauban 1688 bis 1691, die aber bereits 1872 geschleift wurde. Deutsches und Französisches Tor und ein paar weitere Reste erinnern an die Festung. Bis zum Ersten Weltkrieg war Landau als Soldatenstadt Sitz vieler bayerischer Einheiten, bis 1930 Sitz vieler französischer Einheiten, ab 1936 deutsche Garnison. Nach dem Zweiten Weltkrieg beherbergte Landau amerikanische und französische Einheiten und war lange Zeit die größte Garnisonstadt der Pfalz.

Die größte Weinbau treibende Gemeinde Deutschlands ist Landau im Wechsel mit Neustadt. Mal hat diese, mal jene Stadt ein paar Hektar mehr Weinberge im Ertrag. Sechs der

Kolorierter Kupferstich aus dem Atlas von Matthäus Seutter, 1743.

Rathaus, ehemalige bayerische Kommandantur.

Großer Saal der Jugendstil-Festhalle.

*Standbild Martin Luther
vor der Stiftskirche.*

eingemeindeten Dörfer sind alte Winzerdörfer, haben so viele Wingertflächen in die „Ehe" mit Landau eingebracht, dass es zur Spitzenposition in der Bundesrepublik reicht. Keine andere pfälzische Stadt hat so viele Parkanlagen wie Landau aufzuweisen. Viele historische Gebäude, auch prächtige Patrizierhäuser laden zum Besichtigen und Fotografieren ein.

Nahezu alle Baustile vergangener Jahrhunderte geben der Stadt ein historisches Gesicht. Rund 6000 Studierende zählt die Universität. Viele tausend Schüler, auch aus dem Umland, besuchen die Schulen in der Schulstadt Landau. Mit Fug und Recht kann sich Landau Kulturstadt nennen: mit Festhalle, Altem Kaufhaus, Haus am Westbahnhof, Villa Streccius, Strieffler-Haus. Eine Attraktion ist der Zoo. (Nähere Beschreibungen zu diesen und anderen Objekten siehe an anderen Stellen dieses Buches).

Landau ist eine Stadt der Kirchen (stellvertretend seien nur Stiftskirche, Marienkirche, Augustinerkirche, Katharinenkapelle genannt). Landau ist eine Einkaufsstadt mit einem Angebot „querbeet", das viele Käufer von außerhalb anlockt. Landau ist eine Stadt, wo man sich bestens vergnügen kann: mit guten Restaurants, bürgerlichen Gaststätten, Weinstuben, Discotheken, Straßencafés, Kinos, Sportmöglichkeiten aller Art, Saunen. Maimarkt und Herbstmarkt, Landauer Sommer und Fest des Federweißen, kunsthandwerklicher Nikolausmarkt und Weinfeste/Weinkerwen in den Stadtteilen finden immer ihr Publikum.

Die Menschen in dieser Stadt sind „ein liebenswürdiges Volk", behauptet immer wieder der frühere Oberbürgermeister Walter Morio unwidersprochen und attestiert seinen Mitbürgern, stets die Ärmel hochzukrempeln, „wenn's darauf ankommt", ihre Meinung unverblümt zu sagen, „wenn ihnen etwas missfällt". „Sie bauen an ihrer Stadt, sie lieben ihre Stadt, sie sind ihre Stadt", sagt Morio und stellt sich hinter eine Aussage des bayerischen Königs Maximilian I. Joseph, der 1817 über die Landauer gesagt hat: „Es sind gute Leute!" Wolfgang Schwarz hat oft den

Bürgersinn von Landau („Er ist höher als die Stiftskirche") und
das Gesicht der Stadt gelobt („Teils geheimrätlich, teils mädchen-
haft-keck") und zur Atmosphäre in Landau konstatiert: „Man
kann Toskanisches ahnen in dieser Stadt."

Unter der Rubrik „Wechselhaft und heiter" beschrieb die
Zeitschrift „Neuland" 2007 Landau: „Was hat diese Stadt nicht
alles erlebt und erdulden müssen. Immer wieder haben sich
fremde Herrscher über sie hergemacht, jahrhundertelang wechselte Landau dauernd den Besitzer. Allein im Dreißigjährigen
Krieg haben die Menschen sieben Eroberer gezählt. Und was
machen sie damit? Sie lernen. Passen sich an. Und nehmen
über die Zeit eine Haltung ein, die ihnen heute eine rosige Zukunft beschert: Landau, die Stadt, in der Mandeln, Kiwis und
Zitronenbäume blühen, wächst und zählt zu den dynamischsten
Städten Deutschlands." Landau ist eine prosperierende Stadt.
Bis zum Jahr 2050 wird ihr ein permanentes Bevölkerungs-
wachstum vorausgesagt.

*Großes Angebot an Einzelhandels-
geschäften in der Innenstadt.*

Landaus Einwohnerzahl ist nach dem Zweiten Weltkrieg
- auch dank der Eingemeindungen - kontinuierlich gewachsen.
30.634 Bürger/innen lebten 1950 in der Stadt, 1990 waren es bereits 37.274, Mitte 2005 knapp 42.000 und heute sind es über
44.600. Die Gemarkungsfläche von Landau beträgt 83 Quadratkilometer.

Stadtarchivar Dr. Michael Martin schreibt: „Landau war in
seiner Entstehung eine geplante Stadt. Der alte mittelalterliche
Siedlungskern ist heute noch für das Stadtinnere prägend. Die
Ausdehnung nach der Schlei-
fung der Festung war der
zweite große Entwicklungs-
schub. Sieht man von den
Eingemeindungen vor dem
Zweiten Weltkrieg ab
(Queichheim und Mörlheim
1937), dann können die
Horstsiedlung, die Wollmesheimer Siedlung, das Burgen-
und Fliegerviertel als weitere

*Böckingsches Haus
am Rathausplatz.*

Aufbauphase in den dreißiger Jahren gezählt werden... Nach
dem Zweiten Weltkrieg bestimmte der Wohnungsbau für die
französische Besatzung im Süden und Südosten und die Un-
terbringung von Flüchtlingen östlich der Bahnlinie das Stadtbild." Im Zuge der Konversion wird sich in der Zukunft noch
manches ändern am Gesicht der Südpfalzmetropole.

Schwanenweiher und Festhalle.

Im Zusammenhang mit der Zukunftsentwicklung empfiehlt Martin, über die Rolle der Stadt und über die Identität nachzudenken. Er stellt die Frage: „Wird sie eine Universitätsstadt sein, eine Stadt des tertiären Sektors, wird sie eigenständig bleiben können, auch, wenn sie vielleicht in einem größeren politischen Gebilde aufgeht, wird sie zu einer Schlafstadt für Neubürger mutieren, die ihr Einkommen auswärts finden?" Wichtig werde sein, betont er, identifikationsstiftende Bürgerbeteiligung zu schaffen und zu fördern.

Die acht Landauer Stadtdörfer in alphabetischer Reihenfolge im historischen Kurzporträt:

Beliebte Einkaufsmeile: die Gerberstraße.

 ARZHEIM. Als fränkische Siedlung mit dem Namen Arbotsheim (Heim des Arbot) erstmals 1250 nachgewiesen. Das Dorf ist aber wahrscheinlich viel älter. Im 13. Jahrhundert zur Herrschaft Madenburg der Grafen von Leiningen gehörend. Im 14. Jahrhundert Gemarkung des untergegangenen Dorfes Servelingen. 1361 Pfandbesitz des Bischofs Gerhard von Speyer. Im 15. Jahrhundert Besitztum der Sickinger und Fleckensteiner, später wieder im Besitz des Bischofs von Speyer bis zur Französischen Revolution. Im Dreißigjährigen Krieg verwüstet und entvölkert.

 DAMMHEIM. Entstehung um 600 zur Zeit der fränkischen Landnahme. 960 erste urkundliche Erwähnung. 1278 im Besitz von Sigulo, Ritter von Dammheim. 1292 überträgt König Adolf von Nassau seinen Königshof in dem Dorf an die Reichsstadt Landau. Im Dreißigjährigen Krieg durch Hunger und Seuchen fast ausgestorben. 1792 selbstständige politische Gemeinde.

GODRAMSTEIN. Vorgeschichtliche Siedlung. 767 im Lorscher Codex erste urkundliche Erwähnung. 1285 verleiht Rudolf von Habsburg das Privileg der Reichsfreiheit mit eigenem Gericht. 1331 von Ludwig dem Bayern dem Pfalzgrafen bei Rhein verpfändet. Von 1410 bis zur Französischen Revolution Sitz des Kurpfälzischen Oberamtes Germersheim für das so genannte Siebeldinger Tal.

Schwere Verwüstungen im Dreißigjährigen Krieg, im Spanischen Erbfolgekrieg und bei den vier Belagerungen Landaus.

 MÖRLHEIM. Um 800 als „Merlungsheim" erstmals urkundlich erwähnt. 1148 gründet Ritter Stephan von Mörlheim das Zisterzienserkloster Eußerthal. Im 14. Jahrhundert teils im Besitz des Hochstiftes Speyer. Nach der Reformationszeit zur Kurpfalz gehörend. 1662 bis 1665 finden 15 Hugenottenfamilien aus Piemont Aufnahme im ehemaligen Klosterhof. 1792 selbstständige Gemeinde bis zur Eingemeindung 1937.

 MÖRZHEIM. 724 als fränkische Siedlung „Morinesheim" erstmals urkundlich erwähnt. Seit dem 8. Jahrhundert Lehensbesitz des Klosters Blidenfeld-Klingenmünster. Nach 1200 Herrschaftsbesitz der Leininger. Im 14. und 15. Jahrhundert Teile des Dorfes in bischöflichem und kurpfälzischem Besitz. Von 1709 bis 1792 kurpfälzischer Besitz: Unteramt Landeck.

 NUSSDORF. 802 urkundlich im Kloster Fulda erstmals genannt. Vom 3. bis 16. Jahrhundert zur Herrschaft Madenburg gehörend. 1508 Verkauf um 3000 Gulden von Georg von Heideck an die freie Reichsstadt Landau. 1525 Beginn des Bauernkrieges auf der „Kerwe". Nach dem Dreißigjährigen Krieg nur noch 30 Einwohner. 1792 selbstständige politische Gemeinde durch Aufhebung der Landauer Herrschaftsrechte.

 QUEICHHEIM. 1030 als „Cogichheim" erstmals urkundlich genannt. Im 13. Jahrhundert Sitz ritterbürtiger Ministerialen, Mutterpfarrei für das Umland. Um 1300 durch Ankauf zur Herrschaft der Reichsstadt Landau. Bis 792 als Stadtdorf bei der Festungsstadt Landau, dann selbstständige Gemeinde bis zur Eingemeindung 1937.

 WOLLMESHEIM. Siedlung aus der Zeit der fränkischen Landnahme. Lehen der Klöster Weißenburg und Blidenfeld. Im 14. und 15. Jahrhundert Teile des Dorfes in bischöflichem und kurpfälzischem Besitz. Von 1709 bis 1792 kurpfälzischer Besitz: Unteramt Landeck.

Stadtrundfahrt im „Landauer".

Blick in die Marktstraße.

GESCHICHTE DER STADT LANDAU

Landau erwächst um die Mitte des 13. Jahrhunderts möglicherweise um eine zum Schutze des Trifels errichtete Reichsburg.

1268: Erste urkundliche Erwähnung als „civitas".

1274: Verleihung des Hagenauer Stadtrechts durch König Rudolf von Habsburg und Bewilligung eines Wochenmarktes.

1291: Erhebung in den Rang einer Reichsstadt.

1324: Kaiser Ludwig der Bayer verpfändet die Reichsstadt an den Bischof von Speyer.

1511: Kaiser Maximilian I. löst die Reichsstadt aus der Verpfändung an den Speyerer Bischof und unterstellt sie der kaiserlichen Landvogtei Hagenau.

1621 - 1645: Die Stadt wechselt im Verlaufe des Dreißigjährigen Krieges sieben Mal den Besitzer.

1648: König Ludwig XIV. von Frankreich wird Schirmherr der Stadt.

1688 - 1691: Ausbau Landaus zu einer Festung durch Vauban.

1689: Zerstörung der Stadt zu fast drei Viertel durch Feuer.

1702 - 1713: Die Festung wird vier Mal belagert und eingenommen.

1815: Landau gelangt im 2. Pariser Frieden an das Reich zurück, wird österreichischer Verwaltung unterstellt und dadurch Bundesfestung.

1816: Mit der Pfalz Übergang der Stadt an Bayern.

1872: Die Stadt erwirbt das Festungsterrain und kann sich ausdehnen. In den folgenden Jahrzehnten fallen die Festungswälle.

1910: Landau erhält als erste pfälzische Stadt die Kreisfreiheit.

1937: Eingemeindung von Queichheim und Mörlheim.

1940: Die Kreisfreiheit geht verloren.

1947: Landau ist als erste pfälzische Stadt frei von Trümmern des Zweiten Weltkrieges.

1949: Landau ist wieder kreisfreie Stadt.

1972: Eingemeindung der Dörfer Arzheim, Dammheim, Godramstein, Mörzheim, Nußdorf und Wollmesheim.

1990: Landau wird Universitätsstadt.

1999: Die französischen Streitkräfte verlassen Landau.

HISTORISCHER STADTRUNDGANG

Die Stadt Landau empfiehlt Besuchern einen historischen Stadtrundgang. Ein Stadtplan mit vielen Details ist im Büro für Tourismus im Rathaus erhältlich. 27 Stationen können angesteuert werden.

1. **Rathausplatz:** Als Waffen- und Paradeplatz nach dem großen Stadtbrand von 1689 angelegt.

2. **Neues Rathaus:** Erbaut 1827 als Kommandantur der bayerischen Militärverwaltung.

3. **Böckingsches Haus:** Um 1790 erbaut; beachtenswerte frühklassizistische Fassade.

4. **Altes Kaufhaus:** Im Mittelalter und der Neuzeit städtisches Kaufhaus. Seit 1997 nach Umbau Kulturzentrum.

5. **Katharinenkapelle:** Vom Rat und der Bürgerschaft 1344 für die Gemeinschaft der Beginen errichtet.

6. **Frank-Loebsches Haus:** Seit dem 17. Jahrhundert nachweisbar. Im 19. Jahrhundert Wohnhaus des Urgroßvaters von Anne Frank.

7. **Deutsches Tor:** Einst nordöstliches Tor der Vauban-Festung.

8. **Augustinerkirche mit Kreuzgang:** Im frühen 15. Jahrhundert errichtet.

9. **Quartier Chopin:** In den 1860er Jahren errichtete bayerische Militärbauten. Heute Dienstleistungs- und Geschäftszentrum.

10. **Festhalle:** 1905 bis 1907 im Jugendstil errichtet, das Kulturzentrum der Südpfalz.

11. **Martin-Luther-Straße:** Mehrere klassizistische und barocke Bürgerhäuser.

12. **Haus Mahla:** Stadtmuseum und Stadtarchiv.

13. **St. Maria:** 1908 bis 1911 erbaut. Zweitgrößte Kirche in der Diözese Speyer.

14. **Villa Streccius:** Repräsentativer Bau von 1892 im Stil der Neo-Renaissance. Heute städtische Galerie.

15. **Französisches Tor:** Einst südwestlicher Torbau der Vauban-Festung.

16. **Grabmal von General Monclar:** General Joseph de Ponts Baron de Monclar war Stadtkommandant während des Festungsbaues. Das Grabdenkmal steht nahe dem Französischen Tor.

17. **Meerweibchenstraße:** So genannt nach der Figur am Haus Nr. 8. Mehrere Bürgerhäuser aus dem 18. Jahrhundert.

18. **Stiftskirche:** Baubeginn 1281, Weihe 1333, 1349 Baubeginn des Turms. Eine der bedeutendsten gotischen Kirchen in der Pfalz.

19. **Haus „Zum Maulbeerbaum":** Bis 1322 Adelshof, danach im Eigentum des Klosters Klingenmünster, städtische Herberge.

20./21. **Goethe- und Schillerpark:** Großzügige Parkanlagen, gestaltet nach der Niederlegung der Festungsmauern ab 1872.

22. **Straße „An 44":** Denkmalzone mit typischen Bürgerhäusern des späten 19. bis frühen 20. Jahrhunderts.

23. **Strieffler-Haus:** Einst Wohnhaus der Künstler Heinrich und Marie Strieffler. Seit 1990 Museum und Galerie.

24. **Fortanlagen:** 1700 bis 1702 auf nordwestlicher Anhöhe zum Schutz und zur Verstärkung als Zitadelle angelegt.

25. **Galeerenturm:** Vermutlich Turm einer 1315 abgetragenen Reichsburg. 1732 als Gefängnis für Militärsträflinge eingerichtet.

26. **Rote Kaserne:** Letzter erhaltener Kasernenbau aus der Festungszeit, erbaut 1756-1759.

27. **Stadtbibliothek:** 1998 in ehemaligen Schlachthof eröffnet. Vielbeachtete zeitgenössische Architektur.

Landkreis Südliche Weinstraße

EIN GESEGNETES FLECKCHEN ERDE

Bis zur Verwaltungsreform in Rheinland-Pfalz 1968/72 gab es in der Südpfalz drei Landkreise: Landau, Bad Bergzabern und Germersheim. Dann wurden „über Nacht" - genau am 9. Juni 1969 - aus drei zwei: Germersheim und Landau-Bad Bergzabern (seit 1. Januar 1978 Kreis Südliche Weinstraße). Die rund 110.000 SÜW-Bürger leben auf einer Fläche von 640 Quadratkilometer in einem Gebiet, das im Norden an den Landkreis Bad Dürkheim und das Stadtgebiet von Neustadt grenzt, im Osten an die Landkreise Rheinpfalz und Germersheim, im Süden an das französische Arondissement Weißenburg. Westlicher Nachbar ist der Landkreis Südwestpfalz. Mitten drin im Kreis SÜW liegt die kreisfreie Stadt Landau.

M it dem Slogan „Leben und arbeiten, wo andere Urlaub machen" wirbt der Kreis Südliche Weinstraße um Neubürger. Wer einen der größten Weinbau treibenden Kreise in Deutschland nicht näher kennt und wissen will, was ihn erwartet, wenn er als Erholung suchender Tourist oder als

Kreisverwaltung SÜW in Landau.

neuer Arbeitnehmer in einem Betrieb der Region hierher kommt in ein Gebiet, das früher Grenzgebiet und beinahe vergessener Winkel war und heute im Herzen Europas liegt, sollte einen Blick in die Image-Broschüre werfen. Dort erfährt der Leser:

„Der Landkreis Südliche Weinstraße ist ein Fleckchen Erde, das hinsichtlich seiner landschaftlichen, klimatischen, historischen und kulinarischen Reize seinesgleichen sucht. Gourmets und Weinfreunden, Kunstbeflissenen und Lebenslustigen ist dieser Landstrich ans Herz gewachsen. Die Menschen in diesem Landkreis erfahren, was typisch pfälzisch ist und was die Pfälzer mit ihren guten Nachbarn, den Elsässern, alles gemeinsam haben - zum Beispiel Jahrhunderte gemeinsamer Geschichte und vor allem die Kunst, das Leben zu genießen." Schöner kann man es in wenigen Sätzen nicht formulieren!

Der Kreis Südliche Weinstraße besteht aus drei kleineren Städten (Annweiler, Bad Bergzabern, Edenkoben), sieben Verbandsgemeinden und 72 Ortsgemeinden. 173 Einwohner leben - rein statistisch - auf einem Quadratkilometer. Die Einwohnerzahl hat sich seit 1950 kontinuierlich nach oben entwickelt: Von 90.000 im Jahre 1950 über 101.000 Ende Dezember 1990 auf fast 111.000 heute. Die einwohnerstärksten Kommunen sind: Herxheim (10.435), Bad Bergzabern (7600), Annweiler (7153), Edenkoben (6787) und Maikammer (4309). Die drei kleinsten Gemeinden sind Oberschlettenbach (138), Münchweiler am Klingbach (250) und Böllenborn (270).

DIE VERBANDSGEMEINDEN IN DER ZAHLENÜBERSICHT:

Annweiler (mit den Ortsgemeinden Albersweiler, Annweiler, Dernbach, Eußerthal, Gossersweiler-Stein, Münchweiler am Klingbach, Ramberg, Rinnthal, Silz, Völkersweiler, Waldhambach, Waldrohrbach, Wernersberg): 17.330 Einwohner, 129,9 km^2 Fläche, Bevölkerungsdichte 134/km^2.

Bad Bergzabern (mit den Ortsgemeinden Bad Bergzabern, Barbelroth, Birkenhördt, Böllenborn, Dierbach, Dörrenbach, Gleiszellen-Gleishorbach, Hergersweiler, Kapellen-Drusweiler, Kapsweyer, Klingenmünster, Niederhorbach, Niederotterbach, Oberhausen, Oberotterbach, Oberschlettenbach, Pleisweiler-Oberhofen, Schweigen-Rechtenbach, Schweighofen, Steinfeld, Vorderweidenthal): 24.613 Einwohner, 164,6 km^2 Fläche, Bevölkerungsdichte 150/km^2.

Edenkoben (mit den Ortsgemeinden Altdorf, Böbingen, Burrweiler, Edenkoben, Edesheim, Flemlingen, Freimersheim, Gleisweiler, Gommersheim, Großfischlingen, Hainfeld, Kleinfischlingen, Rhodt, Roschbach, Venningen, Weyher): 19.815 Einwohner, 119,7 km^2 Fläche, Bevölkerungsdichte 165/km^2.

Herxheim (mit den Ortsgemeinden Herxheim, Herxheimweyher, Insheim, Rohrbach): 14.834 Einwohner, 49,9 km² Fläche, Bevölkerungsdichte 298/km².

Landau-Land (mit den Ortsgemeinden Billigheim-Ingenheim, Birkweiler, Böchingen, Eschbach, Frankweiler, Göcklingen, Heuchelheim-Klingen, Ilbesheim, Impflingen, Knöringen, Leinsweiler, Ranschbach, Siebeldingen, Walsheim): 14.154 Einwohner, 90,4 km² Fläche, Bevölkerungsdichte 158/km².

Maikammer (mit den Ortsgemeinden Kirrweiler, Maikammer, St. Martin): 8006 Einwohner, 39,8 km² Fläche, Bevölkerungsdichte 203/km².

Offenbach (mit den Ortsgemeinden Bornheim, Essingen, Hochstadt, Offenbach): 11.827 Einwohner, 45,6 km² Fläche, Bevölkerungsdichte 259/km².

Der Bereich des heutigen Landkreises SÜW wurde erstmals 800 vor Christus als Keltensiedlung in der Pfalz erwähnt. 83 nach Christus wurde dann in diesem Bereich die römische Provinz „Germania Superior" gegründet, deren Bewohner bereits Weinbau betrieben. 1024 begann mit der Wahl Konrad II. zum König die Salierherrschaft. 1138 übernahmen die Staufer die Reichsführung. Der Trifels wurde zum Mittelpunkt des Reiches und zum Hauptaufbewahrungsort der Reichsinsignien, und er wurde Staatsgefängnis für Richard Löwenherz.

Schon August Becker rühmte „die ewige Heiterkeit der Weinlandschaft" in der Südpfalz.

Als Folge des Wiener Kongresses (1814-1815) wurde 1816 die Pfalz dem Königreich Bayern angegliedert und ein Jahr später wurden zwölf so genannte Landkommissariate ins Leben gerufen. Sie waren die Vorläufer der heutigen Kreisverwaltungen. Unter anderem entstanden seinerzeit die Landkommissariate Landau und Bergzabern, die Umbenennung in Bezirksämter erfolgte 1862. Die Einführung der Bezeichnungen „Landkreis" für das Bezirksamt und „Landrat" für den Bezirksamtmann geschah 1938.

Durch die Zusammenlegung der früheren Landkreise Landau und Bad Bergzabern 1969 - einige zugehörige Randgemeinden im Südwesten, Westen und Norden wurden allerdings ausgelassen - entstand eine größere,

Das Rathaus von 1590 ist eine der großen Attraktionen in Dörrenbach.

zeitgemäßere Verwaltungseinheit, die zugleich durch Bildung von Verbandsgemeinden eine straffer akzentuierte innere Strukturierung erhielt. Durch seine flächenmäßige Ausdehnung und seinen natur- und kulturgeografischen Bauplan ist der Kreis zum repräsentativen Kernbereich der Südpfalz geworden, auch weil er Brückenfunktionen zum Nachbarland Frankreich im Sinne europäischer Integration erfüllt. Die Zeit ist vorbei, dass dieser Kreis im Schnittpunkt wechselnder und zumeist konträrer Interessen politischer und ökonomischer Mächte und Mächtegruppierungen Europas lag.

Der Wein prägt das Bild der SÜW-Landschaft. Hier gibt es mehr Sonnentage als in jeder anderen Landschaft, was dazu führt, dass die Trauben der rund 60 Millionen Rebstöcke besonders gut ausreifen und daraus ein Wein von hoher Qualität entsteht. An der Südlichen Weinstraße wachsen als Folge des

Sonnenblumen prägen mit das Landschaftsbild des Kreises SÜW.

Info:
Kreisverwaltung Südliche Weinstraße,
An der Kreuzmühle 2,
76829 Landau
Tel. 0 63 41/94 00
Fax 0 63 41/94 05 01

kreisverwaltung@suedliche-weinstrasse.de
www.suedliche-weinstrasse.de

milden Klimas Zitronen und Kiwis, Mandeln und Feigen, Esskastanien und Nüsse, aber auch Tabak und Mais in üppiger Fülle.

Was August Becker in seinem erstmals 1858 erschienenen Buch „Die Pfalz und die Pfälzer" geschrieben hat, ist heute noch zutreffend. Er rühmte „die ewige Heiterkeit der Weinlandschaft", lobte die Schönheiten der Gemeinden in der Region („Jedes einzelne Tal, die Umgebung jedes Dorfes hat mehr einen für sich geschlossenen, eigenen Charakter") und fand, dass es im Wasgau Stellen gibt, die alle an der Haardt überstrahlen.

Der unglückliche Dichter Jakob Michael Reinhold Lenz (1751-1792) schrieb im Zusammenhang mit einem Lamento über den Mangel geistigen Lebens in den Städten und angesichts der in der Gegend des heutigen Kreises Südliche Weinstraße vorgefundenen Natur an seinen Freund Johann Wolfgang von Goethe: „In der Tat, ich finde in der Flur um Landau täglich neue Schönheiten und der kälteste Nordwind kann mich nicht von ihr zurückschrecken. Hätt' ich doch eines göttlichen Malers Pinsel, ich wollte Ihnen gleich einige Seiten von diesem vortrefflichen Amphitheater der Natur hinmalen, so lebhaft hat sich's in meiner Phantasie abgedrückt. Berge, die den Himmel tragen, Täler voll Dörfer zu ihren Füßen, die dort zu schlafen scheinen, wie Jakob am Fuße seiner Himmelsleiter."

Der Kreis SÜW ist nicht nur ein touristisch attraktiver Landkreis, sondern auch einer, der gute Voraussetzungen für Betriebsansiedlungen bietet - nicht zuletzt dank der guten Infrastruktur und der Nähe zu den Ballungszentren Mannheim/Ludwigshafen und Karlsruhe.

Landkreis Germersheim

LANDSTRICH ZWISCHEN RHEIN UND REBEN

Der seit 1818 bestehende und in dieser Zeit nur geringfügig in seiner Gesamtstruktur veränderte Landkreis Germersheim ist einer der ältesten Kreise in Rheinland-Pfalz. Der so überaus vielfältige Landstrich zwischen Rhein und Reben ist gesegnet mit viel intakter Natur und gehört gleichzeitig zu den wachstumsstärksten Regionen in Deutschland. Mit Texten wie solchen macht der Kreis auf sich aufmerksam, wirbt um ansiedlungswillige Unternehmen und Touristen: „Das grenzenlose Europa macht es möglich. Vom Rand ist die Südpfalz in die Mitte gerückt. Der Landkreis Germersheim liegt nahe. Von Paris, Brüssel, Frankfurt am Main oder München sind es nur ein paar Stunden. Und Straßburg, Heidelberg, Karlsruhe liegen um die Ecke."

Es hört sich fast wie eine Liebeserklärung an, wenn der Dolmetscher im amerikanischen Außenministerium in Washington David Sawyer feststellt: „Es klingt einfach überraschend, aber ich assoziiere die Südpfalz immer auch mit Weltbürgertum. Das mag daran liegen, dass ich in Germersheim (von 1988 bis 1996) Dolmetschen und Übersetzen gelernt habe, dort kommen ja Studierende aus aller Welt zusammen... In der Südpfalz (und vor allem in Germersheim) habe ich ein kleines Stück von der großen weiten Welt kennen gelernt."

Der südöstlichste rheinland-pfälzische Landkreis, dessen Grenze zu Baden-Württemberg der Rhein ist und den südlich die Lauter vom Elsass trennt, besteht aus den beiden verbandsfreien Städten Germersheim und Wörth sowie sechs Verbands- und 29 Ortsgemeinden. Die Bevölkerungszahl hat sich seit 1950 gewaltig gesteigert, ist von rund 66.600 in jenem Jahr auf 93.000 in 1970, auf 110.000 in 1990 auf heute 125.000 gewachsen. Im Schnitt wohnen 271 Einwohner auf einem Quadratkilometer. Die Gesamtfläche liegt bei 463,3 Quadratkilometer.

Malerisches Jockgrim.

Mit der Fähre (bei Leimersheim) ist der Rhein problemlos zu überqueren.

Die einwohnerstärksten Verbandsgemeinden im Kreis sind Jockgrim und Lingenfeld. Nur etwas mehr als 10.000 Einwohner zählt die VG Hagenbach. Die Stadt Germersheim hat 22.500 Einwohner, die Fläche beträgt 21,4 km², die Bevölkerungsdichte liegt bei 977/km². Die Stadt Wörth ist mit 19.400 Einwohnern etwas kleiner, hat eine Fläche von 131,6 km² Fläche, die Bevölkerungsdichte beträgt 133/km².

Die Verbandsgemeinden in der Zahlenübersicht:

Bellheim (mit den Ortsgemeinden Bellheim, Knittelsheim, Ottersheim und Zeiskam): 13.586 Einwohner, 43,6 km² Fläche, Bevölkerungsdichte 312/km².

Hagenbach (mit Berg, Hagenbach-Stadt, Neuburg, Scheibenhardt): 10.831 Einwohner, 33,7 km² Fläche, Bevölkerungsdichte 322/km².

Jockgrim (mit Hatzenbühl, Jockgrim, Neupotz, Rheinzabern): 16.208 Einwohner, 40,9 km² Fläche, Bevölkerungsdichte 394/km².

Kandel (mit Erlenbach, Freckenfeld, Kandel-Stadt, Minfeld, Steinweiler, Vollmersweiler, Winden): 15.359 Einwohner, 68,9 km² Fläche, Bevölkerungsdichte 255/km².

Lingenfeld (mit Freisbach, Lingenfeld, Lustadt, Schwegenheim, Weingarten, Westheim): 16.065 Einwohner, 70,1 km² Fläche, Bevölkerungsdichte 229/km².

Rülzheim (mit Hördt, Kuhardt, Leimersheim, Rülzheim): 14.757 Einwohner, 53,0 km² Fläche, Bevölkerungsdichte 280/km².

Der Lebensfreudebrunnen in Freckenfeld.

Fischerhaus in Leimersheim.

Die eigentliche Geburtsstunde des Kreises Germersheim schlug am 1. April 1818, als der bayerische König Maximilian Joseph im Gebiet der heutigen Pfalz zwölf Landkommissariatsbezirke errichtete. Hierunter fiel auch das Landkommissariat Germersheim, das sich aus den Kantonen Germersheim und Kandel zusammensetzte. Nachdem die Pfalz 1816 an Bayern gelangt war, kam es zur Neustrukturierung des bayerischen Rheinkreises. Die beiden einzigen Änderungen im Umfang der Gebietskörperschaft wurden 1825 (Abtretung von 25 Hektar an Frankreich) und 1840 (das Großherzogtum Baden tauschte die Kollerinsel bei Speyer gegen einen rechtsrheinischen Brückenkopf gegenüber von Germersheim) vorgenommen.

Am Landkreis Germersheim komme niemand mehr vorbei, der wirtschaftlich denke, sagt die Kreisverwaltung. Und es komme vor allem niemand mehr vorbei, der europäisch denke. Der Kreis ist zum Bindeglied zwischen den Wirtschaftsregionen Metropolregion Rhein-Neckar und Technologieregion Karlsruhe geworden. Die hervorragende Verkehrsanbindung per Straße (A 65 und vierspurige B 9), Schiene und die beiden Binnenhäfen Germersheim und Wörth bilden die Grundlage für eine weitere positive Enwicklung.

Der Kreis ist nicht nur hoch industrialisiert und beherbergt Firmen von internationaler Bedeutung wie Daimler in Wörth mit seinem Lkw-Montagewerk, Nolte in Germersheim mit seinem Spanplattenwerk und Palm in Wörth mit

*Historisches Rathaus
in Ottersheim von 1555.*

der leistungsstärksten Papiermaschinen der Welt. Der Kreis hat auch eine wichtige regionale Bedeutung in der Holz- und Landwirtschaft angesichts von 52 Prozent Waldfläche und 17 Prozent landwirtschaftlicher Nutzfläche.

„Idylle korrespondiert mit Industrie" heißt es immer mal wieder in einschlägigen Beschreibungen des Kreises. Ökologisches und gleichzeitig ökonomisches Denken stellt keinen Widerspruch dar. Nicht umsonst stehen in diesem Landkreis 55 Prozent der Flächen unter Landschaftsschutz, fast sechs Prozent sogar unter Naturschutz. Die industrielle Wertschöpfung ist sehr hoch.

„Welch eine angenehme Gegend", notierte Johann Wolfgang von Goethe nach einem Besuch von Rheinzabern. Heute würde er diese Feststellung ganz sicher auf den gesamten Landkreis ausweiten. Denn die Städte und Dörfer haben sich viel von ihrer historisch gewachsenen Struktur erhalten. Der Bienwald und die Rheinauen bieten Wanderern und Radfahrern unverfälschte Natur. Vorbei sind die Zeiten, als davor gewarnt wurde, den Wildschützen des Bienwaldes zu begegnen. August Becker schrieb vor vielen Jahrzehnten: „Da fand man schon manchen Grenzgänger erschossen im Waldgrund, manchen Forstgehilfen an den Baumästen, manchen Gendarmen zerhackt oder mit dem Kopf in einen Ameisenhaufen gehängt. Der Bienwald zieht oft gar schreckliche Menschen an, und kein Forstmann, der je hier Dienst versah, verließ ihn, ohne ein Abenteuer gehabt zu haben, das ihm dem Tode nahe bracht."

Reizvolles Rheinzabern.

Der 12.000 Hektar große Bienwald ist kein Gruselwald (wenn er denn wirklich je einer gewesen sein sollte), er ist ein Herzstück des Kreises. Der Rhein ist kein Angst einflößender Fluss (wenn er denn je ein solcher gewesen sein sollte), vor dem man sich in Acht nehmen müsste. Die erhalten gebliebenen Teile der Festungsanlagen von Germersheim werden nicht mehr benötigt, um - wie es beim Bau formuliert worden war - „dem deutschen Heere eine unbestreitbare Gemeinschaft beider Rheinufer, somit ein gesicherter Übergang über den Rheinstrom" zu gewähren. Sie sind heute eine Attraktion für geschichtsinteressierte Menschen.

*Fast 1000 Jahre alt:
die protestantische Kirche
von Minfeld.*

Der Landkreis Germersheim bietet, wie er in Anzeigen formuliert, „Raum zum Leben", aber auch „Raum für Ideen". Er fühlt sich als Natur-, Erlebnis- und Genussraum. Damit dies auch im Ausland verinnerlicht wird, dafür sorgen nicht zuletzt die Studenten am Germersheimer Fachbereich Angewandte Sprach- und Kulturwissenschaft (FASK) der Johannes-Gutenberg-Universität Mainz. Immerhin sind an die 90 Nationalitäten vertreten. Wenn sie Heimaturlaub machen, können sie verkünden: „Stadt und Kreis Germersheim sind immer einen Besuch wert." Man muss ja nicht nur kommen, um einen Lastwagen abzuholen und zu überführen.

Bartholomäuskirche in Neupotz.

*Kreisverwaltung Germersheim.
Im Vordergrund Skulptur von Karl-Heinz Deutsch*

Info:
Kreisverwaltung
Germersheim,
Luitpoldplatz 1,
76726 Germersheim
Tel. 0 72 74/530
Fax 0 72 74/53 229

kreisverwaltung@
kreis-germersheim.de
www.kreis-germersheim.de

Die Menschen

FEIERFREUDIG, STOLZ UND WELTOFFEN

Die Südpfälzer sind Pfälzer, selbstredend. Sie bekennen sich zu ihrer Heimat, der Pfalz. Aber sie bekennen sich besonders gerne und aus Überzeugung zur Südpfalz. Die Südpfälzer haben im Prinzip die gleichen Charaktereigenschaften wie die anderen Pfälzer, und doch unterscheiden sie sich von jenen in Nuancen, wie sie vor allem der erkennt, der im Süden geboren ist oder hier lebt oder diesen Menschenschlag zwischen Wald und Rhein, zwischen deutsch-französischer Grenze und Neustadt aus langjähriger Beobachtung kennt. Ein Südpfälzer ist, mit Verlaub, kein Donnersberger und kein Zweibrücker, er ist kein Dannstadter und kein Elmsteiner. Er ist ein eigener Menschenschlag.

Erstaunlicherweise finden sich auch bei intensiver Suche in der Literatur wenig Stellen, wo etwas Spezielles über die Südpfälzer steht. Meist beziehen sich die (selbstverständlich positiven) Feststellungen auf alle Pfälzer, auch wenn sie aus der Feder eines Südpfälzers stammen. Zitiert sei August Becker, der große Volksmann (1828-1891), der in seinem Standardwerk „Die Pfalz und die Pfälzer" niedergeschrieben hat: „Schon das flotte Äußere zeugt (beim Pfälzer) von Kraft, aber noch mehr von Gewandtheit und natürlichem Anstand und spricht Erregbarkeit, Rührigkeit und Gewecktheit des Geistes aus." Er attestierte den Pfälzern „natürliche Intelligenz und Geistesfrische", „Sinn für heiteres gesellschaftliches Zusammenleben und für die Freuden der Zeit". Trifft das nicht - aus Südpfälzers Sicht - den Nagel auf den Kopf? Ganz sicher hat Becker an seine Südpfälzer Landsleute gedacht, als er den Satz formulierte: „Es gibt kein gastfreieres, edelsinnigeres, großherzigeres Völkchen als die Weinpfälzer." Schließlich sind die Südpfälzer ja Weinpfälzer!

Die Mundartdichterin Lina Sommer (1862 in Speyer geboren, 1932 in Jockgrim gestorben) hatte, als in der Südpfalz lebende Frau, sicherlich die Menschen aus ihrer näheren Umgebung im Auge, als sie dichtete: *Guck - e Pälzer der is witzig, / knifflig, piffig, flink und hitzig, / kreizfidel*

un graderaus! / Dorschdig - borschdig - u(n)verdrosse, / voller
Lewe, voller Bosse, / kuraschiert bis dortenaus."

Hermann Josef Settelmeyer aus Lingenfeld hat in einem
beim Mundartdichter-Wettbewerb Sickinger Höhe preisge-
krönten Gedicht über seinen Landsmann, den Pfälzer (Auszug), festgehalten: „*Mensch, Pälzer, wann ich dich betracht, / du
siehscht nooch gar nix aus, / du gibscht net aa un schneidscht net
uf, / hängscht net de Grouße raus, / doch wer dich neher kenne
lernt, / wääß bald dein Wert zu schätze, / dein Frohsinn und dei
nettie Art, / die sin net zu ersetze.*"

Der Landauer Stadtarzt Friedrich Pauli hat 1831 die Bürger aus Landau beschrieben, sicher wohl wissend, dass diese
Beschreibung auch auf andere Südpfälzer zutrifft: „Im Allgemeinen ist das sanguistisch-cholerische Temperament vor-
herrschend, das indessen mit zunehmendem Alter sich oft
verändert; phlegmatisches Temperament findet sich seltener
mit Corpulenz, denn auch dies ist dann in der Regel ohne
Schwerfälligkeit, sondern gewöhnlich mit einem gewissen
Grade von Gewandtheit und Leichtigkeit verbunden. Die Sta-
tur des Mannes in seiner vollen Kraft ist mehr groß als klein,
ohne auffallend zu sein, sein Körper muskulös, seine Kno-
chen stark und solide."

Und über die Frauen urteilte Pauli: „Die Haltung des
weiblichen Geschlechts ist bei einem schlanken, mittlern
Wuchse, frei und ungeziert. Überhaupt besitzt das Weib hier
bei einem gefälligen Äußern eine gewissen Grazie und
Freundlichkeit, welche bei
angeborner Bescheidenheit,
ohne besondere Schönheit,
unwillkürlich Wohlgefallen
erregt. Hier, wie allenthal-
ben, sind wahre Schönheiten
selten, verblühen auch gewöhnlich schneller, als andere."

Aus vielen Veröffentli-
chungen, aus Äußerungen
von Leuten, deren Wort zählt,
und vor allem aus eigenen
Beobachtungen über Jahr-
zehnte hinweg sei hier einmal - ohne den Anspruch auf
Vollständigkeit zu erheben -

aufgelistet, was den Südpfälzer (gilt natürlich auch für die Frauen) auszeichnet. Und es soll auch nicht verschwiegen werden, dass es ein einige wenige Eigenschaften gibt, die nicht unbedingt positiv sind, die aber zum Wesen der Menschen dazu gehören und nicht völlig verschwiegen werden sollen.

Die positiven Eigenschaften:

Der Südpfälzer ist fröhlich, meist gut gelaunt, freundlich, offen, gesellig, herzlich, optimistisch, leutselig, gastfreundlich.

Der Südpfälzer ist friedlich, ehrlich, fleißig, geschickt, hilfsbereit, selbstbewusst, neugierig, unternehmungslustig, sangesfreudig.

Der Südpfälzer ist aufgeschlossen (gegenüber Fremden), weltoffen, stolz, heimatverbunden, naturverbunden.

Der Südpfälzer hat keine Berührungsängste und keine Vorurteile.

Der Südpfälzer geht nicht schnell auf die Barrikaden, aber wenn er es tut, dann heftig.

Der Südpfälzer liebt seine Heimat über alles, aber verreist auch gerne in andere Landschaften und Länder.

Der Südpfälzer ist abenteuerlustig, aber geht fast nur kalkulierbare Abenteuer ein.

Der Südpfälzer ist kontaktfreudig und schließt schnell Freundschaft, am liebsten beim Wein.

Der Südpfälzer ist stolz auf seine Heimat, aber alles andere als nationalistisch.

Der Südpfälzer ist feierfreudig und lässt selten eine Gelegenheit aus, sein Glas zu erheben, sei der Anlass auch noch so klein.

Der Südpfälzer trinkt gern Wein und isst gern Saumagen, aber er ist auch bei anderen Speisen und Getränken kein Kostverächter.

Der Südpfälzer hat ein ausgeprägtes Heimatbewusstsein und eine großes Wir-Gefühl.

Der Südpfälzer trägt oft sein Herz auf der Zunge, weil er einem Volksstamm angehört, der gerne redet.

Der Südpfälzer reicht dem Gegenüber sein Glas mit Wein zum Versuchen, wenn dieser nur wissen will, ob dies ein empfehlenswerter Tropfen sei.

Die weniger positiven Eigenschaften:

Der Südpfälzer ist oft laut, kritisch, hitzig und zuweilen aufmüpfig.

Der Südpfälzer ist in manchen Situationen leicht erregbar und aufbrausend.

Der Südpfälzer neigt schon mal zu Überreaktionen, die ihm hinterher leid tun.

In dem Sonderheft „Die Südpfalz" (2007) der Zeitschrift „Neuland" wurde einiges ausgesagt über die Südpfälzer („Die Menschen hier haben keine Flausen im Kopf"): Unter den 270.000 Einwohnern gebe es „eine Reihe von Leuten, die denken und handeln wie (der als Vorbild für Kreativität und Innovation vorgestellte Venninger „Essigdoktor" Georg Heinrich) Wiedemann; Menschen, die sich auf ihre Stärken besinnen und klug und beharrlich ihre Chance nutzen."

Vier weitere Zitate aus diesem Heft. Verónica Abrego, Übersetzerin aus Argentinien: „Die Südpfälzer sind offen und gesellig. Gehen Sie mal auf eines der Weinfeste, da sitzt man nah beieinander, erzählt, lacht. Ich war ganz überrascht, wie gelassen die Deutschen sein können." - Dragan Vukmirovic, aus Serbien stammender Kinobesitzer: „Das Tolle an den Südpfälzern ist ihre Entspanntheit. Sie sind herzlich, offen, reden gerne - obwohl sie ganz schön schuften. Sie sind ja auch unheimlich produktiv." - Fatma und Ramin Zafaranchi, Arzthelferin und Gemüsehändler aus dem Iran bzw. der Türkei: „Die Landauer sind schon ziemlich offen. Probieren gerne alles Neue aus. Und sie mögen Knoblauch." - David Sawyer, Dolmetscher am amerikanischen Außenministerium in Washington: „Südpfälzer sind gesellig und herzlich, man sitzt gerne zusammen am Tisch und begegnet den Menschen von außerhalb mit viel Offenheit und Neugier."

Wer möchte angesichts all dieser positiven Einschätzungen nicht Südpfälzer sein.

Stellvertretend werden auf den folgenden Seiten je sechs noch lebende und verstorbene Persönlichkeiten aus der Südpfalz etwas näher vorgestellt.

Katja Schweder

CHARMANTE REPRÄSENTANTIN DES WEINS

Sie war ein Glücksfall nicht nur für ihre Heimatgemeinde Hochstadt und die Südpfalz, sondern für die ganze (Wein)Pfalz und den deutschen Wein: Katja Schweder. Als Weinprinzessin der Verbandsgemeinde Offenbach begann sie ihre Karriere als Wein-Repräsentantin, dann stieg sie zur Prinzessin der Südlichen Weinstraße und sogar zur Pfälzischen Weinkönigin (2005/2006) auf. Der Höhepunkt war dann am 6. Oktober 2006 in Dresden ihre Wahl zur 58. Deutschen Weinkönigin 2006/2007. Auch wenn sie seit dem 12. Oktober 2007 keine Krone mehr trägt, ist die Winzertochter eine kenntnisreiche und schlagfertige Vertreterin des Weins geblieben, wird es immer bleiben.

Offiziell hat sie nie ein Wort des Zorns auf sich selbst geäußert, weil sie in jungen Jahren die Chance nicht beim Schopf packte und Winzerin wurde. Sie hatte seinerzeit einfach nicht genug Mut, Weinmacherin zu werden. Sie wäre ganz sicher eine gute geworden - mit dem elterlichen Betrieb im Hintergrund und der Liebe zum Rebensaft im Herzen. Sie ließ sich zur Diplom-Verwaltungswirtin ausbilden, arbeitete bei der Deutschen Rentenversicherung Rheinland-Pfalz in Speyer. Ihre Art, mit Menschen umzugehen, ihr ausgeprägtes Wissen um den Wein und ihre Fähigkeit, ihre Kenntnisse hervorragend weiterzugeben, zahlten sich aus. Sie erhielt ein Angebot der BASF und wechselte nach ihrer Königin-Zeit in die Kellerei des größten Chemieunternehmens der Welt in Ludwigshafen.

Wie man Wein macht und ihn nach außen hin gut „verkauft", lernte Katja Schweder von ihren Eltern, von befreundeten Winzern, bei einem Praktikum im Büro für Tourismus der Südlichen Weinstraße und nicht zuletzt bei einem halbjährigen Aufenthalt in Australien mit

der Möglichkeit, das „Innenleben" einiger Weingüter kennen zu lernen. Als Repräsentantin des deutschen Weins war sie sehr viel unterwegs, traf mit Prominenten aus Politik,. Gesellschaft, Sport und Kunst zusammen, parlierte in den USA und Kanada, in China und Singapur, in Japan und einigen europäischen Ländern in bestem Englisch mit Menschen, die mehr über Wein wissen wollten. Aber sie bekannte sich immer, wo sie auch war, zu ihrer Heimat Südpfalz. Das wird auch in Zukunft nichts anders sein.

Katja Schweder hat in ihrem Leben bis jetzt alles richtig gemacht und ist ihren Weg gegangen: stets mit einem Lächeln auf den Lippen und mit viel Charme. Sie hat in ihrer Zeit als „Weinmajestät" die Südpfalz repräsentiert wie selten eine andere Frau. Das hohe Lied auf ihre Heimat wird sie ganz sicher weiter singen, ob in Hamburg oder New York.

STEILE KARRIERE IN DER KATHOLISCHEN KIRCHE

Theologie-Professor und Kardinal Dr. Friedrich Wetter, geboren am 20. Februar 1928 in Landau und vom 28. Oktober 1982 bis zum 2. Februar 2007 Erzbischof von München und Freising, sagte einmal in einem Interview im Zusammenhang mit dem Hinweis auf seine steile Karriere in der katholischen Kirche: „Ach was - ich habe immer nur an meinem Platz getan, was getan werden musste."

Nach der Priesterweihe am 10. Oktober 1953 in Rom ging es mit dem Sohn eines Landauer Lokführers steil bergauf: Von 1956 bis 1958 Kaplan in der Pfarrei St. Josef in Speyer; 1958 bis 1960 Assistent und Dozent am Priesterseminar St. German in Speyer; danach kurze Zeit Mithilfe in der Seelsorge in Glanmünchweiler; 1962 bis 1964 Dozent für Fundamentaltheologie und von 1964 bis 1968 Professor für Fundamentaltheologie an der Philosophisch-Theologischen Hochschule in Eichstätt; ab dem Wintersemester 1967/68 Professor für katholische Dogmatik an der Katholisch-Theologischen Fakultät der Universität Mainz; am 28. Mai 1968 Ernennung durch Papst Paul VI. zum 94. Bischof von Speyer; am 28. Oktober 1982 Ernennung durch Papst Johannes Paul II. zum Münchner Erzbischof.

Wetter begann nach dem Abitur (1947 in Landau) 1948 das Studium der Philosophie an der Philosophisch-Theologischen Hochschule Sankt Georgen in Frankfurt am Main und studierte von 1948 bis 1956 an der Päpstlichen Universität Gregoriana in Rom und war Alumnus im berühmten Collegium Germanicum et Hungaricum in Rom.

In seinem Erzbistum verfolgte Wetter zielstrebig eine Erneuerung der Seelsorge und brachte Klerus und Laien die aktive Mitsorge und Mitverantwortung für die Weitergabe des christlichen Glaubens an die kommenden Generationen nahe. In einigen wichtigen Gremien der Kirche arbeitete er aktiv mit. Der Träger hoher staatlicher Auszeichnungen wurde 1994 zum Ehrenbürger seiner Vaterstadt Landau gewählt. Dem Kardinal, dem die Gabe der Geduld zu eigen ist, der ausgleichen kann und ausgleichend wirkt, wurde einmal die Frage gestellt, ob es bei ihm nie Zweifel an Gott gegeben habe. Seine Antwort lautete: „Von Glaubenszweifeln bin ich Gott sei Dank verschont geblieben. Es gab Fragen. Aber diese Fragen führten mich zu einer Vertiefung meines Glaubens."

Otmar Hornbach

EINER DER STILLEN UNTERNEHMER IM LAND

Dass die Hornbach-Gruppe heute einer der führenden Baumarktbetreiber in Europa ist und in den letzten Jahrzehnten wie kaum ein anderes Unternehmen der Branche wuchs, ist einem Mann mit Weitblick zu verdanken, der den Anstoß zur Gründung des ersten Bausupermarktes 1968 in Bornheim gab: Otmar Hornbach. Im Familienbetrieb, der mittlerweile unter der Leitung der fünften Generation steht, war er immer die treibende Kraft hinter wesentlichen Entscheidungen. 2001 hat er sich aus dem operativen Geschäft zurückgezogen, sitzt aber noch regelmäßig in der Bornheimer Zentrale der Baumarkt AG an seinem Schreibtisch für das symbolische Gehalt von einem Euro im Monat. Otmar Hornbach, geboren am 6. Juni 1930 in Rothselberg, fungiert als Berater seiner in führenden Funktionen tätigen Söhne Albrecht und Steffen.

Nach dem Abitur 1949 war er im Alter von gerade 19 Jahren als Lehrling in die Baustoffhandel-Firma seines Vaters und seines Onkels in Landau eingetreten. Zu gerne hätte er an der Wirtschaftshochschule in Mannheim studiert, aber sein Wunsch erfüllte sich nicht. Stattdessen wurde er nach und nach zum treibenden Motor und kreativen Partner eines bis auf den heutigen Tag kontinuierlich wachsenden Unternehmens.

Als 36-Jähriger nahm er im Jahre 1966 mit einer Gruppe deutscher Baustoffhändler an einer Studien- und Kontaktreise durch die USA teil, besichtigte Baumärkte, sammelte akribisch Informationen („Ich wollte einfach alles wissen") und setzte die in Amerika gewonnenen Erkenntnisse zu Hause um. Denn er war fest davon überzeugt, dass auch in Deutschland das Do-it-yourself beim Bauen und Renovieren kommen würde. Ein weiteres große Verdienst von ihm war die Entscheidung, 1987 als erstes deutsches Baumarkt-Unternehmen an die Börse zu gehen.

Otmar Hornbach gehört zu den stillen Unternehmern, die das Licht der Öffentlichkeit nur ungern auf sich scheinen lassen, lieber im Hintergrund bleiben und beharrlich daran arbeiten, die Zukunft des Unternehmens zu sichern. Das Wort „Ich" vermeidet er gern, spricht lieber in der Mehrzahl. Im Vorwort zu dem 2007 erschienenen Buch „Die Geschichte von Hornbach" würdigt er die Leistungen seiner Vorfahren: „Sie waren Pioniere bei der Entwicklung und der industriellen Fertigung von Haus- und Gemeindekläranlagen sowie Großbehältern mit eigenen Patenten, ... Pioniere der Bau- und Heimwerkerbranche".

Einer der besten Köche Deutschlands

Er ist einer der besten Köche in Deutschland und ein Aushängeschild der Branche nicht nur in der Südpfalz, sondern in ganz Rheinland-Pfalz. Karl-Emil Kuntz wird in einem ihm und seiner Familie gewidmeten Buch „pfälzischer Botschafter, der auf dem internationalen Parkett zu Hause ist", genannt. Der Spitzenkoch, der bereits 1986 seinen ersten Michelin-Stern bekam und im Laufe seines Berufslebens mit zahlreichen Auszeichnungen für seine unnachahmliche Kunst des Kochens bedacht wurde, hat trotz seiner Erfolge die Bodenhaftung nicht verloren und ist trotz seines Renommees bekennender Südpfälzer geblieben.

Neben der Haute Cuisine beherrscht Kuntz auch die bürgerliche Küche, wo das Niveau ebenfalls stimmt. „Regionale Küche", sagt der Mann, der rank und schlank und als leidenschaftlicher Langläufer in seiner freien Zeit rund um Hayna unterwegs ist, „wird ihren Stellenwert behalten. Die große, internationale Küche ist immer auch vom Wandel geprägt, ist den aufkommenden Moden und wechselnden Trends unterworfen. Eine regionale Küche, wie die unsere in der Südpfalz hingegen hat den Reiz unbeirrbarer Stabilität." Regionale Küche sei Heimat, betont er.

Zum Kochtalent kommen bei ihm Leidenschaft und Ausdauer, Ehrgeiz und Kreativität. Die oft so strengen Gourmet-Kritiker finden bei ihm selten mal „ein Haar in der Suppe", sprich: sie haben nichts oder nur Kleinigkeiten zu bemängeln. Gibt es ein schöneres Kompliment für einen Koch, als wenn ein Bundespräsident (in diesem Fall Horst Köhler) nach einem Mahl in der „Krone" in Hayna sagt, er könne sich nicht erinnern, jemals so gut gespeist zu haben? Sicher nicht.

Karl-Emil Kuntz, der sich durch große Bescheidenheit auszeichnet, hat im Hotel Körber in Landau gelernt, setzte auf die Kochlehre noch die Ausbildung zum Konditor drauf, arbeitete danach im „Ritter" in Durbach und im „Erbprinz" in Ettlingen, wo er Küchenchef hätte werden können, wenn er gewollt hätte. Nach der Meisterprüfung in Heidelberg 1982 kehrte er an den Herd im Restaurant der Familie zurück. 1986 hospitierte er beim damals besten deutschen Koch Eckart Witzigmann in der „Aubergine" in München. Aber Kuntz ist kein Epigone eines Kollegen. Er hat schon lange seinen unverwechselbaren Stil gefunden. Viele berühmte Persönlichkeiten, die bei ihm speisen und begeistert sind, bestätigen ihm dies ausdrücklich.

Mit Fleiss und Beharrlichkeit
gross geworden

*SPD-Politiker Kurt Beck ist der beste Beweis dafür, dass ein Mensch mit Fleiß und Beharrlich-
keit, mit Talent und Gespür für die Themen der Zeit in der Gesellschaft zu einer herausragenden
Persönlichkeit werden kann, ohne Abitur gemacht und ein Hochschulstudium absolviert zu haben.
Der am 5. Februar 1949 in Bad Bergzabern geborene Südpfälzer hat sich immer zu seiner Heimat
bekannt und bekennt sich zu ihr, wo er auch auftritt (eine Zeitschrift nannte ihn deshalb „Inkarna-
tion politischer Bodenständigkeit"). Erst als er am 26. Oktober 1994 zum Ministerpräsidenten von
Rheinland-Pfalz gewählt wurde, gab er nach 20 Jahren seine Tätigkeit als Mitglied des Kreistages
Südliche Weinstraße (1974 bis 1994) und als Bürgermeister von Steinfeld (1989 bis 1994) auf.*

Die große Stärke Becks ist seine Aufgeschlossenheit gegenüber Menschen, aus welcher
Schicht sie auch stammen. „Ich mache keinen Unterschied zwischen der Herkunft
meines Gegenüber. Für das Funktionieren unseres Alltagslebens ist die Putzfrau genau so
wichtig wie der Generaldirektor, der Krankenpfleger so wichtig wie die Chefärztin", sagt er.
Neue Begegnungen mit Personen unterschiedlicher Herkunft und vermeintlich unterschiedlicher gesellschaftlicher Stellung sind stets eine Bereicherung für ihn. „Ich bleibe ich", betont er. Der Sohn eines Maurers lässt sich nicht verbiegen.

Ehe er Karriere als Politiker im Land und im Bund machte, ging er einen geraden Weg:
Volksschule, Ausbildung zum Elektromechaniker der Fachrichtung Elektronik, Realschulab-
schluss auf dem Zweiten Bildungsweg in Bad Bergzabern, nach der Bundeswehrzeit berufli-
che Tätigkeit als Funkelektroniker, von 1972 bis 1985 freigestellter Personalratsvorsitzender
seines Betriebes und Bezirkspersonalratsvorsitzender. Seit
1972 ist Kurt Beck Mitglied der SPD, weil ihm Persönlichkeiten wie Willy Brandt und Wilhelm Dröscher imponier-
ten. 1979 wurde er erstmals in den rheinland-pfälzischen
Landtag gewählt, dem er heute noch angehört. Er war vor
seiner Wahl zum „MP" parlamentarischer Geschäftsführer
(1985 bis 1991) und Vorsitzender (1991 bis 1994) der
SPD-Landtagsfraktion. Seit Mai 2006 steht er der Sozial-
demokratischen Partei Deutschlands vor.

Kurt Beck ist ein abwägender Politiker. „Ich turne nicht
in der Zirkuskuppel", versichert der Ehrendoktor der
Francis Marion University South Carolina und Inhaber
vieler hoher Auszeichnungen.

BERGSTEIGER, KLETTERER UND POLITIKER

Auch wenn er den pfälzischen Dialekt nicht unbedingt beherrscht und man aus seinen Reden heraushört, dass er aus dem Schwabenland stammt, ist Dr. Heiner Geißler längst ein Südpfälzer. Der CDU-Politiker lebt schon sehr lange in der Region (Gleisweiler), vertrat seine neue Heimat ein Dutzend Jahre als Abgeordneter im Deutschen Bundestag, besitzt sogar einen eigenen Weinberg und erzeugt in der Lage „Gleisweiler Hölle" einen guten Tropfen. Der begeisterte Bergsteiger ist auch im Wasgau geklettert und von den Höhen des Pfälzerwaldes aus mit dem Gleitschirm geflogen, bis er 1992 abstürzte und sich schwer verletzte.

W as Geißler seit jeher auszeichnet, ist seine Direktheit bei allen Auftritten. Er redet nicht drumherum, sondern nennt die Dinge beim Namen, verdeutlicht auch mit teilweise provozierenden Sätzen, wie er die Lage sieht. Das hat ihm manche Kritik auch in den eigenen Reihen eingebracht, ihn aber nicht mundtot gemacht. Nicht von ungefähr ist er einer der am häufigsten in Talk-Shows eingeladenen Politiker.

Für Schlagzeilen ist der am 3. März 1930 in Oberndorf geborene Dr. jur. immer gut. Als er 2007 Mitglied im globalisierungskritischen Netzwerk „Attac" wurde (Begründung: „Dass Attac für das Recht auf gewaltlose Demonstrationen eintritt, verdient Unterstützung"), erhob sich vor allem in der CDU ein Sturm der Entrüstung.

Heiner Geißler, der noch in der Endphase des Zweiten Weltkriegs zum Schanzdienst eingezogen wurde, aber flüchten konnte, machte 1949 Abitur am Kolleg St. Blasien, trat in den dortigen Jesuitenorden ein, den er aber schon nach drei Jahren wieder verließ. An der von Jesuiten betriebenen Hochschule für Philosophie in München studierte er Philosophie, anschließend Jura in München und Tübingen. Nach den juristischen Staatsexamen promovierte er 1960 mit dem Thema „Das Recht der Kriegsdienstverweigerung".

In der Union ging Geißler seinen Weg. Von 1965 bis 1967 und wieder von 1980 bis 2002 war er Bundestagsabgeordneter, dem rheinland-pfälzischen Landtag gehörte er von 1971 bis 1979 an. Von Mai 1967 bis Juni 1977 amtierte er als Sozialminister in Rheinland-Pfalz und von Oktober 1982 bis September 1985 als Bundesminister für Jugend, Familie und Gesundheit. Dass er 1989 nach zwölf Jahren nicht wieder als Generalsekretär der CDU berufen wurde, hatte mit seiner parteiinternen Kritik an Helmut Kohl zu tun. Geißler hat mehr als ein Dutzend Bücher geschrieben (unter anderem das Werk „Was würde Jesus heute sagen? Die politische Botschaft des Evangeliums"). Er wirbt seit jeher für eine sozialere Politik im Sinne der katholischen Soziallehre.

Michel Bréal

Ein Weltbürger aus Landau

Dass es bei den Olympischen Spielen der Neuzeit den Marathonlauf über 42,195 Kilometer gibt und dieser seit 1896 zum festen Programm gehört, ist einem gebürtigen Landauer zu verdanken. Michel Bréal erblickte am 26. März 1832 in einem (heute noch vorhandenen) vornehmen Patrizierhaus an der Ecke Marktstraße/Rathausplatz - dem „Böckingschen Haus" - das Licht der Welt. Er war es, der 1894 nach der Teilnahme an einem Sportkongress an der Pariser Sorbonne mit dem sinngemäßen Thema „Wiedererweckung von Olympia" seinem guten Bekannten Pierre de Coubertin, dem energischen Verfechter des olympischen Gedankens, die Idee unterbeitete, Sportler sollten zu Ehren des legendären Meldeläufers Pheidippides die gut 40 Kilometer lange Strecke von Marathon nach Athen in einem eigenen Wettkampf zurücklegen. Der französische Baron sagte Ja.

M ichel Bréal war der Sohn jüdischer Eltern, die dem aufgeschlossenen Bürgertum angehörten und Kontakte zu hochrangigen französischen Verwaltungsbeamten pflegten. Der Junge besuchte die Elementarschule bis zum neunten Lebensjahr (später sagte er: „Der Aufenthalt in Landau war die glücklichste Zeit in meinem Leben"), dann zog die Familie nach dem Tod des Vaters nach Weißenburg. Er studierte in Paris und Berlin, erwarb Kenntnisse in vielen Sprachen.

Der interdisziplinär tätige Sprachwissenschaftler mit hohem Ansehen im Ausland erhielt bereits mit 34 Jahren den Ruf als Professor für vergleichende Grammatik an das Collège de France, damals die renommierteste Universität Frankreichs. 1875 wurde er Mitglied des berühmten „Institut de France".

Der spätere Ehrendoktor der Universitäten Zürich und Bologna machte sich vor allem auch einen Namen als Bildungsreformer. Viele seiner für ihre Zeit revolutionäre Ideen flossen in das französische Schulsystem ein. Der Weltbürger aus Landau setzte sich dafür ein, Sprache nicht nur theoretisch, sondern vor allem als Kommunikationsmittel zu verstehen und auch den Dialekt zu fördern.

1915 starb Bréal in Paris und wurde im Familiengrab auf dem Friedhof Montparnasse beigesetzt. Eine Gedenktafel am Landauer Geburtshaus, in dem sich heute eine Filiale der Sparkasse Südliche Weinstraße befindet, erinnert an einen der größten Söhne der Stadt, der in Landau und der Südpfalz aber bei weitem nicht so bekannt ist, wie es seiner Bedeutung angemessen wäre. Ein 2007 erschienenes Buch zeichnet seinen Lebensweg nach.

Paul Josef Nardini

PRIESTER, SOZIALAPOSTEL UND WOHLTÄTER

Als erster Pfälzer ist Dr. Paul Josef Nardini, der große Sohn der Stadt Germersheim, im Jahr 2006 selig gesprochen worden. Damit anerkannte der Vatikan 144 Jahre nach dem Tod des katholischen Priesters, Sozialapostels und Wohltäters der Menschheit die Verdienste des unehelich zur Welt gekommenen Mannes, der sein Schicksal mit großem Fleiß und eisernem Willen meisterte. Das größte Werk Nardinis war 1855, damals als Pfarrer in Pirmasens, die Gründung der religiösen Gemeinschaft der „Armen Franziskanerinnen von der heiligen Familie" (Mallersdorfer Schwestern). Die Mitglieder des Ordens sollten ihn bei der Sozialarbeit unterstützen. Denn wirtschaftliche Not und zunehmende Verarmung sowie sittliche Verwilderung unter Kindern und Jugendlichen prägten seine Diaspora-Pfarrei, die als eine der schwierigsten Pfarreien im Bistum Speyer galt.

A m 25. Juli 1821 zeigte Margaretha Lichtenberger auf dem Bürgermeisteramt von Germersheim die Geburt ihres Sohnes Paul Josef an. Der Vater war unbekannt, wahrscheinlich war er ein österreichischer Militäringenieur aus Verona, der sich zur Planung des Ausbaus der Festung der Rheinstadt aufhielt. 1823 adoptierten eine Großtante und deren Mann Josef Anton Nardini, gelernter Schuhmacher aus Oberitalien, den Buben. Da die Ehe der beiden kinderlos blieb, schenkten sie ihre ganze Zuneigung und Liebe dem angenommenen Sohn.

Paul Josef Nardini arbeitete nach der Entlassung aus der Grundschule in der Werkstatt des Stiefvaters, durfte aber ab 1834 die Lateinschule seiner Heimatstadt besuchen - teilweise brachten gute Menschen das nötige Geld auf -, ehe er begann, sich seinen größten Wunsch zu erfüllen und Priester zu werden. Nach dem Studium in Speyer und München, der Promotion 1846 und der Priesterweihe im August des gleichen Jahres im Speyerer Dom, war er Kaplan in Frankenthal, Präfekt im Bischöflichen Knabenseminar in Speyer, Pfarradministrator in Geinsheim und ab 1851 Pfarrer in Pirmasens. Am 27. Januar 1862 starb Nardini nach kurzer Krankheit im Alter von 40 Jahren.

Als Nardini zur Welt kam, konnte niemand ahnen, dass dieses uneheliche Kind, dessen erste Lebensjahre so trostlos erschienen, einmal ein Segen werden sollte für viele verwahrloste und verlassene Kinder, für arme, kranke und alte Menschen.

Oskar Stübinger

DEUTSCHLANDS ERSTER WEINBAUMINISTER

Einst war er der erste Weinbauminister in Deutschland, und jahrelang auch der einzige. Fast 22 Jahre (von 1946 bis 1968) gehörte Oskar Stübinger der rheinland-pfälzischen Landesregierung an, erwarb sich in seinem für Ernährung, Landwirtschaft und Weinbau (später auch für den Forst) zuständigen Ressort hervorragende Verdienste, die mit hohen Auszeichnungen vielfältig anerkannt wurden. Dabei hatte der am ersten Weihnachtsfeiertag 1910 in Edenkoben geborene Sohn eines Winzers und Weinhändlers nach dem Zweiten Weltkrieg gar nicht Minister werden wollen, er wäre lieber als Landwirt und Winzer tätig gewesen. In den ersten Jahren seiner Amtszeit in Mainz stand die Meisterung der Ernährungskrise im Vordergrund seiner Bemühungen. Einmal drohte er sogar mit Rücktritt, als die Forderungen der französischen Besatzungsmacht nach Lieferung von Fleisch und Fett immer größer wurden und er nicht wusste, wie er sie erfüllen sollte.

Nach dem Abitur studierte Stübinger Land- und Forstwirtschaft in Bonn, war ein Jahr lang Assistent an der Weinbauschule in Neustadt, heiratete 1938 die Tochter des Ökonomierats Hauter vom Dreihof und übernahm ein Jahr später dieses Gut. Nach dem Zusammenbruch wurde er politisch aktiv, war 1945 als Mann der ersten Stunde Mitbegründer der CDU Pfalz. 1946 wurde er in die verfassunggebende Landesversammlung gewählt und am 29. November jenen Jahres in einer sehr schwierigen Zeit zum Minister berufen. Er hatte geglaubt, weil er dieses Amt ursprünglich gar nicht wollte, in einem halben Jahr sei alles vorbei. Es wurden fast 22 Jahre, wobei Oskar Stübinger - wie Helmut Kohl einmal anmerkte - „nicht Exzellenz geworden, sondern Mensch geblieben ist".

Oskar Stübinger arbeitete im Gemeinderat von Essingen mit und war Mitglied des Kreistages Landau. Er war Vorstandsmitglied der CDU Rheinland-Pfalz, der CDU Pfalz und der CDU Landau-Land. Er gehörte dem rheinland-pfälzischen Landtag von 1947 bis 1970 an. Viele weitere Ehrenämter hatte er inne und nahm sie engagiert wahr: Stellvertretender Ministerpräsident von Rheinland-Pfalz, Präsident des Raiffeisenverbandes Pfalz und des Raiffeisenverbandes Rhein-Main, Aufsichtsratsvorsitzender der Raiffeisen-Zentralbank Rheinpfalz und der Raiffeisen-Hauptgenossenschaft Rheinpfalz, Ehrensenator der Landwirtschaftlichen Hochschule Stuttgart-Hohenheim. Und er war viele Jahre verdienstvoller Präsident des Vereins Südliche Weinstraße. Er starb am 27. Juli 1988.

Konrad Krez

DICHTER UND FREIHEITSKÄMPFER

Der „vielleicht größte Landauer" war laut Eintrag in einem Lexikon Konrad Krez, der Dichter und Freiheitskämpfer. In der Königstraße nahe dem Deutschen Tor steht das Haus, in dem er am 27. April 1828 geboren wurde. Darauf ist festgehalten, was er einst war: „Sänger und Kämpfer für Deutschlands Freiheit und Einheit." Er war gerade mal 22 Jahre alt, als er 1850 notgedrungen alle Brücken zur Pfalz abbrach und nach Amerika auswanderte, wo er schnell Fuß fasste und wie schon in der Heimat für Recht und Freiheit kämpfte. Seine Geburtsstadt hat er bis zu seinem Tod am 9. März 1897 in Milwaukee nicht mehr wiedergesehen.

In einer Biografie über Krez aus der Feder des Schriftstellers Wolfgang Diehl steht, der gebürtige Landauer „mag von den einzelnen Aspekten seines Lebens her immer nur einer unter vielen gewesen sein, in der Kombination von Lebensschicksal, dichterischem Werk und politisch-revolutionärem Handeln ist er sicherlich eine einmalige Erscheinung". Die ersten gut zwei Jahrzehnte seines Lebens wichen bereits weit von der Norm ab: Wegen „Ketzerei" Streichung des zugesagten Freiplatzes im Bischöflichen Konvikt; Veröffentlichung erster Gedichte; im Frühjahr 1848 Freiwilliger eines Freicorps, das erfolglos den Deutschen in Schleswig-Hol-

stein zu Hilfe eilen wollte; 1849 Teilnahme am niedergeschlagenen Aufstand in Baden und der Pfalz; daraufhin Flucht als Mädchen verkleidet nach Weißenburg; Festnahme und Anklage wegen Hochverrats in Zweibrücken; 1850 Verurteilung wegen Hochverrats und anderer Delikte zum Tod.

1851 emigrierte Krez nach New York, setzte sein Jurastudium fort, heiratete 1852, arbeitete als Anwalt. In Sheboygan in Wisconsin unterhielt er ab 1854 eine gutgehende Anwaltskanzlei. 1861 zog er nach dem Ausbruch des Bürgerkrieges in Nordamerika an der Spitze eines Freiwilligenregiments in den Kampf. In Anerkennung seines treuen und ehrenhaften Dienstes während des Feldzugs gegen die Stadt Mobile wurde Konrad Krez durch den amerikanischen Präsidenten Lincoln 1865 zum Titular-Brigadegeneral ernannt. In den folgenden Friedensjahren engagierte sich der Landauer und Sohn eines Lotterie-Einnehmers als Vorstand der Staatsuniversität von Wisconsin, war Mitglied der Staatsversammlung und Rechtsbevollmächtigter von Milwaukeee. Auch gab er weitere Bände mit eigenen Gedichten heraus.

Wolfgang Diehl als großer Kenner der Lebensgeschichte des Konrad Krez sagt über ihn: „Er war ein glühender Idealist, beseelt vom Geiste eines Schillers, ein wagemutiger Kämpfer für seine Ideale."

August Ludowici

STIFTER DER LANDAUER FESTHALLE

Die für die Südpfalz einzigartige Veranstaltungsstätte Landauer Festhalle gäbe es wahrscheinlich nicht ohne August Ludowici. Der in Ludwigshafen am 19. September 1866 geborene studierte Landwirt, der lange nicht so recht wusste, auf welchem Feld er einmal seinen Unterhalt verdienen sollte und der davon träumte, Maler oder Schriftsteller zu werden - aber auch nicht ausschloss, als Landwirt zu arbeiten -, musste schließlich nach dem frühen Tod seines Vaters 1893 in das Geschäft mit Ziegeln im Familienunternehmen in Jockgrim einsteigen. Aber glücklich wurde er mit dieser Tätigkeit nicht. Er verließ den Betrieb 1906, zog in die Schweiz, baute dort eine große Ziegelei auf und widmete sich nebenbei an der Universität in Genf botanischen Studien.

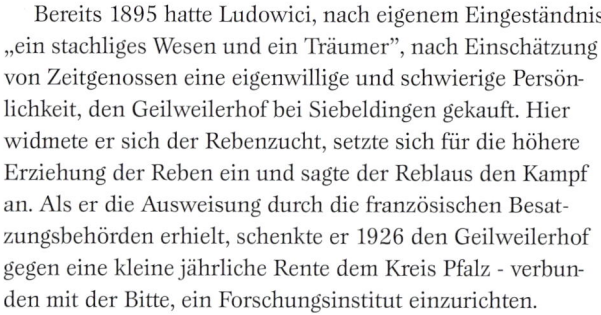

In Landau fehlte eine festliche Halle für Kultur- und andere Veranstaltungen. Die Kostenschätzungen überstiegen bei weitem die Finanzkraft der Kommune. 1903 wartete Bürgermeister Mahla mit der überraschenden Nachricht auf, es gebe eine Persönlichkeit, die das Projekt finanzieren, aber unbekannt bleiben wolle. 600.000 Mark stellte der vermögende Ludowici zur Verfügung. Die Stadt ernannte ihn zum Dank 1925 zum Ehrenbürger. Seine Identität war da längst gelüftet.

Bereits 1895 hatte Ludowici, nach eigenem Eingeständnis „ein stachliges Wesen und ein Träumer", nach Einschätzung von Zeitgenossen eine eigenwillige und schwierige Persönlichkeit, den Geilweilerhof bei Siebeldingen gekauft. Hier widmete er sich der Rebenzucht, setzte sich für die höhere Erziehung der Reben ein und sagte der Reblaus den Kampf an. Als er die Ausweisung durch die französischen Besatzungsbehörden erhielt, schenkte er 1926 den Geilweilerhof gegen eine kleine jährliche Rente dem Kreis Pfalz - verbunden mit der Bitte, ein Forschungsinstitut einzurichten.

August Ludowici war ein umtriebiger Mensch. Er war deutscher Konsul in Genf (1912 bis 1915), Rebenzüchter auf Teneriffa (1925 bis 1933), kehrte 1933 nach Deutschland zurück und ließ sich in Heidelberg nieder. Er wurde durch die Landwirtschaftliche Hochschule Hohenheim für seine Verdienste um den heimischen Weinbau und durch die Universität Freiburg für seine Arbeiten auf den Gebieten der Naturwissenschaft und der Philosophie jeweils zum Ehrendoktor ernannt. Am 22. April 1945 schied er durch Freitod aus dem Leben, wie schon zwei seiner drei Söhne.

Edith Stein

IN BERGZABERN
ZU GOTT GEFUNDEN

Edith Stein wurde nicht in der Südpfalz geboren, aber zu dieser Region pflegte sie einst besondere Beziehungen, verbrachte im heutigen Bad Bergzabern während ihres Studiums der Philosophie, Psychologie, Geschichte und Germanistik einen Teil ihrer Ferien, wohnte beim Philosophenehepaar Dr. Conrad-Martius. Die in Breslau am 12. Oktober 1891 als siebtes Kind wohlhabender Eltern geborene Jüdin fand in der Kurstadt, die damals aber noch keine solche war, den Weg zum katholischen Glauben. Als junge Frau war sie ungläubig geworden. Das Schlüsselerlebnis, das am 1. Januar 1922 in der Pfarrkirche St. Martin in Bergzabern mit der Taufe zum Übertritt zum Christentum führte, war die Lektüre eines Buches.

Beim Besuch ihrer Freunde holte sich Edith Stein im Sommer 1921 aus dem Bücherschrank das Werk „Leben der heiligen Teresa Avila, von ihr selbst erzählt" und las die ganze Nacht hindurch. Am nächsten Morgen sagte sie: „Das ist die Wahrheit." Ihrem langen Suchen nach dem wahren Gott war ein Ende gemacht. Teresa von Avila hat ihr bei der Wahrheitssuche die Richtung gewiesen, die sie nun konsequent verfolgte. Bergzabern ist aus der Glaubensgeschichte der Edith Stein nicht wegzudenken, die Taufkirche der Stadt war der Wendepunkt ihres Lebens. In diesem Gotteshaus erhielt sie am 2. Januar 1922 die erste heilige Kommunion. Am 2. Februar 1922 erfolgte in der Kapelle des Bischofshauses in Speyer die Firmung.

Von 1923 bis 1931 unterrichtete Edith Stein am Mädchenlyzeum des Dominikanerklosters St. Magdalena in Speyer, war danach zwei Jahre Dozentin am Deutschen Institut für wissenschaftliche Pädagogik in Münster. 1933 erhielt sie durch die Nationalsozialisten Berufsverbot. Am 14. August 1933 trat sie in den Kölner Karmel ein, erhielt den Namen Schwester Teresia Benedicta vom Kreuz, legte am 21. April 1938 die ewige Profess ab. Nach dem aus politischen Gründen 1938 erfolgten Wechsel in den Karmel von Echt/Niederlande wurde sie am 2. August 1942 durch die Gestapo verhaftet und in einem Sammellager interniert.

Die Verschleppung nach Auschwitz erfolgte am 7. August 1942, ein letztes Lebenszeichen gab es am Bahnhof in Schifferstadt. Am 9. August 1942 endete Edith Steins Leben in der Gaskammer. 1987 wurde sie selig und 1998 heilig gesprochen, 1999 erfolgte die Ernennung zur Mitpatronin Europas, jeweils durch Papst Johannes Paul II.

Die Landschaft

VIELSEITIG, ÜPPIG UND ABWECHSLUNGSREICH

Die Landschaft der Südpfalz zu beschreiben für Menschen, die diese Region nicht kennen, ist leicht - und dennoch schwer. Man müsste schwärmerisch veranlagter Dichter sein, um die passenden blumigen Worte zu finden. Aber was bringt schon das Überhöhen der Gegebenheiten, das bewusste Übertreiben („Dieses Stück Erde ist schöner als jeder andere Landstrich"), wenn nicht mildes Lächeln oder gar Spott? Deshalb soll die Zustandsbeschreibung sachlich-nüchtern und nicht mit gut klingenden Parolen geschehen, wie sie die Werbung so gerne gebraucht.

Jeder Einheimische sieht seine Umgebung, seine Heimat, in der Regel positiv, schildert nur die sonnigen Seiten, nicht aber die in jeder Landschaft durchaus vorhandenen rauhen Seiten. Die gibt es auch hier. Verschweigen wir sie!

Dass die Südpfalz gerne mit der Toskana verglichen und ein kleiner Ort (Gleisweiler) als „pfälzisches Nizza" bezeichnet wird, kommt nicht von ungefähr. Denn die südpfälzische Landschaft mutet in weiten Bereichen wirklich südlich an. Die Vegetation ist fast so üppig wie in Südfrankreich oder Italien. Das milde Klima macht's. Kaum ein anderer Landstrich in Deutschland wird so von der Sonne verwöhnt wie die

Goethepark in Landau.

Südpfalz, die auch Sonnenpfalz heißen könnte. Es gibt kaum etwas, was hier nicht wächst wie irgendwo im europäischen Süden. Das prägt natürlich die Landschaft. „Mutter Natur hat hier schon immer aufgetischt", sagen viele. Recht haben sie beim Blick auf Trauben und Kastanien, Feigen und Kiwis, Zitronen und Mandeln. Vielleicht sieht man irgendwann

einmal auch Bananenstauden. Schließlich ist der Klimawandel in vollem Gange.

Vielfältig und abwechslungsreich ist die Landschaft der Südpfalz. Mit Weinbergen und Obstplantagen. Mit Wald und ausgefallenen Pflanzen. Mit weiteren Sonderkulturen neben dem Wein. Mit Auen und Feuchtbiotopen. Mit unzähligen Bächen und Gräben. Mit üppigen Gärten, jeder Menge Parks und grünen Alleen. Mit Baggerseen und dem guten alten Vater Rhein.

Trifels, Scharfenberg (Münz) und Anebos bei Annweiler.

Hinter jedem Hügel der Südpfalz wartet ein Erlebnis - sagen die Werbestrategen. Kann man ihnen widersprechen? Welche Erlebnisse zu erwarten sind, steht an anderen Stellen dieses Buches. Vier Bereiche in der südpfälzischen Landschaft seien dennoch besonders herausgestellt: Die Weinstraße, der Pfälzerwald, der Bienwald, die Rheinauen.

„Unter den Landschaften Deutschlands ist die Südpfalz eine besondere Region - ein Sonntagskind"
(aus einer Werbebroschüre).

Die Weinstraße, in unserem Fall der Teil zwischen deutsch-französischer Grenze und Neustadt, eingebettet in das Rebenmeer, ist d a s landschaftliche Aushängeschild der Südpfalz. Der (südliche) Pfälzerwald/Wasgau ist eine Wanderregion mit Tradition, mit attraktiven Klettergebieten (80 freistehende

Toskanischer Garten des Weinguts Otmar Graf in Weyher.

Felstürme, 140 Felsmassive) und einer einzigartigen Burgenkette am Höhenrand der Haardt. Der Bienwald als größtes zusammenhängendes Waldgebiet der Oberrheinischen Tiefebene ist ein bedeutender Lebensraum für Tiere und Pflanzen, eine Oase der Stille und der Schönheit für die Menschen und (noch) ein Gebiet der Ursprünglichkeit. Die von schwerwiegenden menschlichen Eingriffen bis dato erfreulicherweise weitgehend verschont gebliebenen Rheinauen gelten mit ihrer seltenen Pflanzen- und Tierwelt und ihren ungezählten Naturschönheiten als international bedeutend. „Hier darf die Natur noch Natur sein", freuen sich die Landschaftsschützer.

Prägend für die Landschaft der Südpfalz sind aber auch der Rhein und die Altrheinarme, die Burgen und die Schlösser, die Naturdenkmäler und die von Künstlerhand geschaffenen Denkmäler, die verwinkelten Gassen und die unendlich vielen Fachwerkhäuser. Und noch vieles andere mehr. Aber am meisten prägt der Wein diese Region. „Was Gott erschuf durch Winzerfleiß, im Schoppenglas erstrahlt. Südpfälzer Wein, wie jeder weiß, vergisst man nicht so bald", hat die Dichterin Ursula Hummel geschrieben. (Ihr Zitat wurde ganz leicht abgewandelt).

Insgesamt gesehen ist die Südpfalz eine Region mit vielen interessanten Facetten. Sie bietet sehr viel Unverwechselbares. Mit welcher anderen deutschen Landschaft könnte man sie vergleichen? Die Frage soll offen bleiben, weil die Menschen hier nicht überheblich sind und anderen Gegenden ihren Reiz nicht absprechen. Aber eines ist ganz sicher: Das Gebiet zwischen Schweigen und Maikammer, zwischen Pfälzerwald und Rhein bietet alles, was des Menschen Herz erfreut. Warum fahren dann so viele Deutsche im Urlaub ins Ausland? Weil sie die Südpfalz noch nicht entdeckt haben - diese gottbegnadete Landschaft im Südwesten der Republik.

Der Weinbau

Qualitätsrevolution noch nicht am Ende

„Südliche Weinstraße. Der Name sagt eigentlich bereits alles. Da steckt Lebensgefühl drin. Da lässt sich das Klima erahnen. Und da wird schon beim ersten Hinsehen bewusst: Wein spielt hier die Hauptrolle." Zitat aus einer Broschüre über die SÜW-Weine.

„Die Winzer der Südpfalz haben bewiesen, dass aus der Region längst nicht mehr nur Massenware kommt, sondern Wein von hoher Qualität. Die Kunden goutieren das." Zitat aus dem Magazin „Neuland - Die Südpfalz."

„Es ist wirklich erstaunlich, was sich in dieser Region getan hat. Lange Zeit ließ man die Südpfalz links liegen... Die Dynamik der Pfalz insgesamt, besonders jedoch im Süden, liegt in der Vielzahl der jungen, bestens ausgebildeten Winzer, die mit der Betriebsübernahme einen völlig neuen, frischen Wind nicht nur in das eigene Gut, sondern eben auch ins Dorf und in die Region getragen haben." Zitat aus dem Buch „Die Pfalz im Glas".

„Die Weine aus der Südpfalz sind fernab des Klisches, das wir in Frankreich vom deutschen Wein haben... Insgesamt sind die Winzer allesamt auf der Höhe der Elsässer Erzeugnisse, einige vom Stil her sogar interessanter." Zitat von Philippe Bourguignon, Frankreichs führender Sommelier.

Die Reihe der Zitate zu den Weinen der Südlichen Weinstraße könnte erheblich verlängert werden. Aber es würde nur immer wieder - wenn auch mit anderen Worten - die Feststellung herauskommen: Die zwischen Schweigen im Süden und Maikammer im Norden erzeugten Tropfen können national und international mithalten, ja, stehen bei einzelnen Rebsorten in Deutschland mit an der Spitze. Aber das war nicht immer so.

Im Bereich Südliche Weinstraße - zu dem auch die im Kreis Germersheim liegenden Betriebe gehören - wächst auf 12.527 Hektar Rebfläche (Pfalz: 23.352 ha) Wein. Die SÜW-Weinproduktion (Weißwein 68 Millionen Liter, Rotwein 52 Millionen Liter) liegt in guten Erntejahren bei rund 120 Millionen Liter (Pfalz: 210 Millionen Liter), zuweilen auch darüber. Der durchschnittliche Hektarertrag beträgt an der Südlichen Weinstraße

etwa 9900 l/ha (Pfalz: etwa 9200 l/ha). Es gibt rund 3000 haupt- und nebenberufliche SÜW-Betriebe mit Weinbau. Sie bewirtschaften rund 60 Millionen Rebstöcke.

Der Wein sei die Seele der Südpfalz, hat einmal jemand gesagt. Dem ist nicht zu widersprechen. Erst Recht gilt dies, seit ab etwa Mitte der achtziger Jahre des vorigen Jahrhunderts die

Kurve bei der Weinqualität und damit einhergehend die Vermarktung kontinuierlich nach oben geht. Die Entwicklung ist noch längst nicht am Ende. „Es ist ja nicht so, als hätte die Region (damals) bei Null angefangen. Es gab schon vor langer Zeit auch hier Weingüter mit gutem Namen und guten Qualitäten. Doch erst die Öffnung des Verbandes Deutscher Prädikatsweingüter (VDP) nach Süden hin markierte einen neuen Start, den Beginn einer neuen Zeit. 1991 wurden die Weingüter Wehrheim und Rebholz aufgenommen, und von da an kam dem Süden mehr Aufmerksamkeit zu", sagt Hansjörg Rebholz („Winzer des Jahres 2002"), Inhaber des Weinguts Ökonomierat Rebholz in Siebeldingen und Vorsitzender des VDP Pfalz.

SÜW-Weine liegen heute voll im Trend. Dass einige Pfälzer Weine sich zu internationalen Spitzenweinen entwickelt haben (besonders Riesling und Weißburgunder), daran hat die Südliche Weinstraße ihren Anteil. Die Zeiten liegen noch gar nicht so lange zurück, da wurde die Region SÜW („Süßliche Weinstraße", wie es oft ironisch hieß) als Massenanbaugebiet angesehen, wo man billig Schoppenweine kaufen könne. Die besten pfälzischen Weine, wurde verbreitet, wüchsen an der Mittelhaardt. Zu einem Teil war dies nicht ganz so falsch.

Niemand konnte ahnen, dass eines Tages eine Qualitätsrevolution ausbrechen würde. Auch die „Fünf Freunde" nicht, die sich zu einer Gruppierung zusammenfanden, um das Streben nach Qualität in der Breite zu entfachen. Das ist ihnen gelungen, sie wirkten wie „Lokomotiven", die den „Zug SÜW" auf Fahrt brachten. Den Weingütern Rebholz in Siebeldingen, Dr. Wehrheim in Birkweiler, Siegrist in Leinsweiler, Münzberg in Godramstein und Friedrich Becker in Schweigen kommen hohe Verdienste zu. Die fünf, die zwar auf dem Markt Konkurrenten sind, was sie aber nicht davon abhält, sich auszutauschen und

gemeinsam für das Produkt Wein zu kämpfen, verstehen sich als Individualisten, die ihre Kraft aus enger Zusammenarbeit und offener Diskussion unter Freunden schöpfen.

Selbstredend gehören alle diese fünf Weingüter zu den acht SÜW-Betrieben, die im Verband Deutscher Prädikatsweingüter Mitglied sind (dazu kommen noch Bernhart in Schweigen, Meßmer in Burrweiler und Theo Minges in Flemlingen). Die VDP-Winzer zeichnen sich durch Fingerspitzengefühl für Natur und Qualität aus, ihre Weine garantieren Genüsse auf höchstem Niveau - und von daher sind sie Vorbilder für andere Vertreter ihres Fachs.

Der Aufwärtstrend an der Südlichen Weinstraße ist kein Geschenk allein des Himmels, sondern das Ergebnis harter, kontinuierlicher Arbeit. Eine junge und gut ausgebildete Winzergeneration zeichnet in erster Linie dafür verantwortlich. Als Auszubildende waren die jungen Leute oft bei großen, namhaften Betrieben, zahlreiche von ihnen haben studiert, haben Praktika in europäischen und überseeischen Weinbauländern gemacht und dadurch die unterschiedlichen Sichtweisen bei der Weinerzeugung kennen gelernt.

Der Landauer Weinfachjournalist Jürgen Mathäß schreibt in einem Buch: „Die Pfalz gilt in puncto Qualität als eine der dynamischsten Regionen Deutschlands. Nicht nur bei den Top-Weingütern findet der Verbraucher heute schmeckbar bessere Qualitäten vor. Die Zeit der rustikalen, bäuerlichen Tropfen ist weitgehend vorbei, Tafelweine gibt es kaum noch."

Viele Menschen entlang der Deutschen Weinstraße leben vom Wein. Schon seit über 1000 Jahren prägen die Rebstöcke in den Weinbergen am Fuße der Wasgauberge und des Haardtgebirges das Bild der Landschaft. Die Weinwirtschaft, betont Dr. Karl Adams,

*Pferdegespann im Herbst
(Arbeit von Heinrich Strieffler,
1936).*

früherer Chef der Weinbauschule Neustadt, „ist im Vorderpfäl-
zer Raum ein kaum wegzudenkender Wirtschaftsfaktor, dessen
Bedeutung man erst vollständig überschaut, wenn man über
die eigentliche Erzeugung und Verarbeitung hinaus auch das
Fremdenverkehrsgewerbe, das Zulieferer- und Abnehmerge-
werbe und die für die Weinwirtschaft tätigen Bediensteten öf-
fentlicher Institutionen mit einbezieht."

Die Repräsentanten nach außen für die Südliche Weinstraße
sind nicht nur die „Fünf Freunde", sondern auch weitere Betriebe wie zum Beispiel der Wilhelmshof in Siebeldingen, der
als einer der besten Sekterzeuger Deutschlands gilt. Und dann
gibt es eine weitere Gruppierung, die (noch) nicht ganz so bekannt ist wie die „Fünf Freunde": die seit 1999 bestehende
„Südpfalz-Connexion", bestehend aus den Winzern Volker Gies
und Peter Siener (beide Birkweiler), Boris Kranz und Sven Leiner (beide Ilbesheim) sowie Klaus Scheu (Schweigen).

Die fünf verfolgen von Anfang an neue Ansätze, setzen mit
Mut und Leidenschaft Innovationen um. Sie hinterfragen sich,
unterstützen sich, kritisieren, motivieren und helfen sich gegenseitig. „Aus fünf Richtungen bewegen wir uns auf ein Ziel
zu: absolute Qualität", versichern sie. Herzstück der Südpfalz-
Connexion ist ein gemeinsam erzeugter Wein, ein Gräfenhausener Edelburgunder. Zum SÜW-Ansehen draußen trägt auch
„Essigdoktor" Georg Heinrich Wiedemann aus Venningen bei,

dessen anerkannte Spitzenessige mehr sind als nur Gewürze zur geschmacklichen Verfeinerung von Speisen.

Die SÜW-Weine zeichnen sich durch Sortenvielfalt, Aromenvielfalt, feine Eleganz und Qualität aus. Hier wachsen säurebetonte, klare, frische und charaktervolle Rieslinge, voluminöse Weißburgunder, ausdrucksstarke Grauburgunder, sortentypische Silvaner, wuchtige Spätburgunder, körperreiche Dornfelder. Aber auch hinreißende edelsüße Weine, ausdrucksvolle weiße und rote Barrique-Weine, geradlinige Ökoweine, sowie handgerüttelte Sekte, die allerhöchstes Ansehen genießen. Die Voraussetzungen für gute Weine bieten die oft kalkdurchsetzten Böden und das milde Klima.

Das Ansehen der Südpfalz ist auch daran zu erkennen, dass in dem großzügig gestalteten Buch „Spitzenweingüter Deutschlands" 15 Betriebe aus der Pfalz in Wort und Bild vorgestellt sind, darunter allein acht von der Südlichen Weinstraße.

Die Güte eines Weins wird durch vier, an der Südlichen Weinstraße gegebene Faktoren bestimmt: 1. Die Rebsorte und deren Trauben. 2. Das Klima und der Boden. 3. Das Können vom Winzern und Weinmachern. 4. Die Eigenheiten des Jahrgangs. Jürgen Mathäß: Alles in allem wirken zum guten Ende all diese Elemente zusammen.

Hansjörg Rebholz, dessen Weingut in Siebeldingen von der „deutschen Weinbibel", dem „Gault Millau", seit Jahren als einziger Betrieb der Pfalz mit fünf Trauben (Weltklasse) bedacht wird und von daher das Aushängeschild Nummer 1 der Südlichen Weinstraße ist, ruft vor allem die jungen SÜW-Winzer auf, ihr Potenzial auszuschöpfen und beständig die Qualität zu steigern. „Das ist eine Chance, aber auch eine Herausforderung."

Rebsorten an der Südlichen Weinstraße

Die zehn in der Südpfalz am weitesten verbreiten Rebsorten (in Klammern die Rebfläche) sind: Dornfelder 16 Prozent (1988 ha), Riesling 14 Prozent (1747 ha), Müller-Thurgau 13 Prozent (1634 ha), Portugieser 8 Prozent (978 ha), Spätburgunder 7 Prozent (851 ha), Kerner 7 Prozent (863 ha), Grauburgunder 6 Prozent (724 ha), Silvaner 5 Prozent (566 ha), Weißburgunder 4 Prozent (464 ha) und Regent 3 Prozent (437 ha).

*Weinkeller (Arbeit von
Heinrich Strieffler, 1938).*

Für die Weinwerbung ist klar, warum „die Weine der Südlichen Weinstraße so schmecken, wie sie schmecken": „Das ist das Ergebnis einer wunderbaren Verschmelzung aus Tradition und Ausblick... Was als Basis von den früheren Generationen gelegt wurde - auch mit den für die Region typischen Rebsorten -, überführt die Jugend in die Jetztzeit des Weingenusses."

Der griechische Philosoph Plutarch, der um 45 bis 125 nach Christus lebte, hat schon damals festgestellt: „Der Wein ist unter den Getränken das nützlichste, unter den Arzneien die schmackhafteste und unter den Nahrungsmitteln das angenehmste."

Wein machen ist eine Wissenschaft

„Wein - das ist ein kompliziertes Handwerk, ja eine Wissenschaft", weiß der frühere Bildungsminister und einstige Erste Bürgermeister der Hansestadt Hamburg, Dr. Klaus von Dohnanyi, aus eigener Erfahrung. Schließlich vertrat er den Wahlkreis Südpfalz einige Jahre im Deutschen Bundestag. Für ihn sind die Winzer „Forscher - und in gewisser Weise auch Künstler". Was ein guter Weinmacher seinem Produkt alles an- und abschmecken kann, findet er fantastisch.

Die auf den nächsten Seiten folgenden Porträts von ausgewählten südpfälzischen Weingütern einschließlich zweier Genossenschaften stehen stellvertretend für alle SÜW-Betriebe.

Die Rebsorten

DIE WICHTIGSTEN REBSORTEN DER SÜDLICHEN WEINSTRASSE

Riesling: Unbestritten die wertvollste und anspruchvollste Sorte. Aus dem Saft seiner Trauben stammen die edelsten Weine. Der Riesling ist spritzig, fruchtig und in der Regel mit einer knackigen Säure ausgestattet, die ihm das nötige Rückgrat verleiht. Aromen: Zitrone, Pfirsich, Apfel. Diese Rebsorte wird häufig als Sektgrundlage verwendet und eignet sich bestens für Eisweine und Auslesen. Riesling passt hervorragend zu Saumagen, ist überhaupt der perfekte Wein zur Pfälzer Küche.

Weißburgunder: Eine der Qualitätssorten, die seit Jahren vermehrt angebaut werden. Gedeiht in den Weinbergen der Südlichen Weinstraße besonders gut. Wird auch Pinot blanc genannt. Der weiße Burgunder ist fein aromatisch, vollmundig, fruchtig und extraktreich, zeigt oft ein feines Bukett. Hervorragender Sektgrundwein. Aromen: Apfel, Ananas, Birne, Quitte, Aprikose, Zitrusfrüchte. Er passt bestens zu Meeresfrüchten, Kalb- und Schweinefleisch, auch zu allen sommerlich frischen Gerichten.

Grauburgunder: Er zählt zu den besten Sorten. Die wuchtigen, feurigen Weine mit dem vollen Bukett stellen eine besondere Kostbarkeit dar. Wird nur noch selten unter seinem früheren Namen Ruländer angeboten. Der graue Burgunder ist spritzig, gehaltvoll und extraktreich. Aromen: Mandeln, Birne, Ananas, Zitrusfrüchte. Er passt gut als Begleiter zu Austern, Lachs und anderen Fischspezialitäten, zu Schweine-, Rind- und Lamm- sowie Reh- und Hasenbraten, zu Fleisch- und Wildgeflügelsalaten.

Müller-Thurgau: Die Rebsorte musste lange um ihre Anerkennung kämpfen, ist inzwischen neben dem Riesling in Deutschland am meisten verbreitet. Die Weine zeichnen sich durch feinblumiges Muskataroma und milde Säure aus und sind in der Regel nicht langlebig. Der auch „Rivaner" genannte Müller-Thurgau ist ein spritziger, fruchtiger und eleganter Tropfen. Die unkomplizierten Alltags- und exzellenten Terrassenweine passen gut zu zart aromatischen Speisen wie saisonale Salate mit Putenbruststreifen.

Silvaner: Der grüne Silvaner war einmal die wichtigste Rebsorte Deutschlands. Nach starkem Rückgang im Anbau

gewinnt er wieder mehr an Bedeutung. Die Weine sind geschmacksneutral, besitzen kein herausragendes Bukett, aber es ist falsch, sie als plump und breit zu bezeichnen. Die ausgewogene Geschmacksnote macht den Silvaner zu einem angenehmen Speisebegleiter, passt zu Fisch, Krustentieren, Austern, Schweine- und Rinderleber, Geflügel, Wild und Rindfleisch, Schweine- und Lammbraten.

Kerner: Eine der Neuzüchtungen (Kreuzung Trollinger x Riesling), die in den letzten Jahrzehnten die größte Verbreitung gefunden haben. Die Bezeichnung geht auf den Dichter Justinus Kerner (1786-1862) zurück. Der Wein ist frisch, rassig, ähnelt etwas dem Riesling, ist fruchtig, hat ein feines Bukett und weist gelegentlich einen leichten Muskatton auf. Aromen: Aprikose, Birne, grüner Apfel, Johannisbeere. Der Kerner passt zu weißem Fleisch und Fisch, zu Geflügel sowie zu Spargelgerichten.

Spätburgunder: Eine der ältesten Kulturreben der Menschheit, stammt wahrscheinlich aus dem Niltal. Der Wein ist vollmundig, samtig, körperreich und auch alkoholreich. Aromen: Kirsche, Brombeere, schwarze Johannisbeere, bei Barriqueweinen auch Vanille und Zimt. Der sprizige Spätburgunder ist ein idealer Begleiter von Wildgerichten, Kaninchen und vielen Bratenfleischsorten, schmeckt gut zu Käse. Mitunter wird er auch als Blanc de Noir bezeichnet. Für gute Lagen heute noch die beste Rotweinsorte.

Portugieser: Unter den Rotweinen liefert er die Konsumqualitäten. In guten Jahren ist der Wein auch tiefdunkel mit Burgundercharakter. Im Geschmack erinnert der Portugieser an rote Johannisbeeren und reife Himbeeren. Er wirkt feinfruchtig, mild, hat nur eine geringe Gerbstoffnote. Der als typischer Sommerwein geltende Rote passt hervorragend zu Nudelgerichten, Geflügel, Kalbfleisch, zu Rostbeef, Schinken, Weichkäse und anderen Käsesorten, auch zu gegrilltem hellem Fleisch.

Dornfelder: Auch bei relativ niedrigen Mostgewichten wird ein harmonischer Wein erreicht. Der Dornfelder besticht durch seine Farbintensität und sein enormes Aromenspektrum im Geschmacks- und Geruchsausdruck. Aromen: Kirsche, Pflaume, rote Beeren, schwarze Johannisbeere. Dieser Rotwein gefällt auch wegen seiner markanten und angenehmen Tanninausformung. Geeignet als Begleiter zu Wildspezialitäten und anderen Fleischarten mit kräftiger dunkler Soße und zu würzigen Käsesorten.

Regent: Ein echter Südpfälzer Wein, denn er wurde gezüchtet von der Bundesanstalt für Züchtungsforschung - Institut für Rebenzüchtung - Geilweilerhof bei Siebeldingen. Er ist resistent gegenüber Pilzen. Die Zulassung für alle deutschen Weinbaugebiete erfolgte 2002. Der Regent ist dank des hohen Farbstoffgehalts der Beeren ein äußerst farbintensiver, voller, auch gerbstoffbetonter Roter von romanischem Weinstil. Er wird gerne zu den gleichen Speisen getrunken wie der Dornfelder.

Der Geilweilerhof

ZÜCHTUNG PILZWIDERSTANDSFÄHIGER REBEN

Wenn Winzer neue Weinberge anlegen, stellt sich für sie immer öfter die Frage: Welche Sorten sollen es sein? Gibt es Erfolg versprechende Neuzüchtungen? Welche Sorten sind (weitgehend) resistent gegen Schädlinge und reduzieren die Anwendung von Pflanzenschutzmitteln? Wer die Antwort nicht weiß, kann sich an einen Weinbauberater wenden oder direkt dort nachfragen, wo seit vielen Jahrzehnten Reben gezüchtet werden: beim Institut für Rebenzüchtung Geilweilerhof bei Siebeldingen. Die neue Rebsorte, die sich besonders durchgesetzt hat und immer häufiger angebaut wird, weil die Nachfrage der Rotweintrinker danach steigt, ist Regent. Mit dieser Rebsorte gelang der Einrichtung der Durchbruch.

D er Geilweilerhof ist aus dem fränkischen Hofgut „Calardiswilre" hervorgegangen und war einstmals ein Klostergut der nahe gelegenen Zisterzienserabtei Eußerthal. 1895 erwarb der den Südpfälzern als Stifter der Landauer Festhalle bekannte Dr. August Ludowici den ehemaligen Klosterhof und verwandelte ihn in einen Musterbetrieb. 1926 übergab er den Hof an die Bezirksregierung der Pfalz mit der Auflage, daraus eine Stätte der Forschung und Rebenzüchtung zu machen.

Landwirtschaftsrat Peter Morio führte von 1926 bis 1952 ein umfangreiches Kreuzungsprogramm durch. Die Gründung des Forschungsinstituts für Rebenzüchtung erfolgte 1966 durch den seit 1946 in Siebeldingen tätigen Professor Bernhard Husfeld. Er setzte die in Müncheberg eingeleitete Resistenzzüchtung gegen Reblaus und Mehltau-Krankheiten mit großem Elan fort. Als Professor Dr. Gerhard Alleweldt 1970 die Leitung übernahm, wurde das Zuchtziel auf die Resistenz gegenüber Pilzkrankheiten fokussiert und es gelang, neue Qualitätssorten mit hoher Pilzwiderstandsfähigkeit zu entwickeln.

Seit 1995 steht Professor Dr. Reinhard Töpfer an der Spitze des Geilweilerhofs. Er betont immer wieder, auch gegenüber hochrangigen Besuchern, die wissenschaftlich-züchterische Kompetenz des Instituts in Fragen des Weinbaues und der Rebenzüchtung. Dass es seit dem 1. Januar 2008 Teil des neu

geschaffenen Julius-Kühn-Instituts (unter der Zuständigkeit des Bundesministeriums für Wirtschaft) mit Sitz in Quedlinburg nördlich von Hamburg ist, ändert nichts an der Arbeit in Siebeldingen. „Wir waren bisher schon ein Aushängeschild der Bundesanstalt für Züchtungsforschung an Kulturpflanzen und sind gleichermaßen seit dem 1.1.2008 ein Aushängeschild des Kühn-Instituts", sagt Töpfer. Der Geilweilerhof befindet sich seit 1949 im Besitz des Bundes.

Das Institut für Rebenzüchtung Geilweilerhof hat die Aufgabe, neue Rebsorten zu züchten, die eine hohe Widerstandsfähigkeit gegenüber Schadenserregern der Rebe aufweisen, hohe Weinqualität garantieren und widerstandsfähig sind gegenüber Stressfaktoren wie Trockenheit. Es bestehen mehrere Forschungsschwerpunke. Zum Programm gehören weiter die Erfassung und Auswertung der Weinbau-Literatur weltweit und die Speicherung in der Literatur-Datenbank, die Herausgabe der internationalen Fachzeitschrift „Vitis" und eines Informationsdienstes. Darüber hinaus bietet der Geilweilerhof eine Plattform für die Ausbildung von Winzern und Weinküfern sowie für die Anfertigung von Diplomarbeiten und Dissertationen.

Über 500 unterschiedliche Weinvariationen werden vergleichend ausgebaut, verkostet und untersucht. Aus ökologischen und ökonomischen Gründen wird seit vielen Jahren daran gearbeitet, wie es in einer Broschüre formuliert ist, „das große Potenzial an Resistenzgenen, das in vielen amerikanischen und asiatischen Rebarten vorliegt, zu nutzen und es mit den wertvollen Qualitätseigenschaften unserer traditionellen Rebsorten zu kombinieren". Die Entwicklung einer neuen Rebsorte ist ein langwieriger Prozess, der zwischen 25 und 30 Jahre in Anspruch nimmt. Am Beispiel des Regent (als Züchter ist Professor Alleweldt eingetragen) wird das deutlich.

„Eine Besonderheit von Regent ist neben dem durchschnittlich höheren Zuckergehalt auch der höhere Farbstoffgehalt der Beeren. Diese Eigenschaften begünstigen bei entsprechend hochwertigem Lesegut die Erzeugung von besonders kräftigen, ausdrucksvollen und lange lagerfähigen Weinen... Der Regent ist ein milder, samtiger, gut gefärbter Rotwein von hoher Qualität, der nicht selten den Spätburgunder übertrifft... Er ist eine aussichtsreiche, pilzresistente Sorte mit ausgesprochen hoher Qualität und einem romanischen Weinstil. Der Regent ist wie der Dornfelder von der Farbe, dem Geschmack und seinem Rotweinaroma eine hervorragende Rotweinsorte" (aus dem „Taschenbuch der Rebsorten").

1967 erfolgte die Kreuzung von Silvaner x Müller-Thurgau und Chambourcin. 1989 wurde die Sorte zum Sortenschutz und zur Eintragung in die Sortenliste angemeldet. 1996 gab es die Zulassung für die Qualitätsweinproduktion, und es wurde europäischer Sortenschutz erteilt. Ebenfalls 1996 klassifizierte Rheinland-Pfalz die Sorte Regent als erstes deutsches Land. Die anderen Weinbauländer ließen sich damit teilweise bis 2001 Zeit. Mit dem Regent, vermerkt das Institut Geilweilerhof stolz, „ist ein beispielhafter Schritt hin zu einem umweltfreundlichen und zukunftsorientierten Weinbau vollzogen worden".

WEINGUT ÖKONOMIERAT REBHOLZ, SIEBELDINGEN

KOMPROMISSLOS TROCKENE WEINE

Das einzige Weingut in der Pfalz, das vom Weinführer Deutschland „Gault Millau" seit Jahren zu den weltbesten Erzeugern (fünf Trauben, mehr ist nicht möglich) gezählt wird, ist Rebholz in Siebeldingen. Verantwortlich dafür, dass dieses traditionsreiche Haus zur „absoluten Speerspitze der Pfalz, ja ganz Deutschlands" gehört, ist Hansjörg Rebholz, dem 2002 der zwar nicht mit einer Dotierung ausgestattete, dafür aber mit hoher Anerkennung verbundene Titel „Winzer des Jahres" verliehen wurde.

Rebholz ist ein Purist, der seine Weine kompromisslos trocken ausbaut, wie dies schon sein Vater und sein Großvater getan haben, auf deren Schultern er steht und deren früh begonnenes Qualitätsstreben er konsequent fortsetzt. Er verzichtet auf Anreicherung, Süßreserve und auf Mostkonzentration, geht unbeirrt seinen Weg und ist erfolgreich wie nur wenige Winzer. Wer bei ihm Wein kauft, muss diesem Zeit zum Reifen lassen. Die Anhänger seiner Tropfen wissen, dass man sie am besten erst nach Stunden im Glas oder in der Karaffe trinken sollte, um dem vollen Genuss zu haben. Der Stil der Weine von Hansjörg Rebholz, der in vielen Fachveröffentlichungen als hochtalentiert bezeichnet wird, ist in den Augen namhafter Fachleute elegant und eindringlich.

Die markanten Rieslinge des Siebeldinger Gutes gehören zu den besten Deutschlands. Seit vielen Jahren zählen seine trockenen Weine zu den feinsten in allen deutschen Anbaugebieten. Er liest die Trauben extrem aus und erntet nur kleinste Hektarerträge. Seine Großen Gewächse aus der Sorte Riesling machen ihm alle Ehre, aber auch seine Burgunderweine lassen Kenner mit der Zunge schnalzen. Im „Gault Millau" stand über den SÜW-Winzer geschrieben: „Seit er regelmäßig im Ausland Erfahrungen sammelt und zu Hause in Frau Birgit kompetente Unterstützung und Motivation findet, geht er Schritt für Schritt weiter, wobei seine Weine Schliff und Finesse erhalten, ohne den Rebholz-Stil aufzugeben."

Steckbrief: 17 Hektar Rebfläche; Durchschnittsertrag 5000 Liter pro Hektar; Hauptrebsorten: Riesling (35 Prozent), Spätburgunder (25 Prozent), Weiß- und Grauburgunder sowie Chardonnay (zusammen 25 Prozent).

Info:
Weingut
Ökonomierat Rebholz,
Weinstraße 54,
76833 Siebeldingen
Tel. 0 63 45/34 39
Fax 0 63 45/79 54

wein@oekonomierat-rebholz.de
www.oekonomierat-rebholz.de

WEINGUT DR. WEHRHEIM, BIRKWEILER

WEINAUSBAU SO NATÜRLICH WIE MÖGLICH

Zu den angesehensten Erzeugern der Südlichen Weinstraße gehört das Weingut Dr. Wehrheim in Birkweiler. Insbesondere seine weißen Burgundersorten, Silvaner und Spätburgunder gehören zu den besten Weinen im Weinbaugebiet Pfalz und darüber hinaus, aber auch die Rieslinge werden immer öfter mit hohen Auszeichnungen bedacht. Seit über 40 Jahren werden die Weine klassisch trocken ausgebaut, edelsüße Tropfen (immer mal wieder Auslesen oder Beerenauslesen vom Muskateller oder vom Gewürztraminer) sind die Ausnahme.

Die unterschiedlichen Bodenstrukturen, von Buntsandstein über roten Schiefer und sandigen Lehm bis zum steinigen Ton, bieten den Wehrheim-Weinen ideale Wachstumsbedingungen. Inhaber Karl-Heinz Wehrmann, die dritte Generation im Familienbetrieb, hat sich verstärkt dem Terroirgedanken verschrieben, seine Rieslinge und Burgunder tragen auf dem Etikett die Bodenbezeichnung. Immer mehr SÜW-Kollegen folgen seinem Beispiel. Lagennamen werden nur noch für die Großen Gewächse verwendet.

Der Ausbau der Weißweine erfolgt aromaschonend, je nach Art des Weins im Stahltank oder im Holzfass - mit dem Ziel, ein feines Sortenaroma, fruchtige Weinsäure und sehr gute Haltbarkeit zu sichern. Bei den Rotweinen runden Holzaromen die natürlichen Aromen ab, je nach Weintyp werden Holz- oder neue kleine Barrique-Fässer aus Eichenholz verwendet. Zur Philosophie des Hauses merkt Karl-Heinz Wehrheim an: „Wir folgen nicht den zeitweise modischen Trends, weder in der Rebsortenauswahl, noch bei der Vinifizierung und dem Ausbau unserer Weine. Der Ausbau erfolgt so natürlich wie möglich. Unter Einsatz schonender Technik und mit viel Geduld bei der Entwicklung optimaler Flaschenreife vermeiden wir alle Eingriffe, bei denen Aromen oder Charaktereigenschaften der gewachsenen Weine verloren gehen."

Steckbrief: 12 Hektar Rebfläche; Durchschnittsertrag 6300 Liter/Hektar; Hauptrebsorten: Riesling (40 Prozent), Weiß-, Grauburgunder und Chardonnay (zusammen 20 Prozent), Spätburgunder, Sankt Laurent (zusammen 18 Prozent).

Info:
Weingut Dr. Wehrheim,
Weinstraße 8,
76831 Birkweiler
Tel. 0 63 45/35 42
Fax 0 63 45/38 69

dr.wehrheim@t-online.de
www.weingut-wehrheim.de

WEINGUT FRIEDRICH BECKER, SCHWEIGEN

DEUTSCHLANDS UNGEKRÖNTER ROTWEINKÖNIG

Fritz Becker, der knorrig-freundliche Winzer mit Weingut in Sichtweite der offenen deutsch-französischen Grenze in Schweigen, ist einer der besten Rotweinerzeuger Deutschlands. Der „ungekrönte Rotweinkönig", wie er gerne bezeichnet wird, der „Weinmache mit Herzblut", beweist, dass sich Spätburgunder von der Südlichen Weinstraße hinter großen französischen Burgundern nicht zu verstecken brauchen - wenn sie so an- und ausgebaut werden wie im Hause Becker. Wenn die am höchsten bewerteten Roten häufig als „Tafelwein" verkauft werden - und das zu Preisen, die den üblichen Rahmen gerne sprengen -, dann liegt dies nur daran, dass der Erzeuger sich weigert, eine amtliche Prüfnummer zu beantragen. Fritz Becker weiß, dass seine Kunden wissen, was sie für ihr Geld bekommen - was immer auch auf dem Etikett steht.

Fragt man ihn, was er anders macht als seine Kollegen, die weniger erfolgreich sind als er, dann antwortet er verschmitzt: „Ich weiß es nicht. Es gibt kein Geheimnis. Ich arbeite eng mit der Weinlage und der Natur zusammen, fühle mich in die Situation hinein. In kenne jeden Stock in meinen Weinbergen, und kurz vor der Ernte jede Traube." Er mache seinen guten Rotwein oft „aus dem Bauch heraus", gibt er preis.

Die Beckerschen Weinberge liegen zu einem wesentlichen Teil jenseits der Grenze, auf französischem Boden, werden aber seit jeher als deutsche Weine vermarktet. Die Weißweine sind klar und säurebetont, die Rotweine sind weich, rund und vielschichtig. Der, wie es in einem Buch eher anerkennend denn kritisch heißt, „etwas knorzige und eigen wirkende" Winzermeister hätte nach dem Willen seines Vaters eigentlich weiter bei der Genossenschaft Deutsches Weintor bleiben sollen, als er in den Betrieb eintrat. Aber er zog den Weg der Selbstvermarktung vor und hatte schnell Erfolg. Sein Ehrgeiz ist trotz der vielen hohen Anerkennungen ungebrochen, vor allem will er sich auch international durchsetzen und irgendwann einmal vom Gault Millau in die Rubrik „Weltklasse" eingereiht werden.

Steckbrief: 14,5 Hektar Rebfläche; Durchschnittsertrag 6000 Liter/Hektar; Hauptrebsorten: Burgunder (60 Prozent), Riesling (22 Prozent).

Info:
Weingut Friedrich Becker,
Hauptstraße 29,
76889 Schweigen
Tel. 0 63 42/290
Fax 0 63 42/61 48

wein@friedrichbecker.de
www.friedrichbecker.de

WEINGUT MÜNZBERG, GODRAMSTEIN

SEIT JAHREN EINE VERLÄSSLICHE ADRESSE

Die Brüder Gunter und Rainer Keßler haben aus dem hübsch gelegenen Aussiedlerhof am Münzberg (bei Godramstein) ein ansehnliches Weingut gemacht. Ihre besondere Stärke sind seit vielen Jahren die muskulösen Weine aus weißen Burgundersorten, allen voran die Weißburgunder." So steht es im Gault Millau. In einem anderen Buch („Spitzenweingüter Deutschlands") wird der 1970 gefasste Entschluss, aus einem ehemaligen landwirtschaftlichen Gemischtbetrieb ein reines Weingut zu machen und aus dem Ortskern von Landaus Stadtteil an die Peripherie umzusieden, so kommentiert: „Eine lohnende Entscheidung, wenn man die heutigen Ergebnisse betrachtet."

Die Münzberg-Weine sind kräftig, robust und in den Aromen sehr intensiv. Nach dem Tod ihres Vaters Lothar tragen Gunter und Rainer Keßler mittlerweile allein die Verantwortung für das angesehene Weingut, dessen wichtigste Rebsorte der Weißburgunder ist, der bekanntermaßen hohe Anforderungen an Boden- und Klimaverhältnisse stellt. Aber die Inhaber haben „alles im Griff". Riesling, Grauburgunder, Chardonnay sowie die Rotweine wie Spätburgunder und Dornfelder sind längst aus dem Schatten der weißen Burgunder herausgetreten.

„Seit Jahren eine verlässliche Adressse" sei das Weingut Münzberg, ist in diversen Fachveröffentlichungen festgehalten. „Wir vollenden im Keller, was die Natur begonnen hat", sagen die Brüder. Und: „Was wir in den Weinen suchen, hat jede einzelne Traubenbeere bereits gespeichert: Frucht, Fülle, Aroma, Finesse und spielerische Lebendigkeit." Sie halten es wie andere Winzer und tun alles dafür, die guten Eigenschaften der Traube zu erhalten und die Verwandlung von Trauben in Wein so schonend wie möglich zu dirigieren. Die frischen, lebendigen und sortentypischen Weißweine gären und reifen vornehmlich in Stahltanks, die Rotweine und Chardonnays erhalten ihre feine Würze und ihre Aromen durch den Ausbau in Holzfässern.

Steckbrief: 15 Hektar Rebfläche; Durchschnittsertrag: 7000 Liter/Hektar; Hauptrebsorten: Weißburgunder (26 Prozent), Riesling (22 Prozent), Spätburgunder (17 Prozent), Dornfelder (9 Prozent), Silvaner (8 Prozent).

Info:
Weingut Münzberg,
Hofgut,
76829 Landau-Godramstein
Tel. 0 63 41/60 935
Fax 0 63 41/64 210

wein@weingut-muenzberg.de
www.weingut-muenzberg.de

112

WEINGUT SIEGRIST, LEINSWEILER

PIONIER BEIM EINSATZ VON BARRIQUE-FÄSSERN

Thomas Siegrist war einer der Pioniere beim Einsatz von Barrique-Fässern an der Südlichen Weinstraße und gehörte zu den Gründern des Deutschen Barrique-Forums. Jahrelang rannte er gegen das Vorurteil an, seine im Eichenholz ausgebauten Weine seien rebsorten- und gebietsuntypisch. Weinkommissionen ließen ihn das spüren. Aber er ließ nicht locker und setzte sich durch.

Nicht nur seine Barrique-Rotweine, auch die Weißen aus dem kleinen Holzfass sind überzeugend. Zusammen mit seiner Tochter Kerstin (Diplom-Ingenieurin für Weinbau und Oenologie) und seinem Schwiegersohn Bruno Schimpf (Absolvent der Weinbauschule Neustadt) erzeugt Thomas Siegrist Weine - auch dank einer neuen modernen Kellerei -, die ihre eigene Handschrift haben und das Ergebnis „von Experimentierfreude und Innovation mit den traditionellen Lebensformen und Arbeitsweisen" sind, wie er sagt. Die Weine sind durchweg zuverlässig, haben Körper, Kraft und Frucht. Die Rieslinge sind fruchtig, charaktervoll, voller Energie und von geschmacklicher Tiefe, die Rotweine sind dicht und rauchig. Es gab Jahre, in denen Siegrist nach Beurteilung von Fachleuten mit die besten Wein-Kollektionen der Südpfalz erzeugte. Für seine Barrique-Weine nutzt der SÜW-Weinmacher einen restaurierten Zehntkeller von 1555.

Als Siegrist in den siebziger Jahren des vorigen Jahrhunderts damit begann, sich ganz auf den Weinbau zu konzentrieren, verließ er die traditionellen Pfade und steckte sich hohe Ziele. Er wollte mit seinen Weinen weg von den Durchschnittsqualitäten der deutschen Winzer und Tropfen erzeugen, die einzigartig sind und ihren eigenen Charakter haben. In einem Interview gestand er ein: „Es brauchte Jahre, bis in den Äckern des ehemaligen Gemischtbetriebs die Reben wuchsen, mit denen wir arbeiten wollten." Auf den Bodenformationen, die ihm in der Lage Leinswei-lerer Sonnenberg zur Verfügung stehen, wachsen heute die Weine, die er angestrebt hat.

Steckbrief: 14,5 Hektar Rebfläche; Durchschnittsertrag 6800 Liter/Hektar; Hauptrebsorten: Riesling (25 Prozent), Spätburgunder (17 Prozent), Weißburgunder, Chardonnay und Dornfelder (je 10 Prozent).

Info:
Weingut Siegrist,
Am Hasensprung 4,
76829 Leinsweiler
Tel. 0 63 45/13 09
Fax 0 63 45/75 42

wein@weingut-siegrist.de
www.weingut-siegrist.de

Weingut Faubel, Maikammer

Eine Fülle hoher Auszeichnungen

Wenn eine Zeitschrift die Liste der „100 besten Weingüter Deutschlands" aufstellt (wie „Stern", „Euro" und andere), dann ist seit Jahren die Familie Faubel dabei. Viele Magazine, die sich auch mit Wein befassen, stellen permanent diesen seit 1904 bestehenden Betrieb in Maikammer in Reportagen vor und loben die Erzeugnisse des Hauses über den grünen Klee. Von allen Auszeichnungen der letzten Jahre seien nur zwei stellvertretend genannt: Erster Platz beim Deutschen Riesling-Erzeugerpreis 2003 und beim Deutschen Silvaner-Preis 1994. Die Medaillen sind kaum noch zu zählen.

Heinz Faubel und sein Sohn Gerd, der seit 1998 in der Hauptverantwortung steht, beeindrucken ihre Kunden, aber auch die Fachleute seit langem mit trockenen Weinen, die „eine wunderbare Balance zwischen Frucht, Frische und Mineralität" (Buch „Die Pfalz im Glas") darstellen. Ein Ende der Qualitätsspirale ist nicht wirklich zu sehen. Die Rieslinge und weißen Burgundersorten überzeugen durch ihre Frucht und ein angenehmes Säurespiel, bei den Rotweinen gefällt die feine Eleganz. Den Weinen von Faubel wird ein durchgängig gutes Profil bescheinigt. „Eine verlässliche Adresse" für den Weinkauf, so hat ein Journalist einmal das Gut beschrieben.

Der enorme Aufwand in den Weinbergen, den die Faubels betreiben, schlägt sich letztlich in qualitativ hochwertigen Weinen nieder. Die Rebzeilen dieses Betriebes sind von Experten eindeutig zu erkennen, denn niemand schneidet so kurz an oder macht solch saubere, korrekte Laubkosmetik wie Heinz Faubel, der sich vorwiegend um die Außenwirtschaft kümmert. Weinbautechniker Gerd Faubel ist der Chef im Keller. Ehe er sich bei einem neuen Jahrgang an die Arbeit macht und die Gärung beginnt, werden die Moste extrem heruntergekühlt. Die ganze Familie - vier Generationen wohnen im Anwesen - ist stolz darauf, zu den Spitzenweingütern Deutschlands zu zählen und nennt als Garanten des Erfolges die Identifikation mit dem Wein, das Engagement auf allen Ebenen und das Streben nach bester Qualität.

Steckbrief: 24 Hektar Rebfläche; Durchschnittsertrag: 6700 Liter/Hektar; Hauptrebsorten: Weiße Burgundersorten (zus. 35 Prozent), Riesling (30 Prozent), Spätburgunder (20 Prozent).

Info:
Weingut Faubel,
Marktstraße 86,
67487 Maikammer
Tel. 0 63 21/50 48, Fax 57 388

info@weingut-faubel.de
www.weingut-faubel.de

WEINGUT WILHELMSHOF, SIEBELDINGEN

DEUTSCHLANDS FÄHIGSTER SEKTHERSTELLER

Der Wilhelmshof in Siebeldingen ist einer der besten deutschen Sekthersteller. Das Haus wurde mit (fast) allen Preisen bedacht, die es gibt, wird von der Presse im In- und Ausland für seine Produkte wie kaum ein anderes (Magazin „Stern": „So gut, dass sich Franzosen ärgern") gelobt. Dabei sind auch die Weine hervorragend und werden regelmäßig ausgezeichnet. Betriebsleiter Herbert Roth gilt als ein „Pionier der Sektherstellung". „Im Grunde ist der Wilhelmshof ein Paradebeispiel dafür, welch positive Effekte es haben kann, sich auf Weniges, aber Gutes zu konzentrieren", schrieb ein Fachjournalist. Denn die Roths (das sind die Diplom-Ingenieure für Weinbau und Oenologie Herbert und Christa Roth sowie Tochter Barbara Roth plus Ehemann Thorsten Ochocki) bauen nur fünf Rebsorten an.

Es hat schon viele Blindverkostungen mit anderen hochwertigen deutschen Sekten und französischen Champagnern gegegeben - die Produkte der Familie Roth konnten immer bestehen. Das hat auch ein wenig damit zu tun, dass Herbert Roth als Student in der Champagne die traditionelle Methode der Champagner-Herstellung kennen lernte. Er wollte schon vor Jahrzehnten beweisen, dass aus hochwertigen deutschen Weinen hochwertige deutsche Sekte zu machen sind, die sich auf dem internationalen Markt behaupten können. Das ist ihm sehr bald gelungen und längst gilt er als „Deutschlands fähigster und interessantester Sekthersteller" („Financial Times").

Für die so überaus engagierten Leute vom Wilhelmshof beginnt die Produktion von bemerkenswerten Weinen und Sekten bereits im Weinberg. Es hat fast eine Generation gedauert, bis alle Rebflächen arrondiert waren. Seit 1990 stehen nun die idealen Böden für Riesling und die Burgundersorten bereit. Alle Trauben werden in Einheitsbütten zum Kelterhaus gebracht und nur gekippt, nie gepumpt. Die Pressung erfolgt schonend, die Gärung temperatur-kontrolliert. Barbara Roth erläutert: „Wir machen von der Weinbergspflege bis zum fertigen Wein und Sekt alles selbst, geben nichts aus der Hand. So können wir voll für die Qualität unerer Produkte einstehen."

Steckbrief: 15 Hektar Rebfläche; Durchschnittsertrag: 6500 Liter/Hektar; Hauptrebsorten: Spätburgunder (33 Prozent), Riesling (30 Prozent), Weißburgunder (25 Prozent).

Info:
Weingut Wilhelmshof,
Queichstraße 1,
76833 Siebeldingen
Tel. 0 63 45/91 91 47
Fax 0 63 45/91 91 48

mail@wilhelmshof.de
www.wilhelmshof.de

DOKTORENHOF, VENNINGEN

DAS EINZIGE DEUTSCHE WEINESSIGGUT

Essig ist nicht gleich Essig. Wer daran Zweifel hat, sollte sich einmal zu einem Besuch des ersten und nach wie vor einzigen Weinessigguts in Deutschland, im Doktorenhof in Venningen, anmelden oder dem lauschen, was „Essigdoktor" Georg Heinrich Wiedemann zu erzählen hat. Andere Weingüter erzeugen Wein und verkaufen ihn in Flaschen an Genießer. Wiedemann erzeugt Wein und macht daraus hochwertige Essige, die nicht nur zum Verfeinern von Speisen bestens geeignet sind, sondern auch zum Trinken als Aperitif oder Digestif und zum Heilen. Fachkliniken schwören auf die Wirkung der Heilessige aus Venningen und setzen sie zur Therapie ein.

Vor über zwei Jahrzehnten hat der Mann, der scherzhafterweise auch „Essigpapst" genannt wird, vom Weinbau auf die Essigproduktion umgestellt. Inzwischen hat er mehr als drei Dutzend Essige kreiert. Vorher hatte er sich anhand alter Schriften ausgiebig mit der Geschichte des Essigs befasst. Schon Hippokrates wusste um die Wirkungen des Essigs bei Atemwegserkrankungen und Verdauungsbeschwerden. Im alten China war schon mehrere Jahrhunderte vor Christus die Herstellung von Essig bekannt. Die römischen Legionäre hatten ein Gemisch aus Wasser und Essig, das sie „Posca" nannten, in ihren Feldflaschen. Es diente nicht nur der Erfrischung, sondern auch der Stärkung des Immunsystems.

Georg Heinrich Wiedemann bezieht die Grundweine für die Essigherstellung aus den eigenen Weinbergen. Die Blüten, Blätter und Früchte, die später zugesetzt werden, wachsen auf ungedüngten Wiesen und werden nach bestimmten Vorgaben gesammelt. Der leidenschaftliche Essigmacher baut in seinem Doktorenhof („Refugium für Saures") die Weine in alten Eichenfässern aus, wo er sie auch lagert. Die Essige bekommen ausreichend Zeit zum Reifen, ehe sie, abgefüllt in mundgeblasenen Flaschen und mit selbst entworfenen Etiketten versehen, auf den Markt kommen. Der Chef des Hauses malt auch interessante Bilder: mit Öl und Farbpigmenten und - Essig. „Unsere Passion ist es, einzigartige Produkte zu schaffen, die auf einer großen Geschichte basieren", sagt Wiedemann.

Info:
Weinessiggut Doktorenhof,
Raiffeisenstraße 5,
67482 Venningen
Tel. 0 63 23, 55 05
Fax 0 63 23/69 37

doktorenhof@t-online.de
www.doktorenhof.de

Weingut Peter Graeber, Edenkoben

Im Keller hat eine Frau das Sagen

Dass die Weine im seit 1931 bestehenden Weingut Peter Graeber in Edenkoben so gut geraten, bei Prämierungen viel Anerkennung finden und in der Fachpresse gelobt werden (Matthias F. Mangold: „Fast alle Weine verhehlen ihre Regionalität nicht, was gut so ist"), ist mit das Verdienst von Nicole Graeber. Die Weinbautechnikerin gibt als Kellermeisterin - zusammen mit ihrem Vater Peter - den in Edenkoben, Rhodt und Venningen wachsenden Tropfen im Keller den letzten Schliff. Nur wenige andere junge Frauen an der Südlichen Weinstraße haben auch das „Weinmachen" zu ihrem Beruf erkoren und dabei noch Erfolg.

„Der angesehene Betrieb eher traditioneller Prägung" („Gault Millau") erzeugt unter der gemeinsamen Leitung von Vater und Tochter Graeber Weine, die nicht um jeden Preis modisch sein wollen. „Qualität und Genuss" lautet der Slogan des Hauses. „Wir haben zwölf Monate im Jahr Saison. Denn wir tragen unser Herz auf der Zunge", liest man im Hausprospekt. Die Graebers sind froh,

dass sie einen großen und treuen Kundenstamm haben, der gerne ab Hof kauft. Denn auf diese Weise erfahren die Weinfreunde, wo die traditionellen Sorten und auch die „Exoten" wachsen und wie es im Keller aussieht. Übrigens haben sie die Lage Edenkobener Mühlberg im Alleinbesitz.

Nicole Graeber, die auch einmal Weinprinzessin von Edenkoben war, wird oft nach den Geheimnissen des Erfolges gefragt, wie es zur Verleihung von zahlreichen Staatsehrenpreisen und Medaillen gekommen sei. Sie antwortet dann auch im Namen ihres Vaters Peter und ihrer ebenfalls im Betrieb mitarbeitenden Mutter Hannelore: „Wir lieben unseren Beruf. Es macht uns Spaß, Weine zu erzeugen, die nachhaltig sind und zum Wiederkommen locken."

Während ihrer Ausbildung arbeitete Nicole Graeber ein Jahr lang in drei Weingütern in der Toskana. Es gibt Fachleute, die versichern, dieses dort erworbene Wissen um die Weinbereitung aus den Graeberschen Weinen herauszuschmecken.

Steckbrief: 14 Hektar Rebfläche, Durchschnittsertrag: 8500 Liter/Hektar; Hauptrebsorten: Riesling (25 Prozent), weiße Burgundersorten (zusammen 20 Prozent), diverse Rotweinsorten (zusammen 35 Prozent).

Info:
Weingut Peter Graeber,
Schanzstraße 21,
67480 Edenkoben
Tel. 0 63 23/55 68
Fax 0 63 23/67 27

info@weingut-graeber.de
www.weingut-graeber.de

Weingut Dr. Steiner - Johanneshof, Siebeldingen

Klare Absage an den modischen Zeitgeist

Wie lange die Familie Steiner schon mit dem Wein verbunden ist, steht sichtbar vor dem Anwesen oberhalb von Siebeldingen: eine Kelter von 1686, die das Wahrzeichen des Weinguts ist. Seit über 300 Jahren wird hier Wein erzeugt, heute ist Weinbautechniker Georg Steiner der Chef des Hauses, der auf seiner Visitenkarte als Beruf „Weinbauer" angibt und der „ein Visionär ist, der sein Leben dem Wein-Wunder gewidmet hat", wie eine Zeitschrift einmal schrieb. Bis zu 50 Jahre alte Rebstöcke stehen in den Weinbergen. Auch schon vier Jahrzehnte alt sind die Silvaner-Stöcke, die der berühmte Pianist und Dirigent Justus Frantz gepachtet hat. „Schorsch" Steiner bereitet aus den Trauben einen säurearmen Wein, der die Bezeichnung „Silvaner Selection" trägt und nicht nur von Musikliebhabern mit Vergnügen getrunken wird.

Die Weine vom Johanneshof zeichnen sich durch Reinheit und Bekömmlichkeit aus, sind von geschmacklicher Klarheit. Weinkenner rühmen an den Tropfen aus dem Hause Steiner

Info:
Weingut Dr. Steiner -
Johanneshof,
Deutsche Weinstraße,
76833 Siebeldingen
Tel. 0 63 45/36 64
Fax 0 63 45/89 94

info@weingut-dr-steiner.de;
www.weingut-dr-steiner.de

die Individualität und die harmonische Balance von Frische, Frucht und Aroma. Dem modischen Zeitgeist fühlt sich der Hausherr absolut nicht verpflichtet. Da das Weinmachen seine große Liebe ist, wie er unumwunden einräumt, versucht er das zu vollenden - wie er in einem Interview sagte -, „was mir die herrliche Pfälzer Natur jedes Jahr aufs Neue schenkt: vollreife, gesunde Trauben in reinen Wein zu verwandeln".

Georg Steiner, der vor der Übernahme des Betriebes in Kalifornien, Kanada und Südafrika Weinbauerfahrungen sammelte, glaubt, dass seine Faszination für Wein nicht zuletzt in jenen Ländern ausgelöst wurde. Er hat Respekt vor der Natur, sucht stets nach der besten Qualität und legt Wert auf umweltbewusste und ressourcenschonende Pflege seiner Weinberge. Er lässt seinen Weinen Zeit zum Reifen und hat die Erfahrung gemacht, dass sich diese Ruhe später auszahlt. Für ihn ist Weinbau „Leidenschaft und die Begeisterung, eine Vision zu verwirklichen". Der „Gault Millau" bestätigt ihm, nicht nur geschäftstüchtig zu sein, sondern auch Wein machen zu können.

Steckbrief: 17 Hektar Rebfläche; Durchschnittsertrag: 6500 Liter/Hektar; Hauptrebsorten: Riesling (35 Prozent), weiße Burgundersorten (15 Prozent), Silvaner (10 Prozent), Spätburgunder (20 Prozent).

GENOSSENSCHAFT DEUTSCHES WEINTOR, ILBESHEIM

GRÖSSTER WEINBAUBETRIEB DER PFALZ

Im Jahre 1956 aus der Not heraus geboren, als große Mengen Wein und Traubensaft aus Italien nach Deutschland importiert und zu extrem niedrigen Preisen auf den Markt gebracht wurden, gehört die Genossenschaft Deutsches Weintor mit Sitz in Ilbesheim heute zu den Top-5 der Genossenschaften in Deutschland. Sie ist einer der modernsten deutschen Trauben verarbeitenden Betriebe und der größte Weinbau treibende Betrieb in der Pfalz. Rund 450 Winzer mit 2650 Geschäftsanteilen zwischen Neustadt und der deutsch-französischen Grenze bewirtschaften 600 Hektar Weinberge. Seit der Gründung besteht unverändert Anlieferungspflicht. Die Vermarktungsmenge der Genossenschaft liegt bei über zehn Millionen Liter im Durchschnitt pro Jahr, vor der Mengenregulierung betrug sie in ertragsstarken Jahren zuweilen das Doppelte.

Das „Weintor" verfügt über einen Fassraum von mehr als 25 Millionen Liter und über ein Flaschenlager für mehr als sechs Millionen Flaschen. Seit Mitte der neunziger Jahre des vorigen Jahrhunderts wurde der Jahresumsatz auf rund 25 Millionen Euro verdoppelt. Dank der Investition von zehn Millionen Euro zwischen 1996 und 2006 in eine neue Abfüllanlage, in Geräte für die Traubenannahme und -verarbeitung, in die Weinbereitung und für das neue Kelterhaus ist die Genossenschaft, die zu Recht ein „deutsches Vorzeige-Unternehmen" genannt wird, technisch auf dem modernsten Stand. Bewusst werden nur rund ein Dutzend Rebsorten angebaut. Der Betrieb war einer der ersten in Deutschland, der vor mehr als drei Jahrzehnten Dornfelder sortenrein ausgebaut und auf Flasche angeboten hat.

Seit 1. Juli 1977 steht Jürgen Grallath im Dienst der Genossenschaft, bei ihm laufen als dem verantwortlichen 1. Kellermeister und stellvertretenden Vorstandsvorsitzenden viele Fäden zusammen. Jeden Tag ist er mindestens einmal im Keller, um die Entwicklung der Weine zu beobachten, zu probieren und sie mit seinem Kollegen Martin Hafner auf den Weg zu bringen.

Steckbrief: 600 Hektar Rebfläche; Durchschnittsertrag: 9800 Liter/Hektar; Hauptrebsorten: Dornfelder (23 Prozent), Müller-Thurgau (14 Prozent), Grauburgunder (11 Prozent), Riesling (10 Prozent)

Info:
Deutsches Weintor eG,
An der Ahlmühle 1,
76831 Ilbesheim
Tel. 0 63 41/38 150
Fax 0 63 41/38 15 69

info@weintor.de
www.weintor.de

Winzergenossenschaft Edenkoben

Viele Ehrungen für gute Weine

Zu den in der Pfalz am meisten ausgezeichneten Winzergenossenschaften gehört die in Edenkoben. In manchen Jahren bekommt sie bei den Prämierungen von Landwirtschaftskammer Rheinland-Pfalz und Deutscher Landwirtschafts-Gesellschaft (DLG) bis zu 50 Goldmedaillen, Silber und Bronze gar nicht gezählt. Diese wahre Flut an Auszeichnungen kommt nicht von ungefähr, ist das Ergebnis des ungebrochenen Qualitätsstrebens unter der verantwortlichen Leitung von Kellermeister Uwe Krapp. Den Kunden werden verlässliche, sauber gemachte Weine angeboten, „ohne dass Überflieger oder geschmackliche Tiefschläge darunter wären" (Fachjournalist Matthias F. Mangold).

Rund 170 Voll- und Nebenerwerbswinzer bauen auf 180 Hektar Weinbergsflächen in Edenkoben und Umgebung, besonders aber in St. Martin, etwa 40 Rebsorten an. Die Weine dieser Genossenschaft können nicht nur durch Selbstabholer (38 Prozent) vorwiegend aus dem süddeutschen Raum bei den Verkaufsstellen in Edenkoben und St. Martin gekauft werden. Auch der Fachhandel und einige wenige Einzelhandelsgeschäfte haben die Weine im Angebot. Die Geschäftsführung weiß, worauf die Erfolge beruhen: „Wir haben gute Weine. Wir arbeiten wie in einem ambitionierten Weingut und brauchen uns nicht zu verstecken."

Die Genossenschaft wurde 1925 in Edenkoben an zwei Standorten gegründet, zog 1956 in das frühere Weingut Steigelmann um. Ab 1999 wurden neue Kelter-, Keller- und Lagerräume geschaffen. Im Jahre 2001 erfolgte die Fusion mit dem Winzerverein Ritter von Dalberg in St. Martin. Die Gesamtproduktion beläuft sich im Schnitt auf rund zwei Millionen Liter im Jahr. In den 300 vorhandenen Fässern könnte mehr als die doppelte Menge eingelagert werden. „Wir sind gesund und haben ein relativ gutes Geschäft mit kontinuierlichen Zuwachsraten", freut sich der Geschäftsführer. Von daher ist die Angst, von einer der großen deutschen Genossenschaften geschluckt zu werden, nicht gar zu groß.

Steckbrief: 180 Hektar Rebfläche; Durchschnittsertrag: 10.000 Liter/Hektar; Hauptrebsorten: Riesling (22 Prozent), Dornfelder (16 Prozent), Müller-Thurgau (15 Prozent), Spätburgunder (12 Prozent).

Info:
Winzergenossenschaft
Edenkoben,
Weinstraße 130,
67480 Edenkoben
Tel. 0 63 23/94 190
Fax 0 63 23/94 19 19

wg-edenkoben@t-online.de
www.wg-edenkoben.de

SÜDPFALZ-CONNEXION

FÜNF JUNGE WINZER MIT GROSSEN ZIELEN

D ie „Südpfalz-Connexion" - was ist das denn? Diese Frage wurde nach der Gründung der losen Vereinigung von fünf jungen, engagierten Winzern im Jahre 2000 und danach öfter gestellt als heute. Weil die „Weinmacher mit Zukunft", wie sie sich verstehen, zu einem Begriff geworden sind, auch dank größerer Artikel über das, was sie tun, in überregionalen Presseorganen. Boris Kranz und Sven Leiner (beide Ilbesheim), Volker Gies und Peter Siener (beide Birkweiler) sowie Klaus Scheu (Schweigen-Rechtenbach) bewirtschaften eigene Weingüter, gehen damit ihre individuellen Wege und ziehen dennoch an einem Strang.

Herzstück der „Connexion", die erstmals im Juli 2000 auf der „Viniète unter den Burgen" unter diesem Namen auftrat, ist ein gemeinsam erzeugter Wein: ein Gräfenhausener Edelburgunder. 2002 fanden die fünf Winzer am Gräfenhausener Wald ein 2000 Quadratmeter großes Gelände, das sie für die Anlage eines Weinbergs vorbereiteten. Sie setzten Reben direkt aus Burgund und verdoppelten dank einer zugepachteten Nachbarparzelle mit 40 Jahre alten Burgunderreben die Rebfläche. Mit hohem handwerklichem Aufwand wird hier eine alte Weintradition aufrecht erhalten. Der Edelburgunder wird als ungemein seidig, zartwürzig und nachhaltig beurteilt.

Kennen gelernt haben sich die fünf bei den Weintagen der Südlichen Weinstraße 1999. Sie erkannten, dass sie gleiche Interessen verfolgen (Verbesserung der Qualität des Weins und des Images der Südpfalz). Sie setzten sich zusammen, diskutierten, probierten und schlossen Freundschaft. „Nach ungefähr einem Jahr wurde uns allen klar, dass wir gemeinsam als Gruppe etwas bewegen können und müssen", berichten sie. Und: „Anfangs wurden wir belächelt als eine schmalbrüstige Kopie der ‚Fünf Freunde' und viele rechneten mit einer baldigen Auflösung. Doch die Freundschaft hält und der Name

Info:

Weingut Kranz
Mörzheimer Straße 2,
76831 Ilbesheim
Tel. 0 63 41/93 92 06
Fax 0 63 41/93 92 07
weingut-kranz@t-online.de
www.weingut-kranz.de

Weingut Leiner
Arzheimer Straße 14,
76831 Ilbesheim
Tel. 0 63 41/30 621
Fax 0 63 41/34 401
info@weingut-leiner.de
www.weingut-leiner.de

Weingut Gies-Düppel
Am Rosenberg 5,
76831 Birkweiler
Tel. 0 63 45/91 91 56
Fax 0 63 41/91 91 57
info@gies-dueppel.de;
www.gies-dueppel.de

Weingut Siener
Weinstraße 31,
76831 Birkweiler
Tel. 0 63 45/35 39
Fax 0 63 41/91 91 00
info@weingutsiener.de;
www.weingutsiener.de

Weinhof Scheu
Hauptstraße 33,
76889 Schweigen-Rechten-
bach
Tel. 0 63 42/72 29
Fax 0 63 42/91 99 75;
info@weinhof-scheu.de
www.weinhof-scheu.de

‚Südpfalz-Connexion' ist zu einer festen Größe in der deutschen Weinszene geworden." Das sind die fünf aus der Gruppe:

Boris Kranz bewirtschaftet als Betriebsleiter und Kellermeister einen Familienbetrieb, pflegt alte, selten gewordene Terrassenlagen und verbindet bewusst Tradition und Moderne. Sven Leiner sagt: „Die Rahmenbedingungen müssen stimmen, wenn man, wie wir, Wein als Naturprodukt begreift." Als Betriebsleiter und Kellermeister des Weinguts Jürgen Leiner sorgt er für die notwendigen Bedingungen. Volker Gies hat das Sagen im Familienweingut Gies-Düppel. „Unsere Weine haben einen Bezug zum Boden, auf dem sie gewachsen sind. Sie sind extrem verschieden, selbst bei der gleichen Rebsorte", betont er. Peter Siener, der zusammen mit seiner Mutter das Familienweingut leitet und als Kellermeister fungiert, legt größten Wert auf individuelle Weine. Klaus Scheu ist zusammen mit seinem Vater Günter Inhaber eines Weinguts, der Keller ist sein Reich. Sein Ziel lautet. „Unverwechselbare Weine in Anspruch und Qualität."

Steckbriefe:
Weingut Kranz: 17 Hektar Rebfläche; Durchschnittsertrag 8400 Liter/Hektar; Hauptrebsorten: Riesling (25 Prozent), Weiß- und Spätburgunder (je 20 Prozent).
Weingut Leiner: 13 ha; 7500 l/ha; Hauptrebsorten: Weiße Burgundersorten (zusammen 25 %), Riesling (15 %), mehrere Rotweinsorten (zusammen 33 %).
Weingut Gies-Düppel: 11,5 ha; 7000 l/ha; Hauptrebsorten: Riesling (30 %), Spätburgunder (20 %), Weiß- und Grauburgunder (je 10 %).
Weingut Siener: 9 ha; 6900 l/ha; Hauptrebsorten: Riesling (35 %), Spätburgunder (25 %), Grauburgunder (15 %), Weißburgunder (10%).
Weinhof Scheu: 12 ha; 7000 l/ha: Hauptrebsorten: Riesling (35 %), Weißburgunder (30 %), Grauburgunder (12 %), Spätburgunder (8 %).

Die Wirtschaft

DAIMLER LÖST IN DER SÜDPFALZ INDUSTRIELLE REVOLUTION AUS

Die Wirtschaft der Südpfalz hat in den vergangenen Jahrzehnten einen ungeahnten Aufschwung genommen. Weltweit erfolgreiche Unternehmen, an der Spitze Daimler, haben einen enormen Gründungsboom ausgelöst. Die Südpfalz verfügt heute über eine breite Palette an Firmen, die für die Zukunft gerüstet sind und dazu beitragen werden, die Region wirtschaftlich „am Laufen" zu halten. Die Zeitschrift „Neuland" sprach 2007 in einem Sonderheft von einem „südpfälzischen Wirtschaftswunder" und bezeichnete die Region angesichts ihrer Erfolge auf fast allen Ebenen der Wirtschaft als „Gewinner-Region".

Trotz ihrer vermeintlich ungünstigen Randlage zählt die Südpfalz laut „Neuland" im Wettbewerb um Arbeitsplätze und Einwohner„ zu den stärksten und dynamischsten Wirtschaftsräumen des Landes". In diesem Teil Deutschlands schlage der wirtschaftliche Takt offenbar schneller als anderswo. Kenner der südpfälzischen Wirtschaft antworten auf die Frage, welches Geheimnis hinter den Erfolgen stecke: „Der Mix macht's!" In diesem Zusammenhang wird auf das friedliche Nebeneinander von bedeutenden Industriezweigen mit Weltgeltung, von mittelständischen Industriefirmen und von wettbewerbsfähigen Dienstleistungsunternehmen verwiesen.

Was die Wirtschaft in der Südpfalz auszeichnet, ist einmal ihre Anpassungsfähigkeit an die veränderten Bedingungen der Märkte, dann ihre Dynamik und ihr Blick „über den Tellerrand" hinaus und schließlich ihre beständige Suche nach neuen Märkten. So ist aus der Südpfalz eine bedeutende Region in der deutschen Wirtschaftslandschaft geworden.

Die Publikation „Neuland" hat 2007 wochenlang ihre Reporter durch Landau und die beiden Landkreise SÜW und Germersheim geschickt. Sie haben viele Gespräche geführt und sich mit offenen Augen umgesehen und sind zu dem Ergebnis gekommen: „Eines haben die Südpfälzer auf jeden Fall richtig gemacht: Sie haben nicht die Fehler anderer wiederholt

Genießen Weltruf: Die Lkw von Daimler.

und beispielsweise Hightech-Cluster künstlich auf die Wiese gesetzt, die dann doch verkümmern, so ganz ohne Nährlösung. Auch als verlängerte Werkbank hat man sich nicht angedient... Zwischen Landau und Berg hat man sich stattdessen auf die relativen Stärken der Region besonnen: ‚Komparative Vorteile' heißt das im Jargon der Ökonomen... Wer an einer Verkehrsschlagader wie dem Rhein liegt, profitiert fast automatisch vom Logistik-Boom - leistungsfähige Häfen vorausgesetzt."

Vor allem der Kreis Germersheim hat sich wirtschaftlich in einer Art und Weise entwickelt, wie das nach dem Zweiten Weltkrieg kein Hellseher hätte vorausahnen können. Hier bestehen heute rund 40.000 sozialversicherungspflichtige Arbeitsverhältnisse, doppelt so viele wie in der Stadt Landau (20.000) und auch erheblich mehr als im Kreis Südliche Weinstraße (23.000). „Entgegen dem Trend werden es immer mehr", freut sich der Geschäftsführer der Wirtschaftsförderung im Kreis Germersheim, Marcus Ehrgott. Steigend ist auch die Zahl der Erwerbstätigen in der Südpfalz insgesamt. Es sind heute rund 120.000 (Germersheim 53.000, Südliche Weinstraße 39.000, Landau 28.000).

Die drei wichtigsten Gründe hierfür: 1. Gute Infrastruktur. 2. Ausreichende Flächen für Ansiedlungen. 3. Gutes Potenzial an Arbeitskräften (Ehrgott: „Für die Firmen ist die Bodenständigkeit der Menschen sehr wichtig, weil dadurch die Fluktuation relativ gering ist"). Der wirtschaftliche Schwerpunkt der Südpfalz liegt an der Rheinschiene. Aber auch in anderen Teilen der Region besteht Grund für Optimismus, dass die Aufwärtsentwicklung weitergeht - nicht zuletzt dank der Verbindungen zu den Wirtschaftsräumen Karlsruhe und Mannheim/Ludwigshafen.

Mitarbeiterbesprechung in der Daimler-Montagehalle.

Die industrielle Revolution in der Südpfalz wurde durch Daimler ausgelöst. Das weltweit größte Lkw-Montagewerk (11.000 Mitarbeiter) nahm 1963 in Wörth die Produktion auf. „Die landwirtschaftliche Wirtschaft wurde durch die industrielle Wirtschaft abgelöst", formuliert ein Kenner der Szene. Nicht nur er bezeichnet die Ansiedlung von Daimler in Wörth mit Schaffung des zentralen Ersatzteillagers für die Automarken der Daimler AG auf der Insel Grün bei Germersheim als ein Segen für die Südpfalz mit positiven Auswirkungen auf allen wirtschaftlichen Ebenen. „Daimler hat Unglaubliches bewirkt", stellen Experten fest, verweisen nicht nur auf die Arbeitsplätze und die guten Verdienstmöglichkeiten der Arbeitnehmer, sondern auch darauf, dass von dem „beim Daimler" verdienten Geld Handel und Handwerk, Gastronomie und Tourismus profitieren.

In der Südpfalz gibt es einige Unternehmen von Weltbedeutung und viele, die zumindest auf nationaler Ebene als führend angesehen werden können. Einige der „Aushängeschilder" der Region sollen in Kurzporträts vorgestellt werden. Auf Angaben, wie viele Mitarbeiter jeweils beschäftigt sind, wie

„Für Unternehmen, die etwas bewegen wollen, bietet die Südpfalz beste Voraussetzungen. Die zentrale Lage im Herzen Europas, eine hervorragende Verkehrsinfrastruktur, ausreichende Gewerbeflächen für alle Branchen und ein dichtes Hochschulnetz sprechen für die Region. Und das in einer Kulturlandschaft, die zum Leben, Wohnen und Arbeiten einlädt. Südpfalz - Boden für Unternehmen. Südpfalz - Standort mit Tradition. Südpfalz - Standort mit Zukunft."

(Mit solchen Anzeigen wird überregional um ansiedlungswillige Unternehmen geworben).

groß die Tages-, Monats- und Jahresproduktion ist, welche Umsätze erzielt werden, wird - von wenigen Ausnahmen abgesehen - verzichtet, weil diese Zahlen morgen schon wieder anders aussehen können.

Die Raffinerie von Mobil Oil in Wörth, 1995 ohne Vorwarnung stillgelegt, ist von der Bildfläche verschwunden. Aber das Lkw-Montagewerk von Daimler, zusammen mit Mobil Oil einst der größte Arbeitgeber im Ort, besteht weiter, wurde sogar ausgebaut und brummt. In keinem Land der Welt gibt es ein Unternehmen, das mehr Lastwagen zusammenbaut als das Daimler-Werk Wörth: Es sind täglich um die 480, im Jahr um die 100.000, das Ziel sind 120.000 jährlich. Lkw mit den Namen Actros, Atego, Axor sowie die Spezialfahrzeuge Econic und Unimog werden von den Mitarbeitern mit Hilfe von Robotern am Band zusammengeschraubt. Allein das Großserienprogramm bietet 504 vorkonfigurierte Muster in 2418 Varianten und 260 möglichen Farben.

Die Produktionsfläche von Daimler beträgt in Wörth 480.000 Quadratmeter, die Montagehalle ist gut einen Kilometer lang. 1960 wurde mit dem Bau des Werks begonnen, 1963 konnte es bereits eingeweiht werden. Die Actros-Produktion begann 1997, die des Atego 1998 und die des Axor 2001. 2002 wurde die Produktion des Unimog nach Wörth verlagert und 2003 folgte die Verlagerung des Econic nach hier. Daimler ist der größte Lkw-Hersteller auf der Welt, fertigt sechs verschiedene Marken im globalen Verbund und produziert außer in Deutschland und in den USA auch in Westeuropa, Lateinamerika, Japan und der Türkei. Von der unverändert großen Nachfrage nach Lkw profitiert das Werk Wörth (und damit die Südpfalz, auch wenn viele Arbeitnehmer aus Baden und dem Elsass kommen), zu dem ein Entwicklungs- und Versuchszentrum samt Teststrecke gehört.

Anfang 1983 kaufte die Daimler-Benz AG das 180 Hektar große Gelände auf der Insel Grün bei Germersheim, damals das größte zusammenhängende Industriegebiet in Deutschland - mit dem Ziel, ein Zentrallager auf der grünen Wiese zu schaffen. Am 1. April 1986 war Baubeginn auf der zu jener Zeit größten Baustelle Europas (1000 Bauarbeiter im Einsatz). Die ersten Materialanlieferungen erfolgten im März 1989, am 27. September 1991 war offizielle Eröffnung. Bereits ab 2000 wurde erweitert, seit 2005 stehen insgesamt 460.000 Quadratmeter Lagerfläche zur Verfügung. Ein paar Zahlen unterstreichen die Bedeutung des Global Logistics Centers: 1600 Tonnen Transportgewicht pro Tag; 11.000 Kubikmeter Transportvolumen pro Tag; 54.000 Greiferpositionen pro Tag; 375 Lkw Wareneingang, 283 Lkw Warenausgang pro Tag; an die 500.000 gelagerte Sachnummern für die verschiedenen Modelle.

In der Rekordzeit von eineinhalb Jahren wurde von Mai 2001 bis Oktober 2002 auf dem ehemaligen Raffineriegelände in Wörth mit einem Investitionsvolumen von 400 Millionen Euro die Papierfabrik Palm errichtet. Auf der breitesten jemals

In nur eineinhalb Jahren errichtet: die Papierfabrik Palm auf dem ehemaligen Raffineriegelände in Wörth.

gebauten und weltweit leistungstärksten Papiermaschine werden pro Jahr 600.000 Tonnen leichtgewichtige Wellpappenrohpapiere auf 100 Prozent Altpapierbasis produziert - umweltfreundlich und praktisch lautlos, mit neuester Technik und hoher Automatisierung. Palm ist ein Familienunternehmen mit Sitz in Baden-Württemberg.

Die zur Progroup AG gehörende Prowell GmbH, die sich schwerpunktmäßig auf die Herstellung von Wellpappen konzentriert, unterhält weltweit fünf Werke, davon drei in Deutschland - seit 2007 befindet sich eines davon im Interpark in Offenbach. In das südpfälzische (jüngste) Werk, gebaut auf

einer Fläche von 100.000 Quadratmeter, wurden 44 Millionen Euro investiert. Die Jahresproduktion in Offenbach wäre ausreichend, um ein 3,30 Meter breites Band aus Wellpappe zweimal um die Erde zu legen. Bis zu 1000 Aufträge können am Tag erledigt werden. Kundenwünsche werden individuell erfüllt, die Anlieferung der Bestellung erfolgt innerhalb von 48 Stunden. Die Jahresproduktion liegt bei 640.000 Tonnen Wellpappenformate, das Sortiment umfasst alle Arten von ein-, zwei- und dreiwelligen Wellpappen in Standardausführung und in extra hoher Qualität auf der Basis eigener Papierproduktion. In Offenbach hat sich auch die Firmenzentrale der Progroup AG mit allen für Marketing und Finanzen zuständigen Tochtergesellschaften angesiedelt.

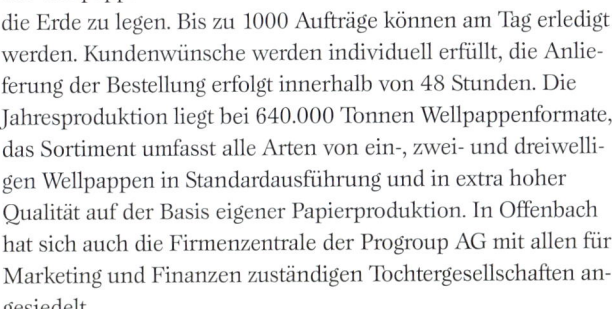

Die Prowell GmbH ist auf die Herstellung von Wellpappen spezialisiert.

In Germersheim, in unmittelbarer Nähe zum Rhein, befindet sich das Firmengelände des Spanplattenwerks und der Möbelfabrik Nolte, einer der bedeutendsten Hersteller von Schlafzimmern und Schränken. 1955 wurde Nolte in Germesheim ansässig, fertigte zunächst nur Sperrholzplatten. Ab 1958 erfolgte die Produktion von Schlafzimmern, ab 1967 auch von Jugendzimmern. 1978 kam die Herstellung von Schwebetürenschränken dazu und 1979 das Rasterschrankprogramm. Seit 1990 liegen die Umsätze nach eigenen Angaben des Unternehmens weit über dem Branchendurchschnitt. Nolte war der erste Möbelproduzent, der die Fließbandfertigung einführte und dadurch die Möbelindustrie revolutionierte.

So sieht Nolte aus der Luft aus.

Die Tenneco Automotive Heinrich Gillet GmbH in Edenkoben ist mit ihrem wartungsfreien Dieselpartikelsystem weltweit führend in der Katalysatortechnik. Die Produktion umfasst Abgas-, Fahrwerk- und Antivibrationssysteme, in erster Linie für die Automobil- und Nutzfahrzeugbranche, aber auch für Industrieanwendungen. Durch die Zugehörigkeit zum Tenneco-Konzern verfügt Gillet über ein großes Vertriebsnetz und günstige Einkaufsmöglichkeiten. Gillet begann 1860 in Bad Bergzabern mit der Serienproduktion von Carbid- und

Petroleumlaternen, entwickelte, konstruierte und fertigte ab 1927 Abgasschalldämpfer. 1939 zog die Firma nach Edenkoben um. 1994 erfolgte die Übernahme durch den amerikanischen Konzern Tenneco. Von namhaften Automobilherstellern hat das Edenkobener Unternehmen Qualitätsauszeichnungen erhalten.

Gillet in Edenkoben: Weltweit führend in der Katalysatortechnik.

Selbst entwickelte hochwertige Messgeräte werden seit über 100 Jahren in Annweiler von der Stabila Messgeräte Gustav Ullrich GmbH produziert und vertrieben. Das Unternehmen zählt weltweit zu den führenden Herstellern von Gliedermaßstäben, Wasserwaagen und Laser-Messgeräten. Bei Wasserwaagen und Zollstöcken ist Stabila die Nummer eins in Europa. Den Zollstock - der ausklappbare „Meter", ohne den kein Handwerker auskommt und der auch in keinem privaten Haushalt fehlt - hat ein Onkel mit Vornamen Anton des Firmengründers Gustav Ullrich 1865 erfunden. Ullrich kaufte 1880 zwei alte Mühlen bei Annweiler und baute ein Fabrik. Er war überzeugt, mit der Erfindung seines Onkels Erfolg zu haben. Sein Gefühl trog ihn nicht. Stabila ist ein internationales mittelständisches Unternehmen am Fuße des Trifels. Im Blick auf Kunden stellt es fest: „Innovative Messtechnik in Spitzenqualität mag im ersten Moment etwas teurer sein, sie macht sich aber über die Jahre bezahlt."

Die Gumasol-Werke in Germersheim, 1946 in Landau als Tochter der Firma Gummi-Mayer gegründet und seit 1948 in der Rheinstadt ansässig, haben sich auf vier Produktgruppen spezialisiert. 1. Superelastik- und Bandagenreifen. 2. Individuelle Kautschuk-Mischungen. 3. Technische Formartikel, Gummi-Metall-Verbindungen. 4. Ringe, Räder und Radkörpergummierungen. Laufrollen und Formteile für Militärfahrzeuge gehören zu den gefragten Produkten. Gumasol erhielt als eines der ersten deutschen Kautschuk verarbeitenden Unternehmen ein Zertifikat. Integrierter Umweltschutz ist ein Bestandteil der Unternehmenspolitik.

Seit 1998 besteht in Herxheim die Firma Eberspächer Catem, eine Tochter der Eberspächer-Unternehmensgruppe in Esslingen. International steht Catem an der Spitze bei Entwicklung und Produktion sowie Vertrieb elektrischer Heizsysteme für die Automobil-Erstausrüstung. Catem-Produkte (Luft- und Wasserheizer) sind in Fahrzeugen fast aller Automobilhersteller weltweit vertreten.

Eine führende Rolle bei der Entwicklung, der Produktion und beim Vertrieb von Heizelementen für vielfältige Einsatzbereiche spielt die Firma Eichenauer. 1925 von Fritz Eichenauer in Kandel gegründet, siedelte das Unternehmen 1991 nach

Hatzenbühl um und bezog dort ein neues Verwaltungs- und Technologiezentrum. Pro Tag werden bis zu 150.000 Heizelemente produziert, angepasst an individuelle Anforderungen. Über 100 Patente und Gebrauchsmuster hat Eichenauer in den letzten Jahren erhalten. Es werden zusätzlich weitere Standorte in Tschechien und China unterhalten.

Eine Spezialfabrik für elektronische Apparate und Heizwiderstände ist das Unternehmen David und Baader in Kandel, heute ein weltweit führender Hersteller elektrischer Heizelemente und Heizgeräte. Die Technologie ist für kundenspezifische Heizanwendungen angelegt. Zum Produktionsprogramm gehören unter anderem Heizungen, Industrieheiztechnik, Heizstrahler, Heizsysteme, Heizdüsen, Heizaggregate und Fahrzeugheizungen, aber auch Milchflaschen- und Babykostwärmer.

Zu den führenden Anbietern von automatischen Bereitstellungssystemen für Lager, Betrieb und Verwaltung zählt das Unternehmen Kardex Bellheimer Metallwerke in Bellheim, eines der zentralen Fertigungswerke der KTI-Gruppe. „Lagersysteme in neuen Dimensionen" bietet die Firma an, wie sie selbst informiert. Dank eines modernen Maschinenparks und des Einsatzes modernster Technologien ist die Produktpalette breit, umfasst Geschäfts- und Büromaschinen und -einrichtungen, Verkaufsautomaten, Maschinen- und Anlagenbau, elektrische und elektronische Maschinen sowie Werkzeuge. Zuammengefasst bietet Kardex laut Kundenwerbung „maßgeschneiderte Softwarelösungen für die Lagerverwaltung, die schnelle Kommissionierung und die rationelle Dokumentenverwaltung".

Seit 1865 wird in der Park-Bellheimer Brauerei in Bellheim Bier unter der weit über die Region hinaus bekannten Markenbezeichnung „Lord-Pils" gebraut. Gegründet hat die Brauerei mit der großen Tradition der gelernte Küfer Johann Karl Silbernagel, der ab 1859 hinauszog in die Welt (auch in Bayern sah er sich um), um seine Kenntnisse in der Braukunst zu vertiefen. 1865 kehrte er in die Südpfalz zurück, kaufte sich für 18.600 Gulden eine Brauerei und nannte sein Produkt „Lord-Pils". Von Anfang an wird Wasser aus der eigenen Tiefquelle verwendet, dazu kommen Malz aus Pfälzer Sommergerste und Aromahopfen. Die

Sudhaus der Bellheimer Brauerei.

Legende sagt, Silbernagel habe den Grundstein für die Geburt von Lord-Pils in Paris gelegt, als er die Bekanntschaft eines Lords machte, der ihm stolz von seiner Hausbrauerei in England berichtete.

Millionen von Autofahrern sind auf Ronal-Rädern - produziert auch in Landau - unterwegs, ohne es zu wissen. Denn die großen Hersteller von Autos wie Audi, Ford, Mercedes-Benz, Opel, Porsche, VW und andere rüsten ihre Fahrzeuge bereits ab Werk mit Leichtmetallrädern aus, die jedoch das jeweilige Signet des Autoproduzenten tragen, obwohl sie von Ronal produziert worden sind. Das Unternehmen Ronal (mit Stammsitz im badischen Forst und einem großen Betrieb im Landauer Gewerbegebiet Mörlheim), 1969 gegründet, gehört zu den Pionieren auf dem weltweiten Markt der Leichtmetallräder. Als erster Serienfabrikant der Alurad-Branche erhielt Ronal von VW für besondere Innovations- und Wettbewerbstätigkeit den Corporate Supplier Award „The Leading Edge" verliehen.

Pädagogisch wertvolles Spielzeug stellt die Spielwarenfabrik Theo Klein in Ramberg und Landau her. Das zu den größten europäischen Spielwarenherstellern für Imitationsspielwaren zählende Unternehmen legt nach eigener Darstellung größten Wert auf Sicherheit und Qualität, lässt seine Produkte regelmäßig von unabhängigen Testinstituten prüfen. Im Jahre 1949 gründete Theo Klein zusammen mit seiner Ehefrau in Ramberg eine Besen- und Bürstenfabrik. Im Blick auf eine Erweiterung des Sortiments wurde 1956 der erste farbige Kinderbesen mit Kunststoffborsten hergestellt, der zum Ausgangspunkt einer unaufhaltsamen Erfolgsgeschichte werden sollte. Den Durchbruch schaffte Klein 1959 auf der Nürnberger Spielwarenmesse mit damals gerade drei Artikeln, die gut ankamen und den Wechsel in die Spielwarenbranche bedeuteten. Außer in Ramberg und Landau wird auch in vier Fabriken in den USA, England, Frankreich und Spanien sowie in Hongkong und Tschechien produziert. Die 300 verschiedenen Artikel des Hauses sind auf der ganzen Welt erhältlich.

Seit Jahrzehnten steht die Firma Haustüren Oskar D. Biffar in Edenkoben für die Entwicklung und Ausführung innovativer Lösungen auf den Sektoren Haus- und andere Türen, Vordächer, Fenster und Terrassenüberdachungen. Das mittelständische Unternehmen mit jahrzehntelanger Erfahrung hat ein vielseitiges und flexibles Baukastensystem für sichere, hochwertige und individuelle Eingangskonzepte entwickelt. Modernste Technik wird angewendet. So ist Biffar zu einem Begriff für durchdachte Produkte geworden. Der Kunde kann Design, Material und Einbruchhemmung selbst wählen.

Seit 1955 fördert Wintershall in Landau und Umgebung Erdöl. Es wird in Landau gesammelt und aufbereitet und dann per Tankwagen in die Raffinerie nach Karlsruhe zur Weiterverarbeitung gebracht. Die Öl- und Gastochter Wintershall der BASF holt im Raum Landau jährlich 24.000 Tonnen (30 Millionen Liter oder 190.000 Barrel) Öl aus der Erde - keine ganz große, aber immerhin eine beachtliche Menge.

Seit 1955 fördert Wintershall in Landau und Umgebung Erdöl.

In Landau ist seit November 2007 ein Erdwärmekraftwerk in Betrieb, das Strom produziert. Es ist das erste, von der Firma Geox industriell betriebene Werk dieser Art in Deutschland. 3000 Meter unter der Erde zwischen Gesteinsschichten fließendes Wasser, 160 Grad heiß, wird an die Oberfläche gepumpt. Seine Wärme treibt Motoren an, mit denen Strom und Wärme erzeugt werden. Das Wasser wird nach der Erkaltung an den alten Platz unter der Erde zurückgepresst.

EMS in Schwegenheim ist ein Fachbetrieb für Elektro- und Metalltechnik und gleichzeitig der größte Handwerksbetrieb in der Südpfalz. Gegründet wurde die Firma 1958 durch Kurt Kaufmann als Elektroinstallationsfirma. Heute gehört EMS zu den Unternehmen, die sich als Dienstleister und Problemlöser begreifen. Gearbeitet wird für Energieversorgungsunternehmen, Industriebetriebe, öffentliche Auftraggeber, Banken und Privathaushalte. Im Bereich Metalltechnik stehen der Anlagenbau, der Bau von Sicherheitstüren und -lüfter sowie von Bahnstromanlagen, der Gehäusebau und der Bau von Alu-Schränken im Vordergrund. Im Bereich Elektrotechnik reicht die Palette von Trafostationen über Schaltanlagen, Einbruchmeldesysteme bis zu Gefahrenmeldeeinrichtungen.

Wenn im Fernsehen ein Tischtennis-Großereignis übertragen wird, ist der Schriftzug „Joola" auf den Tischen und oft auch auf den Trikots nicht zu übersehen - und ist die beste Werbung für das gleichnamige Unternehmen in Siebeldingen. Aber was bedeutet Joola eigentlich? „Joo" steht für Jooss, das heute nicht mehr existierende Sportgeschäft, in dem alles anfing, und „la" steht für Landau. Karl (Charly) Frey, erst Geschäftsführer, dann Inhaber von Jooss in Landau, baute Anfang der fünfziger Jahre den ersten TT-Tisch und legte den Grundstein für ein expandierendes Unternehmen, das bis 1973 in Landau produzierte, seitdem in Siebeldingen. Artikel von Jooss (neben Tischtennis-Tische auch Schläger, Beläge, Schuhe und Bekleidung) werden auf der ganzen Welt vertrieben. Die Tische entstehen - von der Plattenbeschichtung bis zum Untergestell - in Eigenproduktion. Bis zu 30 Tische werden stündlich in einer vollautomatischen Lackierstraße in Farbe getaucht.

„Der Wirtschaftsraum (Südpfalz), der sich vom Rhein bis zum Pfälzerwald erstreckt, zeichnet sich durch Neugier, Lebenslust und einen beeindruckenden Pragmatismus aus. Eine Haltung, die jedes Problem zur sportlichen Hürde werden lässt.... Germersheim, Wörth, Landau - über die kleinen und größeren Städte der Region wüssten die meisten Deutschen wohl wenig zu sagen... Wirtschaftlich, wissenschaftlich oder kulturell hat sich die 280.000 Einwohner-Region in der Vergangenheit nicht besonders hervorgetan... Jeder Herrscher hat der Region seinen Stempel aufgedrückt - und die Menschen gelehrt, dass nur etwas wird, wer sein Schicksal in die Hand nimmt. Dieses Erbe haben die Menschen genutzt und sich mit Fleiß, Vorstellungskraft und Chuzpe nach vorne geschafft. Heute zählt der Wirtschaftsraum zu den stärksten des Landes, die kleine Südpfalz hat es zur Zukunftsregion gebracht." („Neuland"-Chefredakteurin Susanne Risch aus Hamburg in einem Leitartikel über die Südpfalz).

Glasflaschen für Winzer und Brauer in der Pfalz, im Rhein-Main-Gebiet und in Frankreich produziert der irische Behälterglashersteller Ardagh Glass (früher Heye-Glas) in Germersheim. Das Unternehmen profitiert von der günstigen Lage zu den Kunden und will seine Kapazität erhöhen, was zur Festigung der Marktposition beitrüge. In einer Glaswanne (Ofen) werden bis zu 1,2 Millionen Flaschen am Tag produziert. Der Ofen darf nie ausgehen, sonst ist er kaputt. Zehn bis zwölf Jahre währt die Betriebsdauer. Ardagh Glass ist der größte deutsche Behälterglashersteller und der drittgrößte in Europa.

Weltmarktführer in der Kartonagenherstellung ist nach eigenen Angaben Smurfit Kappa (ehemals Europa Carton) in Germersheim. Eine neue Containerlinie zur Herstellung großer, schwerer Kartonverpackungen macht es möglich, nunmehr Verpackungen von fünf Meter Umfang in einem Arbeitsschritt zu fertigen. Früher waren hierfür zwei Schritte notwendig. Dass der Sohn des Firmengründers, Tony Smurfit, diese Maschine ohne Antragstellung und Begründungen anschaffte, hatte damit zu tun, dass bei den Mitarbeitern die Leistung stimmt und sie sich nach Feststellung der Firma „wie eine große Familie" fühlen.

Die Kartonagenfabrik Buchmann in Annweiler-Sarnstall, die seit 1897 besteht (damals erwarb Jakob Buchmann eine 85 Jahre vorher errichtete Papiermühle), produziert Verpackungsrohmaterial. Das Glühlampenwerk Trifa in Annweiler hat sich auf die Herstellung von Kraftfahrzeug-Glühlampen speziali-siert, die auf allen Kontinenten gefragt sind. Dienstleistungen in den Bereichen Elektrotechnik, Mess- und Regeltechnik sowie Anlagenautomatisierung mit den Schwerpunkten Planung und Konzepterstellung, Detail-Engineering, Schaltschrankfertigung, Montage und Anlagenservice bietet seit 1982 das Unterneh-men Stadler und Schaaf in Offenbach.

Glutenfreie Produkte wie Mehl, Brot, Lebensmittel, Teigwa-ren, Gebäck sind die Spezialität des Mühlenbetriebs Hammer-mühle Diät in Kirrweiler. Wer Nudeln in exlusivem Design essen möchte - in Form von Trauben, Fahrrädern, Noten etc. - , hat in der Südpfalz eine Einkaufsadresse: die Nudelfabrik Pfalznudel Gutting in Großfischlingen, die auch ein Restau-rant betreibt und die man täglich besichtigen kann.

Ein wesentlicher südpfälzischer Wirtschaftsfaktor ist der Kiesabbau. In der Nachkriegszeit war Kies beim Wiederaufbau außerordentlich wichtig, ebenso bei der Errichtung von Bauten für die amerikanischen Streitkräfte. Als Rohstoff war und ist Kies durch nichts zu ersetzen. Betriebe der Kiesgewinnung haben sich, wie in einem Buch anerkennend festgestellt wird, „Arbeitsmethoden angeeignet, die sich besonders in landespfle-gerischer und landschaftserhaltender Arbeit positiv darstellen".

Die Häfen in Wörth und Germersheim sind heute hinter Duisburg die zweit- und drittgrößten Binnen-Containerhäfen Deutschlands. Tausende von Tonnen verschiedenster Produkte werden auf Schiffe und Laster verladen. Rund 90.000 Qua-dratmeter groß ist die Container-Fläche im Wörther Hafen. Die Firma Unikai betreibt das Container-Terminal und organi-siert die Schiffsreisen der Fracht nach Rotterdam und Antwer-pen oder von dort nach Wörth. Pro Woche werden 16 Frachtschiffe vor Ort beladen. Zwei Unternehmen teilen sich das Volumen in Germersheim. Da ist einmal die Triport GmbH, die das Terminal betreibt, und dann die Firma Freyer, die sich als Dienstleister um Verladung und Lagerung der Container kümmert.

In Wörth wurden 2006 rund 175.000 TEU (Twenty Foot Equivalent Unit = englische Bezeichnung für einen 20-Fuß-Standard-Container) und in Germersheim rund 123.000 TEU umgeschlagen. Das bedeutet zigtausend Container. In einer Reportage über die beiden Anlagen stand zu lesen: „Zwei so große Häfen, das sind zwei Pluspunkte für die Wirtschaftskraft der Region."

Landeshafen Germersheim.

Landeshafen Wörth.

Der bekannteste und bedeutendste Handelsbetrieb der Südpfalz ist Hornbach mit Sitz in Bornheim. Die drittgrößte deutsche und fünftgrößte europäische Baumarkt-Filialkette unterhält in Deutschland und in sieben Ländern Europas (Österreich, Niederlande, Schweiz, Tschechien, Schweden, Slowakai, Rumänien) über 120 große Bau- und Gartenmärkte. Als 1968 Hornbach als erstes europäisches Unternehmen einen kombinierten Bau- und Gartenmarkt eröffnete, ahnte niemand, wie rasant sich die Gruppe entwickeln würde. Hornbach ist ein unabhängiges, börsennotiertes Familienunternehmen, das in der fünften Generation geführt wird. Die Strategie des Hauses hat die Expansion bisher gefördert und wird es auch

Das erste Werk von Hornbach in Bornheim aus dem Jahre 1953.

weiter tun. Das Geheimnis des Erfolges basiert auf den vier Säulen: Attraktiver Standort; Kompetenz in Sortiment und Service; ständige Warenverfügbarkeit; dauerhaft niedrige Preise.

Der Ur-Urgroßvater des heutigen Vorstandsvorsitzenden Albrecht Hornbach, Michael Hornbach, war 1877 der eigentliche Gründer des Unternehmens. Der Schieferdeckermeister machte sich mit zwei Gehilfen in Landau selbstständig. Wie sich Hornbach bis heute entwickelt hat, kann von Interessierten in allen Einzelheiten in einem zum 130-jährigen Bestehen erschienenen Buch nachgelesen werden. Im Vorwort dieses Werks erinnert Otmar Hornbach an die Anfänge der Familiendynastie in der durch die Schleifung der Festung damals aufblühenden Kreisstadt Landau.

Otmar Hornbach: „Michael Hornbach läutete (in der Familie) die Ära der Spezialisten und Pioniere ein, die sich auf mehreren Gebieten des Bauwesens, sei es im Handwerk, dem Handel oder der industriellen Fertigung, positionierten und bewährten. So waren sie die Spezialisten für komplizierte, kunstvolle Schieferdeckerarbeiten in der Vorderpfalz. Sie waren die ersten in der Südpfalz, die Eisenbeton-Bauwerke in Lizenz herstellen konnten. Sie waren um 1900 herum eines der ersten Mitglieder des Zementhändler-Verbandes. Sie waren Pioniere bei der Entwicklung und der industriellen Fertigung von Haus- und Gemeindekläranlagen sowie Großbehältern aus Stahlbeton mit eigenen Patenten. Last but not least waren sie Pioniere der Bau- und Heimwerkerbranche, indem sie den ersten deutschen Baumarkt eröffneten, der von der Struktur und Größe her diese Bezeichnung verdiente."

Viel Tradition hat auch die Unternehmensgruppe Frey & Kissel - Wilhelm Schacherer in Landau, die viele eigene Lebensmittelmärkte - auch in der Südpfalz - betreibt und an die 200 Einzelhändler in der Pfalz, in Rheinhessen und Nordbaden („Ihre Kette") beliefert. Am Anfang stand die August Frey GmbH, die im September 1926 in Landau gegründet wurde, eine Tabakfabrikation betrieb und mit Tabakfabrikaten, Rohtabaken, Lebens- und Genussmitteln aller Art handelte. Im März 1929 trat Jakob Kissel als Kompagnon ein, 1970 erfolgte der Zusammenschluss mit dem Großhändler Wilhelm Schacherer.

Alleiniger Inhaber ist heute die Familie Kissel. Das Unternehmen expandierte kontinuierlich und ist heute eine angesehene mittelständische Gruppe. Dazu gehören die Einkaufsmärkte „Ihre Kette - Extra-Markt", „SBK" (mit einem hohen Anteil regionaler Produkte), „SBK Compact" (Zwischending zwischen Warenhaus und Supermarkt), „SBK Getränkeland", der Großeinkauf „C & C" für Gastronomen, Großküchen, Kantinen, Kioske, Lebensmittelhändler, Vereine etc. In Landau-Mörlheim gibt es seit 1976 die für ihre Fleisch- und Wurstprodukte von der DLG mehrfach ausgezeichnete Frey & Kissel-Metzgerei „Pfälzer Spezialitäten" und in Landau selbst die „Weinkellerei am Deutschen Tor".

Von regionaler Bedeutung ist auch der Hagebaumarkt Gillet in Landau mit einem riesigen Sortiment an Waren im Baumarkt, im Gartenmarkt „Floraland" und in der Baustoffhandlung. Ein Zoocenter, ein Mietpark, ein Profifachmarkt und eine Tankstelle gehören dazu.

Es gibt in der Südpfalz immer noch große Weinkellereien (zum Beispiel Decker in Landau, Pressler in Hochstadt, Lorch in Bad Bergzabern, Wissing in Oberotterbach, Kimmle in Kapellen-Drusweiler), aber nicht mehr so viele wie noch vor dem Zweiten Weltkrieg. Nicht unerwähnt sollte bleiben, dass in der Region respektable Unternehmen in den Bereichen Industrieelektronik, Leiterplattenherstellung, Autoradioherstellung, Software, Gesundheitswirtschaft, Medien und Druck sowie Logistik bestehen. Dazu kommen neben den bereits kurz vorgestellten Betrieben weitere aus den Bereichen Möbel, Maschinenbau, Ernährung, Metallerzeugnisse, Leder, Papier, Steine und Erden. Das gut funktionierende Bankenwesen mit Sparkassen, Volks- und Raiffeisenbanken und Privatbanken ist ein leistungsfähiger Partner der Wirtschaft.

Das Bruttoinlandsprodukt liegt im Jahr in der Südpfalz bei rund 6,5 Milliarden Euro und die Kaufkraft bei 19.542 Euro je Einwohner.

Das Handwerk

GROSSE TRADITION UND GUTE ZUKUNFT

Das Handwerk in der Südpfalz hat große Tradition und ist nicht erst in dieser Zeit ein bedeutender Wirtschaftsfaktor. Immerhin verdienen in der Region in rund 100 Handwerkszweigen cirka 25.000 Handwerker - 20 bis 25 Prozent sind allein in den Bereichen Metall und Elektro beschäftigt - ihr Geld. Der Umsatz des südpfälzischen Handwerks liegt nach Schätzung von Experten bei 1,7 Milliarden Euro im Jahr.

Vertreter des Handwerks weisen bei allen sich bietenden Gelegenheiten darauf hin, dass das südpfälzische Handwerk gesund ist, „weil es so viele gesunde Auftraggeber gibt". Es profitiert von den großen Betrieben und deren Zulieferern, von der guten Kaufkraft der Bevölkerung und auch von der immer stärken werdenden wirtschaftlichen Entwicklung des Weinbaues. Was die Handwerker besonders freut: Sie werden in der öffentlichen Meinung wahrgenommen und respektiert.

Spricht man mit Interessenvertretern des Handwerks, dann ist dessen hoher Stellenwert darauf zurückzuführen, dass sich die Handwerker für ihre Berufe einsetzen und gegebenenfalls auch kämpfen, immer präsent (Landauer Wirtschaftswoche und andere Gelegenheiten) und bodenständig sind. Fast alle, die sich auskennen, sagen dem regionalen Handwerk eine weitere gute Zukunft voraus.

„Handwerk hat goldenen Boden"

(deutsches Sprichwort)

Als Interessenvertretung und als Sprachrohr des Handwerks der Region versteht sich die Kreishandwerkerschaft

der Südpfalz mit Sitz in Landau. 17 Innungen mit knapp 700 ordentlichen Mitgliedern haben sich hier zusammenge-schlossen. Die Mitgliedschaft ist in den Innungen - in denen die Bereiche Bau, Bildhauer, Elektro, Fleischer, Friseur, Gip-ser, Glaser, Kfz, Maler und Lackierer, Metall, Schreiner, Schuhmacher, Sanitär-Heizung-Klimatechnik und Zimmerer organisiert sind - im Gegensatz zur Pflichtmitgliedschaft bei der Handwerkskammer der Pfalz freiwillig. Ziel der Innun-gen und der Kreishand-werkerschaft ist es, den Mitgliedsbetrieben eine konsequente Dienstleis-tung sowie eindeutige Vor-teile zu bieten und deren Arbeit zu erleichtern. Dabei geht es, wie es nie-dergeschrieben ist, um die Aufrechterhaltung der Leis-tungs- und Überlebensfä-

„Ein schlechtes Handwerk, das seinen Meister nicht ernährt"

(deutsches Sprichwort)

„Klappern gehört zum Handwerk"

(deutsches Sprichwort)

higkeit einer persönlichen, unbürokratischen und flexiblen Handwerksorganisation vor Ort.

Der Kreishandwerkerschaft der Südpfalz gehören rund 3400 Betriebe an, die etwa 1500 Auszubildende beschäfti-gen. Es gibt aber auch relativ viele Betriebe, die sich bisher ihrer Dachorganisation noch nicht angeschlossen haben.

Die Landwirtschaft

BERUF DES BAUERN WIEDER
ATTRAKTIV GEWORDEN

Wie auch in anderen deutschen Gegenden hat sich die Landwirtschaft in der Südpfalz nach dem Zweiten Weltkrieg sehr verändert. Die Gesamtanaufläche ist stark zurückgegangen, die Zahl der Landwirte hat sich gewaltig reduziert. Dennoch ist die Landwirtschaft auch in dieser Region ein bedeutender Wirtschaftsfaktor - daran hat nicht nur der Weinbau, der als die herausragende Sonderkultur einen Sonderstatus genießt, seinen Anteil. 4,2 Prozent der Erwerbstätigen in der Südpfalz sind laut Statistik in der Landwirtschaft tätig.

Die landwirtschaftlich genutzte Fläche in Landau und den Kreisen Südliche Weinstraße und Germersheim liegt bei rund 44.000 Hektar. Allein 12.500 Hektar sind derzeit mit Reben bestückt (siehe hierzu eigenes Kapitel „Weinbau"). Auf den restlichen 31.500 Hektar Ackerland wachsen unter anderem Gemüse (rund 2500 ha), Tabak (rund 1000 ha), Getreide (rund 10.000 ha), Kartoffeln (rund 800 ha), Zuckerrüben (rund 3500 ha), Mais (rund 5000 ha), Raps (rund 500 ha) und Obst (rund 420 ha). Etwa 3300 Bauern - eingeschlossen die, die ihre Flächen nur (noch) im Nebenerwerb bewirtschaften - und rund 3000 Winzer (einschließlich

> *„Ich habe schon als junger Mann, im Gegensatz zu anderen, an die Zukunft der Landwirtschaft geglaubt.*
> *Als ich meine Meisterprüfung ablegte, hat man mir geraten, ich sollte aufhören. Aber ich ließ mich nicht beirren und würde jederzeit wieder Landwirt und Winzer werden.*
> *Ich bin ein Vollblutbauer."*
> *(Reinhold Hörner, Vorsitzender des Kreisverbandes Südliche Weinstraße des Bauern- und Winzerverbandes Rheinland-Pfalz Süd).*

Feierabend-Winzer) verdienen ihr Brot ganz oder teilweise aus landwirtschaftlicher Arbeit. Kaum noch eine Rolle spielt in der Südpfalz die Viehhaltung.

Dank der Flurbereinigung und des Einsatzes modernster Maschinen können die hauptberuflichen Landwirte das Geld verdienen, das sie für sich und ihre Familien und für Investitionen benötigen. Schon lange vorbei sind die Zeiten, dass auf den Äckern und in den Wingerten von Pferden, Ochsen und Kühen gezogene Pflüge im Einsatz sind. Der Computer hat längst in den Bauern- und Winzerbetrieben Einzug gehalten. Vor allem seit dem Zweiten Weltkrieg hat sich die Zahl der Landwirte und Winzer, wie erwähnt, erheblich reduziert. Hat Anfang des 20. Jahrhunderts in der Südpfalz die halbe Bevölkerung noch von Ackerbau und Viehzucht und ein paar Weinbergen nebenbei gelebt, hat die fortschreitende Industrialisierung nach dem Zusammenbruch viele Männer weggeholt „von der Scholle".

Mit der Ansiedlung von Daimler in Wörth und im Gefolge weiterer großer Industrieunternehmen entstanden viele tausend neue Arbeitsplätze, die vor allem von Kleinbauern besetzt wurden. Sie hatten ab sofort ein sicheres Einkommen und vor allem eine geregelte Arbeitszeit. „Bauernkinder sind seit vielen Jahren gern gesehene Arbeitskräfte, weil sie schaffen können", weiß Reinhold Hörner aus Hochstadt, der als Winzermeister und Landwirt in mehreren Berufsverbänden aktiv ist und jeden Tag an der Front steht und dadurch mitbekommt, was läuft.

Das Landwirte-Sterben in der Region, wie auch andernorts in Deutschland, ist noch nicht zum Stillstand gekommen, hat sich aber verlangsamt. Um die fünf Prozent geht die Zahl der Bauern jährlich noch zurück - weil es oft keine Betriebsnachfolger gibt oder Arbeitsplätze in der Industrie locken -, aber Reinhold Hörner rechnet damit, dass der Rückgang um 2018/2020 enden dürfte.

Kein Verständnis haben hochrangige Vertreter der Landwirtschaft aus der Südpfalz für Voraussagen wie: „Die Landwirtschaft wird aussterben!" Hörner sagt im Brustton der Überzeugung: „So weit wird es nie kommen. Ein Indiz dafür, dass die Zukunftsperspektive günstig ist, ist die steigende Zahl von Ausbildungsplätzen in der Landwirtschaft. Der Beruf des Bauern ist wieder attraktiv geworden, wer ihn heute ausübt, hat ein ganz anderes Wertgefühl als noch vor ein paar Jahren, begründet auch durch das Wissen, dass Nahrungsmittel weltweit knapp werden."

Was Hörner und Kollegen beim Blick in die Zukunft optimistisch stimmt, ist die Tatsache, dass landwirtschaftliche Produkte aus der Heimat wieder sehr gefragt sind und viele Verbraucher die immer öfter gegebenen Möglichkeiten des Direkteinkaufs beim Bauern nutzen. Bauernführer raten

Auf 420 Hektar Fläche wachsen Äpfel und andere Obstsorten.

ihren Kollegen auch zur Nischenproduktion, das heißt zum Anbau von Produkten, die eine gewisse Rarität darstellen. Dass immer mehr Betriebe auf Bio umstellen, nötigt Reinhold Hörner Anerkennung ab: „Ich habe Respekt vor jedem, der das macht. Aber den Bauern muss dies auch entsprechend entlohnt werden."

Pferde spielen in der Landwirtschaft schon lange keine Rolle mehr (Foto von 1959).

Landwirt ist kein aussterbender Beruf, betonen alle, die mit zwei Füßen auf ihren Äckern stehen. Sie raten jungen Leuten, die ihnen gebotenen Berufschancen in der Landwirtschaft wahrzunehmen. Dass vor allem die Südpfalz optimistisch sein kann, liegt daran, dass auf den Böden hier Sonderkulturen besonders gut gedeihen, auch weil das Klima hervorragend ist.

Der Tabakanbau ist in der Südpfalz eine der wichtigen Sonderkulturen. Nach 450 Jahren sieht die Zukunft der Tabakbauern allerdings nicht sehr rosig aus - im Gegensatz zu anderen landwirtschaftlichen Zweigen. Denn die Europäische Union will die Bauern, die als Tabakpflanzer ihr Auskommen haben, ab dem Jahr 2010 nicht mehr so subventionieren wie bisher und sie zwingen, auf andere Produkte umzustellen. „Die Pflanzer müssen sich darauf einstellen, dass ihr Gewerbe nur noch eine kurze Zukunft hat", steht in einem Report. Werden aus Tabakpflanzern künftig Erdbeer-, Spargel-, Petersilien- und Kräuteranbauer?

Der Tabakbau hat in der Region Tradition. 1573 wird Tabak in der Pfalz erstmals erwähnt. Der Pfarrer Anselmann aus Hatzenbühl gilt als Pionier. Mit Saatgut, das er wahrscheinlich aus Frankreich erhalten hatte, pflanzte er im Garten der Kirche Tabak, um ihn als Heil- und Zierpflanze zu nutzen. Erst Jahrhunderte später wurde das Rauchen zum Genuss und führte zu einem verstärkten Anbau von Geudertheimer, Burley und Virgin - das sind die drei Hauptsorten in unseren Breiten - und zur Gründung von Tabakbauvereinen, die sich als Ziel die Erzeugung von Qualität setzten.

Um 1880 wurde in der Südpfalz auf rund 20.000 Hektar Fläche Tabak angebaut. 1960 waren es nur noch knapp 1200 Hektar Fläche. Heute gibt es noch rund 170 Pflanzer, die rund 1000 Hektar bewirtschaften.

Der von 500 deutschen Pflanzern produzierte Tabak macht auf dem europäischen Markt mit einer jährlichen Ernte von 10.000 Tonnen nur knapp fünf Prozent aus. Mit dazu beigetragen hat, dass das Erzeugen von Tabak eine arbeitsintensive und auch mühevolle Arbeit ist. In einem Buch stellen dazu die Experten Günter Hechler und Erich Hirsch fest: „Die meiste Erntearbeit wird immer noch in gebückter Haltung von Hand erledigt, obwohl es bereits Erntehilfen in Form von halbautomatischen Erntemaschinen gibt, in denen die Erntepersonen sitzend die Blätter pflücken. Der mechanischen Ernte sind jedoch Grenzen gesetzt."

Auch die Zuckerrübenbauern der Region haben ihre Probleme. Die Anbauflächen sollen wegen der Öffnung der europäischen Grenzen für Importe reduziert werden. In der Pfalz wachsen auf einer Gesamtfläche von 11.000 Hektar Zuckerrüben, etwa 3000 Hektar müssen wegfallen - das wird auch die Südpfalz treffen. Politische Entscheidungen setzen der früheren „Königin der Feldfrüchte" zu.

Auf gut 420 Hektar Fläche wächst in der Südpfalz Obst, die Kernobstsorten kommen allein auf 130 ha, Stein- und Beerenobst (23 bzw. 25 ha) spielen eine wesentlich geringere Rolle. Eine im Obstbau beliebte Obstsorte ist die Erdbeere (90 ha). Es gibt zudem 92 Hektar Streuobstwiesen.

Ein wesentlicher Teil des „Gartens Eden Pfalz" mit Wein, sonnenreifen Früchten und vor allem zartem Gemüse ist die Südpfalz. Frisches Gemüse wird in die deutschen Ballungszenten „exportiert", aber auch ins Ausland, wenn dort jahreszeitlich bedingt Engpässe auftreten.

In Deutschland werden rund 17 Millionen Hektar Boden landwirtschaftlich genutzt, das sind etwa 49 Prozent der Gesamtfläche. Es gibt in der Bundesrepublik etwa 400.000 landwirt-

„Landwirtschaft ist die zielgerichtete Herstellung pflanzlicher oder tierischer Erzeugnisse auf einer zu diesem Zweck bewirtschafteten Fläche. Der Anbau von Pflanzen und die Nutzung und Züchtung von demestizierten Tieren (Viehzucht) dient in erster Linie der Nahrungsmittelproduktion, in zweiter Linie der Herstellung von Rohstoffen für die Herstellung von Bekleidung...
Eine Person, die Landwirtschaft betreibt, bezeichnet sich als Landwirt." (Zitat aus der freien Enzyklopädie „Wikipedia" im Internet)

schaftliche Betriebe ab zwei Hektar Nutzfläche, beschäftigt sind in der deutschen Landwirtschaft haupt- und nebenberuflich etwa 1,3 Millionen Menschen, was 560.000 Vollzeitarbeitsplätzen entspricht. Im Jahre 1900 erzeugte ein Landwirt Nahrungsmittel zur Ernährung von vier Personen, 1950 ernährte er bereits zehn Personen, heute sind an die 150.

Der Rhein und die Rheinauen

EINE DER WICHTIGSTEN WASSERSTRASSEN DER ERDE

Der Rhein ist insgesamt 1324 Kilometer lang und zwischen Lingenfeld und Neuburg auf 34 km der „Grenzfluss" der Südpfalz zu Baden. Der wichtigste deutsche Fluss, eine der meistbefahrenen Wasserstraßen der Erde, auf 883 km schiffbar, ist wirtschaftlich und touristisch von größter Bedeutung für die Region. Der Rhein prägt hier wie auch in anderen Gebieten die Landschaft und die Menschen. Längst ist er mehr als nur ein Band zwischen den Völkern und ein geduldiger Lastträger für Schiffe bis zu 3000 Tonnen.

Große und weniger große Dichter und Schriftsteller haben den Rhein besungen und besingen ihn auch weiter, unterstreichen damit auch auf ihre Weise die Bedeutung des Flusses. Victor Hugo hat 1845 den Rhein einen „bewundernswerten Fluss" genannt. Seiner damals formulierten Feststellung, der Rhein sei „der Fluss, von dem alle Welt redet und den niemand studiert, den alle Welt besucht und niemand kennt", muss jedoch widersprochen werden. Der Lebensstrom der (Süd)Pfalz ist nach wie vor in aller Munde und wird viel besucht, aber seine „Geheimnisse" sind weitgehend erforscht und gelüftet.

Was den Bekanntheitsgrad angeht, kann sich der Rhein mit jedem deutschen Prachtbau und jeder anderen deutschen Wasserstraße messen. Touristen aus aller Welt wollen, wenn sie nach Deutschland kommen, den „grünen Rhein" sehen und riechen, bei Germersheim vielleicht auch einmal hineinspucken, weil es Glück bringen könnte, und in der wärmeren Jahreszeit von einer der Brücken aus die Lastkähne und Fahrgaststschiffe beobachten.

Ein bis in die letzten Fasern seines Herzens mit Germersheim verwurzelter Südpfälzer spricht sicher vielen seiner Landsleute aus der Seele, wenn er die witzig klingende, aber mit sehr viel Realität verbundene Bemerkung macht: „Wenn ich zwei Tage den Rhein nicht sehe, werde ich krank." Der Volksmund sagt, die Südpfälzer hätten etwas gegen Wasser. Aber das ist nur bedingt richtig. Sie mögen zwar kein (reines) Wasser im Wein, aber sie lieben den Rhein und sein Wasser. Daran wird sich so bald nichts ändern.

Den Rhein gibt es seit der Eiszeit. Er kommt aus den Alpen. Die ersten Anfänge lassen sich bis ins Miozän vor etwa zwölf Millionen Jahren zurückverfolgen. Von Bobenheim-Roxheim bis Neuburg ist der Rhein die rund 85 Kilometer lange östliche Grenze der Pfalz. Der Rhein ist ein Strom im Übergangsbereich von Zentral- und Westeuropa. Sein Einzugsbereich bedeckt weite Teile der Schweiz, Deutschlands und der Niederlande, daneben vor allem den Osten Frankreichs und den Westen Österreichs.

Das Oberrheintal, zu dem die am Strom liegenden Teile der Südpfalz gehören, war schon in der Antike und im Mittelalter eine der zentralen Landschaften Europas. Heute ist der Oberrhein Standort zahlreicher wichtiger Industrie- und Dienstleistungsbetriebe. Die Oberrheinlandschaft hat sich vor allem durch die Begradigung des Rheins, die Trockenlegung von Seitenarmen und den Rückgang des Auen-Urwaldes stark verändert.

Bis ins 19. Jahrhundert änderte der kurvenreiche Fluss fast mit jedem Hochwasser seinen Lauf. Die Idee zu dem gigantischen Werk der Rheinbegradigung, Kanalisierung und Schaffung eines ausgedehnten Systems von Schutzdämmen und Schöpfwerken zur Erleichterung der Schifffahrt hatte Johann Gottfried Tulla, Obristenleutnant und Wasserbauingenieur in Diensten des badischen Großherzogs Karl. Sein 1809 vorgetragener Plan, den Rheinstrom von Basel bis zur badisch-hessischen Grenze umfassend zu regulieren, dadurch eine höhere Fließenergie sowie eine Eintiefung und Festlegung der Strombahn des Rheinstroms zu erreichen - verbunden mit dem Hintergedanken einer geregelten Nutzung der Rheinniederungsflächen für Landwirtschaft, Verkehr und Besiedlung und gleichzeitig Bereinigung der leidigen Grenzfrage mit Frankreich und der Pfalz -, wurde anfänglich etwas skeptisch gesehen.

Grün, so weit das Auge blickt.

Rheinbrücke bei Germersheim.

Die Widerstände, teilweise auch aus der Bürgerschaft, konnten aber überwunden werden. Ein schlimmes Hochwasser im Jahre 1816 gab den Ausschlag. Am 26. April 1817 beschlossen Baden und Bayern, die Flusskrümmungen zu durchstechen: 18 waren es von Neuburg im Süden an der Mündung der Lauter in den Rhein bis Friesenheim. Erst Mitte der 1870er Jahre war die gesamte Rheinkorrektur abgeschlossen.

Viele ehemalige Fluss-Schleifen leben fort als langgestreckte, schmal und bogenförmig ausgebildete Altrheinarme. Die alten Auen sind zum Teil erhalten geblieben. In den Altrheinen herrscht eine besonders üppige Vegetation, Schwimm- und Tauchpflanzen bestimmen das Gewässer, über dem Wasser fliegen Libellen und Köcherfliegen in zahlreichen Arten. Artenreich ist auch die Unterwasserfauna. Diese Naturparadiese mit stellenweise urwaldhaftem Aussehen sind heute Lieblingsziele von Wassersportlern und Naturschützern. Verschont von schwerwiegenden menschlichen Eingriffen, schreibt die Natur ihre ganz eigenen Superlative. In den Rheinauen leben 600 Vogel-, 122 Wildbienen- und 500 Schmetterlingsarten. Hier wachsen so seltene Pflanzen wie

„Hoher Himmel über der Weite,
am Altrhein sprengt das Grün
den Damm,
er rundet weit in Wegesbreite,
und Nesseln blühn
auf seinem Kamm.
Wie auch zum Fluss das Land
sich senkt und rinnt.
Der Wald
steht hinter einer blauen Wand
als ein Geviert der Nacht
in Tagsgestalt.
Durchs Gebüsch zerfließt der Blick,
ahnend mehr als er erkennt
im Weiten,
nur die Wolke überspringt ein Stück
Pappelreihe, deren Säulen
alles überschreiten
(der Landauer Dichter Wolfgang Diehl über die Rheinebene).

Schwertlilien, Prachtnelken und Orchideen. Von Experten wird die Tier- und Pflanzenwelt der Rheinauen als „international bedeutend" eingestuft.

Die Rheinauen, ein wertvolles und einzigartiges Ökosystem in Europa, sind das Gelände beiderseits des Flusses, in dem der Wasserstand zwischen Überflutung und Trockenfallen periodisch schwankt. Die Auen wurden vom Fluss durch Ablagerung von Geschiebe (Geröll, Kies, Sand, Lehm) oder durch Abtragung (Erosion) gestaltet. Eine künstliche Einengung erbrachten die von den Menschen errichteten Dämme. Das gesamte Gebiet auf beiden Uferseiten ist die Rheinniederung. Die pfälzische Rheinebene ist ein geschichtsträchtiger Naturraum, eine Region mit bedeutender Industrie und eine vital pulsierende Siedlungslandschaft im Herzen Europas.

Der Rhein selbst ist nicht mehr der „schmutzige Fluss" von ehedem. Zum Schutz des Flusses gegen Verunreinigungen haben die Uferstaaten und Luxemburg sowie die Europäische Union zahlreiche Abkommen getroffen. Als Beispiel genannt sei das 2001 ratifizierte „Übereinkommen zum Schutz des Rheins", das die Grundlagen für einen integrierten und nachhaltigen Ansatz der Rheinschutzpolitik geschaffen hat. Seit 1960 nimmt die Schadstoffbelastung kontinuierlich ab. 42 Arten von Wasservögeln leben am Rhein. Alle 63 im Fluss zu findenden Fischarten sind essbar.

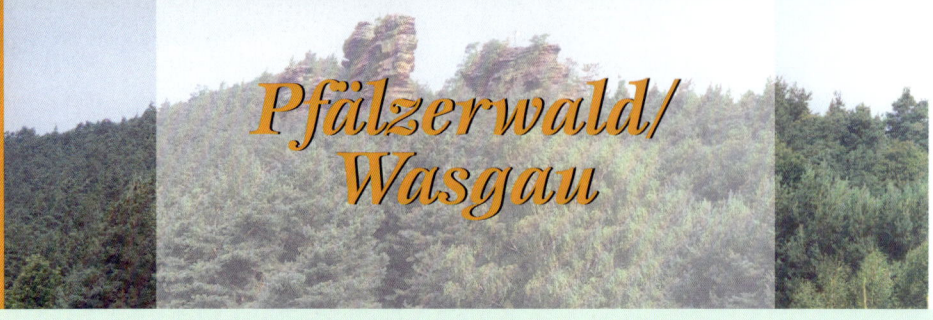

Pfälzerwald/ Wasgau

EINDRUCKSVOLLSTE DEUTSCHE BUNTSANDSTEINLANDSCHAFT

Der Pfälzerwald ist das größte zusammenhängende Waldgebiet Deutschlands und eine der größten zusammenhängenden Waldflächen Europas. Er nimmt gut ein Drittel der Fläche der Pfalz ein, von der er seinen Namen hat. Insgesamt ist der Pfälzerwald 177.100 Hektar (1.771 Quadratkilometer) groß und gliedert sich in drei Teile: den nördlichen (36.100 ha), den mittleren (88.700 ha) und den südlichen Pfälzerwald (52.300 ha). Der Vorsitzende des Vereins Naturparks Pfälzerwald, Rolf Künne, nennt den von der Unesco als Biospährenreservat anerkannten Wald der Pfälzer „die vielgestaltigste und eindrucksvollste Buntsandsteinlandschaft der Bundesrepublik".

Den südlichen Teil des Pfälzerwaldes nennt man auch Wasgau (im Mittelalter „Wasigenwald"), er reicht von der Queich und der Linie Pirmasens-Landau bis zur französischen Grenze im Süden. Markantester Teilbereich des Wasgaus ist das Dahner Felsenland mit seinen teilweise atemberaubenden Felsformationen, östlich schließt sich der Obere Mundatwald an. Es ist fast unmöglich, nur über den Wasgau zu schreiben und diesen Teil aus dem gesamten Pfälzerwald herauszunehmen. Denn was im Grundsatz für die Haardt gilt, gilt auch für den Wasgau und umgekehrt.

Die höchsten Erhebungen im südlichen Pfälzerwald sind Kesselberg (663 Meter) und Blättersberg (617 m) bei Weyher, Roßberg bei Ramberg (637 m), Rehberg bei Annweiler (567 m), Hohe Derst sechs Kilometer westlich von Bad Bergzabern (560 m). Die Kalmit bei Maikammer (673 m) als zweithöchster Berg der Pfalz nach dem Donnersberg (687 m) liegt ebenso wie der Hochberg bei St. Martin (635 m), der Eschkopf (609 m) und der Mosisberg südlich davon (608 m) sowie der Taubenkopf unterhalb der Kalmit (603 m) im mittleren Pfälzerwald.

Zahlreiche Orte im Wasgau sind Waldgemeinden wie Annweiler (mit Bindersbach, Blankenborn, Gräfenhausen, Queichhambach und Sarnstall), Birkenhördt, Böllenborn, Dernbach, Eußerthal, Gossersweiler-Stein, Münchweiler am Klingbach, Oberschlettenbach, Ramberg, Rinnthal, Silz, Völkersweiler, Vorderweidenthal, Waldhambach, Waldrohrbach und Wernersberg. Alle diese Gemeinden sind beliebte Ausgangspunkte für Wanderungen.

Der Mundartdichter Bellemer Heiner hat schon 1924 in einem Gedicht über den Pfälzerwald, das Wandern und die Waldhütten geschrieben (Auszug): *„Wie frä ich mich, wanns Sunndag isch / un wäß, heit gibt's e Tour, / enuff in unsern Pälzerwald, / in unser schee Natur. / Do loßt*

Klettern am Asselstein.

mers nachts im Bett kä Ruh, /
jagd mich am viere raus, /
hoppla, de Rucksack hinne-
druff / und nix wie owe naus. /
Durchs Wissedal, durch Wald
und Feld, / durch Bäämstück
und durch Rewe, / de Berg
enuff, ins Tal enunner, / wie
schee isch doch des Lewe. /
Drum, Mensch, wann du voll
Sorge bischt, / voll Kummer un
voll Lascht, / nor raus aus deiner enge Stubb, / halt drauß im
Wald dei Rascht."

In ihrem Standardwerk
„Der Pfälzerwald - Porträt
einer Landschaft" bringen die
Herausgeber Michael Geiger, Günter Preuß und Karl-Heinz
Rothenberger zum Ausdruck, warum sie verschiedene Auto-
ren um Beiträge über den „Pfälzerwald, diese weit über die
Grenzen unseres Landes hinaus bekannte pfälzische Kern-
landschaft", gebeten haben: weil der Pfälzerwald „auch ein in
hohem Maße geschichtsbeladener Naturraum, Siedlungsraum,
Wirtschaftsraum und heute mehr denn je beliebtes Wander- und
Erholungsgebiet ist". Der Pfälzerwald hat stets die Geister be-
wegt, er hat zu Sagen angeregt und Dichter, Schriftsteller und
Maler zu künstlerischen Darstellungen animiert.

August Becker schwärmte einst in hellsten Tönen vom
Wasgau, denn dieser Teil des Pfälzerwaldes biete „dem Reisen-
den noch mehr als die schöne, heitere Haardt": „So dicht wie
hier liegt das Interessante selbst dort nicht zusammen, und das
Berggelände von Klingenmünster (Anmerkung: Geburtsort
Beckers) mit seinen mannigfaltigen idyllischen und romantischen Reizen und mit der glänzendsten Fernsicht der Pfalz auf
der Madenburg legt sich nur wie ein schöner prächtiger Vor-
hang vor den inneren Wasgau, so daß wir oft genug gleichsam
durch seine Falten einen Blick in jene Felswelt gewinnen. Hier
zeigen sich die Vogesen in so seltsamen und originellen Ge-
staltungen, in so phantastischen Formen des Sandsteins, wie
er ihm sonst nicht zukommt und nur vulkanische Massen zeigen ähnliche Erscheinungen, wie zum Beispiel die Basaltfel-
sen von le Pui in Velay, einzelne Partien in der Eifel, und nur
in der sogenannten ‚Sächsischen Schweiz' nimmt der Sand-

*Bizarre Felsen sind typisch
für den Wasgau.*

stein annähernd ebenso seltsame Formen an."

Der Pfälzerwald erstreckt sich von Nord nach Süd über etwa 100 Kilometer, von West nach Ost zwischen 30 und 40 Kilometer. Mehr als 75 Prozent der Fläche ist bewaldet. Der Pfälzerwald ist ein Buntsandsteinbergland mit einem Höhenniveau von 400 bis 600 Meter. Nördlich schließt er an das Nordpfälzer Bergland an, südlich an die elsässischen Vogesen. Der Pfälzerwald ist ein Mittelgebirge wie Eifel und Hunsrück, Westerwald und Spessart, Odenwald und Schwarzwald, Taunus und andere.

Wie der Pfälzerwald zu seinem Namen kam, hat Daniel Häberle (Verfasser der ersten landeskundlichen Monographie über den Pfälzerwald aus dem Jahre 1911) so beschrieben: „Es war im August 1843, als hoch oben auf dem Johanniskreuz eine Anzahl von pfälzischen Forstbeamten zusammenkam, um sich über eine rationelle Waldpflege zu beraten und Hauptwirtschaftsregeln aufzustellen. Die damals gefassten Beschlüsse wurden dann, in einer 1845 erschienenen Denkschrift niedergelegt, die den Titel führt: ‚Forstlich charakteristische Skizze der Waldungen auf dem bunten Sandsteingebirge der Pfalz, welche hier unter dem Namen Pfälzerwald bezeichnet werden'."

Es ist der Tätigkeit des 1902 gegründeten Pfälzerwald-Vereins (PWV) zu verdanken, dass der Pfälzerwald als eigener großer Naturraum der Pfalz in das allgemeine Bewusstsein rückte. Denn der Pfälzerwald besitzt ein reiches landschaftliches, geschichtliches und kulturelles Erbe. Viele Sehenswürdigkeiten zeugen davon. Er bietet beste Voraussetzungen für einen gesunden Landschaftshaushalt, für Wasser, Luft, Boden, Tiere und Pflanzen. Und er hat hohe Bedeutung für die Volkswirtschaft. Günter Preuß fasste die Funktionen des Pfälzerwaldes einmal so zusammen: Der Wald ist das ökologische Rückgrat der Landschaft. Er liefert Arbeitsplätze und Wirtschaftsgüter. Er erhöht die Lebensqualität der Umwelt für die Menschen. Er lässt Tiere und Pflanzen überleben, die in der Kultur- und Siedlungslandschaft nicht mehr existieren können. Er schützt seine Nachbarschaft vor Witterungs- und Umweltbelastungen. Der Wald hilft allen.

Die Trauben- und Stieleichen des Pfälzerwaldes haben Weltruf, weil daraus qualitativ hochwertiges Furnierholz gemacht wird. Es wachsen Buchen, Edelkastanien und sonstige Laubbäume, außerdem Fichten, Weißtannen, Douglasien, Kiefern, Lärchen und andere Nadelbäume. Aus dem Pfälzerwald und seinen Randbereichen werden etwa 40 Millionen Kubikmeter Grundwasser jährlich aus Quellen und Brunnen für die Wasserversorgung der Menschen und die Industrie entnommen. Im Pfälzerwald leben große Tiere wie Reh, Rothirsch und Wildschwein und kleinere Tiere wie Dachs, Fuchs, Fledermaus, Baummarder, Wildkatze, Luchs, Wanderfalke, Wiedehopf, Eisvogel, Steinschmätzer, außerdem eine Vielzahl Käfer und Schmetterlinge. Die Arten- und Formenfülle der Tierwelt im Pfälzerwald ist unvergleichlich größer als die der Pflanzen. Nicht zuletzt bietet der Pfälzerwald ein gewaltiges „Erholungskapital" für naturnahe Erholung.

1958 wurde der Naturpark Pfälzerwald geschaffen. Seit 1998 ist er deutscher Teil des ersten grenzüberschreitenden Biosphärenreservats der Unesco: Pfälzerwald/Nordvogesen. Als „Reservate" dieser Art werden Flächen ausgewiesen, denen eine besondere Bedeutung für den globalen Erhalt der biologischen Vielfalt zukommt. Ziel ist es, Natur, Artenvielfalt und Kulturlandschaft zu erhalten und neue Wege des Zusammenlebens von Mensch und Natur anzustreben.

In dem Standardwerk über den Pfälzerwald findet sich eine Mahnung, die sehr ernst genommen werden sollte: „Damit der Pfälzerwald wirklich erhalten und in seiner Eigenart bewahrt bleibt, ist es heute notwendig, über seine Bewirtschaftung hinaus in jeder Hinsicht pfleglich im Sinne von schonungsvoll mit ihm umzugehen. Das gilt für seine Nutzung zur Erholung ebenso wie für die Wildhege und Jagd. Es muss insbesondere bei der Inanspruchnahme von Waldflächen als Bauland für Wohnungsbau und Industrieansiedlung, für Sportplätze, für den Straßenbau, für Versorgungsleitungen und für militärische Zwecke gelten."

> *„Liebliche Täler mit blütenreichen, von dünnen Tannen umrahmten Wiesengründen, belebt von gemütlichen Dörfern, rauschenden Mühlen, murmelnden Quellen und klaren Forellenbächen, durchziehen den Pfälzerwald in vielfacher Verzweigung nach allen Richtungen und erschließen die herrlichen Bergwälder mit Laub- und Nadelholzbeständen dem Verkehr.... Der Rundblick von der Wegelnburg, der Kalmit, dem Weinbiet, Peterskopf und Drachenfels, wie der Blick vom Trifels in das Dahner Felsenland mit seinen vielgestaltigen, an die Sächsische Schweiz erinnernden Felsgebilden gehören unstreitig zu den eigenartigsten in den deutschen Mittelgebirgen... Ein grünendes, gleichsam in seinen Wellenzügen erstarrtes Meer von unzähligen bewaldeten Rücken, Kuppen und Kegeln, abgetönt vom dunklen Blau bis zum zarten, in der Ferne verschwimmenden Grau, liegt (im Pfälzerwald) vor uns, wohin wir uns auch wenden."*
>
> *(Beschreibung des Pfälzerwaldes durch den Wissenschaftler Daniel Häberle im Jahre 1924).*

Der Bienwald

URSPRÜNGLICHE PFLANZEN- UND TIERARTEN

Im äußersten Süden der Südpfalz befindet sich der Bienwald, das größte zusammenhängende Waldgebiet der Oberrheinischen Tiefebene. „Wie verzaubert liegt er zwischen Pfälzerwald und Rheinauen und lädt mit seinen leise dahinplätschernden Bächen und den knorrigen alten Eichen zu Spaziergängen und Radtouren ein", heißt es in Werbetexten, mit denen Touristen für das Landschaftsschutzgebiet interessiert werden sollen. Der Bienwald liegt größtenteils innerhalb des Landkreises Germersheim, nur sein westlichster Zipfel, der Untere Mundatwald, gehört zum Landkreis Südliche Weinstraße.

Zur Geografie ist anzumerken, dass der Bienwald sich östlich der Deutschen Weinstraße von West nach Ost in die Rheinebe hinein erstreckt und die Form eines unregelmäßigen Dreiecks hat. Dessen nordwestliche und längste Seite bildet die 20 Kilometer messende Linie Schweighofen-Rheinzabern zum so genannten Viehstrich hin. Nach Ostsüdost verläuft das Hochufer des Rheins entlang einer 17 Kilometer langen Linie über Jockgrim-Hagenbach-Berg. Entlang der Südwestgrenze (16 km), die mit der Staatsgrenze zu Frankreich identisch ist, fließt die Lauter, deren Oberlauf auch Wieslauter genannt wird. Das Waldgebiet ist etwa 120 Quadratkilometer groß, es gehört überwiegend zur Gemarkung der Stadt Wörth.

Aus längst vergangenen Zeiten weiß der Bienwald eine Menge zu erzählen: Bismarckeiche, Mordallee oder Stuttpferch vermitteln dem Wanderer ebenso wie Keltengräber, römische Meilensteine und Befestigungsanlagen einen Eindruck von der bewegten Geschichte der Region.

Eigentlich ist der zehn Quadratkilometer große Forêt de Wissembourg, der rechts der Lauter und damit jenseits der französischen Grenze im Elsass liegt, als Teil des Bienwaldes anzusehen; er wird jedoch üblicherweise nicht dazugerechnet. Die Bienwald ist recht eben, es gibt nur geringe Erhebungen.

Was sicher viele Menschen nicht wissen: Der Name Bienwald hat nichts mit der Insektengruppe der Bienen zu tun. Der erste Teil des Namens stammt vermutlich von dem keltischen Wort „behe" oder „beje", das einfach Wald bedeutet. Folglich hieße der Bienwald übersetzt „Waldwald".

Vor allem für Naturliebhaber ist der Bienwald ein Geheimtipp. In dieser für Mitteleuropa einzigartigen Schwemmfächerlandschaft findet man ursprüngliche Bachauenwälder, kleine Moore oder Dünen. Im Bienwald sind Schwarz- und Rehwild, Fuchs und Baummarder, Wildkatze, Hirschkäfer und Mittelspecht zu Hause, auch der seltene Wendehals und die gut getarnte Gottesanbeterin. In lauen Sommernächten ertönt der selten gewordene Ruf des Laubfroschs. An sonnigen Sommertagen kann man das Schwarzkehlchen und zahlreiche Schmetterlingsarten beobachten. Im Viehstrich ist dank der Bemühungen der Aktion Pfalzstorch die Wiederansiedlung des Weißstorchs gelungen.

Rast im Bienwald.

Auf den überwiegend aus Sandböden bestehenden Schuttfächern der zahlreichen Wasserläufe gedeihen neben anspruchslosen Nadelgehölzen wie Kiefern und Fichten auch Laubbäume, besonders Buchen und Eichen.

Um die Schönheit der Landschaft mit vielen seltenen Tieren und Pflanzen sowie den Wäldern auch zukünftig im Einklang mit der Natur für die Menschen erlebbar zu machen und den Naturgenuss zu fördern, haben die Landkreise Germersheim und Südliche Weinstraße 2004 gemeinsam das Naturschutzprojekt Bienwald gestartet. Eingebunden sind Kommunen, betroffene Interessengruppen, Fachbehörden und die Bevölkerung.

Die Lauter bei Neuburg.

In der 2007 beendeten ersten Phase stand die Erarbeitung eines Pflege- und Entwicklungsplanes im Vordergrund. Darin wurden Maßnahmen des Arten- und Biotopschutzes festgelegt, die auch den Anforderungen der Erholungsnutzung und des Hochwasserschutzes gerecht werden. Der Plan zeigt zudem Wege auf, wie sich wirtschaftliche Wertschöpfung mit naturschutzgerechter Bewirtschaftung verknüpfen lässt. Bis etwa 2015 sollen nun die im Pflege- und Entwicklungsplan dargestellten Maßnahmen umgesetzt werden.

Mit dem Naturschutzprojekt „Bienwald" werden der Erhalt, die Entwicklung und das behutsame Erleben dieser einzigartigen Landschaft gefördert. Im Zentrum des Bienwaldes entsteht eine 1680 Hektar große Naturwaldfläche, in der sich der Wald unbeeinflusst vom Menschen entwickeln kann. Damit werden dynamische, natürlich ablaufende Prozesse gefördert. In den bewirtschafteten Waldflächen und im Offenland des Projektsgebiets ist dagegen eine den seltenen Tier- und Pflanzenarten angepasste Nutzung vorgesehen. Das Projekt zielt außerdem auf die großräumige Vernetzung wertvoller Lebensräume und auf eine naturnahe Entwicklung der Fließgewässer ab.

Das 18.000 Hektar große Projektgebiet erstreckt sich auf dem Gebiet der Verbandsgemeinden Bad Bergzabern, Hagenbach, Jockgrim und Kandel sowie der Stadt Wörth. Im Fokus der Maßnahmenplanung steht das 9000 Hektar große Kerngebiet. Einziger Ort innerhalb des Bienwaldes ist Büchelberg, das auf einer Rodungsinsel liegt und heute Ortsbezirk von Wörth ist. Als „Tor zum Bienwald" wird Kandel bezeichnet.

Deutsche Weinstraße

TRAUMSTRASSE DER WEINFRÖHLICHKEIT

Die Deutsche Weinstraße ist seit ihrer Eröffnung 1935 mit Ehrentiteln geradezu überhäuft worden: „Via triumphalis des Pfälzer Weines", „Triumphstraße des Weines", „Traumstraße der Weinfröhlichkeit", „Straße der tausend Glückseligkeiten", „Lebendigste Straße Deutschlands", „Saumpfad der Schönheit", „Feststraße des Weines", „Zauberpfad für Besinnliche", „Straße der 18 Burgen", „Bummelroute für Weinkenner". Diese Zusammenfassung erhebt keinen Anspruch auf Vollständigkeit. Unstrittig ist, dass die zwischen Schweigen und Bockenheim verlaufende Weinstraße besungen wurde und wird wie kaum eine andere Straße in Deutschland. Der Südpfalz kann's nicht schaden...

Helmut Metzger, einer der herausragenden Pfälzer Mundart-Poeten, hat der „Wei(n)stroß" ein Gedicht gewidmet, das mit dem Satz endet: „Wer an de Wei(n)stroß find kee Fräd, der dut eem in de Seel drin läd." Roland Betsch verfasste einst dieses überschwängliche Loblied auf die Weinstraße: „Keine zweite Straße dürfte ihr an Anmut und

Mannigfaltigkeiten, an buntem Wechsel und grandioser Beherrschung eines ganzen Landschaftsbildes gleichkommen; keine zweite Straße führt durch eine solche Fülle von Weinbergen, schart so viele Millionen Rebstöcke um sich wie diese malerische Verbindung und Vereinigung der Sonnenhänge von Wasgau, Oberhaardt, Mittelhaardt und Unterhaardt."

"Die Deutsche Weinstraße zieht am burgenreichen Ostabfall des Pfälzer Waldes (der Haardt) entlang durch eines der größten geschlossenen Weinbaugebiete Deutschlands... Sie ist durch besondere Hinweisschilder markiert, die eine stilisierte Weintraube zeigen. Sie führt fast ununterbrochen durch ausgedehnte Reb- und Obstfluren und durchquert dabei zahlreiche, oft sehr malerische Weinbauorte" (aus dem Reiseführer „Baedeker").

Nüchterner haben andere Autoren über die Deutsche Weinstraße geschrieben, zum Beispiel der Landauer Historiker und Heimatforscher Dr. Hans Blinn: „Unstrittig ist die Tatsache, dass mit der Deutschen Weinstraße und dem Deutschen Weintor zwei Werbefaktoren für die Pfalz und ihren

Wein geschaffen worden sind, ohne die wir uns eine Pfalz- und Weinwerbung nicht mehr vorstellen können."

Der frühere Ordensmeister der Weinbruderschaft der Pfalz, Dr. Theo Becker, hat in einem Aufsatz festgestellt: „Aus der Deutschen Weinstraße ist weit mehr geworden als eine Straße, die Ortschaften verbindet, oder wo sich, einer Perlenkette gleich, im Abstand von 500 bis 1000 m berühmte Weinorte aneinanderreihen. Es ist aus dem Namen ‚Deutsche Weinstraße' der Begriff für eine Landschaft geworden, die geschmückt ist mit 100 Millionen Rebstöcken und hunderten von schönen Weindörfern und Städten... Die Deutsche Weinstraße ist zwar nicht der Mittelpunkt der Welt, aber das Paradies muss in der Nähe gewesen sein."

Wo beginnt die Weinstraße eigentlich, wo endet sie? Das ist eine uralte Frage, die immer wieder gestellt wird. Die Menschen in Schweigen behaupten: Sie beginnt am Deutschen Weintor bei uns! In Bockenheim sieht man das anders. Fest steht: Für die Südpfalz beginnt sie in Schweigen und ist südpfälzisch bis Maikammer, ehe sie auf Mittelhaardter Gebiet weitergeht bis an ihr Ende in Bockenheim im Norden.

Die Deutsche Weinstraße ist rund 80 Kilometer lang. 65 Städte und Gemeinden bezeichnen sich als „an der Weinstraße liegend". Nur gut die Hälfte von ihnen wird durch die Straße direkt berührt. Die anderen liegen teilweise ein paar Kilometer entfernt, stoßen aber mit ihren Weinbergen an die „klassischen Weinbaugemeinden" und dürfen sich deshalb -

Zu jeder Jahreszeit viel besucht: St. Martin mit seinen attraktiven Fachwerkhäusern.

warum auch nicht - ebenfalls „Weinstraßendörfer" nennen.

Eingeweiht wurde die Deutsche Weinstraße am Samstag, dem 19. Oktober 1935 mit einem Festakt in der neuen Brunnenhalle in Bad Dürkheim. Am folgenden Sonntag fuhr ein Konvoi von 300 Kraftfahrzeugen die Straße von Schweigen bis Bad Dürkheim ab, unterwegs mit viel guter Laune und jeder Menge Wein begrüßt. Beim Festakt hielt Gauleiter Josef Bürckel eine Rede, „die mehr oder weniger nur einen Abriss pfälzischer Geschichte zum Inhalt hatte, in der viel von Erneuerung der Reichsidee zu hören war, der Name ‚Deutsche Weinstraße' nur einmal vor-

kam", wie Hans Blinn festgehalten hat. Tags darauf zerschnitt Bürckel am provisorischen Weintor in Schweigen (das richtige Deutsche Weintor wurde erst 1936 errichtet und eingeweiht) eine Rebgirlande und nahm einen Ehrentrunk entgegen.

Zu jeder Jahreszeit viel besucht: die Winzergasse in Gleiszellen.

Ist Bürckel der alleinige geistige Vater und Urheber der Deutschen Weinstraße gewesen, wie in der Vergangenheit immer mal wieder behauptet wurde? Nein. Der Gauleiter hat seinerzeit die Weinstraße zwar ins Leben gerufen. Die Idee, eine solche Straße zu schaffen, war aber wesentlich älter. Die Fakten zur Entstehung der Weinstraße:

Die Winzer hatten 1934 Probleme, ihren Wein zu verkaufen, nachdem dieser Jahrgang eine Rekordernte gebracht hatte. Auch 1935 war mit einem Massenjahrgang zu rechnen. Die Weinfreunde hielten sich mit Weinkäufen zurück, weil sie an ein Nachgeben der Preise glaubten - und kalkulierten richtig. Die Notlage wurde für die Winzer existenzbedrohend. Viele tausend Liter verdorbener Wein mussten weggeschüttet werden. Hinzu kam, dass die neuen Machthaber die Juden, die bis dato zu 80 Prozent den Pfälzer Weinhandel abwickelten, ausgeschaltet hatten.

Winzer und Politiker suchten gemeinsam nach einem Ausweg aus der Absatzkrise. Bürckel schlug vor, durch die Weinorte von Schweigen bis Bockenheim eine Straße als „Deutsche Weinstraße" auszubauen. Im Juli 1935 wurde auf Einladung des Gauleiters in der Dorfwirtschaft „Zum bayerischen Jäger"

Hainfeld: Aus der ehemaligen Schule ist ein beliebtes Gasthaus geworden.

in Schweigen erneut über die Situation der Winzer gesprochen - und es wurde im kleinen Kreis nationalsozialistischer Politiker der Beschluss gefasst, eine „Deutsche Weinstraße" zu schaffen. Die in den Gemeinden links und rechts dieser Straße erzeugten Weine sollten unter dem Slogan „Gewachsen an der Deutschen Weinstraße" vermarktet werden.

Am 30. September 1935 wurde die Öffentlichkeit erstmals mit diesem Plan und einigen Details (zum Beispiel klare, einheitliche Markierung) vertraut gemacht. Am 2. Oktober 1935 berichtete der „Landauer Anzeiger": „Ein alter Gedanke, der in früheren Jahren nie verwirklicht werden konnte, obgleich er für unser vorderpfälzisches Weinbaugebiet von grundsätzlicher Bedeutung ist, soll nun im Dritten Reich endlich in die Tat umgesetzt werden. Es handelt sich um den Plan der Deutschen Weinstraße. Die Pfalz soll durch diese Deutsche Weinstraße weit über die Grenzen Deutschlands hinaus bekannt werden." Am 4. Oktober 1935 wurde der endgültige Verlauf von Schweigen bis Grünstadt festgelegt. 1936 erfolgte die Verlängerung bis Bockenheim.

> *„Der Wein ist die Seele der Pfalz. Entlang der Weinstraße wird sie sichtbar - ein Anblick, der sich für immer festsetzt: ein schier endloses, sanft geschwungenes Rebenmeer, im Westen gerahmt von Bergen und Burgen des Pfälzerwalds, im Osten vom blauen Dunstband der Oberrheinischen Tiefebene. Aus den Senken der Weingärten ragen vereinzelt Kirchtürme wie stille Ausrufezeichen auf" (aus dem Marco-Polo-Reiseführer „Pfalz").*

Bei der Reichsregierung in Berlin stieß die Initiative aus der Pfalz nicht gerade auf Begeisterung. Man hielt es für anmaßend, dass die Pfalz eine „Deutsche Weinstraße" bekommen sollte und forderte, zumindest Rheinhessen und die Mosel mit einzubeziehen. Es wurde jedoch nichts geändert.

Historiker Hans Blinn führte viele Jahre später den Nachweis, dass der Begriff „Weinstraße" lange Zeit vor Bürckels Initiative entstanden war und verwies auf zwei im Dezember 1933 in der Zeitschrift „Pfalz am Rhein" erschienene Fotos der Weinbauorte Deidesheim und Forst mit dem Zusatz: „an der Deutschen Weinstraße im Pfälzer Weinparadies gelegen". Im General-Landesarchiv Karlsruhe stieß er auf Akten über den Bau einer Straße zwischen Neustadt und dem heutigen Ludwigshafen, die „Weinstraße" hieß, da man auf ihr mit Fuhrwerken Wein aus der Neustadter Gegend nach Mannheim an den kurpfälzischen Hof beförderte.

Blinn konnte noch einen weiteren „geistigen Vater" der Weinstraße ausmachen: Ferdinand Karch aus Deidesheim. Der hatte für eine Alternative zur Bergstraße plädiert und gefordert: „Schafft eine Weinstraße!" Der Landauer Autor fasste in einem Buch zusammen: „Wenn auch nicht mit letzter Sicherheit festgehalten werden kann, wer als erster die Idee ‚Deutsche Weinstraße' für sich beanspruchen darf, so gehen wir bestimmt nicht fehl, wenn wir sagen: alle Spuren führen nach Deidesheim."

Die Deutsche Weinstraße hatte damals viel bewirkt und hat ihre Bedeutung auch heute nicht verloren. Durch die Gründung dieser „Straße mit einem Perlenband von äußerst charmierenden Weindörfern" (so ein schwedischer Journalist einmal über seine Eindrücke) wurde das Zusammengehörigkeitsgefühl der Pfälzer gestärkt, der Weinbau wurde zu einer Einheit, der Fremdenverkehr wurde angekurbelt, die Absatzlage für Pfalzwein wurde verbessert. Laut Theo Becker dient die Deutsche Weinstraße „einer ganzen Landschaft" und hilft „dem einzelnen Winzer auch echt". Die Deutsche Weinstraße müsste, wenn es sie nicht gäbe, erfunden werden. Sie ist seit über sieben Jahrzehnten ein Landschaftsbegriff, vergleichbar der Bergstraße.

Die Weinstraße wird gerne als „lebendigste Straße Deutschlands" bezeichnet.

Die Feste

VOM BRUNNENFEST BIS ZUR SCHNECKEKERWE

Die Südpfälzer sind ein feierfreudiges Völkchen. Zwischen Frühjahr und Herbst finden jede Menge Feste statt (im Winterhalbjahr ist, von Ausnahmen abgesehen, weitgehend Pause), und es bedarf bei Menschen, die die Geselligkeit in fröhlicher Runde lieben, schon einer gewissen Koordinationskunst, um die von ihnen im Kalender angekreuzten Feste unter einen Hut zu bringen. Aber bisher ist noch keiner an der Planung gescheitert, weil die meisten Feste sich über mehrere Tage erstrecken und es von daher Ausweichmöglichkeiten gibt.

Handkeesfest in Lustadt.

D ie Feste tragen oft urige Namen und enthalten viel Lokalkolorit. Aber das hat noch niemandem vom Besuch abgehalten, ganz im Gegenteil hat manchen die Neugierde angelockt. Zumal (fast) immer das edelste Produkt der Region, Wein, ausgeschenkt wird. Keinem Südpfälzer oder regelmäßigen Besucher dieses Landstrichs wird es je gelingen, in einem Jahr alle Feste auch nur zum Trinken eines einzigen Schoppens aufzusuchen. Denn es sind einfach zu viele. Keiner hat sie je gezählt, weil es auch viele kleine Feste gibt, die keine Aufnahme in den Kalender finden. Hier ein Tipp für die Leser dieses Buches: Werfen Sie einen Blick in die Auflistung der südpfälzischen Städte und Gemeinden, dort sind auf der Basis von Angaben des jeweiligen Bürgermeisters die meisten Feste (einschließlich Termine) stichwortartig genannt.

Aus der Fülle des Angebots seien einige Feste herausgegriffen, um das Gesagte zu unterstreichen: Zwewwelfeschd in Zeiskam; Martinsfest in St. Martin; Böhämmerfest in Bad Bergzabern; Herbschtwächelfeschd in Heuchelheim-Klingen; Brückenfest in Scheibenhardt; Kindelsbrunnenfest in Gommersheim; Hohenbergfest in Birkweiler; Hinterstädelfest in Jockgrim; Heidelbeerfest in Steinfeld; Fischer- und Schifferfest in Neuburg; Bauernhausfest in Nußdorf; Sau-

brunnenfest in Bornheim; Weintestival in Rhodt; Landeckfest in Klingenmünster; Rebenblütenfest in Schweigen-Rechtenbach; Triftfest in Rinnthal; Spargelhoffest in Weingarten; Grumbeerfescht in Bellheim.

Weitere Feste, die alljährlich auf dem südpfälzischen Programm stehen: Roll- und Schlapp-Daach in Offenbach; Brunnenfest in Leinsweiler; Kalmitfest in Ilbesheim; Bähnlerfest in Offenbach; Klingbachfest in Ingenheim; Schlossfest in Edenkoben; Kurparkfest in Bad Bergzabern; Nacht der offenen Keller in Nußdorf; Tag der offenen Keller in Impflingen; Keschde-feschd in Annweiler; Kastanienmarkt in Edenkoben; Grenzlandfest in Kapsweyer; Landauer Sommer in Landau; Gallusmarkt in Herxheim; Wendelinusfest mit Pferdesegnung in Hatzenbühl; Blütenfest in Rheinzabern; Spargeltage in Hördt; Wirtefest in Germersheim; Woi- und Gässelfescht in Weingarten; historisches Soldatenbiwak in Germersheim.

Kerwe feiert fast jeder Ort. Manche Gemeinden nennen ihre Kerwe heute gerne Weinkerwe. Ein paar Kerwen mit originellen Namen, die dem Eingeweihten etwas über den Hintergrund sagen: Kuckuckskerwe in Wernersberg; Strauwekerwe in Annweiler- Sarnstall; Goldkammerkerwe in Münchweiler; Brunnenkerwe in Alsterweiler; Storchenkerwe in Kleinfischlingen; Bürsten-

> *„Die Pfälzer verstehen zu feiern - und laden ihre Gäste herzlich dazu ein. Geselligkeit wird groß geschrieben in dem Landstrich... Von März bis Anfang November vergeht hier kein Wochenende ohne einen Reigen von Festen mit urigem Namen, außergewöhnlichem Programm und viel Lokalkolorit. Wein wird dabei fast immer ausgeschenkt oder steht sogar ausschließlich im Mittelpunkt" (aus der Broschüre „Die Pfalz" des Vereins Pfalz-Touristik).*

tenbinderkerwe in Ramberg; Schneckekerwe in Silz; Bachstelzkerwe in Annweiler-Queichhambach; Hädsturrekerwe in Rinnthal; Schälebrichelkerwe in Eußerthal; Hawwerflichelkerwe in Gossersweiler-Stein; Owwergässer Winzerkerwe in Edenkoben.

Groß ist die Zahl der Weinfeste. Sie alle aufzuzählen, ist nicht möglich. Es gibt einen eigenen Kalender „Die Pfalz feiert" u. a. mit Aufzählung von Weinfesten und Weinmessen. Darin sind auch die diversen Feste rund um den neuen Wein enthalten. Das „Fest des Federweißen" in Landau mit „Taufe des Neuen" ist wahrscheinlich das älteste deutsche Fest rund um den gerade von der Kelter geflossenen Wein. In Edenkoben findet jeweils am 4. Wochenende im September das traditionelle Weinfest der Südlichen Weinstraße (früher Oberhaardter Weinfest) statt, eines der ältesten Weinfeste der Pfalz. Nach der Eröffnung durch die frisch gewählten SÜW-Weinprinzessinnen wird eine prominente Persönlichkeit unter großem

Seit 1997 wird in Landau beim Federweißenfest der neue Wein auf einen originellen Namen getauft (in den Jahren vorher, ab 1929 mit Ausnahme der Jahre des Zweiten Weltkrieges, beim Deutschen Weinlesefest in Neustadt). Nach der Wiederaufnahme der „Taufe des Neuen" nach einer kurzen Pause (1995 und 1996) hieß der neue Wein: „Schnorresstreichler" (1997), „Vielversprecher" (1998), „Milleniumsdorgler" (1999), „Öko-Spritzler" (2000), „Eurotiker" (2001), „Bonustrobbe" (2002), „Sonnenbitzler" (2003), „Ölpreishupfer" (2004), „Tankseufzer" (2005), „Klimawandler" (2006), „Frühreifer" (2007), „Krisenstopper" (2008), „Krisenschlucker" (2009), „Stabilisierer" (2010).

Hallo der Zaungäste in Wein aufgewogen.

Und dann gibt es Mai- und Pfingstmärkte, Straßenfeste, Musikfeste, Sommerfeste, Waldfeste, Kelterfeste. Und viele weitere Feste mehr. Nikolaus- und Weihnachtsmärkte in der ganzen Südpfalz locken alljährlich viele Besucher an. Der kunsthandwerkliche Thomas-Nast-Nikolausmarkt in Landau ist der größte Markt dieser Art in der Region mit Besuchern von weit her, und er ist Ziel von Sonderbussen.

Typisch für die Südpfalz sind auch die Schlachtfeste und Metzelsuppen besonders im Winterhalbjahr. Es gibt Leute, die jede Woche woanders Kesselfleisch mit Zwiebelsalat, Hausmacher und Bratwurst essen gehen. Und wenn sie Glück haben, bekommen sie auch einen Teller Wurstsuppe.

Aus der Fülle der Feste, die nach Ansicht von Volks-

Zu einem richtigen Volksfest gehört ein Karussell.

kundlern „die kulturelle Stabilität festigen", seien einige wenige etwas näher vorgestellt: Der Purzelmarkt in Billigheim
als ältestes Volksfest der Pfalz, das Handkeesfescht in Lustadt, das Heimat- und Blütenfest in Rhodt, das Festungsfest
in Germersheim, Mai- und Herbstmarkt in Landau als
größte Volksfeste der Südpfalz. Eine Art Volksfest, wenn
auch von anderer Art und mit ernstem Hintergrund, ist die
Laurentiusbrotweihe in Herxheim.

Seit über 550 Jahren wird in Billigheim „gepurzelt". Die
Geschichte des Volksfestes reicht zurück bis in Mittelalter. Es
ist historisch belegt, dass der damalige König und spätere
Kaiser Friedrich III. im Jahre 1450 Billigheim die Stadtrechte
verlieh und „denen von Bullickem" das Recht zur Abhaltung
eines Jahrmarktes am Sonntag vor St. Gallus einräumte. Seitdem wird in Billigheim jährlich Handel getrieben und gefeiert. Ein besonderer Höhepunkt ist stets der Umzug sonntags
durch den Ort zu den Reiterwiesen. Mit dabei ist die Purzelmarktkönigin. Im Mittelpunkt stehen die Pferderennen. Billigheim ist seit Jahren eine feste Größe im südwestdeutschen
Rennkalender. Trachtentänze erfreuen die Besucher. Nicht nur
die Teilnehmer an den volkstümlichen Wettbewerben - wie
Dreibeinlaufen, Sackhüpfen, Stangenklettern, Wassertragen,
Wurstschnappen, Wettlaufen für Männer und Frauen und purzeln, purzeln, purzeln - haben ihren Spaß, sondern auch die
Zuschauer.

*Fast jeder Ort feiert im Jahr
seine Kirchweih (Kerwe).*

Das Heimat- und Blütenfest in Rhodt über Pfingsten ist eines der ältesten und größten
Weinfeste an der Südlichen
Weinstraße und bekanntesten
Feste an der Deutschen Weinstraße. Der Wein steht in der
malerischen Theresienstraße
im Mittelpunkt, wird in Zel-
ten und an Ständen, in Winzerhöfen und Winzerkellern
ausgeschenkt. Aussteller und
Anbieter aller Art säumen die

*Sackhüpfen der Jugend beim
Billigheimer Purzelmarkt.*

vielleicht schönste Straße der Pfalz. Zur Eröffnung am Frei-
tagabend werden im Zusammenhang mit dem Fassanstich
stets 500 Festschoppen kostenlos ausgeschenkt.

Mai- und Herbstmarkt auf dem Alten Meßplatz in
Landau haben eine lange Tradition. Mehr Schausteller, als
unterzubringen sind, bewerben sich alljährlich um einen

Platz, weil sie wissen: Bei gutem Wetter kommen die Besucher aus einem großen Umkreis, um Reitschule zu fahren, Lose zu kaufen, auf dem Riesenrad Runden zu drehen und zu sehen, was es an neuen Fahrgeschäften gibt. Das Weindorf ist ein besonderer Anziehungspunkt, hier schenken Winzer aus den Stadtteilen ihre Tropfen auf und nutzen die Gelegenheit, neue Dauerkunden zu gewinnen. Landau hat schon immer einen guten Ruf als Stadt, in der es sich prächtig feiern lässt.

Saubrunnenfest in Bornheim

Nur alle zwei Jahre wird in Germersheim das Festungsfest begangen, und zwar entlang des ehemaligen Festungsverlaufs. Zahlreiche Vereine bieten drei Tage lang an ihren Ständen Speisen und Getränke an und sorgen für Unterhaltung. Es werden historische Manöver abgehalten. Uniformen im Wandel der Zeiten sind zu besichtigen. In Ausstellungen werden historische Fahrzeuge gezeigt. Krönender Abschluss ist ein Feuerwerk.

Ein Fest mit großer Tradition ist auch das Loschter Handkeesfescht (Handkäsfest von Lustadt) stets am 1. Mai und am nächstliegenden Sonntag. Seit 1925 wird es gefeiert. Der Handkäse schmeckt, so behaupten nicht nur die Lustadter, nirgendwo besser als hier. Und sie sagen liebevoll: „Handkees, goldgeel, Handkees mild und zart wie Öl." Wer's nicht glaubt, sollte mal hinfahren und probieren.

Der Erlebnistag Deutsche Weinstraße ist zwar keine typische Südpfälzer Veranstaltung, weil auch an der Mittelhaardt bis nach Bockenheim am letzten Sonntag im August die Hölle los ist. Aber ein waschechter Südpfälzer ist der Erfinder und jedes Mal dabei: Dieter Hörner aus Bornheim, nebenbei unter anderem Präsident des Vereins Südliche Weinstraße. Winzerhöfe, Stände mit Wein und regionalen Speisen laden beim längsten Weinfest der Pfalz zum Verweilen ein, für besonde-

> *„In kaum einer anderen Region Deutschlands wird so häufig und ausgiebig gefeiert wie in der Pfalz: Im Sommer und Herbst ist vor allem in der Weinpfalz an jedem Wochenende etwas los... Drei große W spielen im Leben der Pfälzer die entscheidende Rolle: Weck, Worscht un Woi - für die Nordlichter: Wecken (Brötchen), Wurst und Wein" (aus dem Marco-Polo-Reiseführer „Pfalz").*

re Gaumenfreuden sorgen „Weinschmecker-Stationen".
Deutschlands älteste Weintouristik-Route ist am Veranstal-
tungstag von Bockenheim im Norden bis Schweigen im Süden - oder umgekehrt - auf einer Länge von mehr als 80 Kilometer weitgehend für den motorisierten Verkehr gesperrt.
Die Veranstalter behaupten: „Die reizvolle Strecke mitten
durch Deutschlands größtes zusammenhängendes Weinbaugebiet wird damit für acht Stunden zur längsten Vergnü-
gungsmeile der Republik."

Die Laurentiusbrotweihe von Herxheim wird seit 340
Jahren alljährlich am Sonntag nach dem Namenstag des heiligen Laurentius (10. August) begangen. Der jahrhunderte-
alte Brauch hat sich über alle Zeitläufte erhalten und gehört
zum festen Programm der Gemeinde, lockt auch viele Auswär-
tige an. Der Hintergrund ist ein ernster. 1666/67 brach in
Herxheim die Pest aus, raffte viele Bewohner dahin, der Ort

Laurentiusbrotweihe in Herxheim.

war vom Aussterben bedroht. Hinzu kam der Hunger der Überlebenden. Als die Lebensmittelvorräte langsam zu Ende gingen, leisteten die Ottersheimer Hilfe. In der Gewanne „Finsterfeld" stellten sie Körbe mit Brot und anderen essbaren Dingen auf. Die Herxheimer holten alles ab - denn wegen der herrschenden Quarantäne war direkter Kontakt nicht möglich.

Die Bürger von Herxheim flehten angesichts ihrer Not zum Himmel: „Wenn uns noch einer helfen kann, dann bist Du es, Herr." Sie gelobten für den Fall ihrer Rettung vor Pest und Hunger, für ewige Zeiten jedes Jahr nach der Ernte das Erstlingsbrot weihen zu lassen und zu verteilen. Und so geschieht dies seitdem. Am Morgen des Sonntags der Laurentiusbrotweihe wird auf dem Kirchberg ein Wagen aufgestellt, die Bürger bringen ihre Brotspenden. Wenn dann bis zum Ende des Hochamtes in der Kirche der Wagen gefüllt ist, weiht der Ortspfarrer das Brot. Um 12 Uhr setzt sich der von Pferden gezogene Wagen unter Glockengeläut in Bewegung, fährt an die Gemarkungsgrenze zu Ottersheim. Die Nachkommen der Hilfeleistenden von ehedem aus Ottersheim, Knittelsheim, Offenbach und Bellheim nehmen die Dankes- und Segensgabe aus den Händen von DRK-Helfern und Feuerwehrleuten entgegen.

Der Tourismus

VIEL WALD, VIEL WEIN UND TOLLE ATTRAKTIONEN

Wenn Joseph von Eichendorff (1788-1857) die Südpfalz gekannt hätte, dann hätte er vielleicht so gedichtet: „Wem Gott will rechte Gunst erweisen, den schickt er in die südlich' Pfalz." Und warum? Um hier Urlaub zu machen und Entspannung zu finden. Die Südpfalz ist sicher nicht die klassische Urlaubsregion wie der Bayerische Wald oder die Ostsee, wie die Insel Rügen oder die Gegend rund um den Bodensee. Und doch fahren alljährlich viele tausend Menschen zu uns, weil sie wissen, dass sie hier geboten bekommen, was es anderswo in dieser Dichte nicht gibt: Wald und Wein, Burgen und Schlösser, historische Bauwerke und wunderschöne Landschaften, gutes Essen und nette Menschen.

Der Tourismus ist in der Südpfalz zu einem wichtigen Wirtschaftsfaktor geworden. Die Region ist nicht überlaufen (abgesehen von den Monaten September und Oktober, wenn es den neuen Wein gibt), obwohl sie viel Abwechslung bietet und mit zahlreichen „Pfunden" wuchern kann. Hier gibt es kein Meer, aber dafür ein Rebenmeer riesigen Ausmaßes. Hier gibt es keine natürlichen Badeseen, aber Dutzende von Baggerseen in der Nähe des Rheins. Hier gibt es keine ganz hohen Berge, dafür bizarre Felsformationen zum Klettern. Hier gibt es keine Skipisten und Rodelbahnen, dafür gut ausgeschilderte Wanderrouten.

> *„Die Südpfalz ist nicht die richtige Adresse für Menschen, die das Meer und seine Sandstrände lieben. Die Südliche Weinstraße hat dafür ein Meer zu bieten, das ebenfalls reizvoll ist, auch wenn man darin nicht schwimmen kann: das Rebenmeer. Und es gibt noch vieles mehr, was sich zu erkunden lohnt"* (aus einem Aufsatz über den SÜW-Tourismus).

Fragt ein Mensch aus dem hohen Norden oder dem tiefen Süden der Republik einen Südpfälzer, warum er gerade hier seinen Jahresurlaub verbringen sollte, reicht die Aufzählung von ein paar Stichworten völlig aus: Unendlich viele Wander-

Das frühere Amtshaus der Grafen
von der Leyen in Burrweiler hat das
wohl bekannteste Hoftor der Pfalz.

Auf dem Weg zu einem guten Essen
geht es oft steil hinauf.

und Radwanderwege, vielfältige Einkehrmöglichkeiten zum Weintrinken und deftigen Essen, Ruhe und Beschaulichkeit, kulturelle und sportliche Angebote in großer Zahl. Obwohl es all dies, was der Tourist wünscht, Mitte des 19. Jahrhunderts in der heutigen Bandbreite nicht gab, schrieb August Becker bereits damals: „Die (Süd)Pfalz verdient vollauf, eines der besuchtesten Länder Deutschlands zu sein."

Die Südpfalz hat ihr früheres „Weck-, Worscht- und Woi-Image" schon lange verloren. Seit Mitte der achtziger Jahre geht es im schon früher bedeutenden Tourismus qualitätsmäßig bergauf. Die Urlauber, vor allem wenn sie nur ein paar Tage entspannen wollen, sind bereit, für das Gebotene Geld auszugeben. Tourismus-Experten bestätigen dies ausdrücklich. Wer früher mit einer sauberen kleinen

„Zu Fuß, auf dem Fahrrad, am und im Wasser - die Freizeitmöglichkeiten sind so vielfältig wie die Region selbst" (aus einem Prospekt des Landkreises Germersheim).

Kammer auf dem Bauernhof zufrieden war, nimmt heute verstärkt hochwertige Angebote wahr, will in einem Hotel mit allem Komfort übernachten.

An der Südlichen Weinstraße landen in der Regel die Touristen, die gerne wandern. In der Stadt Landau stehen geführte Touren zu wichtigen Bauwerken hoch im Kurs. Im

Kreis Germersheim dominiert der Wassertourismus mit dem Rhein, den Altrheinarmen, den Rheinauen und den 51 Baggerseen, von denen allerdings nur ein halbes Dutzend offiziell zugänglich ist.

Die Südpfalz lässt sich nicht an einem Tag erkunden. Dafür braucht es schon etwas mehr Zeit. Den Trifels als eine der meistbesuchten Attraktionen der Pfalz sollte man nicht im Sturmschritt „nehmen". Der Villa Ludwigshöhe bei Edenkoben sollte man schon ein paar Stunden widmen, um alles aufzunehmen, was zu sehen ist. Der Landauer Zoo eignet sich ebenfalls nicht für einen Kurzbesuch.

„Es gibt hier offenkundig ein Gemisch aus Licht, Luft und Land, das die Phantasie leicht entzündet. Unter dessen Einfluss die Sinne wach werden und die musische Saite der Seele so unvermutet aufspielt" (aus einem Prospekt der Südlichen Weinstraße).

Was mit zum touristischen Erfolg der Südpfalz beiträgt, ist die große Zahl von Menschen, die ihr eigenes Programm zusammenstellen. Keine Frage, dass ihnen dabei auf Wunsch geholfen wird. In engen Grenzen hält sich der Ausländeranteil unter den Touristen im südpfälzischen Land. Hier, aber nicht nur hier ist noch Potenzial für die Zukunft vorhanden.

Auf der Suche nach besonderen Schönheiten der Südpfalz kommt der Tourist an der Theresienstraße in Rhodt nicht vorbei.

Was die Südpfalz touristisch zu bieten hat, sei in aller Kürze einmal zusammengestellt:

Auch ohne spezielle Karte kann man sich dank vieler Hinweistafeln aussuchen, wohin die Wanderung führen soll.

• Rund 1000 Kilometer teilweise vorbildlich ausgebaute, beschilderte und gut miteinander vernetzte Radwege. Über den Hauptdeich des Rheins führt zum Beispiel ein kleiner Teil des Fernradwegs Basel - Mainz - Köln.

• Viele tausend Kilometer, fast narrensicher beschilderte Wanderwege im Pfälzerwald, im Wasgau und im Bienwald mit einem einzigartigen Angebot an bewirtschafteten Hütten.

• Zahlreiche Burgen, Burgruinen und Schlösser, die sich wie eine Perlenkette am Haardtrand entlangziehen. Dazu viele historische, sehenswerte und zur Besichtigung freie Bauten.

• Einkehrmöglichkeiten en masse: vom Landgasthof bis zum Sterne-Lokal, von der rustikalen Weinstube bis zum „Saumagentempel" und bis zum schwimmenden Restaurant auf dem Rhein („Lautermuschel").

• Wild- und Wanderparks, ein paar Dutzend Museen, Sport- und Wellness-Angebote, Bäder und Massagen, Feste aller Art.

• Geführte Südpfalz-Touren zu interessanten Plätzen, Weinbergsführungen entlang von Weinlehrpfaden mit Weinproben, Weinseminare, Kochkurse, Besichtigungen von Weingütern, Ausflugsfahrten auf dem Rhein, Kanufahrten, Draisinenfahrten. (Siehe dazu auch Artikel über die Freizeiteinrichtungen in der Südpfalz).

• Schmankerl für Leute, die etwas nicht Alltägliches erleben wollen, sind Fahrten im pferdegezogenen „Landauer", Nachenfahrten auf dem Altrhein, Lampionfahrten mit der Sesselbahn ab Villa Ludwigshöhe bei Edenkoben, Wanderungen über den Mandelpfad zur Zeit der Mandelblüte.

• Die Südliche Weinstraße wirbt mit dem Slogan um Touristen: „Wenn du denkst, du träumst, dann bist du hier: an der Südlichen Weinstraße." Die Stadt Landau informiert. „Im Feiern hat Landau ganzjährig Saison... Die Menschen feiern ihre Feste mitten in der Stadt. Und nicht davor und nicht dahinter. Frei und ausgelassen. Im Freien." Der Landkreis Germersheim erinnert Touristen daran: „Schon Schriftsteller und Maler mit ihrer besonderen Empfänglichkeit für das Besondere haben sich in allen Zeiten gerne vom Flair der Region inspirieren lassen."

• Viele Touristen aus allen deutschen Landen haben erkannt, wie angenehm es ist, da Urlaub zu machen, wo sich die Südpfälzer selbst wohlfühlen.

Der Sport

FÜR FAST JEDE SPORTART GIBT ES EINEN VEREIN

Wer sich als Bürger der Südpfalz sportlich betätigen will, möglichst nicht allein, sondern in der Gemeinschaft, hat keine Mühe, einen entsprechenden Verein und damit Mitstreiter zu finden. Die Auswahl kann unter 465 dem Sportbund Pfalz angeschlossenen Sportvereinen getroffen werden. Dazu kommen noch ein paar Dutzend, die glauben, ohne den Dachverband agieren zu können. Unter dem Strich dürften es in der Region gut 500 Vereine mit einem sportlichen Angebot sein.

Rund 2100 Vereine mit etwa 537.000 Mitgliedern in über 60 Fachverbänden gehören dem Sportbund an. An der Spitze steht mit großem Vorsprung der Fußball (knapp 160.000 Mitglieder) vor Turnen (108.000), Tennis (37.000), Leichtathletik (23.000) und Schießen (21.000). Die Zahlen für die Südpfalz: 465 Vereine, 116.000 Mitglieder (Kreis Südliche Weinstraße: 204 Vereine, 46.000 Mitglieder; Kreis Germersheim: 199 Vereine, 55.000 Mitglieder; Stadt Landau: 62 Vereine, 15.000 Mitglieder). In der Tabelle der 16 pfälzischen Sportkreise liegt Germersheim hinsichtlich der Mitgliederstärke auf dem zweiten Platz. 40 Prozent aller in der Südpfalz lebenden Menschen gehören einem Sportverein an.

> *„Der Lauf ist die Ursportart. Kleine Kinder, kaum dass sie gehen können, fangen zu laufen an. Der Drang dazu wurde ihnen in die Wiege gelegt, bevor es Wiegen gab. Gegenüber so genannten primitiven Volksstämmen erscheint das Laufvermögen der zivilisierten Menschen verkümmert. Die derzeitige Jogging-Welle und die Marathonlauf-Besessenheit sind ein Aufbegehren gegen körperlich lähmende Zivilisationsschäden" (aus der Sportchronik „5000 Jahre Sportgeschichte")*

Nach wie vor mitgliederstärkster Verein in der Südpfalz ist der ASV Landau mit seinen 21 Abteilungen und rund 5000 Mitgliedern. Davor liegt nur der 1. FC Kaiserslautern mit rund 11.400 Mitgliedern. Auf 2099 Mitglieder kommt der TV 1896 Offenbach. Sehr viele Mitglieder haben auch der TV 1890 Rheinzabern (1984), die Turnerschaft 1863 Germersheim (1926), der Turnverein 1882

„Wenn die Chinesen Huang Ti, dem ‚gelben Kaiser‘, unter so ziemlich allen bedeutenden Erfindungen auch das Fußballspiel zuschreiben, zeugt das vom hohen Alter und von der Wichtigkeit dieses Spiels. Jedenfalls gibt es einen Bericht des Gelehrten Liu-Hsiang, wonach im Heer des ‚gelben Kaisers‘ Fußball gespielt wurde. Allerdings hängt das chinesische Fußballspiel nach allem, was man darüber weiß, nicht mit einem Kult zusammen, wie es bei fast allen sehr alten Ballspielen der Fall ist. Der Kaiser hat das Spiel geschaffen, um seinen Soldaten Disziplin, Gewandtheit und Gemeinschaftssinn beizubringen. So kann es auch nicht weiter verwundern, dass in späterer Zeit das erste Fußball-Regelbuch von einem General verfasst wird“ (aus der Sportchronik „5000 Jahre Sportgeschichte“)

Bad Bergzabern (1674), der TV Jahn 1913 Bellheim (1543), der TV 03 Wörth (1515) und der TSV 1885 Annweiler (1431). Auf mindestens 1000 Mitglieder kommen noch der TV 1847 Maikammer-Alsterweiler (1232), der Turnverein 1861 im ASV Landau (1230), der TV 1886 Kandel (1218), der Turn- und Gymnastikverein Leimersheim (1101), der TV Nußdorf (1088) und der TV 1901 Maximiliansau (1049). Alle Zahlenangaben stammen aus dem Jahr 2007 und wurden der Statistik des Sportbundes Pfalz entnommen.

Reich gesegnet ist die Südpfalz auch mit Sportstätten. Es gibt nach Angaben der beiden südpfälzischen Kreisvorsitzenden des Südwestdeutschen Fußballverbandes mit Sitz in Edenkoben 131 Sportplätze, davon nur noch eine Handvoll ohne Rasen. Die Zahl der Fußballvereine liegt bei genau 99.

Mitarbeiter des Instituts für Sportwissenschaft der Universität Landau haben 2007 einen Sportstätten-Atlas erstellt. Es sind darin in der gesamten Region 225 Sportanlagen genannt. So

sieht die Aufteilung aus: Bäder: 16 (Kreis SÜW 10, Kreis GER 4, Landau 2); Badmintonanlagen: 5 (Kreis SÜW 1, Kreis GER 4); Beachvolleyballanlagen: 17 (Kreis SÜW 5, Kreis GER 10, Landau 2); Golfanlagen: 1 (im Kreis SÜW); Squashanlagen: 6 (Kreis SÜW 2, Kreis GER 4); Tennisanlagen: 77 (Kreis SÜW 37, Kreis GER 31, Landau 9); Sporthallen: 91 (Kreis SÜW 37, Kreis GER 41, Landau 13); dazu kommen im Kreis Germersheim 5 (offiziell zugelassene) Badeseen, 5 Wassersportanlagen und 1 Adventuresportanlage sowie in Landau 1 Outdoor-Sportanlage. In dem „Atlas“ nicht erwähnt sind die Anlagen für den Schießsport, für den Pferdesport, für den Rennsport, für den

12.000 Zuschauer sahen am 16. April 1950 das Spiel der Fußball-Oberliga Südwest zwischen dem ASV Landau und dem 1. FC Kaiserslautern.

Laufsport, für den Billardsport, für Boule und einige weitere Sportarten.

Es gibt kaum eine Sportart, die in der Südpfalz mangels Plätzen oder Anlagen nicht betrieben werden kann, sieht man vom Wintersport ab. Weil es nur selten schneit, sind keine Abfahrts- und Langlaufpisten ausgewiesen. Wer Bob fahren oder wettkampfmäßig rodeln will, hat in der Region direkt keine Chance. Das gilt auch für Eisschnelllauf und Eiskunstlauf, es sei denn, es ist einmal so kalt, dass auf zugefrorenen Seen das Sporttreiben amtlich erlaubt wird.

Aber es gibt natürlich einige Skiclubs, die jedoch zur Ausübung ihres Sports in den Schwarzwald oder in die bayerischen Berge fahren müssen.

Seit vielen Jahren spielt der Radrennsport in der Region eine große Rolle, fast an jedem Wochenende findet in der warmen Jahreszeit ein Rennen statt. Wer rudern oder segeln

Die Rundsporthalle in Landau ist die größte Sporthalle der Südpfalz.

will, muss sich mehr in Richtung Rhein orientieren. Auch einige exotische Sportarten können in Vereinen betrieben werden.

Das größte Stadion im südpfälzischen Raum ist das 1927 eingeweihte Südpfalz-Stadion in Landau. Im äußersten Fall finden 8000 Zuschauer Platz. Am 16. April 1950 waren es ein einziges Mal erheblich mehr. 12.000 Menschen, die teilweise

auf Extrabänken auf der Laufbahn saßen, verfolgten das Punkt-spiel der Fußball-Oberliga Südwest zwischen dem ASV Landau und dem 1. FC Kaiserslautern. Die Lauterer gewannen mit 4:0, die Tore erzielten Fritz Walter (3) und sein Bruder Ottmar (1).

Wer sich dem Langlauf verschrieben hat, kann auf vielen ver-kehrsfreien, landschaftlich schön gelegenen Strecken nach Her-zenslust trainieren und an vielen Wettkämpfen teilnehmen. In einigen Städten und Gemeinden gibt es Lauftreffs. Wer sich an-schließen will, muss nicht unbedingt einem Verein angehören.

Die vielen guten Sportstätten dienen dem Leistungs-, aber auch dem Breitensport. Talente gibt es in allen Sportarten, sie zu fördern, haben sich die Vereine zum Ziel gesetzt. Wenn es in der Region mehr Mäzene gäbe, würde sicher noch mancher Sportler/manche Sportlerin mindestens an die nationale Spitze herangeführt werden können. Umso bemerkenswerter ist es,

dass ständig ehrgeizige junge Menschen durch überdurch-schnittliche Leistungen auf sich aufmerksam machen, Titel in die Südpfalz holen. Sehr zum Kummer der Vereine „in der Provinz" beobachten Spä-her großer Vereine (zum Bei-spiel im Fußball) Talente und holen sie weg. So hat aber auch mancher südpfälzische Sportler den Durchbruch geschafft und sich überregional und national einen Namen gemacht.

Dass es bei uns relativ wenig ganz große Spitzensportler gibt, liegt weniger an den Vereinen und ihren ehrenamtlichen Trainern, als vielmehr am Fehlen finanzieller Mittel, um für er-kannte Talente noch mehr zu tun. Aushängeschilder der Süd-pfalz waren in der jüngeren Vergangenheit - um nur diese drei stellvertretend zu nennen - die Stabhochspringerin Nicole Hum-bert (früher Rieger), der Schwimmer Ralf Eggers und der Sportschütze Frank Dobler. „Nicole" sprang sogar Weltrekord und gehörte in ihrer Sportart zu den besten Springerinnen der Welt. „Frank" zielte besser als andere und holte sich mit dem Luftgewehr Europa- und Weltmeistertitel. „Ralf" war ein Brust-schwimmer der Extraklasse in Deutschland.

Viele hoffnungsvolle Sportler(innen) aus dieser Region haben das Zeug, sich national und international durchzusetzen, wenn sie bei der Stange bleiben.

Kunst und Kultur

WO DIE SEELE IHREN ATEM SCHÖPFT

Anfang der achtziger Jahre hat der Landauer Kunsthistoriker Dr. Hans Blinn in einem Buch festgehalten: „Seit Max Slevogt, Albert Haueisen und zeitweilig Heinrich von Zügel die (Süd)Pfalz als ihren Wohnsitz oder ihr Arbeitsfeld wählten, können wir von unserem Land als einer durchaus eigenen Kunstprovinz sprechen. Kaum eine andere Landschaft Deutschlands ist so reich mit Künstlern gesegnet. Die Südpfalz ist ein Malerland wie kaum ein anderes... Die begnadete Landschaft zwischen Queich und Lauter übt auf die Maler von jeher eine besondere Anziehungskraft aus, was ja ganz deutlich wird, wenn man sich ins Gedächtnis ruft, wie von überall her Künstler in unsere Gegend kommen, um ihrer Berufung nachzugehen."

Stimmen diese Feststellungen heute noch? Ja, sagt der Schriftsteller und Kunstexperte Wolfgang Diehl aus Landau. Er beobachtet die Südpfälzer Kunstszene seit Jahrzehnten. „Viele nicht aus der Region gebürtige Künstler wählen sich die Südpfalz als Wohn- und Arbeitsgebiet aus. Das hängt mit der Aufgeschlossenheit der Menschen für die Kunst zusammen, hat aber auch etwas zu tun mit der Nähe zur Kunstmetropole Karlsruhe", so Diehl. Der Lebensraum Südpfalz und seine Bewohner inspirierten junge Künstler, „aber die Landschaftsmaler sterben aus."

Die Südpfalz ist eine Region, in der die Kunst auf allen Ebenen sehr ausgeprägt ist und gepflegt wird. Auch wenn hier die ganz großen „Stars" aus den Bereichen Bildende Kunst, Literatur, Theater, Musik etc. fehlen (soll man es bedauern?), so leben in dieser Landschaft doch viele Künstler, die mit ihrem Schaffen auch jenseits des Rheins und in anderen deutschen Landen Aufmerksamkeit erregen und Anerkennung finden. Darunter sind Talente, die das Zeug haben, die engen Grenzen ihrer Heimat zu sprengen - wenn sie sich weiter gut entwickeln und die notwendigen „Wegbereiter" finden.

Flügelfigur von Volker Krebs im Skulpturenpark Wörth.

Wollte man über jeden früher hier lebenden oder heute aktiven Künstler, der über eine gewisse regionale Reputation verfügt, auch nur zehn Sätze schreiben, käme mehr als eine Broschüre dabei heraus. Wen müsste man dann aufnehmen, wen weglassen? Die Frage stellt sich nicht.

Es sei noch einmal Wolfgang Diehl zitiert: „Die Südpfalz als spektakuläre Wasgaulandschaft und romantisches Weingebiet ist durch Max Slevogt weit über die Region hinaus, vor allem in Berlin, als ‚Slevogtrevier' bekannt geworden. Ihm ist zu verdanken, dass unsere Region einen bis heute unvergessenen Namen in der Bildenden Kunst erhielt. Die von dem gebürtigen Landauer Heinrich Kohl über den Pfälzerwald-Verein umgesetzte Idee, die Schönheiten der Pfalz der Welt in hunderten vorwiegend von August Croissant gestalteten farbigen Postkarten näher zu bringen, war genial. Es ist unvorstellbar, was da geleistet wurde, es war nicht nur beste Werbung für die Pfalz, sondern für die ganze Kunstszene." Eine ähnliche Idee stünde der Südpfalz heute gut zu Gesicht.

Besonders stark vertreten waren in der Südpfalz schon früher Männer und Frauen, die sich der Bildenden Kunst widmeten. Die „Aushängeschilder" waren im 20. Jahrhundert Künstler wie Max Slevogt, Heinrich von Zügel und die Wörther Malerschule, Heinrich Strieffler, Albert Haueisen, August, Hermann und Eugen Croissant, Hermann Sauter, Adolf Doerner, Adolf Keßler, Rolf Müller-Landau, Thomas Croissant und Margot Stempel-Lebert, um nur diese stellvertretend zu nennen. Heute stehen für die Bildende Kunst der Südpfalz Künstler wie Franz Bernhard, Karl-Heinz

Werner vom Scheidt, wie er sich selbst gezeichnet hat.

Deutsch, Gerd Ditz, Werner Brand, Klaus Heinrich Keller, Peter Haese, Wolfgang Blanke, Otfried Culmann, Werner vom Scheidt, Volker Krebs, Karlheinz Zwick, Brigitte Sommer, Alexandra Deutsch, Madeleine Dietz und Susanne Wadle. Stolz sind die Südpfälzer auf den in Amerika berühmt gewordenen, aus Landau gebürtigen Karikaturisten Thomas Nast, Schöpfer der Figur des „Santa Claus".

Die heutige südpfälzische Kunstszene ist vielschichtig, zu ihr gehören einige Dutzend Maler, Grafiker, Zeichner, Bildhauer, Fotografen und Objektkünstler. Die „alten Meister" der Region zählen allerdings nicht zu den Vorbildern der Jungen, die eigene Wege gehen und zum Teil im Südwesten schon recht erfolgreich sind. Ob sie einmal an Slevogt, Haueisen und Co. herankommen?

Thomas Nast war der Schöpfer des Santa Claus.

Die wichtigsten Ausstellungsadressen für alte und moderne Kunst sind neben einigen privaten Galerien die Slevogt-Galerien Slevogthof bei Leinsweiler und Villa Ludwigshöhe bei Edenkoben, das Zehnthaus und die Alte Ziegelei in Jockgrim, die Villa Streccius und das Strieffler-Haus in Landau, die Schloss-Galerie in Bad Bergzabern, die Villa Wieser in Herxheim, das Museum Annweiler, das Zeughaus-Museum in Germersheim und die Galerie „Altes Rathaus" in Wörth.

Nicht gerade reich gesegnet ist die Südpfalz mit Schriftstellern. Wahrscheinlich liegt das mit daran, dass die Pfälzer mehr Augen- und Sinnenmenschen und weniger aufgeschlossen sind für anspruchsvolle regionale Literatur. Hinzu kommt, dass es seit einiger Zeit in der Region keine bedeutenden Literaturverlage oder Publikationsorgane gibt. Aus der Vorkriegszeit muss man Fritz Eckerle (Frankweiler),

*"Blickpunkt" bei Bornheim
von Karlheinz Zwick.*

Leopold Reitz (Böbingen), Willi Gutting (Lingenfeld) und Alfons Schreieck (St. Martin) nennen.

Nach dem Zweiten Weltkrieg haben sich einige Literaten, die in der Südpfalz wohnten und wohnen, einen Namen machen können, wie Martha Saalfeld, Wolfgang Schwarz, Wolfgang Diehl (alle Landau), Elisabeth Langgässer (Rheinzabern), Lutz Stehl (Kandel), Werner Laubscher (Stein/Landau), Karin Voigt (Gräfenhausen), Gabriele Weingartner (St. Martin) und Michael Bauer (Herxheim). Die bekannteren Namen der Mundartdichtung des 20. Jahrhunderts sind Lina Sommer (Jockgrim), der Bellemer Heiner (eigentlich August Heinrich), Gerd Runck (Landau), Hermann Josef Settelmeyer (Lingenfeld) und Robert Schultz (Herxheim).

In der Südpfalz gibt es einige sehr rührige und mitgliederstarke Kunstvereine. Viele hervorragende Klangkörper (Orchester, Kapellen, Bands) bereichern die Szene. Die Zahl der guten bis sehr guten Gesangvereine ist enorm. Unglaublich lebendig ist die Volkstheaterszene mit teilweise sehr bemerkenswerten Ensembles sogar in kleineren Gemeinden.

Das einzige Profitheater in der Region ist das Chawwerusch-Theater. 1984 als befristetes Wandertheater gegründet, wurde es schon sehr bald sesshaft und hat seinen Sitz seit 1989 in Herxheim. Chawwerusch versteht sich als buntes Gemisch von Theaterleuten, die gemeinsam eine eigene, unverwechselbare Art der Theaterarbeit entwickelt haben. Die Ensemble-Mitglieder schreiben die Stücke oft selbst, schauen vorher dem Volk aufs Maul. Es werden Geschichten von Leuten für Leute erzählt und sowohl anspruchsvoll als auch unterhaltsam auf die Bühne gebracht. Inhalt und Programm resultieren aus der Auseinandersetzung mit Alltag, Politik und Gesellschaft. Der Blick ist zwar kritisch, aber immer begleitet von einem Augenzwinkern.

Das Chawwerusch-Theater als freies Theater versteht sich als ein „Ort der Selbstverwirklichung und politischen Betätigung". In den Produktionen spielen der regionale Bezug und der Umgang mit den vielfältigen Ausdrucksmöglichkeiten des Dialekts eine wichtige Rolle. Das Ensemble gibt etwa 150 Vorstellungen im Jahr, auch im Freien.

In einer „Rheinpfalz"-Kritik wurde Chawwerusch attestiert, „bruchlos zwischen Hochsprache und Dialekt, zwischen vulgären Sequenzen und abstrakter Reflexion, zwischen klassischen Zeiten und Gegenwart" zu wechseln. Und es wird immer wieder betont, dass dieses Theater zu keinem Zeitpunkt etwas nachspielt („Sie sind keine Epigonen").

Theateraufführungen und Konzerte, Liederabende und Lesungen, Kabarett und leichte Muse finden regelmäßig in den großen und kleinen Veranstaltungsstätten der Südpfalz statt: Festhalle, Haus am Westbahnhof, Altes Kaufhaus, Frank-Loebsches Haus (alle Landau), Stadthallen Germersheim und Kandel, Festhalle Wörth, Haus des Gastes Bad Bergzabern, Künstlerhaus und Herrenhaus Edenkoben, Kulturscheune Minfeld, Villa Ludwigshöhe Edenkoben, Villa Wieser Herxheim, Zehnthaus Jockgrim.

Für die Werbestrategen der Südpfalz ist es kein Zufall, wie man in einem Prospekt liest, „dass in diesem Klima die Künste gedeihen... In fast jedem Flecken sind heute Ateliers und Werkstätten, die sich zu besuchen lohnt. Der kreative Virus hat natürlich längst die Einheimischen infiziert. Kein Ort, der nicht Theater spielt, Ritterspiele aufführt, Sängerkreise bildet, Tänze darbietet. Immer spielt Musik, bei den geringsten Anlässen ebenso wie bei den großen Festivals."

In der Südpfalz kann heute (beinahe) jeder künstlerische Anspruch erfüllt werden. Das ist nicht in allen Regionen Deutschlands so. Johann Wolfgang von Goethe hat in „Dichtung und Wahrheit" geschrieben: „Jede Provinz liebt nicht nur ihren Dialekt, sondern auch ihre Kunst; denn sie ist doch auch das Element, aus dem die Seele ihren Atem schöpft."

Nachstehend werden 13 lebende und verstorbene Künstler stellvertretend vorgestellt.

„Blickpunkt" bei Göcklingen von Helga Sauvageot.

Thomas Nast

VATER DER AMERIKANISCHEN KARIKATUR

Er machte mit seinem Zeichenstift in den Jahren, in denen er in Amerika lebte und wirkte, Zeitgeschichte. Dem am 26. September 1840 als Sohn eines bayerischen Militärmusikers und seiner aus Offenbach stammenden Ehefrau in der Roten Kaserne in Landau geborenen Thomas Nast war nicht in die Wiege gelegt worden, dass er später zum größten politischen Karikaturisten der USA werden sollte und er mit seinen mehr als 3000 Zeichnungen die Geschichte des Landes wesentlich beeinflussen und mitgestalten würde. Die beschwörende Macht seiner genialen Arbeiten - Karikaturen, Cartoons und Illustrationen, auch einige Ölgemälde - bewegte die Herzen von Millionen Amerikanern und drückten einer wichtigen Epoche der US-Geschichte ihren Stempel auf.

Nur sechs Jahre verbrachte Nast in seiner Geburtsstadt, dann wanderte er mit seiner Mutter nach Amerika aus. Der Vater folgte nach der Freistellung durch sein Regiment ein Jahr später. Schon in der Schule wurde das zeichnerisches Talent von Thomas sichtbar. Im privaten Zeichenunterricht und später an der Kunstakademie lernte er viel dazu, mit 15 Jahren fand er für vier Dollar die Woche eine Anstellung bei einem Zeitschriftenverleger.

Mit dem Stift nahm der Junge aus der Südpfalz den Kampf gegen Missstände und Korruption auf. 30 Jahre arbeitete er für die illustrierte Wochenzeitung „Harper's Weekly". Seine Arbeiten waren gezeichnete Leitartikel, die jeder verstand. Thomas Nast entwarf das Dollarzeichen, den Elefanten und den Esel als Symbole für die Republikaner und für die Demokraten. Seine Karikaturen beeinflussten die Wahl von sechs amerikanischen Präsidenten. Dass er auch der Schöpfer des Santa Claus, des Weihnachtsmannes, ist, wissen heute nur noch die Eingeweihten.

Noch einmal kam Thomas Nast drei Tage - vor Weihnachten 1860 - für einen Kurzbesuch in seine Heimatstadt zurück. An seinem 21. Geburtstag heiratete er in New York. Seine bissigen zeichnerischen Kommentare waren plötzlich nicht mehr gefragt. Bei Spekulationsgeschäften verlor er sein ganzes Vermögen. US-Präsident Theodore Roosevelt bot ihm 1902 den Posten eines Generalkonsuls in Ecuador an. Er schlug das Angebot nicht aus, obwohl er lieber nach Deutschland gegangen wäre. Er war gesundheitlich angeschlagen, enttäuscht von der politischen Entwicklung in Amerika, hatte Probleme mit den Arbeitsbedingungen und vertrug das Klima in Südamerika nicht. Am 7. Dezember 1903 starb er an Gelbfieber.

ÜBERRAGENDER DEUTSCHER IMPRESSIONIST

Der Maler und Grafiker Max Slevogt war zwar kein Südpfälzer von Geburt, aber durch Gesinnung früh mit der Pfalz vertraut. In seiner Jugendzeit verbrachte er seine Ferien in Landau und in Burrweiler. Er lernte die Familie Finkler in Godramstein kennen und heiratete 1898 Antonie Helene Finkler, seine „Nini". Geboren wurde der zusammen mit Max Liebermann und Lovis Corinth bedeutendste deutsche Impressionist am 8. Oktober 1868 in Landshut. In Würzburg besuchte er das Gymnasium und studierte in der Stadt von 1885 bis 1889 an der Akademie.

Slevogt kaufte später das Schlossgut Neukastel über Leinsweiler, wo er viele Jahre lebte und arbeitete, am 20. September 1932 starb. Er ruht im Familiengrab unter alten Kastanien nahe dem Slevogthof. Mancher Bewunderer seiner Kunst kommt gerne hierher, um am Grab ein paar Minuten seiner zu gedenken. Letztlich war der geniale Künstler, auf dessen Schultern bedeutende Pfälzer Maler stehen (von Haueisen über Dill und Koch bis Hermann Croissant), doch ein „Südpfälzer".

Auf Reisen nach Italien, Holland, Ägypten, Dänemark und andere Länder bildete sich Max Slevogt nach dem Studium fort. Der Prinzregent von Bayern ernannte ihn 1901 zum Professor. Max Liebermann rief ihn noch im gleichen Jahr nach Berlin. Der spätere Wahl-Pfälzer gehörte zu den deutschen Künstlern, die durch die französische Malerei beeinflusst wurden. Der Impressionismus hatte in ihm und Heinrich von Zügel und deren zwischen Realismus und Impressionismus stehenden Freilichtmalerei seine Repräsentanten. Sie wollten nicht nur die Natur malen, sondern ihre Erscheinung.

Am Beginn seiner künstlerischen Laufbahn war Slevogt Illustrator. Nach seinem Wechsel in die Südpfalz wurde er zum Landschaftsmaler. Keiner, behaupten die Kenner, hat das Südpfälzer Land in leuchtenden Farben eindrucksvoller gemalt als er. In den Jahren von 1920 bis 1927 setzte er mit seinen Postkarten-Illustrationen sogar politische Akzente gegen Besatzung und Separatismus. Dass er ein ganz Großer war, beweisen seine Tierbilder und Radierungen, seine Lithographien und Illustrationen („Ilias", „Sindbad, der Seefahrer", „Ali Baba", „Lederstrumpf", „Wildtöter", „Faust 2" von Goethe, Sagen der Gebrüder Grimm). Seine Fresken, unter anderem in der Friedenskirche in Ludwigshafen (leider zerstört) und auf Neukastel, sind Beweise für seine Liebe zur Wandmalerei. Hans Blinn hat Slevogt einmal so beschrieben: „Er war ein überragender Porträtist, genialer Landschaftsmaler und begnadeter Zeichner."

Heinrich & Marie Strieffler

CHRONISTEN DER PFÄLZISCHEN HEIMAT

Als „Grafiker des pfälzischen Werktags" und „zeichnender Chronist des pfälzischen Weinbaus" wurde der Lithograf und Maler Heinrich Strieffler bereits zu Lebzeiten bezeichnet. Seine Tochter Anna Maria, die Grafikerin und Malerin, die immer nur „Marie" genannt wurde, setzte das Werk ihres Vaters fort und stellte Heimat und Brauchtum in unzähligen Arbeiten dar. Heinrich Strieffler wurde am 8. Juli 1872 in Neustadt geboren, lebte aber von 1904 bis zu seinem Tod am 26. Dezember 1949 in Landau. Marie Strieffler war eine waschechte Landauerin, wurde am 8. Mai 1917 geboren und starb am 20. Januar 1987 in ihrer Heimatstadt.

Der Schrittmacher der pfälzischen Heimatmalerei Heinrich Strieffler ließ sich zuerst als Lithograf ausbilden. Nach Arbeitsaufenthalten in Frankfurt am Main und Leipzig nahm er 1891 das Studium an der Kunstgewerbeschule in München (bis 1893) und an der Akademie der Bildenden Künste in München (1893 bis 1897) auf. Zurückgekehrt von Aufenthalten in Holland und mehreren deutschen Städten wurde er zum Entdecker und Begründer der neuen Pfälzer Heimat- und Wandmalerei. Er malte die ersten Weinbergslandschaften mit Weinlese, die ersten Dorfstraßen, Bauernhöfe, Kelterhäuser und Weinkeller. Seine Postkarten-Serien machten den Wein „draußen" bekannt.

Marie Strieffler, die nach dem Abitur am humanistischen Gymnasium wie ihr Vater an der Akademie der Bildenden Künste in München studierte und von namhaften Lehrern lernte, war eine ausgesprochen fleißige Künstlerin, schuf unzählige Ölgemälde, Aquarelle, Radierungen, Zeichnungen und Holzschnitte. Sehr begehrt waren ihre Mappenwerke und Illustrationen. Die Pfälzer Landschaften, die Stillleben und Porträts hängen in besten Bürgerhäusern und erinnern an eine ebenso temperamentvolle wie resolute und herzensgute Frau. Von ihren Auslandsreisen brachte sie stets eine Fülle von Skizzen mit. In einem Buch zu ihrem 75. Geburtstag wurde ihr bescheinigt, „ein Kind ihrer Pfälzer Heimat vom Scheitel bis zur Sohle" gewesen zu sein.

BEDEUTENDSTE LYRISCHE
KRAFT DER PFALZ

„Die wohl bedeutendste lyrische Kraft der Pfalz" (Wolfgang Diehl), die Dichterin und Schrift-
stellerin Martha Saalfeld (geboren am 15. Januar 1898 in Landau, gestorben am 14. März 1976
in Bad Bergzabern), wurde zu Lebzeiten von deutschen Dichtergrößen wie Thomas Mann, Stefan
Zweig und Oskar Loerke gewürdigt. Ihr in der breiten Öffentlichkeit vielleicht bekanntestes Werk
„Judengasse" von 1965 erinnert an die frühere Landauer Judengasse (heute Theaterstraße), wo sie
das Licht der Welt erblickte. Dieses mit autobiografischen Erfahrungen durchsetzte Werk zu lesen,
bereitet nach wie vor vielen Menschen Vergnügen. Das gilt auch für andere ihrer Bücher. Ihre Ge-
dichte werden von Kennern zum Teil heute noch über die von Hermann Hesse gestellt, mit dem sie
einen regen Briefwechsel pflegte.

Während des Studiums der Philosophie, Kunstgeschichte und Pharmazie an der Universität Heidelberg lernte Martha Saalfeld ihren späteren Mann, den Maler, Grafiker, Holz- und Linolschneider Werner vom Scheidt kennen, mit dem sie nach dem Verlust von Hab und Gut durch einen Fliegerangriff in Düsseldorf in Bad Bergzabern eine Bleibe fand. Sie drängte sich nach ihren ersten Erfolgen ab dem Jahr 1925 nie in den Vordergrund. In der Zeitschrift „Heimaterde" des Literarischen Vereins der Pfalz erschienen ihre ersten Gedichte, die ihr gleich Anerkennung einbrachten. Sie wurde immer als Geheimtipp gehandelt. „Ein gütiger Schutz vor Vermarktung?", fragte der frühere Landauer Kulturamtsleiter Peter P. Orlob einmal.

Für Martha Saalfeld war Landes Au (Landau) „die schönste Stadt des Landes", wie sie in ihrem Gedicht „Geliebte Stadt" festhielt. Auf dem Landauer Friedhof fand sie nach ihrem

Tod ihre letzte Ruhestätte. Auf dem Grabstein steht nichts von ihren Erfolgen und Auszeichnungen. Sie erhielt den Lyrikpreis des S. Fischer-Verlages, den Literaturpreis der Akademie der Schönen Künste in München (für ihr Werk „Pan ging vorüber"), den Literaturpreis des Landes Rheinland-Pfalz (für die Erzählung „Der Wald") und den Kunstpreis Rheinland-Pfalz. Auch ihre Schauspiele wie „Beweis für Kleber" und „Staub aus der Sahara" gefielen. Als die Nationalsozialisten das Sagen hatten, von 1933 bis 1945, verzichtete sie als Zeichen ihres stillen Protests auf die Veröffentlichung von Gedichten.

Die Stadt Bad Bergzabern ernannte sie zur Ehrenbürgerin. In Landau wollte sie diese Ehrung nicht. Dafür ist hier ein Platz nach ihr benannt.

August Becker

VERFASSER UNVERGESSENER KLASSIKER

August Becker, der am 27. April 1828 in Klingenmünster geborene und am 23. März 1891 in Eisenach gestorbene Autor, der im 19. Jahrhundert einer der bekanntesten und produktivsten Schriftsteller der Pfalz war, hat zahlreiche Romane, Novellen und Erzählungen geschrieben. Die meisten sind vergessen, aber sein Hauptwerk von 1858 ist heute noch ein Klassiker: „Die Pfalz und die Pfälzer".

Auf 460 Seiten schuf der Sohn der Südpfalz, wie er im seinerzeitigen Vorwort anmerkte, „ein Werk, das sich über alles Wissenswürdige hinsichtlich der Pfalz verbreitet". Kaum ein anderer hat die landschaftliche Schönheit der Pfalz, ihre schicksalshafte Geschichte, die Vorzüge und Schwächen der Menschen besser beschrieben als er. Unvergessen sind auch, um nur vier Titel von Becker zu nennen, die Bücher „Jung Friedel, der Spielmann" (1854), „Hedwig" (1868), „Zigeunerstoffele" (1869) und „Die Nonnensusel" (1886).

Der Sohn einer Lehrerfamilie studierte nach dem Besuch der Lateinschule in Bergzabern ab 1847 in München Philosophie, Geschichte und Völkerkunde. Er schrieb in der Zeit seines Studiums erste Beiträge für Zeitungen und Zeitschriften. Von 1859 bis 1864 war Becker Redakteur bei der liberalen „Isar-Zeitung" in München. Mit seiner Familie kehrte er 1868 München den Rücken, siedelte nach Eisenach über, wo er bis zu seinem Tod lebte. Zwar erwog er 1874 eine Rückkehr in die Pfalz, aber angesichts der erfolglosen Wohnungssuche in Landau verwarf er diesen Gedanken. 1930 veranlassten treue Freunde die Überführung der sterblichen Überreste des kenntnisreichen, aber in der Fremde nicht allzu erfolgreichen Schriftstellers nach Klingenmünster.

Zeit seines Lebens musste Becker einen steinigen Weg gehen und hart ums Überleben kämpfen. Auch wenn sich die Erfolge nicht so recht einstellten, verzagte er nicht. „Er arbeitete ununterbrochen. Für ihn gab es keinen Sonn- und Feiertag, den der einfachste Arbeiter beanspruchen durfte. In den späteren Jahren verzichtete er auf jeden Urlaub, selbst auf die Reisen zu den Verbandstagungen, die ihm sonst so viel geistige Anregung gebracht haben... Er besuchte kein Wirtshaus mehr", schrieb sein Sohn Karl August. Vor seinem Ableben ist kaum eines von August Beckers Büchern in der Pfalz erschienen, denn seine Verleger saßen in Ungarn und Preußen, in Schwaben und Hessen, in Thüringen und Sachsen. Seine Sehnsucht, in der Heimat leben und schaffen zu können, blieb unerfüllt.

SEIN NAME IST ENG MIT WÖRTH VERBUNDEN

Der bedeutende deutsche Tiermaler Heinrich von Zügel, am 22. Oktober 1850 im württembergischen Murrhardt geboren und am 30. Januar 1941 in München gestorben, war, wie diese Daten eindeutig belegen, kein Südpfälzer. Er hat in diesem Landstrich auch nie gelebt. Wenn er hier dennoch als regionaler Künstler von hohem Rang gewürdigt wird, dann hat das einen besonderen Grund. Die einstige Sommer-Malschule Wörth, an der viele bekannte Maler teilnahmen und für ihr weiteres Schaffen lernten, ist von ihm 1895 übernommen und ein Vierteljahrhundert mit großem Erfolg geleitet worden.

Max Bergmann (1884-1955), der ein Schüler von Zügel war und 30 Jahre die „Künstlerkolonie" Wörth nach dem Ausscheiden seines Lehrers weiterführte, sagte einmal: „Zügels Schule war einzigartig." Der Wahl-Südpfälzer lockte auch viele Ausländer in das kleine Dorf Wörth, das damals von Fischfang und Viehzucht lebte und von einem Lkw-Montagewerk noch nicht einmal träumte. Seine Schule galt als verschworene Gemeinde. Heinrich von Zügel brachte seinen Schülern bei, die Verhältnisse der Tonwerte zueinander genau zu beobachten, die Gesetzmäßigkeit der Lichtbestrahlung zu erkennen und zu berücksichtigen, das heißt, zwischen direktem und indirektem Licht zu unterscheiden. Zwei seiner Schüler waren der aus Speyer gebürtige Hans Purrmann und der Neustadter Tiermaler Otto Dill.

Zügel, der sich zunächst mit seinem realistisch, später mehr dem Impressionismus angenäherten Stil einen Namen machte, besuchte 1867/68 die Kunstschule in Stuttgart und ging danach als selbstständiger Tiermaler nach München, um hier sein Glück zu suchen. 1892 war er Mitbegründer der Münchner Secession, wurde 1884/85 als Nachfolger des verstorbenen Hermann Baisch zum Leiter der Klasse für Tiermalerei an der Akademie in Karlsruhe ernannt und führte in Wörth den Brauch seines Vorgängers fort, im Sommer Malkurse abzuhalten. Die Aufenthalte wurden regelmäßig fortgesetzt, auch als er 1895 seine Lehrtätigkeit an der Münchner Akademie aufnahm, wo die in der Südpfalz begonnenen Arbeiten abgeschlossen wurden.

Die 1949 von Dr. Wilhelm Steigelmann und Willibald Gänger gegründete und inzwischen aufgelöste „Gesellschaft der Heinrich-von-Zügel-Freunde" mit Sitz in Wörth hielt viele Jahre die Erinnerung an den Tiermaler und seine Wörther Malschule wach. Im Rathaus der Rheinstadt gibt es seit 1986 die Heinrich-von-Zügel-Gedächtnisgalerie, die die einstige Wörther Maltradition verstärkt ins Gedächtnis zurückruft.

Bellemer Heiner

DER VAGANT UNTER DEN MUNDARTDICHTERN

Viele Menschen in der Südpfalz und darüber hinaus wissen heute noch nicht, wie der einst so populäre und beliebte Mundartdichter Bellemer Heiner wirklich hieß: nämlich August Heinrich. Seinen „Künstlernamen" gab ihm in den zwanziger Jahren des vorigen Jahrhunderts sein Dichterfreund Ernst Kiefer, als der aus Bellheim gebürtige Hofschauspieler mit dem Schreiben von Gedichten anfing und sehr schnell Erfolg hatte. Sein erster kleiner Band mit eigenen Werken („Knepp un Schnitz") erschien 1920. Darin findet sich das Gedicht „Mei(n) Palz", in dem es auszugsweise heißt: „Wer emol durch die weite Welt / e Rees' gemacht, e scheeni, / der fühlt es stolz in seiner Bruscht: / E Palz gibts halt blos eeni. / O Palz, wammer dich nor betracht, / do lacht em Herz un Sinn, / do frä ich mich als doppelt, / dass ich en Pälzer bin."

D er Bellemer Heiner sprach mit diesem so besinnlichen Text aus Erfahrung. Denn er war vorher viel unterwegs gewesen: Ab 1904 ein paar Jahre in Amerika, wo er als Hausknecht, Kellner, Koch, Postbote, Gärtner, Anstreicher, Dekorateur, Plantagenaufseher und Cowboy seinen Lebensunterhalt verdiente und ab 1908 nach der Ausbildung zum Schauspieler in Berlin erneut in den USA und in vielen deutschen Städten, wo er auf der Bühne stand. Er vergaß dabei seine Heimat nicht und kehrte immer wieder in die Pfalz und sein geliebtes Bellheim zurück, wo er am 5. Mai 1965 im Alter von fast 84 Jahren starb und wo er auch begraben ist.

Geboren wurde August Heinrich am 20. September 1881 als Sohn des Gastwirts und Krämers Christian Heinrich und dessen Ehefrau Maria. Nach dem Besuch von Volks- und Realschule war er zunächst Piccolo in einem Hotel, lernte dann im Kolonialwarengeschäft seines Bruders in Bellheim, ehe ihn nach Tätigkeiten in verschiedenen Städten die Abenteuerlust nach Amerika trieb. Aus dem Kaufmann wurde später ein anerkannter Schauspieler und vor allem ein Mundartdichter, der landauf, landab aus seinen Werken und denen anderer Dichter rezitierte. Seine sprachtechnische Sicherheit kam ihm dabei zugute.

Der „Bellheimer Freudenspender", wie er auch genannt wurde, zeichnete sich durch große Volkstümlichkeit aus. Oskar Bischoff, sein Pfälzer Landsmann, stellte einmal fest, der Bellemer Heiner verstehe es ausgezeichnet, Humor aus jenen Tiefen heraufzuzaubern, die für viele Menschen zugeschüttet seien. Hans Blinn nannte den Dichter, der gerne mit einem großen schwarzen Hut und einem wallenden Mantel unterwegs war, den „Vaganten unter den pfälzischen Mundartdichtern".

Wolfgang Diehl

GEBILDETER UND VIELSEITIGER LITERAT

Wenn es für Schriftsteller/Dichter einen Preis für Vielseitigkeit und Fleiß gäbe, wäre Wolfgang Diehl aus Landau einer der ersten Anwärter. Der gebürtige Landauer (8. August 1940) schöpft bei seiner Arbeit aus seinem großen Wissen um Heimat und Kultur und aus seinem beruflichen Erfahrungsschatz. Denn er war früher Journalist und Lehrer. Erst seit dem Ausscheiden aus dem Schuldienst gibt er sich ganz seiner Leidenschaft hin, dem Schreiben. Texte zu verfassen ist für ihn „das Glück des Schöpferischen, das zur Sucht ausarten kann". Seine Gedichte zeichnen sich durch hohe Sensibilität aus („Ich bin aber kein Mundartdichter"), seine Sachbücher durch Sachlichkeit und Genauigkeit.

Wolfgang Diehl hat 18 eigene Bücher geschrieben, dazu unzählige Essays, Aufsätze, Erzählungen, landes- und volkskundliche Abhandlungen verfasst. Seine Gedichte sind in den verschiedensten Periodika erschienen. Vor allem Köpfe, Menschen und Schicksale interessieren ihn. Gerne arbeitet er nachts, wenn andere Menschen schlafen. Sein literarisches Schaffen fand die gerechte Anerkennung in Form von Preisen. Da er noch viele Ideen im Kopf hat, die er umsetzen will, werden sicher im Laufe der Zeit einige weitere Bücher dazu kommen.

Der in Ilbesheim und Godramstein aufgewachsene Landauer studierte nach dem Abitur 1961 in Landau in Heidelberg, Wien, Berlin und Mainz Germanistik, Philosophie, Kunstgeschichte, Geschichte und Politikwissenschaft. Danach arbeitete er ab 1967 zehn Jahre als Redakteur und Redaktionsleiter bei der „Allgemeinen Zeitung" in Alzey und Ingelheim.

Nach einem Zusatzstudium wurde er Lehrer, unterrichtete von 1979 bis Ende 1998 als Gymnasiallehrer für Deutsch, Geschichte und Sozialkunde an der Maria-Ward-Schule in Landau. In jenen Jahren fand die Schriftstellerei nur in der Freizeit und in den Ferien statt.

Zehn Jahre führte Wolfgang Diehl als Vorsitzender den Literarischen Verein der Pfalz und ist noch Vorsitzender der Sektion. Er war Gründungsherausgeber der Vereinszeitschrift „Die Neue Literarische Pfalz" und Leitender Redakteur der Zeitschrift für Literatur und Kultur „Chaussée". Der Literat, der sich auch politisch und kulturpolitisch engagiert, ist Träger des Förderpreises für Literatur des Landes Rheinland-Pfalz (1979), des Pfalzpreises für Literatur (1980), des Hambach-Preises (1982), des Preises der Emichsburg (1993) und der Hermann-Sinsheimer-Medaille (2000). Beim Fachinger Literatur-Preis erhielt er 1988 den dritten Preis.

Armin Hott

DER DOMPTEUR
MIT DER RADIERNADEL

Wenn in einem regionalen Quiz die Frage gestellt würde, welcher Künstler aus der Südpfalz der Schöpfer schräger Vögel, glucksender Hühner und geduldiger Schnecken ist und wer auf unnachahmliche Weise dem Pfälzer Nationalvogel Elwetrittche ein Gesicht gibt - die Antwort käme bei vielen, die die Szene kennen, wie aus der Pistole geschossen: Armin Hott. In einem Buch wird er als „Dompteur mit der Radiernadel" bezeichnet. Schon in den neunziger Jahren des vorigen Jahrhunderts war in einer Veröffentlichung die Rede von „einem der tollsten Grafiker, die wir zur Zeit in unserer Region haben". Mit schier unerschöpflicher Fantasie und hohem Können bringt er Kunst aufs Papier, die zum Schmunzeln, aber auch zum Nachdenken anregt.

Armin Hotts Arbeiten nehmen nicht immer das unmittelbar Gegenwärtige aufs Korn, sondern decken übergreifend den Kern einer Situation, das Wesen eines Konflikts und die Ursache eines Problems auf. Die ihn fast ausnahmslos wohlwollend beurteilenden Kritiker lesen aus seinen Werken eine philosophische Auseinandersetzung mit der Wirklichkeit heraus, nennen es sein Ziel, eine Art grafische Aufklärung zu betreiben. Die „Normalmenschen" gehen bei ihren Beurteilungen nicht so sehr in die Tiefe, freuen sich ganz einfach an seinen Radierungen und Zeichnungen und haben ihren Spaß daran.

Seit 1983 ist Hott freischaffender Künstler mit Wohnsitz in Kandel. Er könnte sein Geld auch als Lehrer verdienen, denn er hat an der Universität Mainz Kunsterziehung mit Lehrbefähigung studiert, stand aber nie vor einer Schulklasse. Auch als Musiker hätte er seinen Weg machen können, denn immerhin beherrscht er sechs Instrumente. Am besten von allem aber beherrscht er den Zeichenstift. Der am 12. November 1960 in Landau geborene Künstler ist ein überaus origineller Vertreter seines „Handwerks", seine Federzeichnungen, colorierten Radierungen und Aquarelle finden seit jeher Anklang und verkaufen sich gut. Schon als Jugendlicher hat er für Schul- und Bierzeitungen Cartoons geschaffen.

Seine Werke werden in der eigenen Druckerei hergestellt. Seine nur in kleinen Auflagen erscheinenden Radierungen entstehen vom ersten Nadelstich auf der Kupferplatte bis zum Handdruck und das Kolorieren aus einer/seiner Hand. In Kandel unterhält er eine eigene Galerie. Es dürfte kaum einen Kunstfreund geben, der hier nichts findet, wenn er „original Hott" sucht.

HÄUFIG ANREGUNGEN
AUS DER NATUR

„Oft trägt er seine Themenbilder lange mit sich herum, bis sie dann explosionsartig aus seinem Inneren herausdrängen und Gestalt annehmen müssen. Dieses Gefühl kennt der Bildhauer Karl-Heinz Deutsch schon, seit er als Junge in der Sandgrube bei Jockgrim spielerisch mit Ton modellierte, und es hat ihn bis heute nicht verlassen." So hat ein Kritiker schon vor vielen Jahren beschrieben, wie bei dem renommierten Künstler die Ideen für seine großen und voluminösen, aber auch für seine kleineren Werke entstehen. Ein anderer Kunstkenner formulierte: „Vor allem aus der Natur erhält der Künstler seine Anregungen, die er dann verarbeitet, um sie tasten und fühlen zu können. Dabei geht die Entwicklung ins Zeichenhafte. Die Arbeit wird zum Zeichen für die Form." Offen für die Anregungen aus seiner Umwelt, wird Deutsch ständig von Neuem angeregt. Er hat noch viele Ideen im Kopf.

 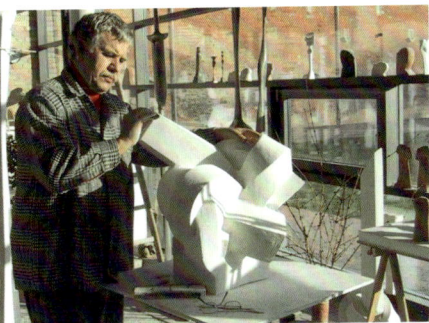

Mit seinen Stelen, mit seinen Helmen, Beil- oder Visierköpfen, erstellt in vielfältigen Formen, will der Bildhauer Anstöße geben, im Schauen und Denken des Betrachters kleine Akzentverschiebungen erreichen, die vielleicht irgendwann dessen praktisches Handeln beeinflussen. Arbeiten von Karl-Heinz Deutsch befinden sich in privatem und öffentlichem Besitz in einigen europäischen, aber auch überseeischen Ländern. Bei zahlreichen Ausstellungen hat er seine Arbeiten gezeigt, sich der Kritik gestellt und sein Schaffen erklärt. Dass er dies dann nicht in abgehobener oder akademischer Sprache tut, sondern mit Worten, die jeder verstehen kann, wenn er nur will, wird ihm positiv angerechnet.

Der am 26. März 1940 in Karlsruhe geborene Deutsch, der seinen Wohnsitz in Jockgrim und sein Atelier mit Galerie seit 2001 im Stadtpark Fronte Lamotte in Germersheim hat, ist gelernter Keramik-Modelleur. Nach drei Gesellenjahren nahm er 1960 das Studium an der Kunsthochschule Karlsruhe bei den Professoren Kindermann und Klemm auf und arbeitet seit 1965 als hauptberuflich freischaffender Künstler.

Er gewann mehrere Wettbewerbe für Kunst am Bau, erhielt 1973 den Pfalzpreis für Plastik, 1978 den Förderpreis des Landes Rheinland-Pfalz und 1997 den Kunstpreis der VPK mit Picasso-Medaille. Auch der Ehrenteller der Stadt Germersheim wurde ihm verliehen. 1988 wurde er Honorarprofessor an der Fachhochschule Rheinland-Pfalz, Abteilung Kaiserslautern. Er war Teilnehmer und Organisator einiger internationaler Bildhauersymposien.

ER IST FÜR DIESE LANDSCHAFT GEBOREN

Einen festen Platz in der Kunstszene der Südpfalz hat der Maler und Grafiker Werner Brand, gebürtiger Sachse (geboren am 18. Januar 1933 in Löbau/Bezirk Dresden), der seit vier Jahrzehnten Pfälzer ist und dem das Verdienst zukommt, die Landschaft des „Malers der Rheinebene" Albert Haueisen in den sechziger Jahren wiederentdeckt zu haben.

Aus der Feder von Wolfgang Diehl stammen die Sätze: „Seine Leistung ist in ihrer Konsequenz und Bedingungslosigkeit so mutig und groß, dass er nicht zu übergehen ist. In einer Zeit, da die Abstraktion ihren Siegeszug weitgehend vollendet hatte, hat sich Brand, zunächst als Autodidakt, dann aber als unverkennbarer Meister der Motive der Rheinebene, des Hochufers, der verschwiegenen Übergänge von Waldstücken und Auwiesen, der sanftge-

schwungenen Äcker des Rhein-Hinterlandes und des Altrheins angenommen. Ihm gelang es, eine verdrängte Bilderwelt neu zum Leben zu erwecken."

Aber nicht nur der Rhein ist sein Sujet. Von Brand gibt es wunderschöne Landschaftsbilder in Öl, Pastell und gezeichnet, Stilleben mit Blumen und Obst. Seine bevorzugten Jahreszeiten sind der späte Winter, wenn die Sonne langsam durch das Abschmelzen die grafischen Strukturen selbst ins Land schneidet, und der Vorfrühling, wenn die Klarheit der Atmosphäre einen ungeahnten Zauber ausstrahlt. Er kennt die Äcker und Felder der Region wie kein anderer seiner Kollegen, hat sie unzählige Male verewigt. Zu seiner Berühmtheit mit beigetragen haben Bilder, die abgestorbene, verwelkte Sonnenblumen zeigen. Seine detailgetreuen Stilleben finden bei Kunstfreunden immer wieder große Anerkennung. „Werner Brand ist für diese Landschaft geboren", behaupten Krititiker. Seit einigen Jahren bewohnt er ein schönes altes Anwesen in Hochstadt, den Bienchenhof, wo in einer Galerie sein unverkennbarer Malstil ausgiebig studiert werden kann.

Das Schaffen von Werner Brand hat vielfältigen Niederschlag in Auszeichnungen gefunden. Ein paar Preise seien genannt: Ehrenpreis und Förderpreis der Stadt Salzburg (1971), Hans-Purrmann-Preis der Stadt Speyer (1972), Förderpreis der Vereinigung Pfälzer Kunstfreunde Kaiserslautern (1974). Kunstpreis der Südlichen Weinstraße für Malerei (1976), Stipendium Villa Massimo Rom (1977), Heinrich-von-Zügel-Förderpreis der Stadt Wörth (1981), Burgund-Stipendium des rheinland-pfälzischen Kultusministeriums (1989). Er ist seit 1989 Dozent an der Malschule Herxheim.

MIT SANDSTEIN UND METALL NACH OBEN

Figuren aus Sandstein und Metall sind das besondere Markenzeichen des Bildhauers Volker Krebs. Mit diesen Materialien schafft er, wie Kritiker immer wieder herausstellen, eine unmittelbar spürbare Transparenz seines künstlerischen Credos. Das Rüstzeug für sein künstlerisches Schaffen holte er sich von 1972 bis 1978 an der Akademie der Bildenden Künste in Karlsruhe, wo er bei den Professoren Kindermann und Loth studierte. Zwei Jahre danach legte er das Staatsexamen als Kunsterzieher ab, unterrichtete aber nur kurze Zeit an einem Gymnasium, ist seit Anfang der siebziger Jahre freischaffender Künstler. Sein Atelier befindet sich in Böchingen.

Volker Krebs, am 30. Mai 1952 in Bad Dürkheim geboren, schuf bereits 1969 seine erste Steinplastik, beteiligt sich seit Studienbeginn an Gemeinschaftsausstellungen und stellt auch eigene Arbeiten einzeln aus. Die Bildhauerei war von Anfang an sein Metier. Immer ging es ihm um die unbeschönigte Darstellung der von ihm wahrgenommenen Realität des Alltags. In einer Beschreibung seiner Plastiken ist zu lesen, in ihnen sei das tägliche Leben, „das Leben zwischen Angst und Hoffnung", eingefangen. Aus Sandstein gehauene menschliche Fragmente verbergen sich in Metallumhüllungen, ziehen sich ängstlich zurück. Bei der Auseinandersetzung mit den Arbeiten von Volker Krebs wird nach Ansicht von Kennern der Bildhauerei „auch deutlich, dass aus den Zwängen neue Hoffnungen entstehen können - neue Kraft zum Überleben erwachsen kann."

Krebs ist kein Avantgardist, er steht mit beiden Beinen in der Tradition der Bildhauerei. „Und doch geht von seiner Arbeit etwas Neues aus", heißt es in einer wertenden Zusammenfassung seines Schaffens. „Er versteht es, mit der Darstellung des Menschen auch die Lebensbedingungen und das Innere dieser Menschen wiederzugeben."

Im Skulpturengarten im Bürgerpark Wörth („Mein zentrales Hauptwerk") hat sich Krebs, der 1982 den Haueisen-Förderpreis erhielt und seit 1983 Dozent für Bildhauerei an der Universität Landau ist, ein Denkmal besonderer Art gesetzt. Zwischen 1990 und 2000 sind acht Einzelfiguren aus rotem Sandstein und Kupfer entstanden, angeordnet um eine zentrale, alles überragende Flügelfigur. Die so ästhetisch wirkenden Figuren thematisieren den Übergang ins dritte Jahrtausend.

Skulpturen und Brunnen

INTERESSANTE KUNST IM ÖFFENTLICHEN RAUM

Die Aufgeschlossenheit für öffentliche Kunst ist in der Südpfalz seit jeher sehr ausgeprägt. Das gilt gleichermaßen für die Entscheidungsträger in den Städten und Gemeinden, wie für die Bürger. Aber nicht jedes Kunstwerk, das mit Geld aus der Gemeindekasse oder Spendenmitteln bezahlt wurde, fand nach der Aufstellung allgemein Gefallen. Es ist bekannt: Über nichts lässt sich trefflicher streiten als über Kunst. Das Schöne ist: Die Gemüter beruhigen sich sehr bald wieder. Wenn über jeden künstlerischen Plan (Aufstellung von Skulpturen, Brunnen, Denkmälern) vorher eine Volksabstimmung stattfände, wie zuweilen gefordert wird, wäre es mit der Kunst im südpfälzischen Raum nicht so gut bestellt wie es der Fall ist.

Landavia in Landau.

Wer sich einmal die Zeit nehmen würde, eine Tour zu allen frei zugänglichen Kunstwerken in der Südpfalz zu unternehmen, wäre ein paar Tage unterwegs. Aber wer tut das schon? Dabei wäre es durchaus lohnenswert, sich in allen Teilen der Region umzusehen und Kunst zu erleben. Nicht alle „in der Landschaft" stehenden und auf bewundernde Blicke wartenden Arbeiten deutscher und ausländischer Künstler sind es indes wert, besonders aufmerksam unter die künstlerische Lupe genommen zu werden.

In diesem Buch kann nur auf wenigen Seiten beschrieben werden, wo bemerkenswerte Werke stehen und aus welchem Material sie sind. Deshalb musste eine Auswahl getroffen werden, in die Leute mit Sachverstand einbezogen wurden. Der Reiz, einmal alle Skulpturen aufzulisten und zu interpretieren - auch im Blick auf folgende Generationen -, ist groß. Das gilt ebenso für die Brunnen, die es in so erfreulich großer Zahl gibt. Wer macht sich einmal an die Arbeit und bringt ein südpfälzisches Skulpturen- und ein ebensolches Brunnenbuch heraus?

Zwei Skulpturenparks sind von so großer künstlerischer Bedeutung, dass auf sie etwas näher eingegangen werden

Skulpturenpark in Wörth.

soll. Das gilt auch für einzelne Künstler, die mit ihrer Kunst
diesen Landstrich aufgewertet haben. Der Skulpturenpark
Germersheim im Hauptgraben der Festungsanlage Fronte Beckers entstand ebenso in den neunziger Jahren des vorigen
Jahrhunderts wie der Skulpturengarten im Bürgerpark
Wörth. Was in der ehemaligen Festungsstadt zu sehen ist,
stammt von zehn Bildhauern aus vier Nationen. Sie haben im
Rahmen eines internationalen Symposions 1997 aus tonnen-
schweren Sandblöcken einzigartige Werke zeitgenössischer
Kunst entstehen lassen. Die neun Skulpturen von Wörth
sind allesamt aus einer Hand.

Saubrunnen in Kandel.

Der Germersheimer Skulpturenpark dokumentiert „unterschiedliche künstlerische Ausdrucksweisen und die Har-
monie des Miteinanders derer, die die Kunst für einen
gewissen Zeitraum gemeinsam erarbeitet haben", wie die
frühere rheinland-pfälzische Kultusministerin Dr. Rose
Götte zur Einweihung der künstlerischen und touristischen
Attraktion der Stadt schrieb. Die Presse war von den Objekten des Symposions begeistert: „Ein bleibendes, dauerhaftes
Ergebnis. Eine Freilichtgalerie in einem Freilichtmuseum.
Aber auch ein Kaleidoskop künstlerischer Eigenwilligkeit
und Individualität" („Die Rheinpfalz").

Diese Bildhauer haben sich in Germersheim mit ihren
zeitlos interessanten Arbeiten verewigt: Georg Ahrens (Köln
und Weibern-Wabern/Eifel), Willi Bauer (Heiligenmoschel),

*Max-und-Moritz-Brunnen
in Bornheim.*

Olaf Bergman (Germersheim), Karl-Heinz Deutsch (Jock-grim/Germersheim - siehe auch Porträt über ihn in diesem Buch), Holger Grimm (Speyer), Ljubo de Karina (Brsec/Kroatien), Reiner Mährlein (Kaiserslautern/Paris), Christoph Mancke (Lünebach), Bertrand Ney (Berchem/Luxemburg), Villi Rossi (Muggia/Trieste). Die Arbeiten der Künstler haben Titel wie „Durchbruch", „Nische", „Zeit", „Dualität", „Prozess des Findens", „Torso", „Verknotung einer Stadt", „Sotto Hale Bopp", „Brücke in der Queich", „Kataster". Immer wieder kommen Kunstinteressierte auch von weiter her, um sich vom hier entstandenen, unverwechselbaren Ambiente in Bann ziehen zu lassen.

Die Skulpturen im Bürgerpark von Wörth sind in den Jahren 1991 bis 1999 entstanden. Der Bildhauer Volker Krebs (Landau/Böchingen - siehe auch Porträt über ihn in diesem Buch) hat mit seinen Monumenten aus Sandstein und Kupfer den Übergang ins dritte Jahrtausend reflektiert und thematisiert. Als das Jahr 2000 eingeläutet wurde, war alles fertig. Der Skulpturengarten ist Symbol für Vergangenheit, Gegenwart und Zukunft der Menschen und ihrer Errungenschaften. Als Krebs Ende der achtziger Jahre die Idee zu seinem Werk der besonderen Art entwickelte, wurde er belächelt, niemand glaubte so recht an eine Realisierung. Aber allen Anfeindungen und Ablehnungen, allen Selbstzweifeln zum Trotz ging er seinen Weg.

*Arbeit von Villi Bossi im
Skulpturenpark Germersheim.*

*Martin Luther vor der
Stiftskirche in Landau.*

*Brunnen vor dem
Alten Kaufhaus
in Landau.*

Die Stadt Wörth spricht im Zusammenhang mit dem „Park" von einem Stück gewachsener Kultur und einem wohl einmaligen Unterfangen in der Kunstgeschichte. Die Anlage besteht aus acht Einzelstationen, kreisförmig um eine zentrale, alles überragende Flügelfigur angeordnet und gegenseitig korrespondierend. Die Skulpturen aus rotem Sandstein und Kupfer haben eigene Titel: „Tor des Lebens", „Tor des Todes", „Adam und Eva", „Kreuzabnahme", „Menschenmasse", „Familie im Schutzraum", „Industrielle Entwicklung", „Zukunft".

In der Südpfalz gleich mit mehreren ebenso ungewöhnlichen wie attraktiven Brunnen vertreten ist Gernot Rumpf, der im Neustadter Stadtteil Lachen-Speyerdorf lebt und arbeitet. Ihn kann man mit Fug und Recht als den Brunnengestalter Nummer eins in der Pfalz und weit darüber hinaus bezeichnen. Welcher in dieser Region immer wieder große

Bellemer-Heiner-Brunnen in Bellheim.

Saubrunnen in Bornheim.

Bewunderung für Idee und Ausführung auslösende Brunnen ist der originellste? Das muss jeder Betrachter für sich selbst entscheiden. Ist es der Saubrunnen in Bornheim, der Tabakbrunnen in Hayna, der Brunnen in Herxheim oder der die vier Zustände des Weintrinkens darstellende Brunnen in Bad Bergzabern?

Rumpf ist ein in der Fachwelt höchst anerkannter, völlig unumstrittener Bildhauer, der seit 1979 als Professor an der Universität Kaiserslautern lehrt und mit zahlreichen Auszeichnungen bedacht wurde. Von ihm stammt auch der Elwedritschebrunnen in Neustadt. In einem Buch über einen seiner Brunnen in Viersen steht über den Neustadter zu lesen: „Er gehört zu einer kleinen, auserlesenen, keineswegs ‚programmierten‘ Schar von Künstlern, die mit neuen Mitteln dem nachspüren, was Goethe Urphänomene des Lebens nannte. Sie zeichnen sich durch ideologische Unbefangenheit aus. Sie haben einen wachen Sinn für elementare Spannungskräfte im Geiste, in der Seele, in der physischen Struktur des Menschen wie der Tiere oder der Pflanzen... Sie versuchen, unmittelbar in die Geheimnisse des ‚Geistes‘ wie der ‚Natur‘ einzudringen.“

Ein halber Pfälzer ist Martin Mayer aus München. Seine Eltern stammten aus Kaiserslautern, hier ging er zur Schule, unter anderem beim bekannten Mundartdichter Paul Münch. Drei Bronzeskulpturen von ihm stehen in Landau: Die „Landavia“ auf dem Martha-Saalfeld-Platz, die „Haarwaschende“ im Innenhof des Rathauses und der Martin Luther vor der Stiftskirche. Die über zwei Meter hohe und siebeneinhalb Zentner schwere Landavia,

die vom Künstler eigentlich den Namen „Palatina Baccha-
bunda" erhalten hatte, erregte vor allem in den Jahren 1980
und 1981 die Gemüter der Menschen.

Kein Kunstwerk hat nach dem Zweiten Weltkrieg in Landau und der Südpfalz so viele öffentliche Reaktionen ausgelöst
wie dieses. Nur zwei Zitate aus Leserbriefen von damals:
„Ein Künstler, dem nichts
anderes einfällt, als die Tole-
ranz und die frohe Wesensart
unserer pfälzischen Heimat
mit einer derart plumpen
Plastik darzustellen, hat von
der Pfalz wenig begriffen." -
„Ein Anziehungspunkt für
Landau wird die Landavia
nicht werden. Eher geben
wir uns bei den Auswärtigen
der Lächerlichkeit preis."
Längst wird über die Mayer-
sche Plastik nicht mehr ge-

*Warum Gernot Rumpf so gerne Brunnen gestaltet, hat er
in einem Interview einmal so erklärt: „Wenn ich eine Statue
mache, eine Plastik, dann geht die in die Ausstellung - wird
von jemandem gekauft und dann ist sie weg, verschwindet in
irgendwelchen Privatgemächern. Ein Brunnen dagegen ist
Allgemeingut, jeder kann sich daran freuen und das ist ganz
wichtig für mich. Und man kann diese Freude ‚lang machen'.
Ein Brunnen wird hoffentlich viele Jahrzehnte da sein, länger
als ich bin. Ich bin froh, wenn jemand an den Brunnenrand
geht, dies und das entdeckt und sich daran freut - das finde
ich schön."*

stritten, und der Stadt Landau hat das Werk des Münchner
Bildhauers (auch Schöpfer des Jakobpilgers in Sichtweite des
Speyerer Doms) absolut nicht geschadet.

Der in Polen geborene, 2001 in Karlsruhe gestorbene Bildhauer Wieslaw Stefan Pietron und die ebenfalls mit der Region eng verbundene Bildhauerin Helga Sauvageot haben
gemeinsam zahlreiche Kunst-
werke geschaffen, von denen
einige in der Südpfalz stehen.
Da sind die Plastiken „Balance" vor dem Dorfgemeinschaftshaus Hochstadt,
„Knospe" in Venningen,
„Marta und Kind" in Ger-
mersheim, „Begegnung" in
Böchingen, „Hirtenplatz" in
Bornheim, „Blickpunkt" in

Göcklingen, „Kreuz im Kreuz" auf dem Friedhof von Bornheim. Und Brunnen in Ilbesheim und Erlenbach (Storchenbrunnen).

Zum Nachdenken anregende Arbeiten entstanden im Zusammenhang mit den Kulturtagen Südliche Weinstraße 2000
beim Projekt „Land-art". Die Künstler Karl-Heinz Deutsch,

*Ensemble „König - Dame -
Springer" von Karl-Heinz
Deutsch in Sichtweite des
Germersheimer Ateliers
des Bildhauers.*

Rathausbrunnen in Wörth.

*Sandstein-Skulptur von Ljubo de Karina
im Skulpturenpark Germersheim.*

Tabakbrunnen in Hayna.

Storchenbrunnen in Erlenbach.

Stefan Forler, Jochen Kitzbihler, Daniel Moritz Lehr und Lucie Wegmann (gemeinsam), Friedrich Riedelsberger, Helga Sauvageot und Karlheinz Zwick schufen Skulpturen und Plastiken, die in der freien Natur stehen und als „Durchblick-Animationen" zu begreifen sind. Wer durch die Kunstwerke durchblickt auf Ortschaften, Burgen und idyllische Winkel, bekommt einen ganz anderen Eindruck von den beobachteten Objekten.

Die Kunstwerke erfüllen eine klare Funktion, wie der Landauer Kunstkritiker Dr. Matthias Brück sich ausdrückt: „Über ihren Objekt- und Kunstwerkcharakter hinaus konzentrieren, bündeln sie den ansonsten (vielleicht) umherschweifenden Blick des Wanderers, lenken ihn auf Sehenswürdigkeiten, ungeahnte Besonderheiten südpfälzischer Landschaftlichkeit. Bilden somit in der Tat zum Teil Rahmen-Konstruktionen - bisweilen durchaus dem konventionellen Rahmen verwandt." Die Arbeiten der genannten Künstler stehen bei Wernersberg, Gleiszellen-Gleishorbach, Gleisweiler, Herxheim, Göcklingen, Maikammer und Bornheim.

Von Jürgen Goertz gestaltet:
der Königsplatz in Germersheim.

Eine sehr kunstorientierte Stadt ist Germersheim. Zahlreiche Werke Bildender Kunst, die an den verschiedensten Standorten stehen, haben schon manche kleine Entdeckungsreise kreuz und quer ausgelöst. Um einige an kleineren Orten aufgestellte Skulpturen und Kunstobjekte aus ihrem Schattendasein herauszuführen, hat die Stadt die Broschüre „Kunst-Objekte im öffentlichen Raum" herausgebracht, die ein guter Wegweiser ist und vor allem auch Informationen über die Künstler enthält. Wer dem Plan folgt, bekommt Kunst von hohem Wert und in vielfältiger Form und Ausführung zu sehen.

Der Rundgang führt natürlich auch über den Königsplatz, den Jürgen Goertz mit fünf Einzelobjekten zum Thema „Frieden" gestaltet hat. Besonders stark vertreten in der Stadt ist Karl-Heinz Deutsch mit für ihn typischen Arbeiten aus Sandstein. Sie prägen

Seit jeher ein Blickfang:
Der alte Brunnen in der
Dorfmitte von Leinsweiler.

Skulptur „Balance" vor dem
Dorfgemeinschaftshaus
Hochstadt.

in weiten Bereichen das Bild von Germersheim. Quasi der ganze Ort ist zu seinem Ausstellungsraum geworden. Deutschs Atelier befindet sich in der Infanterie-Galerie von Fronte Lamotte mit Fensterfläche zum Stadtpark. Einige der Objekte hier sind Dauer-Leihgaben des renommierten Bildhauers.

Einen Saubrunnen gibt es übrigens außer in Bornheim auch in Kandel. Fast 100 Jahre alt ist der Brunnen am Schulhaus am Kandeler Marktplatz. Aufmerksamkeit finden neben dem Storchenbrunnen in Erlenbach auch der Lebensfreudebrunnen in Freckenfeld, der Korbmacherbrunnen in Schaidt, der Brunnen mit der Kugel am Rathausplatz in Wörth und der Bellemer-Heiner-Brunnen in Bellheim.

Beispielhaft seien aus Landau und dem Kreis Südliche Weinstraße genannt: Der Brunnen vor dem Alten Kaufhaus in Landau, der Brunnen vor der Kreisverwaltung SÜW in Landau, der Brunnen mit Fuchs und Trauben in Böchingen, der Slevogtbrunnen im Ortsmittelpunkt von Edenkoben, der Marktbrunnen neben der Kirche in Edenkoben, der Brunnen „Eschbacher Rutschpartie" in Eschbach, der sich auf Wein und Winzer beziehende Brunnen in Flemlingen, der Stuhlbrunnen in Kapsweyer, der August-Becker-Brunnen in Klingenmünster, der alte Brunnen mitten in Leinsweiler, der Freundschaftsbrunnen in St. Martin.

Korbflechterbrunnen
in Schaidt.

Skulptur „Daphne"
in Germersheim.

Brunnen vor der Kreisverwaltung
Südlichen Weinstraße in Landau.

Brunnen „Eschbacher Rutschpartie"
vor dem Dorfgemeinschaftshaus
Eschbach.

Brunnen in Flemlingen.

August-Becker-Brunnen
in Klingenmünster.

Sandstein-Skulptur von
Georg Ahrens im
Skulpturenpark
Germersheim.

199

Herausragende Bauwerke

Vom Weintor bis zum Slevogthof

Die Südpfalz ist ein Landstrich mit einer Fülle herausragender Bauwerke. Wer all die Burgen und Burgruinen, die Schlösser und historischen Gebäude kennen lernen will, sollte sich Zeit und Muße nehmen. Es ist nicht ratsam, von „Haus" zu „Haus" zu rasen, einen schnellen Blick hineinzuwerfen und das flüchtig besichtigte Objekt auf der Liste abzuhaken. Ob Trifels oder Villa Ludwigshöhe, ob Madenburg oder Deutsches Weintor, ob Slevogthof oder Festung Germersheim - in der Region wird einiges fürs Auge und zur Auffrischung geschichtlichen Wissens geboten.

Trifels: Von den Saliern gegründet

Das wohl bekannteste und am stärksten besuchte historische Bauwerk weit und breit neben dem Hambacher Schloss ist der Trifels, auf einem schmalen Felsriff - der Spitze des rund 500 Meter hohen Sonnenbergs - über dem Queichtal und der Stadt Annweiler gelegen. Der gebürtige Landauer Autor Peter Meyer betont in einem Buch: „Die drei bewaldeten Kuppen mit den roten Sandsteinen darauf sind die am häufigsten wiedergegebene Kulisse aus der Pfalz. Sie ist schön, an sie hefteten sich im 19. und 20. Jahrhundert auch der Traum vom Reich, Reichsschwärmerei, Reichsideologie."

Auf diesen Kuppen sind neben der Reichsburg Trifels („Herrscherin des Pfälzer Waldes") noch die Ruinen Scharfenberg (auch Münz geheißen, im Bauernkrieg zerstört) und Anebos (schon 1264 aufgegeben) zu sehen. Der Name Trifels = drei Felsen ist wahrscheinlich auf das Zusammenspiel der auffallenden drei Bergkegel zurückzuführen.

Die erste urkundliche Erwähnung des Trifels geht auf das Jahr 1081 zurück, historische Überlieferungen zu der Burg verdichten sich ab dem Jahre 1113, was den Schluss nahelegt, dass sie von den Saliern als Reichsburg gegründet wurde. Kurz vor seinem Tod im Jahre 1125 übergab Kaiser Heinrich V. laut einer Urkunde „die Krone und die anderen Insignien" zur Aufbewahrung auf der Burg Trifels dem Staufer Herzog Friedrich von Schwaben.

Dieser symbolische Akt prägt die Rolle, die der Trifels im Selbstverständnis des Staufergeschlechtes zukünftig entscheidend spielen sollte. Im Hochmittelalter galt die Reichsburg Trifels als Eckpfeiler kaiserlicher Macht. Die römisch-deutschen Kaiser und Könige ließen im 12. und 13. Jahrhundert hier die Reichskleinodien verwahren. Seit Beginn des 19. Jahrhunderts befinden sich die Originale in der Schatzkammer des Kunsthistorischen Mueum in Wien. Auf dem Trifels werden Nachbildungen gezeigt.

Bekannt wurde der Trifels auch durch seine Staatsgefangenen. 1193 wurde hier als berühmtester von allen der englische König Richard Löwenherz gefangen gehalten. Das ist belegt. Über die Haftbedingungen gibt es sehr unterschiedliche Berichte. In Worms wurden zwischen dem 25. und 29. Juni 1193 die Bedingungen für Richards Freilassung, die schließlich am 4. Februar 1194 erfolgte, ausgehandelt. Die immense Lösegeldsumme, die Heinrich V. hierfür erhielt, ermöglichte ihm einen Beutefeldzug gegen das Normannenreich in Süditalien. Nach seinem Sieg 1194 in Palermo und der Proklamation zum König Siziliens wurden der sagenhafte Normannenschatz und viele Geiseln auf den Trifels gebracht.

Der Trifels war keine Residenz, denn die Staufer und besonders Friedrich Barbarossa kannten keinen festen Sitz, sondern regierten „vom Sattel aus". Zur Verwaltung und Rechtsprechung zog der König mit seinem Anhang im Reich umher. Dafür war der Trifels ein sicherer Ort zur Aufbewahrung der Insignien der Macht: Krone und Zepter.

Zu Beginn des 15. Jahrhunderts ging die Burg endgültig in den Besitz der Pfalzgrafen über. Ab dem 16. Jahrhundert diente sie nur noch als Verwaltungssitz. Ein Blitzschlag im Sommer 1602 löste einen Brand aus und der Trifels wurde ein Raub der Flammen. 1635 gaben die damaligen Besitzer die Burg ganz auf. Über das Schicksal im 17. und 18. Jahrhundert ist nichts bekannt. Seit Mitte des 19. Jahrhunderts schmiedeten verschiedene Architekten Wiederaufbaupläne. Ab 1938 bis 1966 wurde dann gebaut. Im Dritten Reich, so ist nachzulesen, wurden „mächtige Ideologiesteine, wiewohl in staufischer Buckelquadertechnik behauen, aufgerichtet".

Der Trifels bei Annweiler.

Aus der Glanzzeit der Burg um 1200 sind der Brunnenturm und der Hauptturm mit kräftigen staufischen Quadern und dem Kapellenerker erhalten. In der gewölbten romanischen Burgkapelle im Obergeschoss behütete man früher die Reichskleinodien. Im Raum darüber sind ausgezeichnete moderne Kopien der wichtigsten Teile des Reichsschatzes ausgestellt: Reichskrone, Reichskreuz, Reichsapfel, Zepter und Reichsschwert. Der anschließende Palas - wiedererstanden nach Ideen von Rudolf Esterer mit drei Geschossen und dem als freie Schöpfung gestalteten Kaisersaal - ist ein vollständiger Neubau aus den Jahren 1938 bis 1942.

Öffnungszeiten: 1. April bis 30. September 9 bis 18 Uhr, 1. Oktober bis 30. November und 1. Januar bis 31. März 9 bis 17 Uhr. Letzter Einlass 30 Minuten vor Schließung. Im Dezember geschlossen.

MADENBURG: EINE DER GRÖSSTEN BURGANLAGEN

Zu den größten und ältesten mittelalterlichen Burganlagen der Pfalz gehört die Madenburg bei Eschbach. Als Festplatz der Geschichte kann sie mit dem Hambacher Schloss zwar nicht konkurrieren, aber ein eindrucksvolles Bauwerk ist sie allemal. Die ehemalige Reichsburg aus dem 11. Jahrhundert, die auf dem 476 Meter hohen Rothenberg mitten im Wald steht, ist für Spaziergänger und Wanderer nicht nur wegen der Möglichkeit der Einkehr in der Gaststätte beliebt, sondern vor allem auch, weil man von hier oben einen wunderbaren Blick hat.

Bei gutem Wetter kann man die Türme des Speyerer Doms und die Stadt Landau sehen, und nichts versperrt den Ausblick in den Wasgau. August Becker hat vor mehr als 150 Jahren bereits festgehalten: „Die Madenburg gewährt von allen Burgen am Rhein die großartigste, schönste und wechselvollste Fernsicht."

Seit dem pfälzischen Erbfolgekrieg (1688-1697) ist die Madenburg Ruine. Mehr stand sie im Brennpunkt tiefgreifender politischer Ereignisse, so 1525, als sie von gegen die Feudalherrschaft rebellierenden Bauern gestürmt wurde. Oder 1848, als hier eine Kundgebung für „Freiheit und Einheit Deutschlands" mit Robert Blum, dem legendären Vorkämpfer für Demokratie und Volkssouveränität, stattfand. Geschichtliche Eckdaten zur Madenburg. 1076: Erste

Madenburg

Erwähnung als „Parthenopolis" (griechisch für Madenburg). 1176: Erste urkundliche Erwähnung als im Besitz einer Gräfin Idda von Madenburg befindend. 1240: Übertragung des Nutzungsrechts an die Leininger. 1449: Anteile an der Burg durch die Familien Reinhard von Neipperg, Hans von Sickingen und Friedrich von Fleckenstein. 1481: Verkauf an die Familie Johannes von Heideck (bis 1511). Zeit des Dreißigjähriges Krieges: Wechselweise Besetzung durch spanische, österreichische, schwedische und französische Truppen. 1680: Sprengung durch Truppen von Ludwig XIV. 1800: Ersteigerung durch vier Landauer Bürger, 26 Jahre danach Erwerb durch 36 Eschbacher Bürger. 1843: Besuch durch Maximilian, Kronprinz von Bayern. 1870: Gründung des Madenburgvereins, der das Bauwerk vor dem Verfall bewahrte.

LANDECK: KLINGENMÜNSTERS WAHRZEICHEN

Das Wahrzeichen von Klingenmünster ist die Burg Landeck in etwa 305 Meter Höhe. Sie wurde um 1180 als Ersatz für das zerstörte „Waldschlössel" - erste Schutzburg des Klosters Klingenmünster am östlichen Ausläufer des Treutelberges - erbaut. Dieses „Schlössel", eine Turmburg aus salischer Zeit, war 1168 im Rahmen eine Fehde zwischen Kaiser Friedrich I. Barbarossa und dem Grafen von Saarbrücken zerstört worden. Die ehemalige Reichsburg gehörte ursprünglich den Grafen von Leiningen.

Wenig Geschichte ist von dieser Burg aufgezeichnet, die „steinernen Zeugen" sagen leider nichts. Der Journalist Peter Meyer merkt in seinem Werk „Die Pfalz" an: „Da sitzt man im Garten der Burgschenke, blickt hinunter, hinaus in die Ebene und schaut vom Bergfried hinein

Landeck

ins Bergland: In der Achse des Tals erscheint der Abtskopf und weiter die Ruine Lindelbrunn, Reichsburg auch sie wie die nahe Madenburg bei Eschbach."

Sorgfältigen Restaurierungsarbeiten ist es zu verdanken, dass sich die Landeck heute zumindest teilweise als hervorragendes Beispiel staufischer Steinmetzkunst präsentiert.

Über eine Holzbrücke gelangt man ins Innere. Die Ringmauern sind beachtlich. Vom 23 Meter hohen Bergfried aus bietet sich ein guter Rundblick. Zur Einkehr lädt die Burgschenke ein. Das wahrscheinlich älteste Burgfest in der Pfalz findet jedes Jahr am letzten Wochenende im Juni statt.

Geschichtliche Eckdaten zur Landeck. 1210: Übergang in den Besitz der Grafen von Eberstein als Reichslehen. 1238: Wohnsitz von Konrad von Klingen und Heinrich von Ingenheim, auch Residenz von Emich IV., Gründer der Stadt Landau. 1345: Übernahme des Ochsensteiner Lehen durch das Kloster Klingenmünster. Folgejahre: Wechsel des Kurpfälzer Teils zu den Grafen von Zweibrücken und wieder zurück an die Pfalz. 1689: Zerstörung durch Brandschatzung durch französische Truppen im Pfälzischen Erbfolgekrieg. 1881: Gründung des Landeck-Vereins, der sich seither um den Erhalt der Ruine kümmert.

LINDELBRUNN: EINST REICHSBURG ZUR VERTEIDIGUNG DES TRIFELS

Die vor bald 500 Jahren im Zuge des Bauernkrieges von 1525 von aufständischen Bauern niedergebrannte Felsenburg Lindelbrunn, gelegen in 440 Metern Höhe auf einem Bergkegel etwa drei Kilometer von Vorderweidenthal entfernt, ist seitdem unbewohnt und verfiel. Aber interessant ist die Mitte des 12. Jahrhunderts vermutlich als Reichsburg zur Verteidigung des Trifels gegründete Burg allemal, nicht nur wegen der 360-Grad-Rundsicht bei guter Witterung.

Die Burg, die sich seit 1963 im Besitz des Landes Rheinland-Pfalz befindet, ist in den Jahren 1979 bis 1981 umfangreich saniert worden, dabei wurden Reste der freistehenden ehemaligen Nikolauskapelle aufgedeckt und teilergänzt. Erhalten sind außerdem die Reste von einem Palas (Saalbau) mit gekuppelten Fenstern und einer Buckelquaderfassade ins Tal, Wohnbauten, Felsenkammern, eine befestigte Toranlage und Umfassungsmauern.

Lindelbrunn

Es wird vermutet, dass der Name Lindelbrunn auf den Burgbrunnen zurückzuführen ist, an dem eine große blühende Linde stand. Möglicherweise stammt die Burg aus dem Besitz der Speyerer Reichskirche. Es kann angenommen werden, dass der Hauptbau mit Palas und Kapelle durch Dieter von Lindenbol, Nachfahre des Reichstruchseß Markward von Annweiler, errichtet wurde. Die Besitzer wechselten mehrfach.

RIETBURG:
HÖCHST GELEGENE BURG AM HAARDTRAND

Die von 1200 bis 1204 durch das Adelsgeschlecht der Herren von Riet erbaute Burg - wie bei allen Herrenbauten jener
Zeit wurden die Arbeiten durch abhängige Bauern im Fron-
dienst ausgeführt - liegt in
einer Höhe von knapp 530
Meter. Wer gerne hinauf
möchte, um den Blick in die
Rheinebene in vollen Zügen
zu genießen oder von hier aus
eine Wanderung zu starten,
muss sich nicht quälen, falls
er nicht gut zu Fuß ist. Denn
seit dem 31. Juli 1954 verkehrt
ab Villa Ludwigshöhe die 1.

Rietburg

pfälzische Sesselbahn (560 m lang, in Betrieb von Ostern bis
Allerheiligen) zur höchst gelegenen Burg am Haardtrand.

Hundert Jahre nach Errichtung des Baues ging alles kaputt, als ein rivalisierender Feudalherr auf der Burg einmar-
schierte. Das Bauernvolk aus der Umgebung musste erneut
die mühevolle Arbeit auf sich nehmen - diesmal für das
Hochstift Speyer - und die Burgfeste aufbauen. Die zweite
Zerstörung erfolgte im Dreißjährigen Krieg. Was heute noch
zu sehen ist, geht auf umfangreiche Erhaltungsmaßnahmen
durch die Gemeinde Rhodt vor rund 80 Jahren zurück. Eine
mächtige Schildmauer aus dem 13. Jahrhundert, mit Buckel-
quadern verkleidet, schützt die Oberburg. Eine Unterburg ist
südlich vorgelagert. In der Oberburg befindet sich eine Gaststätte.

Geschichtliche Eckdaten zur Rietburg. 1255: Gefangen-
nahme von Elisabeth von Braunschweig, Gattin des jungen
deutschen Königs Wilhelm von Holland, durch Hermann von
Riet. Bald danach wieder Freilassung nach dem Eingreifen
von Graf Friedrich II. von Leiningen, Philipp von Falkenstein,
Philipp von Hohenfels, Werner von Bolanden und Bürger der
Städte Worms, Oppenheim und Mainz. Anfang des 14. Jahrhunderts: Die Bischöfe von Speyer sind die neuen Besitzer.
1460: Eroberung durch den Grafen von Leiningen. 1872: Bei
Grabungsarbeiten Auffinden eines aus 580 Gold- und Silber-
münzen bestehenden Schatzes aus dem 16. Jahrhundert.
1925: Erhaltungsmaßnahmen durch die Gemeinde Rhodt.

1931: Errichtung einer Hütte zwischen den Ruinen durch den Pfälzerwald-Verein. 1955: Bau der Burggaststätte. 1991: Gründung eines Fördervereins.

NEUSCHARFENECK:
EINE FRAU GAB EINST DEN BAUAUFTRAG

Es war eine Frau, Gunda von Scharfeneck, die 1232 mit dem Bau von Neuscharfeneck bei Ramberg beginnen ließ. Mitte des 13. Jahrhunderts gerieten die Scharfenecker immer mehr in den Bannkreis des pfälzischen Hochadels, konnten ihre Selbstständigkeit nicht mehr aufrecht erhalten und verkauften Teile ihrer Herrschaft. Die als ihre Residenz ausgebaute Burg wurde nicht ständig von der Familie bewohnt, diente vielmehr als Verwaltungssitz und Wohnsitz der Amtsleute.

Mehrfach wurde Neuscharfeneck aus- und umgebaut. Im Bauernkrieg, 1525, zerstörten Bauern des so genannten „Nußdorfer Haufens" die Burg, indem sie sie in Brand setzten. Auch Altscharfeneck (heute sind nur noch Spuren vorhanden) fiel den Flammen zum Opfer,

Neuscharfeneck

blieb Ruine, während Neuscharfeneck in sechs Jahren wieder aufgebaut wurde. Endgültig Ruine ist sie seit 1633. Quer über die Bergzunge läuft eine 58 Meter lange und zwölf Meter breite Schildmauer. Autor Peter Meyer: „Scharfenecker, vor allem der böse Ritter Einaug mit dem weiten Mantel und dem Kremphut, boten hinreichend Stoff, aus dem Sagen geschneidert werden konnten. Sie werden bis heute durchs abgeschiedene Tal getragen."

Geschichtliche Eckdaten zu Neuscharfeneck: 1416: Wechsel zur Kurpfalz. 1496: Ausbau durch Kurfürst Friedrich I. Um 1530: Wiederherstellung nach der Zerstörung im Bauernkrieg durch die Grafen von Löwenstein-Scharfeneck. 1633: Zerstörung während des Dreißigjährigen Krieges. 1971: Gründung des Scharfeneck-Vereins mit dem Ziel, die Ruine zu erhalten.

RAMBURG:
TEIL DES TRIFELS-SICHERUNGSSYSTEMS

Wo die Bürger von Ramberg einst Frondienste leisten mussten, arbeiten sie heute - wenn dies notwendig ist - freiwillig und aus Idealismus. Denn die Ramburg oberhalb des Ortes soll nicht verfallen, vielmehr Ziel für durstige und hungrige Wanderer sein. Die Ramburg gehört zusammen mit Neuscharfeneck und Meistersel zu den drei Burgen im Dernbacher/Ramberger Tal, die dem Trifels als Sicherungssystem vorgelagert waren. Zerstörungen im Bauernkrieg und im Dreißigjährigen Krieg haben einen Teil der Schildmauer mit Buckelquaderverkleidung übrig gelassen. Erhalten sind weiterhin Reste der Ringmauer, des Palas, eines Felsenkellers und eines Brunnens.

Ramburg

Geschichtliche Eckdaten zur Ramburg. 12. Jahrhundert: Errichtung durch Barbarossa als Reichsburg. 1163: Erste urkundliche Erwähnung. 1348: Bestätigung des Burgfriedens durch König Karl IV. per Urkunde. 1358: Überschreibung des ewigen Öffnungsrechts an Pfalzgraf Ruprecht durch die Ritter von der Ramburg. 1525: Teilweise Zerstörung im Bauernkrieg durch den „elsässischen Kolbenhaufen". 1560: Feuer durch Blitzschlag mit Zerstörung der Fenster, aber weiter als Wohnburg durch die Scharfenecker nutzbar. Dreißigjähriger Krieg: Plünderung, aber keine totale Zerstörung. 1638: Die letzten Bewohner gehen.

Meistersel

MEISTERSEL: PARADEBEISPIEL
FÜR PFÄLZER FELSENBURGEN

Die Burg Meistersel bei Ramberg, auch „Modenbacher Schloss genannt", gehört zu den ältesten Felsenbauten aus der Mittelalter und ist nach dem Trifels die älteste Burg der Pfalz. Aber nur wenige Touristen finden den Weg zu ihr. Details über die Entstehung sind nicht bekannt, doch so viel weiß man: Meistersel wurde im 11. Jahrhundert errichtet, die Burg gehörte zunächst dem Bischof von Speyer, kam im späten 12. Jahrhundert in Reichsbesitz. Seit dem 14. Jahrhundert war sie Ganerbenburg. In einem Buch wird sie als „Paradebeispiel Pfälzer Felsenburgen" bezeichnet und vorgestellt als ein Ort der Ruhe, an dem sich der Wanderer mehr als nur eine kleine Rast gönnen sollte. Benannt ist die Burg nach dem staufischen Beamten Heinrich von Meistersel.

Geschichtliche Eckdaten zur Meistersel. 1207: Tod von Heinrich von Meistersel. 1277: Ende der Geschichte der Familie Meistersel. 1407: Schwur der Herren von Meistersel, Burgfrieden zu halten und Übergriffe auf die Mitbesitzer und ihre Burgmannen nicht zu dulden. 1485: Heinrich von Zweibrücken-Bitsch erbt den Teil der Burg, der dem verstorbenen Georg von Ochsenstein gehörte. 1525: Teilzerstörung im Bauernkrieg, anschließend Wiederherrichtung. Dreißigjähriger Krieg: Zerstörung. 1662: Inbesitznahme durch den Grafen von der Leyen. 1743: Renovierung der Ruine. 1803: Verkauf an privat. 1935: Erwerb durch eine Fabrikantenfamilie aus Ludwigshafen. Heute im Besitz des Landes.

GUTTENBURG:
BLICK BIS WEIT HINEIN INS ELSASS

In einer Höhe von 503 Meter auf dem Schlossberg bei Dörrenbach/Oberotterbach liegt die Ruine Guttenburg, von der aus man einen beeindruckenden Blick auf den Mundatwald und bis weit hinein ins Elsass hat. Wer der Namensgeber war, ist nicht endgültig geklärt. War es Landolf von Guttenberg oder Ulrich von Guttenberg? Möglicherweise war es der Letztgenannte, der 1174 im elsässischen Weißenburg in Gegenwart Kaiser Friedrich I. eine Schenkung an das Kloster Eußerthal bestätigte.

Erbaut wurde die Guttenburg auf einem schmalen Felsstreifen. Früher gab es eine Ober- und eine Unterburg. Von den einstigen drei Burgtoren ist nur noch eines vorhanden. Erhalten sind Teile der Ringmauer, eine Felsentreppe zur Oberburg und Überbleibsel des Bergfrieds.

Geschichtliche Eckdaten zur Ruine Guttenburg. 1150: Erste Erwähnung als Reichsburg. 1246: Übergabe an König Konrad IV. durch Isengard von Falkenstein in Vertretung ihres Gatten, Reichstruchsess Phillip I. von Falkenstein. 1250: Übernahme durch die Herrern von Fleckenstein. Danach öfter Besitzerwechsel (Leininger Grafen, Sickinger, Lichtenberger und Fleckensteiner Herren). 1463: Übergabe an die Lichtenberger durch Graf Schaffried von Leiningen. Sofort Weiterverkauf an Kurpfalz und Pfalz-Zweibrücken. 1525: Zerstörung im Bauernkrieg durch einen lothringischen Bauernhaufen. 1874: Sicherung nach Aufräumungsarbeiten. 1899: Vom Verschönerungsverein Bad Bergzabern gesammeltes Geld reicht nicht aus für größere Erhaltungsmaßnahmen. 1985: Übergang in den Besitz des Landes.

Guttenburg

SCHLÖSSEL BEI KLINGENMÜNSTER:
WENIG BEACHTET

Weit weniger beachtet als die Burg Landeck ist in Klingenmünster das Schlössel auf dem 350 Meter hohen Nordostkamm des Treutelsberges. Wer hinauf laufen will, muss sich erheblich anstrengen. Das Schlössel ist die einzige salische Turmhügelburg im südwestdeutschen Raum. Sie wurde im 11. Jahrhundert errichtet und im 12. Jahrhundert zerstört. Da die Burg nie überbaut wurde, gewährt sie einen guten Einblick in den Alltag der damaligen Zeit.

Im Historischen Museum in Speyer sind einige Dinge zu besichtigen, die bei Grabungen gefunden wurden, so ein in Stein geritztes Mühlespiel, ein Spielwürfel, eine Flöte, Keramiken, Säulen, Kapitelle und einiges weitere mehr. Das Schlössel, das einst den Menschen aus dem Kloster Klingenmünster als Schutz diente, befindet sich im Besitz des Bezirksverbandes Pfalz und steht unter dem Schutz der Haager Konvention.

Geschichtliche Eckdaten zum Schlössel. 1030/1050: Als Adelsburg in der pfälzischen Befestigungsanlage errichtet. 1168: Zerstörung durch Stauferkaiser Friedrich Barbarossa. Dreimal Zerstörung. Mehrfach Besitzerwechsel.

KROPSBURG:
NACH ALTEN PLÄNEN WIEDERAUFGEBAUT

Die sich in privatem Besitz befindende Kropsburg bei St. Martin wurde Anfang des 13. Jahrhunderts erbaut. Zunächst war ein Teil, später die ganze Burg an die Freiherren von Dalberg verliehen. Die Kropsburg war als Zufluchtsort einer Gemeinschaft von weniger mächtigen Leuten geschaffen worden, zur Verteidigung und nicht zum Angriff gedacht, leicht erreichbar, wenn es die Not erforderte.

Kriege im 17. Jahrhundert machten die Burg unbewohnbar. Ein Hotelier kaufte die Ruine vor fast 90 Jahren und baute sie nach alten Plänen wieder auf. Erhalten sind ein Flankierungs- und ein Treppenturm, Teile der Ringmauer, des Bergfrieds und des Ritterhauses. Die Burg ist bewohnt und nicht allgemein zugänglich. In einem Büchlein über Edenkoben schwärmt der Autor Fritz Renz: „Im Näherkommen präsentiert sich die Kropsburg als ein Zierstück der Landschaft und als ein Probierstück für Maler und Fotografen."

Kropsburg

Geschichtliche Eckdaten zur Kropsburg. Etwa 1206: Gründung. Etwa 1300: Ein Freiherr von Dalberg, Kämmerer von Worms, erwirbt die halbe Burg. Etwa 1400: Erwerb auch der anderen Hälfte durch den Dalberg. 1689: Teilweise Zerstörung durch die Horden des Franzosenkönigs Ludwig XIV. 1771: Ausbau und Verschönerung durch Gottlob Dalberg, Domkapitular in Speyer. 1920: Erwerb durch den Hotelier Karl Jungk.

FESTHALLE LANDAU: EIN JUWEL DES JUGENDSTILS

Festhalle Landau

Die Landauer Festhalle gehört zu den bedeutendsten Festspiel- und Theaterbauten des Jugendstils im süddeutschen Raum. Das von 1905 bis 1907 errichtete und unter Denkmalschutz stehende Gebäude, das von Ende Oktober 1999 bis Januar 2002 mit starker Förderung durch das Land saniert und renoviert wurde, ist heute nicht nur ein Schmuckstück, sondern eine stark in Anspruch genommene multifunktionale Veranstaltungsstätte.

Die Wiederherstellung des Jugendstils nach strengen denkmalpflegerischen Gesichtspunkten macht die „gute Stube" der Region so einzigartig. Dass es solche nicht alltäglichen Orte der Begegnung noch gibt, erfreut auch den Präsidenten des Europäischen Verbandes der Veranstaltungs-Centren, August Moderer. In der Festhalle von Landau träfen „Vergangenheit und Gegenwart aufeinander", es könne getagt und gefeiert werden im historischen Ambiente, ohne den Komfort modernster Technik missen zu müssen.

Landau brauchte zu Beginn des 20. Jahrhunderts dringend eine große Veranstaltungsstätte, denn das Alte Kaufhaus, wo die Theater- und Konzertaufführungen bis dato stattfanden, erwies sich als zu klein und zu wenig komfortabel. Aber für einen auf 332.000 Reichsmark kalkulierten Neubau fehlte das Geld. Es mutete fast wie ein Märchen an, dass sich 1903 ein Mann meldete, der unbekannt bleiben wollte, aber bereit war, die Errichtung und Ausstattung einer Festhalle zu finanzieren. Später wurde bekannt, dass es der gut betuchte, studierte Landwirt und Fabrikant August Ludowici war.

Die Pläne für den neuen Musentempel stammten von dem Düsseldorfer Architekten Hermann Görke. Am 10. Mai 1905 wurde der erste Spatenstich vollzogen, nach zweieinhalb Jahren war das Bauwerk bereits vollendet und konnte am 26. Oktober 1907 eingeweiht werden. Die Festhalle ist seitdem der Mittelpunkt des kulturellen und gesellschaftlichen Lebens nicht nur von Landau. Sie überstand zwei Weltkriege und vielerlei Zweckentfremdungen. Sie war vom Militär besetzt, sie war Lazarett und Schauplatz großer politischer Demonstrationen und Parteiveranstaltungen in Zeiten des Nationalsozialismus und auch der Demokratie.

Die Festhalle ist ein organisches Ganzes, ein Gesamtkunstwerk im Sinne der Zeit. Außenbau und Innenraum stellen eine funktionale Einheit dar. Mächtige Treppenhausrisalite durchbrechen die Gebäudeflucht. Dazwischen spannen sich die großen Fenster des großen Saals. Nach Norden schließt sich ein Restaurationstrakt an. Alles wird beherrscht vom mächtig aufragenden Bühnenturm.

„Die Jugendstil-Festhalle ist die gute Stube der Südpfalz - ein Kleinod, in dem vielfältige, überregionale Veranstaltungen geboten werden. Sie ist wie kaum ein anderes Bauwerk geeignet, die kulturelle Verbundenheit, die Bedeutung von aktivem Ehrenamt und regional verbundenem Bürgersinn in der Südpfalz zu demonstrieren." Diese Sätze stammen vom Germersheimer Landrat Dr. Fritz Brechtel. Für Theresia Riedmaier, Landrätin des Kreises Südliche Weinstraße, ist die Festhalle „das große Konzerthaus der Südpfalz, nach der Sanierung und Renovierung schöner und interessanter denn je". Dieser Einschätzung von beiden schließt sich Landaus Bürgermeister Thomas Hirsch an, auch er sagt: „Die Jugendstil-Festhalle ist nicht nur für Landau, sondern für die ganze Südpfalz die zentrale Veranstaltungsstätte, sozusagen die gute Stube der Region."

VILLA LUDWIGSHÖHE:
„HEITER UND LEICHT MUTET SIE AN"

König Ludwig I. hatte unbeschwerte Kinderjahre in der Pfalz verbracht, hing an ihr mit geradezu schwärmerischer Liebe, und so verwunderte es nicht, dass er Edenkoben für seinen Plan auswählte, sich einen Sommersitz „in des Königreichs mildestem Teil" zu bauen. Es sollte „eine Villa italienischer Art, nur für die schöne Jahreszeit bestimmt" werden, so seine Vorgabe. Ab dem Jahr 1846 wurde die Villa, die bewusst nicht als „Schloss" gedacht war, nach den Plänen des Architekten Friedrich Wilhelm von Gärtner errichtet. Der Baumeister starb jedoch bereits ein Jahr nach Beginn der Arbeiten. König Ludwig I. musste 1848 abdanken und so zog sich die Fertigstellung der klassizistischen Villa bis 1851 hin.

Die Villa Ludwigshöhe liegt idyllisch am Fuße der Rietburg, wo die Weinberge in Wald übergehen. „Weit grüßt das Wittelsbacher Königsschloss in die Landschaft hinaus, und heiter und leicht mutet es mit seiner säulengeschmückten Fassade den Betrachter an, dem es von fern schon wie ein Geschöpf südlich-fröhlicher Breiten in den Blick kommt: so ganz anders als die trotzigen Burgen und wehrhaften Schlösser, welche auf Bergen und Vorbergen der Haardt Zeugen der schweren Geschichte des Landes sind, wie ein fremdes Kind, das es in diese Gegend verschlagen hat", schreibt Fritz Renz in einem Büchlein über Edenkoben.

Errichtet wurde die „Villa" als erhabene Vier-Flügel-Anlage mit Innenhof und doppelgeschossiger Reihe von dorischen bzw. ionischen Säulen mit Porticus am talseitigen Flügel nach dem Vorbild altrömischer Villen. In den Gesellschaftsräumen sind Wand- und Deckenmalereien im pompejanischen Stil zu sehen, vermutlich von J. A. Schwarzmann. Im Obergeschoss befindet sich die bedeutendste deutsche Sammlung der Werke des Impressionisten Max Slevogt, außerdem sind Werke Mannheimer und Münchner Maler des ausgehenden 18. Jahrhunderts ausgestellt.

Regelmäßig finden Führungen in der Villa Ludwigshöhe statt. Wer daran teilnimmt, erfährt viel über den Bauherrn Ludwig I. und seinen zwiespältigen Charakter und über das Leben am Hofe des Königs von Bayern. Zu sehen sind dabei neben den Malereien an Decken und Wänden auch die Mosaikfußböden aus verschiedenen Edelhölzern, kostbare

Villa Ludwigshöhe

Möbel, die historische Küche und Porträts der Wittelsbacher.

Das Land Rheinland-Pfalz erwarb die Villa Ludwigshöhe 1975 aus dem Wittelsbacher Ausgleichsfonds und restaurierte sie in großem Umfang.

Noch einmal sei Fritz Renz zitiert: „Das Schloss bietet in der klassischen Reinheit seiner Linie, gerahmt vom Kranz der Reben und der Kastanien vor der Kulisse der Waldberge, ein Bild des Ausgleichs zwischen heiter und streng, zwischen leichtherzig und kämpferisch, zwischen Wein und Holz, zwischen Lebenlassen und Leben. Kaum ein Bauwerk kennzeichnet besser Weinpfälzer Art.”

Öffnungszeiten: Vom 1. April bis 30. September 10 bis 18 Uhr, vom 1. Oktober bis 30. November und vom 1. Januar bis 31. März 10 bis 17 Uhr. Im Dezember und am ersten Werktag der Woche geschlossen, Führungen zu jeder vollen Stunde.

SLEVOGTHOF:
SOMMERSITZ DES GROSSEN MALERS

Wer bei Leinsweiler in Richtung Burgruine Neukastel in die Höhe schaut, sieht schon von weitem den weißen Turm des Slevogthofes. Das Anwesen war der Sommersitz des Impressionisten Max Slevogt, der hier täglich malte und zeichnete, wenn er vor Ort war. Der große deutsche Maler erwarb 1914 das aus einem Meierhof hervorgegangene Anwesen, das sich im Besitz der Familie Finkler befand, aus der seine Frau Antonie (genannt Nini) stammte. Er kannte sie bereits seit seiner Jugendzeit, hatte sie 1898 in Leinsweiler geheiratet. Aber schon vorher weilte er des öfteren in dem idyllisch gelegenen Hofgebäude mit der tollen Fernsicht. Als die Finklers in finanzielle Schwierigkeiten gerieten, kaufte Slevogt das

Slevogthof

Hofgut Neukastel, das allgemein nur „Slevogthof" genannt wird.

In den Jahren 1922 und 1923 ließ Slevogt einen Erweiterungsbau nach Süden errichten, der unter anderem Bibliothek und Musiksaal aufnahm. 1924 schuf er im Musikzimmer Fresken, die Szenen aus der „Zauberflöte", „Don Giovanni" und „Ring der Nibelungen" darstellen und bemalte 1929 die Decke der Bibliothek mit Motiven aus „Tausend und einer Nacht" und dem „Lederstrumpf". Bei Führungen können die Wand- und Deckenmalereien ebenso besichtigt werden wie einige Familienporträts von der Hand des Malers, dazu persönliche Dinge, Briefe und Inventar. Sehenswert ist auch der Figurenschmuck nach Slevogt-Entwürfen von 1928 bis 1930 im Garten.

Die Bausubstanz des langgestreckten Slevogthofs, bestehend aus einem vielgliedrigen Gebäudeensemble mit Innen- und Vorhof sowie einer terrassierten Gartenanlage, ist im Wesentlichen erhalten, wenn auch teilweise erneuert. Die ältesten Gebäudeteile stammen aus der ersten Hälfte des 19. Jahrhunderts, in dessen zweiter Hälfte der romantisierende zinnenbewehrte Turm hinzu kam. Noch heute befindet sich der Slevogthof in den Händen direkter Nachkommen des Malers.

Öffnungszeiten: Täglich außer donnerstags geöffnet. Führungen zwischen März und November um 11.15 und 13.30 Uhr, samstags und sonntags zusätzlich um 16 Uhr.

DEUTSCHES WEINTOR: BELIEBTES AUSFLUGSZIEL

Eines der beliebtesten Ausflugsziele an der Südlichen Weinstraße ist das Deutsche Weintor in Schweigen, 1936 nach nur zweieinhalb Monaten Bauzeit rund um die Uhr errichtet und eingeweiht. Die Pläne dazu stammten von den Landauer Architekten Karl Mittel und Josef Peter. Sie gewannen im Februar 1936 den ersten Preis des ausgeschriebenen Wettbewerbs: Sie schlugen eine große Weinlaube vor, die sich über die Weinstraße spannt und die beiderseits von hohen, weiß gekalkten Sandstein-Pfeilern in doppelter Reihung getragen wird. Bestimmte Vorgaben hatte es nicht gegeben, es sollte nur ein offenes Tor aus Stein geplant werden: als Eingangstor zur 1935 geschaffenen Deutschen Weinstraße.

Deutsches Weintor

Aber der Entwurf gefiel dem Auftraggeber nicht so recht, er forderte die Architekten in einem Gespräch zu einer Überarbeitung auf. Mittel und Peter, gar nicht entmutigt, setzten sich in Landau an den Tisch eines Cafés, machten sich neue Gedanken und hatten plötzlich eine Idee. Da sie kein Papier zur Hand hatten, nahmen sie den Marmortisch als „Zeichenbrett". Innerhalb einer Woche legten sie einen neuen Plan vor, der akzeptiert wurde.

Am 3. August 1936 erfolgte der erste Spatenstich, am 27. August 1936 wurde der Grundstein gelegt und am 18. Oktober 1936 konnte bereits Einweihung gefeiert werden. Die Gemeinde Schweigen hatte das Baugelände gestellt, Dörrenbach das Holz, Oberotterbach die Steine und Rechtenbach den Kalk geliefert. Mittel sagte später: „Unter größten Schwierigkeiten gelang es uns, das Weintor bis zum Herbst zu vollenden - wie gewünscht."

Mitte der dreißiger Jahre des vorigen Jahrhunderts ging es den pfälzischen Winzern und speziell denen an der deutschfranzösischen Grenze sehr schlecht, die Weinpreise waren niedrig, die Nachfrage nach Wein war trotz allem gering. Da wurde der Gedanke geboren, die Situation durch Weinwerbung und Fremdenverkehr zu verbessern. Die Weinstraße zwischen Schweigen und Bockenheim wurde kreiert. Das zur Einweihung über die Straße in Schweigen gestellte bescheidene Holztor, das die Eingangspforte symbolisierte, sollte durch ein steineres Bauwerk ersetzt werden. Im Mai 1937 konnte dann auch die neue Weintor-Gaststätte in Betrieb genommen werden.

Das Deutsche Weintor überstand den Zweiten Weltkrieg ohne Schaden, nur der Ostflügel der Gaststätte wurde schwer beschädigt. Zuerst stand das Weintor im Eigentum der Winzergenossenschaft „Weintor", 1944 ging es in den Besitz der Bezirksregierung Pfalz über, war nach dem Krieg einige Jahre unter Sequester gestellt und wurde 1949 dem Landkreis Bergzabern übereignet. Seit 1978 ist die Genossenschaft Deutsches Weintor die Besitzerin, inzwischen auch der umgebauten Gaststätte.

NATO-BUNKER ST. MARTIN: VERSTECKT IM BERGHANG

Ein Erlebnis der nicht alltäglichen Art ist der Besuch des alten Nato-Bunkers in der Nähe von St. Martin. Der Eingang befindet sich gut versteckt in einem Berghang und ist von Nichteingeweihten schwer zu finden. Aber da der in den Jahren 1964 bis 1972, in der Zeit des Kalten Krieges, gebaute Bunker ohnehin nicht frei zugänglich ist und nur im Rahmen von offiziellen Führungen begangen werden kann, ist dies nicht weiter schlimm.

Im Auftrag des Bundesverteidigungsministeriums wurde das Bauwerk, das im Kriegsfall vermutlich die Zentrale des Nachrichtendienstes geworden wäre, in den Berg gesprengt. Angeblich sollen 200.000 Kubikmeter Fels aus dem Berg geholt worden sein. Der Bunker hat eine Gesamtlänge von 470 Meter, ist ein weitläufiger Komplex mit 3000 Quadratmeter Verkehrsfläche, bestehend aus einem Verkehrsstollen mit vier Quer- und zwei Verbindungsstollen. Dank eines Wassersammelstollens wäre eine eigene Wasserversorgung möglich gewesen. Der Bunker ist seit der Jahrhundertwende im Besitz der Gemeinde St. Martin.

Führungen: Mehrmals im Jahr. Für Gruppen von 10 bis maximal 30 Personen Extraführungen möglich. Termine sind beim Büro für Tourismus in St.Martin, Telefon 0 63 23/53 00, zu erfahren.

FRIEDENSDENKMAL EDENKOBEN: KUNSTHISTORISCH BEDEUTSAM

Friedensdenkmal bei Edenkoben.

„Mit seiner beeindruckenden Denkmallandschaft ist Edenkoben in Deutschland nahezu einmalig", freut sich der ehemalige Bürgermeister Franz Schmidt. Zu den Denkmälern, die aus dem „Angebot" besonders hervorgehoben werden müssen, gehört das 1899 eingeweihte Sieges- und Friedensdenkmal auf dem Werderberg, errichtet zur Erinnerung an den Sieg und die Reichseinigung von 1871. Es liegt etwas vergessen abseits der Touristenwege, dabei ist es unübersehbar. Dass seine kunsthistorische Bedeutung etwas in Vergessenheit geraten ist, wird von Fachleuten bedauert.

„Das Denkmal verdient schon wegen seiner historischen Rolle als Provinzialehrenmal der Pfalz (nach dem Anspruch seiner Initiatoren sogar ganz Bayerns) auf gleiche Ebene etwa mit dem Denkmal an der Porta Westfalica gerückt zu werden... Seinen Dimensionen nach gehört das Sieges- und Friedensdenkmal in eine Reihe mit den Monumenten von Bruno Schmitz: dem Denkmal der Völkerschlacht bei Leipzig (1894-1913), dem Kyffhäuser-Denkmal (1896), der Porta Westfalica (1897) und dem Deutschen Eck in Koblenz (1887)", schrieb der Historiker Meinhold Lurz in einem Aufsatz.

Das Denkmal auf dem Werderberg folgt in stilistischer Hinsicht dem Stil der Münchner Sezession. Die Anlage, nach

den Plänen des Bildhauers August Drumm erbaut, umfasst
ein tempelartiges Gebäude, einen halbkreisförmigen Vorplatz,
eine Freitreppenanlage und ein Reiterstandbild. Die Halle
zeigt die Büsten und Medaillons von Fürsten, Staatsmännern
und Militärs der Reichsgründerzeit, die figürliche Darstellung
der Einigung von Nord und Süd in Deutschland und die
Wappen der Bundesländer. Schön ist das Deckenmosaik. Der
Bau des Denkmals war ein Gemeinschaftswerk der Kampfge-
nossenschaft der pfälzischen Kriegervereine und wurde mit
Spenden aus allen Bevölkerungskreisen finanziert.

Nach den Worten von Fritz Renz spiegelt dieses Denkmal
die Freude der Vorvätergeneration im leidgeprüften Grenzland über die Befreiung von dem seit drei Jahrhunderten stets
gegenwärtigen politischen und militärischen Druck wider.
Lurz sagt: „Weniger eindeutig als die Denkmäler von Schmitz
tritt das Edenkobener als Denkmal des Sieges, der deutschen
Einigung oder Kaiser Wilhelms auf. Statt dessen setzt es den
Akzent außer auf den Sieg ebenso auf den Frieden."

HISTORISCHE GEBÄUDE IN LANDAU:
BESICHTIGUNG WERT

Die „Hauptstadt" der Südpfalz, Landau - von dem Dichter
Paul Ginthum „die südpfälzische Herzstadt" geheißen -, die
„City mit dem teils geheimrätlichen, teils mädchenhaft-
kecken Gesicht" (Schriftsteller Wolfgang Schwarz), ist eine
Stadt mit vielen historisch interessanten und sehenswerten
Bauwerken. Einige verdienen eine besondere Vorstellung.

Die 1333 geweihte Stiftskirche, eine dreischiffige Basilika
(ein zweites nördliches Seitenschiff wurde erst 1490 ange-
fügt), entspricht den Bauprinzipien süddeutscher Bettelor-
denkirchen. Dem Westportal ist eine Vorhalle vorgelegt,
über der sich der über 52 Meter hohe Turm erhebt, der aus
einem dreigeschossigen quadratischen Unterbau von 1349,
einem achtseitigen zweigeschossigen Oberbau von 1458
und einem hinter einem spätgotischen Schmiedeeisengitter
zurückgenommenen, ebenfalls achtseitigen Aufsatzgeschoss
(ehemalige Türmerwohnung) mit Barockhaube und Laterne
(um 1715) besteht. Die Stiftskirche war bis 1893 Simulta-
neum, ist seitdem protestantische Pfarrkirche. Der Turm
befindet sich im Besitz der Stadt.

Ein überregional bedeutsames, kunstgeschichtliches Bau-
denkmal des 15. bis 17. Jahrhunderts ist das Frank-Loebsche

Gerichtsgebäude in Landau.

Frank-Loebsches Haus in Landau.

Galeerenturm in Landau.

Haus. Die stattliche Vierflügelanlage vereint Bauteile von der Spätgotik bis zum Klassizismus (Fassade). Vom Ende des 19. Jahrhunderts an war es im Besitz der Vorfahren von Anne Frank, deren Urgroßeltern hier wohnten. Heute ist es Stätte der Begegnung und der Erinnerung an die Verfolgung und Ermordung jüdischer Mitbürger und an in Konzentrationslager deportierte und dort getötete Sinti. Eine Bürgerinitiative hat das Haus von 1980 bis 1987 vor dem möglichen Abriss bewahrt und zusammen mit dem Land Rheinland-Pfalz erheblich zur Rettung beigetragen. Das schon im 17. Jahrhundert erwähnte Gasthaus „Zur Blum" gibt es immer noch. Das Frank-Loebsche Haus beherbergt Dokumente zur Geschichte der Juden und Sinti. Im Haus untergebracht sind das Frank-Loeb-Institut der Universität und das Institut für Politikwissenschaft der Universität.

Die dreischiffige Katharinenkapelle gegenüber dem Frank-Loebschen Haus hat, „so klein und unscheinbar sie auch sein mag, eine ganz eigene Geschichte", betont Stadtarchivar Michael Martin. Nicht die Kirche hat sie erbaut, Bauherren waren der Rat der Stadt Landau und die Bürgerschaft. Gedacht war sie für die so genannten Beginen, eine Laienvereinigung frommer Frauen, die sich den Armen und Kranken widmeten. Baubeginn war 1344. Als 1530 die letzten Frauen dieser Gemeinschaft gestorben waren, wurde die Kapelle ab Mitte des 17. Jahrhunderts in der Winterzeit für Beerdigungen genutzt. 1847 sollte das Gotteshaus abgerissen werden,

der Plan ließ sich aber nicht realisieren, die Stadt baute die Kapelle um und stellt sie seit 1872 den Altkatholiken zur Verfügung. Seit 1960 hält auch die Selbstständige Evangelisch-Lutherische Kirche (SELK) hier ihre Gottesdienste.

Das Alte Kaufhaus am Rathausplatz war einst der Mittelpunkt des Handels- und Wirtschaftslebens von Landau. Es ist etwa so alt wie die Kirchen der Altstadt. In wesentlichen Teilen seines Baukörpers geht es bis in die zweite Hälfte des 14. Jahrhunderts zurück. 1838/39 wurde das Gebäude von August von Voit historisierend umgestaltet. Stadtarchivar Martin hat über die Rolle des später lange Jahre als Kino genutzten Kaufhauses in einem Buch festgehalten: „Hier wurden vor allem importierte und zum Export bestimmte Waren zwischengelagert. Metalle, Stoffe, Lebensmittel aller Art, Getreide und Mehl, aber auch Pulver, Salpeter und Schwefel und die dazugehörenden Geschütze wurden hier verwahrt. Das Haus diente auch als Eichamt." Von all dem ist heute nichts mehr zu spüren. Das Alte Kaufhaus ist zum Kulturzentrum geworden: dank einer stark engagierten Bürgerinitiative und der Unterstützung durch das Land.

Altes Kaufhaus in Landau.

Der letzte erhaltene Mauerturm der mittelalterlichen Stadtbefestigung ist der Galeerenturm. Im Grundriss rechteckig, erhebt er sich ohne Außengliederung bis zu einer Höhe von vier Geschossen und schließt mit einem Walmdach. In der französischen Zeit, etwa um 1732, wurde der Turm als Militärarrestlokal ausgebaut. Der Name rührt möglicherweise daher, dass die Gefangenen von hier aus oft zu Galeeren geschickt worden sind.

Die Augustinerkirche oder Heilig-Kreuz-Kirche - ehemalige Klosterkirche der Augustiner-Eremiten - ist von 1405 bis 1413 gebaut worden, als Neubau für einen Vorgängerbau. Erst 1962 wurden Malereien entdeckt. Vom flach gedeckten Kreuzgang aus der Mitte des 15. Jahrhunderts - er wurde im 18. Jahrhundert erheblich nach Westen erweitert - sind nur noch Teile erhalten. Der spätgotische Kreuzgang ist sehr sehenswert.

Kirchturm in Wollmesheim.

Am Rathausplatz, 1689 nach einem Stadtbrand an der Stelle von drei mittelalterlichen Häuserblocks als Paradeplatz neu angelegt, befindet sich das Rathaus. Der vordere Teil war die ehemalige bayerische Kommandantur und wurde 1827 auf den Resten des alten Rathauses von 1691/92 (1794 durch die Explosion des Zeughauses zerstört) errichtet.

Stiftskirche in Landau.

Bauernkriegshaus in Nußdorf.

*Marienkirche
in Landau.*

Als eines der schönsten Gerichtsgebäude Deutschlands gilt das am 1. April 1903 eröffnete Landauer Justizgebäude. Der imposante Justizpalast am Rande der Innenstadt ist in den Rang einer Landauer Sehenswürdigkeit gerückt, nicht zuletzt wegen des prächtigen Treppenhauses und des ganz in Weiß und Gold gehaltenen, mit Stuckarbeiten in barockem Stil reich ausgestatteten großen Sitzungssaals, in dem sich die hohe, mit einer Krone versehene Kuppel wölbt.

Ein Gebäude, das „in seiner gediegenen Vornehmheit eine Sehenswürdigkeit für sich ist", wie es ein Mitarbeiter des Stadtarchivs einmal formuliert hat, ist die Villa Streccius, die seit 1978 ausschließlich als städtische Galerie genutzt wird. Seit 1957 war sie bereits „Kulturhaus", sollte das Heimatmuseum aufnehmen, aber dieser Plan zerschlug sich. Lange Zeit sah es danach aus, als müsste die 1893 von Ludwig Levy im Auftrag des aus Annweiler gebürtigen Notars und Justizrats Heinrich Streccius gebaute Villa verkauft werden, um den Haushalt der Stadt zu entlasten. Bereits in den dreißiger Jahren war eine solche Idee verfolgt worden, aber es fand sich kein Käufer. Regelmäßig finden in der „Streccius" Ausstellungen hat.

Nach Plänen von Josef Cades für einen Dom in Rottenburg wurde die Pfarrkirche St. Maria in den Jahren 1908 bis 1911 erbaut. Die Anlage ist dreischiffig in Nachahmung des spätromanisch-frühgotischen Stils. Zwei spätgotische Holzreliefs „Beweinung Christi" und die „Heilige Sippe" verdienen Aufmerksamkeit.

Ein stolzes Fachwerkhaus gegenüber der protestantichen Kiche von Nußdorf ist das Bauernkriegshaus. Das Gebäude erinnert an die Revolution Pfälzer Bauern 1525, ausgebrochen an einem Kirchweihtag.

Der älteste Kirchturm der Pfalz steht in Wollmesheim. Es ist der Turm der heutigen protestantischen Kirche, die bis 1932 Katholiken und Protestanten als Simultankirche diente. Das steinerne Gotteshaus ist im Jahr 1040 geweiht worden und gehört neben dem Dom zu Speyer und dem Kloster Limburg zu den ältesten Kirchen der Pfalz. Der Turm ist sehr viel älter, wurde einst wohl als Wehr- und Schutzturm gebaut.

ANNAKAPELLE BURRWEILER:
REGELMÄSSIG WALLFAHRTEN

Die der heiligen Anna gewidmete Annakapelle bei Burr-weiler ist in ihrer heutigen Form 1897 errichtet und größ-tenteils mit privaten Mitteln finanziert worden. Bereits 1716 und 1765 gab es an gleicher Stelle Kapellen, die aber wegen Baufälligkeit abgerissen werden mussten. Die Bemalung des Chors und der Seitenaltäre im Nazarener Stil stammt von dem Würzburger Künstler Matthäus Schiestl. Keine fundier-ten Hinweise gibt es zur Herkunft und Geschichte des Gna-denbildes, einer ein Meter hohen, bunt bemalten Holzfigur der Anna Selbdritt. Als Gläubige aus Burrweiler und Flem-lingen am 1. Mai 1749 hier zu einer Buß- und Bittprozession zusammenkamen und Glocken diese verkündeten, gab es von Stund' an keinen Sterbefall mehr durch die grassierende Pest. Die Gläubigen gelobten deshalb, immer am 1. Mai eine Wallfahrt zu veranstalten. Dieses Gelübde wird bis heute er-füllt. Nur einmal, im Kriegsjahr 1944, fiel sie aus. Die Bitt-prozession ist nach wie vor am 1. Mai, an neun aufeinanderfolgenden Dienstagen ist Wallfahrtsmesse.

Annakapelle bei Burrweiler.

WENDELINUSKAPELLE ESSINGEN:
EUROPÄISCHES KULTURDENKMAL

Wendelinuskapelle in Essingen.

Ein europäisches Kulturdenkmal ist die Wendelinuska-pelle Essingen, im Jahre 1280 erstmals als Pfarrkirche von Oberessingen urkundlich erwähnt. Die Kapelle besteht aus einem kurzen Langhaus und einem zweigeschossigen Chor-turm mit Spitzhelm. Kostbar sind die Wandmalereien aus dem 15. Jahrhundert. Es handelt sich bei den Darstellungen um einen vollkommen erhaltenen Marienzyklus. Das Sakra-mentshäuschen und die Beschläge der Sakristei stammen aus der Erbauungszeit der kleinen Kirche, die im gemeinsa-men Eigentum der protestantischen und der katholischen Kirchengemeinde steht. Der 1990 gegründete Heimatverein St. Wendelinus Essingen hat es sich zur Aufgabe gemacht, dieses Kleinod zu erhalten und mit Leben zu füllen. 1999 wurde ein Nebengebäude errichtet für Veranstaltungen wie Konzerte, Lesungen etc.

KLÖSTER KLINGENMÜNSTER, HEILSBRUCK UND EUSSERTHAL

Das ehemalige Benediktinerkloster Klingenmünster war ein Reichskloster, das sich auf der Gemarkung der heutigen Gemeinde Klingenmünster befand und gleichzeitig auch deren Keimzelle war. Erbaut wurde es wahrscheinlich im Jahre 626 durch die so genannten „Schwarzen Mönche" in der Regierungszeit des Merowingerkönigs Dagobert I. Dafür gibt es einige Indizien. Um 840 brannten die Wohngebäude und das Kirchendach ab, dabei gingen alle Dokumente des Klosters verloren. Seine Blütezeit erlebte es im 11. und 12. Jahrhundert. Nach einer wechselvollen Geschichte mit vielen Höhen und Tiefen, mit Verpfändung und Plünderung, kam mit dem Fortschreiten der Reformation und der Glaubensspaltung der Niedergang des Klosters.

Zisterzienserkirche Eußerthal.

Kloster Heilsbruck in Edenkoben.

Über 700 Jahre alt ist das Kloster Heilsbruck in Edenkoben, 1262 von Zisterzienserinnen gegründet, 1281 von Rudolf von Habsburg unter den Schutz des römischen Reiches gestellt, 1525 im Bauernkrieg geplündert und verwüstet, 1560 auf Befehl Friedrich III. von der Pfalz aufgelöst. Seit Beginn des 19. Jahrhunderts wechselten die Pächter und Besitzer mehrmals. 1898 erwarb die Kaufmannsfamilie Überle und Ritzhaupt das Kloster, heute wird es von dem Winzer Jacob Sulzer, einem Nachfahren der Familie Überle, geleistet. Das Kloster Heilsbruck ist ein bekanntes Weingut.

Das Anwesen ist nur noch zum Teil von Klostermauern eingefasst, die darin enthaltenen Weinberge gehören zu den ältesten und exklusivsten Einzellagen der Region. Ältester Teil der Anlage ist der heutige Weinkeller von 1533. Die Kirche darüber wurde im 19. Jahrhundert abgetragen, von ihr zeugt nur noch der ehemaligen Seitenturm. Das Refektorium von 1540 (Säulensaal mit Kreuzgewölbe) wird ebenso wie die Remise für Veranstaltungen genutzt. Der gepflasterte Innenhof ist unverfälscht. In der Scheune mit Holzgebälk finden Konzerte statt. Der Weinkeller ist einer größten Holzfasskeller weit und breit.

Aus rotem Sandstein in strengem Baustil errichtet ist das Zisterzienserkloster Eußerthal. Das Kloster wurde 1148 gegründet, die Mönche kamen aus dem lothringischen Kloster Weiler-Bettnach. Der Bau der Kirche begann 1220, die Einweihung erfolgte 1262. Von der 1960 gründlich restaurierten Klosterkirche stehen nur noch der Chor, das Querschiff und das erste Joch des Langhauses. Die etwas versteckt liegende Basilika ist besonders sehenswert.

DAMPFNUDELTOR FRECKENFELD: GAR KEIN LUSTIGER HINTERGRUND

Errichtet wurde das zweiteilige Dampfnudeltor in Freckenfeld - wie das Wappenschild am großen Tor ausweist - im Jahre 1716. Über dem kleinen Tor sind ein Männerkopf und zwei Kinderköpfe zu sehen. Die Buntsandsteine sind so geformt, dass sie wie Dampfnu-deln aussehen. Am kleinen Tor sind es 368 und am gro-ßen 918, insgesamt als 1286. Über den Hintergrund für diese Toranlage war von dem Kandeler Heimathistoriker Werner Mühl zu erfahren, dass das Tor der Überliefe-rung nach an eine Begeben-heit erinnert, die sich während des Dreißigjährigen Krieges ereignet haben soll.

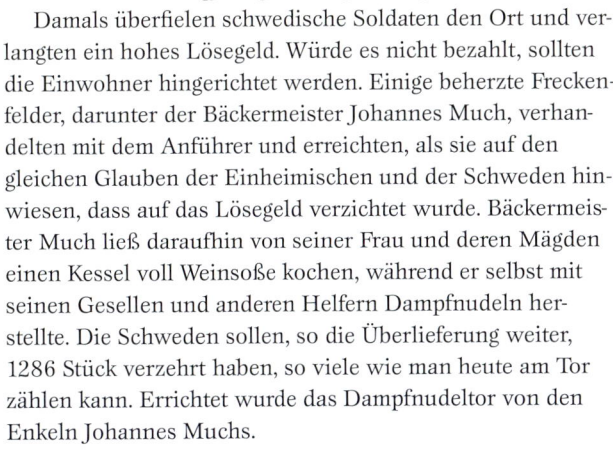

Dampfnudeltor in Freckenfeld.

Damals überfielen schwedische Soldaten den Ort und verlangten ein hohes Lösegeld. Würde es nicht bezahlt, sollten die Einwohner hingerichtet werden. Einige beherzte Freckenfelder, darunter der Bäckermeister Johannes Much, verhandelten mit dem Anführer und erreichten, als sie auf den gleichen Glauben der Einheimischen und der Schweden hinwiesen, dass auf das Lösegeld verzichtet wurde. Bäckermeister Much ließ daraufhin von seiner Frau und deren Mägden einen Kessel voll Weinsoße kochen, während er selbst mit seinen Gesellen und anderen Helfern Dampfnudeln herstellte. Die Schweden sollen, so die Überlieferung weiter, 1286 Stück verzehrt haben, so viele wie man heute am Tor zählen kann. Errichtet wurde das Dampfnudeltor von den Enkeln Johannes Muchs.

Festungs-anlagen

EIN GEWALTIGES STÜCK ZEITGESCHICHTE

Im Mittelalter war fast jede Stadt in Deutschland befestigt, hatte eine Anlage zu Verteidigungszwecken. Die Festungen dienten der Sicherung gegen Eroberung durch feindliche Feldarmeen bei möglichst geringer Zahl der Verteidiger. Auch später wurden aus militärischen Gründen noch Festungsanlagen angelegt, so in Landau von 1688 bis 1691 (Ludwig XIV. fürchtete nach dem Ausfall 1687 der Türken als Verbündete der Franzosen nach ihrer Niederlage bei Mohácz, dass freiwerdende Reichstruppen gegen den Rhein operieren würden, um die neu erworbenen Besitzungen im Elsass und in der Pfalz zu entreißen) und Germersheim von 1834 bis 1855 (zum Schutz des linken Rheinufers gegen Frankreich zusammen mit Landau). Beide südpfälzischen Festungen wurden geschleift, aber es sind Reste erhalten geblieben, die besichtigt werden können. Sie spiegeln ein gewaltiges Stück Zeitgeschichte wider.

Auszug des Kronprinzen von Preussen aus der Festung Landau durch das Französische Tor am Morgen des 4. August 1870.

FESTUNG LANDAU

Das Deutsche und das Französische Tor, zwei ebenso gewaltige wie ansehnliche Bauwerke, erinnern die Bürger und die Besucher daran, dass Landau einst eine Festung war, wenn auch nicht „eine der stärksten der Christenheit", wie es immer wieder in Veröffentlichungen wider besseres Wissen heißt. Der Erbauer Sébastien le Prêtre (1633-1707), bekannter unter dem Namen Vauban, hatte in einem Gutachten vor Aufnahme der Arbeiten erklärt, „wenn die Festung nach diesen Vorschlägen erbaut wird, so muss sie eine der stärksten der Christenheit werden". Sie wurde es nicht...

Vauban hatte den Auftrag erhalten, in Landau eine Festung zu errichten. Im Oktober 1687 legte er seinen Plan vor. Die Franzosen begannen bereits im folgenden Monat mit dem Abriss der noch bestehenden engen mittelalterlichen Festungsanlagen. Von Albersweiler bis Landau wurde ein 13 Meter breiter und sieben Kilometer langer Kanal gebaut, um das Baumaterial auf eigens konstruierten Flachkähnen im Pendelverkehr zu transportieren. Am 26. April 1688 kam Frankreichs Kriegsminister Louvois nach Landau und legte

Deutsches Tor in Landau.

den Grundstein zur neuen Grenzfestung, die das nördliche
Einfallstor zum Elsass verschließen sollte. In nur vier Jahren
mit massiven Problemen bauten bis zu 10.000 Arbeiter eine
Festungsanlage, die als eine der modernsten ihrer Zeit galt.
Stadtarchivar Michael Martin schreibt: „Es war eine logisti-
sche und technische Meisterleistung, die die Franzosen voll-
brachten." Und zu den Problemen merkt er an: „Desertionen
in großem Umfang waren an der Tagesordnung, epidemische
Krankheiten wie Brechdurchfall oder Ruhr rafften die Soldaten in großer Zahl hin. Die Arbeitsbedingungen waren mise-
rabel." Vier bis fünf Arbeiter starben im Schnitt am Tag.

Während des Festungsbaus fiel ein Großteil der Innenstadt einer durch Brandlegung entstandenen Feuersbrunst
zum Oper (24. Juni 1689). Durch diesen Großbrand wurde
die mittelalterliche Struktur der Stadt zerstört. Die Franzosen
legten Straßenzüge und Häuserreihen an und schufen damit
die heutige Landauer Stadttopografie.

Am Ende der ganzen Arbeiten stand die neue Festung mit
einem achteckigen, 2,2 Kilometer langen und teilweise bis zu
14 Meter hohen Hauptwall. 1871 verlor Landau den Festungs-
charakter, da nach dem Krieg von 1870/71 die Festung Metz
ihre Aufgabe übernahm. Festungsexperte Rolf Übel: „1872
begann die Schleifung der Werke, das Auffüllen der Gräben
und Überschwemmungskessel und die Anlage der Ringstra-
ßen und Parks, für die Landau heute weit über die Grenzen

der Pfalz hinaus bekannt ist. Nur noch wenige Reste der ehemalig bedeutenden Festung künden von dem Korsett aus Erde und Stein, welches die Stadt fast 200 Jahre umschlungen hat."

Wer an einer Führung teilnimmt, bekommt neben dem Deutschen und Französischen Tor, den einstigen Zugängen zur Festung, noch manches gezeigt: Das Kronwerk oder Fort, Fragmente der Einlass- und Auslass-Schleuse, ein Rest des Kessels 80 (der heutige Schwanenweiher), die so genannte Rote Kaserne und die Kommandantur, um nur die bedeutendsten Festungsrelikte aufzuzählen. Etliche der heutigen Straßenbezeichnungen - Wallstraße, An 44, Ravelinstraße, Fortstraße, Reduitstraße oder Cornichonstraße - erinnern gleichfalls an die militärische Vergangenheit von Landau, das ehedem Reichstadt und dann Festungsstadt war, sich später Gartenstadt nannte und heute Universitätsstadt ist.

FESTUNG GERMERSHEIM

Auch wenn nach der Schleifung nach dem Ersten Weltkrieg in den Jahren 1920 bis 1922 die meisten Teile der Festung Germersheim aufgrund der Bestimmungen des Versailler Vertrages abgetragen wurden, sind doch noch einige Werke erhalten geblieben, deren Besichtigung sich lohnt. Dem seinerzeitigen Stadtrat sei hierfür Dank, denn auf seinen ausdrücklichen Wunsch hin fielen die beiden Festungstore sowie mehrere Kasernen und andere militärische Bauten nicht der Spitzhacke zum Opfer und sind heute Geschichtsdokumente.

Der Deutsche Bund fasste 1815 den Beschluss, Germersheim zu einer starken Festung auszubauen und zusammen mit Landau das linke Rheinufer gegen Frankreich zu schützen. 15 Millionen Franken wurden zur Verfügung gestellt, die Frankreich nach dem Befreiungskrieg als Kriegsentschädigung zu bezahlen hatte.

Mit den Arbeiten zum Bau der Festung im so genannten „polygonalen Kaponniersystem" wurde erst am 30. Juni 1834 begonnen: mit der Aushebung des Hauptgrabens. Das bayerische Kriegsministerium hatte den Ingenieur-Major Friedrich Schmauß beauftragt, die Pläne auszuarbeiten. Am 18. Oktober des gleichen Jahres fand die Grundsteinlegung statt. Im Oktober 1855 waren die wesentlichen Teile fertig,

Ein erhalten gebliebenes Gebäude von Fronte Beckers in Germersheim.

die Fertigstellung der unterirdischen, ins Vorfeld verlaufen-
den gemauerten Minengänge zog sich noch bis zum Jahr
1861 hin.

Tausende von Arbeitern waren am Bau beschäftigt, der
ungeheure Materialmengen verschlang. Pfarrer Friedrich
Blaul beschrieb das Geschehen in seiner 1838 veröffentlich-
ten Reisebeschreibung „Träume und Schäu-
me am Rhein": „Als wir uns Germersheim
näherten, war es uns, als seien wir in das
alte Ägypten versetzt und das Volk eben in
Massen versammelt, um an den riesigen
Tempeln und Pyramiden zu bauen."

Die Festung bestand aus der Stadtbefestigung und zehn Forts - drei Vorfeste und sieben kleinere Vorwerke -, die, wie ein Schutz-
gürtel, im Abstand von 0,6 bis 1,7 Kilometer
rings um die Stadtwallung lagen. In dem
Buch „Germersheim" schreibt Autor Klaus
Raithel: „Als eine Ironie des Schicksals
muss man es bezeichnen, dass diese gewaltige Festungsanlage, von Fachleuten als ‚Perle
der Festigungsbaukunst' bezeichnet, schon

Weißenburger Tor in Germersheim.

vor ihrer Fertigstellung veraltet war. Grund dafür war die
Einführung von Geschützen mit gezogenen Rohren in den
fünfziger Jahren des vorigen Jahrhunderts. Das Ziegelmauer-
werk der Festung hätte einem Beschuss mit diesen Waffen...
nicht standgehalten... Glücklicherweise wurde die Festung
Germersheim jedoch nie belagert."

Von den ehemaligen Befestigungswerken sind erhalten geblieben und können in Augenschein genommen werden: Die
beiden ehemaligen Stadttore „Ludwigstor" und „Weißenburger Tor"; das Zeughaus (heute Deutsches Straßenmuseum)
mit vorgelagerter Grabenwehr (einschenklig) und anschließender „Carnotscher Mauer"; das ehemalige Festungslazarett
und Proviantamt; das Arrestgebäude; Gebäude der ehemaligen „Fronte Lamotte" (einschenklige Grabenwehr, Reduits,
Teile der Hauptumwallung mit Stirnmauer); die ehemalige
„Seysselkaserne" (heute Fachbereich Angewandte Sprach-
und Kulturwissenschaft); der Festungsabschnitt „Fronte Beckers" mit Hauptumwallung, drei Walltraversen samt Poter-
nen, vorgelagerter zweischenkliger, kasemattierter Grabenwehr, Deckwall, Hauptgraben und Reduits; die ehemalige
Defensivkaserne „Stengel".

Museen

ZEUGNISSE MENSCHLICHER KULTURENTWICKLUNG

„Es gibt nur ein einziges Gut für den Menschen: das Wissen, und nur ein einziges Übel: die Unwissenheit." Der Satz stammt von Sokrates. Wer wissen will, was war und worauf vieles in unserer Gesellschaft fußt, der gehe ins Museum. Denn die Sammlungen von Zeugnissen der menschlichen Kulturentwicklung beseitigen sehr oft die (üble) Unwissenheit. In der Südpfalz hat der Interessierte eine große Auswahl. Es gibt etwa zwei Dutzend öffentliche Museen der unterschiedlichsten Ausrichtung, von denen einige vorgestellt werden, die kleinen Sammlungen in den Dörfern nicht eingerechnet.

Museum der Stadt Landau

Im Museum der Stadt Landau in der Villa Mahla, in einer der repräsentativsten Stadtvillen aus der Gründerzeit, sind viele historische Schätze ausgestellt. Das Prunkstück ist das sechs mal vier Meter große, in seiner naturgetreuen Wiedergabe immer wieder faszinierende Festungsmodell aus dem Jahre 1710. Welch große Veränderungen in Landau in den vergangenen Jahrhunderten vonstatten gingen, kann man an diesem Holzmodell gut nachvollziehen. Und wenn man dann noch jemanden findet, der die Erläuterungen dazu gibt (zum Beispiel Stadtarchivar Dr. Michael Martin), ist das eine Geschichtsstunde pur.

„Zu allen Zeiten galt es, das Bedürfnis der Menschen zu befriedigen, schnell und sicher von einem Ort zu anderen zu gelangen. Dafür mussten Verkehrswege und Fahrzeuge geschaffen werden, die den Ansprüchen der Zeit genügten. Im Deutschen Straßenmuseum in Germersheim wird daher auch dieser Aspekt behandelt" (Homepage des Museums).

Zu sehen sind im städtischen Museum Karten und Pläne zur Stadtentwicklung, Waffen und Uniformen sowie Porträts von französischen und später bayerischen Festungskommandanten. Karten und Darstellungen informieren über die Belagerungen der Festung Landau während des Spanischen Erbfolgekrieges in den Jahren 1702, 1703, 1704 und 1713 sowie über die Belagerungen im Jahr 1793. Interessant sind auch die Sammlung Frankenthaler Porzellan, eine Grafiksammlung mit Darstellungen pfälzischer Dörfer und Städte, eine Schuhmacherwerkstatt, Werke der Landauer Maler Heinrich Jakob Fried und August Croissant. Ein Raum ist den großen Landauer Söhnen Thomas Nast (Karikaturist in den USA) und Konrad

*Festungsmodell von 1710
im Landauer Museum.*

Krez (Dichter und Freiheitskämpfer) gewidmet sowie Ludwig Kohl-Larsen, Arzt und Völkerkundler. Ausstellungen im Obergeschoss vermitteln einen Einblick in die bäuerliche und bürgerliche Wohnkultur im 18. und 19. Jahrhundert. Im Kellergeschoss ist das Weinbaumuseum untergebracht mit einer Weinkelter von 1764.

Im gleichen Haus befindet sich das Landauer Stadtarchiv, das eine Fundgrube nicht nur für Schüler und Studenten am Ort ist, sondern auch für alle historisch Interessierten, für Journalisten und Bücherschreiber, kurzum für alle, die mehr über Landau heute, gestern und vorgestern wissen wollen. Zu den Beständen gehören unter anderem Urkunden, Rechnungen, Amtsbücher, konfessionelle Tauf-, Ehe- und Sterberegister, Standesamtsregister, Gerichtsprotokolle, Einwohnermeldekarten, Akten und Pläne, Bildträger, Zeitungen ab 1790, Zeitschriften ab 1890, Amts- und Gesetzesblätter, Münzen und Medaillen und eine Zeitungsausschnittssammlung seit 1962 mit Artikeln zu fast jedem wesentlichen Landauer Thema. Und viele weitere mehr.

Info:
Archiv und Museum der Stadt Landau,
Marienring 8, 76829 Landau, Tel. 0 63 41/13 157
Homepage: www.landau.de
Öffnungszeiten:
Mo - Mi 8.30 - 12 Uhr und 14 - 16 Uhr,
Do 8.30 bis 12 Uhr und 14 - 18 Uhr,
jeden ersten So im Monat 14 - 17 Uhr.

Strieffler-Haus in Landau.

Strieffler-Haus in Landau

Das Strieffler-Haus in Landau war einst das Wohnhaus des Malers Heinrich Strieffler (1872-1949) und seiner ebenfalls als Künstlerin weit bekannt gewordenen Tochter Marie (1917-1987). Die Malerin und Zeichnerin vermachte das zwischen 1923 und 1925 von Architekt Fritz Kindler in gemäßigten expressionistischen Formen geschaffene dreigeschossige Wohn- und Atelierhaus nach ihrem Tod der Stadt Landau. Im Erd- und im Dachgeschoss ist die Einrichtung so erhalten geblieben, wie Marie Strieffler sie zu Lebzeiten arrangiert hatte. Werke von Vater und Tochter sind zu sehen sowie zahlreiche Keramiken, die „Marie" gesammelt hat. In der Küche steht der „Strieffler-Herd". Durch die Erfindung Heinrich Striefflers wird bei dem Herd die Abwärme zur Beheizung anschließender Wohnräume genutzt. Ein Blickfang ist das Monumentalgemälde von H. Strieffler „Der Wein - von der Rebe bis zum Glase" aus dem Jahr 1902 an der Stirnwand im Atelier. Im Strieffler-Haus finden regelmäßig Ausstellungen pfälzischer Maler statt.

Info:
Strieffler-Haus, Löhlstraße 6, 76829 Landau,
Tel. 0 63 41/8 62 04 und 13 176
Öffnungszeiten:
Fr - So 14 bis 17 Uhr und nach Vereinbarung.

Landauer Kutschenmuseum

Das Landauer Kutschenmuseum wurde 1994 auf Betreiben des „Kutschenforschers" Professor Paul Jäger in den Räumen einer ehemaligen Gaststätte an der Ecke Maximilian-/Poststraße eröffnet, hat aber inzwischen seinen Standort gewechselt und befindet sich seit 2008 in der Taubensuhlstraße 5. Der geistige Vater der Einrichtung Jäger hat für die Stadt die vier „Landauer" (offene Pferdekutschen) besorgt, mit denen das Büro für Tourismus in der warmen Jahreszeit Ausflugsfahrten veranstaltet. Das beste Stück im Museum ist der originalgetreue Nachbau der königlichen Leib-Chaise von Joseph I., der mit einer solchen von vier Pferden gezogenen Kutsche in den Jahren 1702 und 1704 zweimal von Wien vor die Tore Landaus reiste, um seine Truppen zu inspizieren. Ohne Deichsel ist dieser „Landauer" 5,50 Meter lang, die Hinterräder haben einen Durchmesser von 1,50 m, die Vorderräder einen solchen von

1,25 m. Die Räder laufen auf Holzachsen, beschlagen mit Eisenspikes. Die Federung besteht aus Lederriemen. Der vermutlich in Kanada gebaute „Landauer Schlitten" von 1880 ist indes ein Original.

Der Besucher erhält zudem Informationen, wie im 18. und 19. Jahrhundert das Reisezubehör ausgesehen hat (vom Reisekocher über das Reisebügeleisen und die Kragenschachtel bis zum Fußwärmer), über Pferdegeschirre, über verschiedene „Landauer"-Typen anhand von Konstruktionszeichnungen. Fotos und Bilder ergänzen das Angebot. Das Kutschenkabinett wurde von einem begeisterten Besucher einmal als wahres Kleinod bezeichnet, wie im Gästebuch nachzulesen ist.

Info:
Kutschenkabinett, Taubensuhlstraße 5, 76829 Landau,
Tel. 0 63 41/13-182 (Büro für Tourismus),
Homepage: www.landau.de (Link: Freizeit und Tourismus).
Öffnungszeiten: Do 16 - 19 Uhr und für Gruppen nach
Vereinbarung über das Büro für Tourismus.

Deutsches Schuhmuseum in Hauenstein

Das Deutsche Schuhmuseum in Hauenstein liegt zwar nicht mehr auf südpfälzischem Gebiet, ist aber nur einen Katzensprung von der imaginären Grenze zwischen den Landkreisen Südliche Weinstraße und Südwestpfalz entfernt. Insofern verdient die weltweit größte museale Einrichtung dieser Art Aufnahme in dieses Buch. Wer einmal sehen will, in welchen Schuhen Helmut Kohl früher durch den Pfälzerwald gewandert ist, auf welchen Tretern die Bundeskanzler Gerhard Schröder und Angela Merkel durch die Politik geeilt sind; wer einen Blick werfen möchte auf Schuhe, die einst Steffi Graf, Boris Becker, Peter Krauss, Thomas Gottschalk, Roger Federer und Fritz Walter und weitere berühmte Menschen trugen, braucht sich nur in diesem Museum für Schuhproduktion und Industriegeschichte umzusehen - und wird staunen.

Die größte Prominentenschuhsammlung der Welt ist aber nur ein Teil des Angebots an die Besucher. Der Rundgang folgt dem Produktionsverlauf in einer Schuhfabrik. Auf über 2000 Quadratmeter Fläche dreht sich alles um den Schuh. Der wechselhafte Werdegang der Schuhindustrie wird sinnlich erfahrbar gemacht.

Schuhmuseum in Hauenstein.

Info:
Deutsches Schuhmuseum, Turnstraße 5,
76846 Hauenstein, Tel. 0 63 92/92 33 340
Homepage: www.museum-hauenstein.de
Öffnungszeiten: Täglich von 10 bis 17 Uhr,
in den Monaten Dezember bis Februar Mo - Fr 13 bis
16 Uhr, Sa/So 10 - 16 Uhr.

Museum für Weinbau und Stadtgeschichte Edenkoben

Schwerpunkt des Mueums für Weinbau und Stadtgeschichte Edenkoben in einem unter Denkmalschutz stehenden Barockhaus aus kurpfälzischer Epoche ist die Ortsgeschichte, die das gesamte Ober- und Erdgeschoss einnimmt. In acht großen hellen Räumen sind Szenen zu Edenkobener Themen inszeniert: Zeit des Zisterzienserklosters Heilsbruck, 17. Jahrhundert, Französische Revolution, bayerische Hoheit, Anfänge der Demokratie in der Pfalz, Welt des Mannes, Alltag der Frauen. Der Gewölbekeller des Kelterhauses ist dem Handwerk und insbesondere dem Weinbau gewidmet. Es ist viel zu erfahren zu den weinbaulichen Bereichen Bodenbearbeitung, Rebenerziehung, Düngung, Schädlingsbekämpfung, Anpflanzung, Pflege und Bearbeitung der Weinberge, Veredlung der Reben, Geräte zur Bodenbearbeitung. Zu sehen sind Scheren zum Rebschnitt und Winzermesser (Sesel). Interesse finden bei den Besuchern auch das Hochrad von 1894, ein Original Edison Phonograph, eine rekonstruierte Schaufensterfassade und eine historische Telegrafenstation.

Museum Edenkoben.

Info:
Museum für Weinbau und Stadtgeschichte, Weinstraße 107,
67480 Edenkoben, Tel. 0 63 23/8 15 14
Homepage: www.museum-edenkoben.de
Öffnungszeiten: April - Oktober Fr 16 - 19 Uhr, Sa 15 -
18 Uhr, So 14 - 17 Uhr; November bis März So 14 - 17 Uhr.

Museum Annweiler.

Museum unterm Trifels in Annweiler

Das Museum unterm Trifels in Annweiler („ein wirklich schönes Museum", wie in einem Buch festgestellt wird; in einem anderen Werk steht anerkennend: „eine wunderbare Anlage") ist seit 2001 in einer ehemaligen Mühle und drei anliegenden Gerberhäusern untergebracht. Das frühere Heimatmuseum war 1944 durch Fliegerbomben zerstört worden. Präsentiert wird die Stadt- und Regionalgeschichte von der

Vor- und Frühgeschichte bis zum Industriezeitalter. Die Baugeschichte der Burg Trifels ist ein besonderer Schwerpunkt. Auf 800 Quadratmeter Fläche in auf drei Stockwerke verteilten Räumen ist viel über verschiedene Themenbereiche zu erfahren wie: Flora und Fauna nach dem Ende der letzten Eiszeit; Architektur und Handwerk des Burgenbaus; Kirchenbau an Hand von Modellen, Zeichnungen und Arbeitsgeräten; Beziehung des Menschen zum Wald. Vor allem historisch interessierte Leute bekommen Einblick in manches ihnen Unbekannte aus der Staufergeschichte. Texte, Fotografien, Zeichnungen und ein Modell schaffen einen Bezug zu den Grabungen bei Trifels, Anebos und Scharfenberg. Im Löwenherz-Raum erinnert eine Verliesszene an die Gefangenschaft des englischen Königs Richard Löwenherz im Dezember 1192.

Museum Annweiler.

Info:
Museum unter Trifels, Am Schipkapass 4,
76855 Annweiler,
Tel. 0 63 46/16 82
Homepage: www.trifelsland.de
Öffnungszeiten: 15. März - 31. Oktober Di - So 10 - 17 Uhr,
1. November - 14. März Sa und So 10 - 17 Uhr.

Westwall-Museum in Bad Bergzabern

Ein fester Bestandteil der südpfälzischen Infrastruktur ist das seit Sommer 1998 bestehende Westwall-Museum in Bad Bergzabern. Es befindet sich in der einzigen unzerstörten Bunkeranlage in der Kurfürstenstraße der Kurstadt. Dass es diesen Bunker überhaupt noch gibt, liegt daran, dass die französische Artillerie im November 1945 hier Quartier bezog und die Räume als Munitionslager nutzte. Deshalb wurden sie nach dem Potsdamer Abkommen aus dem Vernichtungsprogramm genommen. Seit 1954 standen die Räume leer. Insbesondere im Einheitsgeschützschartenstand 516 fand Hans Fuchsgruber den geeigneten Platz für das von ihm auf den Weg gebrachte Westwall-Museum.

Die Reinigungs- und Entrostungsarbeiten waren nur möglich dank der Hilfe von Firmen und Sponsoren, bei denen die notwendigen Utensilien zusammengebettet wurden. Auch die französische Armee und die Luftwaffe halfen mit. Die Ausstellungsgegenstände, die eine originalgetreue Rekonstruktion ermöglichten, kamen vom Sperrmüll der Westwall-

Gemeinden, von Bürgern, wurden durch Tausch und Handel erworben. Manches Exponat ist mit einer kuriosen Geschichte verbunden. Die 25 Tonnen schwere Panzerkuppel zum Beispiel wurde bei Völklingen-Luisenthal aus der Saar geborgen und nach Bad Bergzabern gebracht.

Info:
Westwall-Museum, Kurfürstenstraße, 76887 Bad Bergzabern, Tel. 0 63 42/91 95 93
Öffnungszeiten:
März - Juni jeden ersten Sonntag im Monat,
Juli - Oktober jeden So, 1. Mai,
Pfingstsonntag und -montag,
Tag der Deutschen Einheit 10 - 16 Uhr.

Storchenzentrum in Bornheim

Storchenzentrum in Bornheim.

Ganz dem Weißstorch gewidmet ist das Storchenzentrum in Bornheim, das bewusst nicht als Museum bezeichnet wird, weil es sich von einem solchen doch stark unterscheidet. Denn es werden nicht nur viele Informationsmöglichkeiten über den Storch geboten, zum Programm zählt ein breites naturpädagogisches Angebot von Führungen über Praktika bis zu Exkursionen. In der ersten Ausbauphase kann sich der Besucher über das Leben des Weißstorchs kundig machen, zahlreiche mit kurzen Texten versehene Exponate besichtigen. Zu erfahren sind Neuigkeiten „rund ums Nest", wie der Speisezettel eines Storchs aussieht; es gibt eine Flugsimulation nach Afrika und eine Forschungsstation für Untersuchungen verschiedener Art durch die Besucher. Dieses Infozentrum mit handlungsorientierten Stationen ist zumindest für Rheinland-Pfalz einmalig.

Wer das Storchenzentrum gegenüber dem Rathaus von Bornheim aufsucht, sollte nicht versäumen, die 1997 von der „Aktion Pfalzstorch" in einem ehemaligen landwirtschaftlichen Anwesen in Sichtweite des Dorfgemeinschaftshauses geschaffene Storchenscheune aufzusuchen. Auf dieser Pflegestation können flug- und zugunfähige Störche sicher leben und störungsfrei brüten. Nestlinge, die ihre Eltern verloren haben, werden aufgezogen, bis sie im Herbst in der Lage sind, mit Artgenossen wegzuziehen. Der gemeinnützige Verein „Aktion Pfalzstorch" hat seinen Sitz ebenfalls in Bornheim.

Info:
Storchenzentrum, Kirchstraße 1, 76879 Bornheim,
Tel. 06348/61 07 57, **Homepage:** www.pfalzstorch.de.
Öffnungszeiten: Keine festen Zeiten, Besuche nach Verein-
barung.

Zinnfiguren-Museum in Bad Bergzabern

Leben, Kultur und Gesellschaft, aber auch die technische
Entwicklung und das Schlachtgetöse der Jahrhunderte dokumentiert das Zinnfiguren-Museum in Bad Bergzabern. Die
rund 20.000 Zinnfiguren aller Art hat der Buchhändler Kurt
Wilms im Laufe der Jahre zusammengetragen und zeigt sie in
seiner Buchhandlung am Marktplatz - im Kreuzgewölbe
eines Weinkellers aus dem 13. Jahrhundert - in 140 historischen Bildern. Die seit 1984 bestehende größte und bedeutendste Zinnfiguren-Sammlung in Rheinland-Pfalz besticht
durch ihre Liebe zum Detail. In den Vitrinen und Schaukäs-
ten sind nicht nur Kriegs- und Schlachtszenen nachgestellt,
sondern auch Szenen - nach genauem geschichtlichem Zeit-
ablauf - aus dem Leben von Sumerern, Germanen, Römern,
außerdem von Hannibals Horden und Rittern.

Info:
Zinnfiguren-Museum, Marktstraße 14, 76887 Bad Bergzabern
(Buch- und Kunsthandlung, Antiquariat Wilms),
Tel. 0 63 43/93 91 72
Homepage: www.buchhandlung-wilms.de
Öffnungszeiten: Mo - Fr 9 - 12.30 Uhr und 14 - 18.30 Uhr,
Sa 9 - 13 Uhr.

Bürstenbinder-Museum in Ramberg

Wer sich dafür interessiert, wie früher, als es noch keine Maschinen gab, Bürsten, Besen und Pinsel in Handarbeit hergestellt wurden, dem sei ein Besuch im Bürstenbinder-Museum in
Ramberg empfohlen. Ab 1840 waren viele Einwohner ihre eigenen Kleinunternehmer und fertigten zu Hause in akribischer
Arbeit die Gegenstände an, die jeder Haushalt früher brauchte
und nach wie vor heute noch braucht. Als Hausierer zogen Fa-
milienmitglieder durch die Region, aber auch durch das
Rheinland, Belgien und Holland, Frankreich und Polen und
vertrieben die selbst hergestellten Waren. Sie sorgten damit dafür, dass dem Dorf Ende des 19. Jahrhunderts eine kurze wirtschaftliche Blüte beschieden war. In dem 1997 eröffneten

Bürstenbinder-Museum in Ramberg.

235

Museum wird der Erwerbszweig „Bürstenbinderei" vorgestellt - vom 18. Jahrhundert mit Handarbeit bis zum 20. Jahrhundert mit mechanischer Herstellung. Einige alte Maschinen wurden vor der Verschrottung bewahrt. Abgerundet wird das Angebot durch die Ausstellung von Werkzeugen, durch Informationen über bekannte Ramberger Persönlichkeiten, zur Ortsgeschichte und zur Historie der Burgen Ramburg, Neuscharfeneck und Meistersel, zu Wald und Jagd rund um das Dorf. Man erfährt, wie die Menschen hier von 1780 bis 1960 lebten.

Info:
Bürstenbinder-Museum, Hauptstraße 20, 76857 Ramberg, Tel. 0 63 45/15 55 oder 40 79 30
Homepage: www.buerstenbindermuseum.de.
Öffnungszeiten: Mi, Sa, So und Fei 14 - 17 Uhr und nach Vereinbarung

Steinzeit-Museum in Herxheim

Ein Museum ohne Beispiel in der Südpfalz ist das Steinzeit-Museum in Herxheim, seit 2005 untergebracht im Keller einer renovierten Scheune in der Unteren Hauptstraße. Hier erfährt der Besucher viel über die Frühgeschichte des Ortes, basierend auf Funden bei archäologischen Grabungen in einem Gelände, das 1996 als Gewerbegebiet erschlossen werden sollte. Für den Besuch wird mit dem Hinweis geworben, in diesem nicht sehr großen Museum könne man eine atemberaubende Reise 7500 Jahre in die Vergangenheit unternehmen und die jungsteinzeitliche Kultur und ihre sonderbaren Totenbräuche kennen lernen. Unter den zu besichtigenden, gut erhaltenden Originalskeletten ist auch das etwa 7000 Jahre alte Skelett eines Mannes, der auf den Namen „Herxi"

„Noch heute trifft man in der Südpfalz allerorts auf Spuren der Vergangenheit. Zahlreiche Museen haben sich der Geschichte der Region und ihrer Besonderheiten angenommen. Neben liebevoll und detailgetreu eingerichteten Heimatmuseen befinden sich in der Südpfalz auch Museen, die sich auf Themen wie Straßenbau, Töpferhandwerk der Römer, die Steinzeit oder (land)wirtschaftliche Schwerpunkte spezialisiert haben" (Landrat Dr. Fritz Brechtel, Germersheim).

getauft wurde. Drei große Hauptvitrinen erzählen den Besuchern manches aus der bandkeramischen Kultur Europas, was sie in der Schule nicht gehört hatten.

Das Herxheimer Museum besteht aus drei Abteilungen: „Steinzeit", „Kulturgeschichte" (noch im Aufbau, es soll eines Tages überraschende, lehrreiche und unterhaltsame Details aus der Herxheimer Ortsgeschichte vermitteln) und

„Herxheimer Historarium" (zwölf Stelen auf dem jederzeit frei zugänglichen Museumshof begleiten den Betrachter zu einzelnen Aspekten der Ortsgeschichte). Seit Frühjahr 2008 werden im Obergeschoss der Scheune drei große Kapitel der jüngeren Dorfgeschichte lebendig: Das Weben, das Wohnen und der „blaue Dunst" (Erinnerung an die Tabaktradition). Das Museum bietet unterschiedliche museumspädagogische Maßnahmen, abgestimmt auf die individuellen Bedürfnisse der verschiedenen Altersstufen.

Info:
Steinzeit-Museum Herxheim, Untere Hauptstraße 153, 76863 Herxheim, Tel. 0 72 76/50 24 77
Homepage: www.museum-herxheim.de
Öffnungszeiten: Do, Fr 14 - 19 Uhr, Sa, So 11 bis 18 Uhr, Di, Mi museumspädagogisches Programm nach Vereinbarung.

August-Becker-Museum in Klingenmünster

Er hat zwar zwei Drittel seines unruhigen Lebens in der Fremde zugebracht, „im Elend", wie er das Leben „draußen" fernab seiner südpfälzischen Heimat genannt hat, aber sein Geburtsort ist dennoch - berechtigt - stolz auf den Volkskundler und Schriftsteller August Becker (unter anderem: „Die Pfalz und die Pfälzer"). Im August-Becker-Museum in Klingenmünstcr, im ehemaligen Schulhaus, wo der große Sohn am 27. April 1828 geboren wurde, ist sein Nachlass zu sehen und eine Dokumentation, die Auskunft gibt über den Mann, der einst unter dem Pseudonym Gottlieb Gutfreund in die deutsche Literatur eingetreten ist. Dass seiner über 100 Jahre nach seinem Tod so gedacht werden würde, wie dies heute geschieht, hätte Becker sehr gefreut. Denn zu Lebzeiten hatte er die Bitternis des Schriftstellers erfahren müssen, nämlich dass der Prophet im eigenen Vaterland nichts gilt. Wie hieß es in einer Ansprache am Allerseelentag 1930, als seine von Eisenach überführten Gebeine auf dem Dorffriedhof von Klingenmünster beigesetzt wurden: „Der Mann, der seine Pfalz mit liebender Treue abgeschildert und seine Pfälzer gelobt und gepriesen hat, musste es erleben, dass seinem Werk gerade in der Pfalz kalte Gleichgültigkeit entgegenstand."

Info:
August-Becker-Museum, Steinstraße 2, 76889 Klingenmünster, Tel. 0 63 49/56 17. **Öffnungszeiten:** Sa 13.30 - 14.30 Uhr, So 11 - 12 Uhr (Januar bis Fastnacht geschlossen).

Queichtalmuseum in Offenbach

Das Queichtalmuseum in Offenbach ist Museum, Ausstellungs- und Veranstaltungsstätte in einem. Einige Exponate sind im Heimat- und Kulturzentrum, untergebracht in der schönen und geschmackvoll hergerichteten Scheune eines landestypischen landwirtschaftlichen Anwesens, immer zu sehen, wenn es die jeweilige Ausstellung erlaubt. Da ist einmal ein Modell Offenbachs aus der Mitte des 18. Jahrhunderts und die 1769 von Uhrmacher Möllinger aus Neustadt gebaute frühere Kirchturmuhr der katholischen Kirche, bis 1993 in Betrieb, ehe sie durch ein elektronisches Uhrwerk ersetzt wurde. In den Vitrinen sind Funde und Gegenstände aus der Geschichte des Ortes ausgestellt. Regelmäßig finden Ausstellungen zu verschiedenen Themenbereichen statt wie beispielsweise Kunst und Brauchtum, Kunsthandwerk und Fotografie, Landwirtschaft und Bürgergeschichte. Das Jahresprogramm ist im Internet nachzulesen.

> **Info:**
> Queichtalmuseum, Hauptstraße 11, 76877 Offenbach,
> Tel. 0 63 48/98 61 42, **Homepage:** www.queichtalmuseum.de
> **Öffnungszeiten:** Sa 15 - 18 Uhr.

Papiermuseum in Gleisweiler

Papier schöpfen im Papiermuseum in Gleisweiler.

Eintauchen in die Welt des Papiers und sich von ihr faszinieren lassen - das kann man im Papiermuseum (Motto: „Faszination Papier - Geschichte + Handwerk + Kunst") in Gleisweiler, 2006 im ehemaligen kurpfälzischen Zehnthof eingerichtet. Das Besondere an dieser Einrichtung ist, dass zwischen Anfang April und Ende Oktober an jedem ersten Sonntag im Monat der Besucher selbst Papier schöpfen und seinen eigenen Bogen Papier herstellen kann. Ursprünglich war daran gedacht gewesen, in dem 1753 durch Kurfürst Carl Theodor von der Pfalz als Wohnsitz für den katholischen Pfarrer errichteten Zehnthof ein Dorf- und Heimatmuseum zu eröffnen und Exponate aus dem früheren Alltagsleben von Gleisweiler zu zeigen. Aber die Mitglieder des Museumsvereins entschlossen sich, auf ein kunterbuntes Sammelsurium von Dingen aus Küche, Keller, Landwirtschaft und Handwerk zu verzichten und stattdessen an die Tradition der Papierherstellung bis zur Industrialisierung im 19. Jahrhundert - wie sie in der Ungerschen Papiermühle im Hainbachtal einst gepflegt wurde - zu erinnern. Ziel des Museums ist es, die Faszination Papier näher zu bringen und seine Geschichte aufzuzeigen. Zu sehen sind viele Exponate aus der früheren Papiermühle, auch zahlreiche Leihgaben zum Thema. Viele Facetten der Papiergewinnung und -verarbeitung sind dargestellt und gewähren interessante Einblicke in die Welt des Papiers. Eine Ausstellung von Papierkunstwerken gehört ebenfalls zum Angebot.

> **Info:**
> Papiermuseum, Zum Sonnenhang 1, 76835 Gleisweiler, Tel. 0 63 45 / 29 64 (Karl Knochel)
> **Homepage:** www.papiermuseum-gleisweiler.de
> **Öffnungszeiten:** April bis Oktober jeden So 14 - 18 Uhr.

Korkenzieher-Museum in Leinsweiler

Eine der jüngsten Attraktionen im Bereich Museen in der Südpfalz ist das erste pfälzische Korkenzieher-Museum von Annette Minges und Oliver Steiner in Leinsweiler. Die beiden Initiatoren präsentieren in einem idyllisch gelegenen früheren Winzerhaus unterhalb des Slevogthofes an die 900 Korkenzieher aus aller Welt in vielen Formen und Variationen. Es handelt sich ausschließlich um Originale und keine Replikate. Zu fast jedem Exponat haben Minges und Steiner eine Geschichte zu erzählen. Zu sehen sind jeweils 200 bis 300 Raritäten aus vergangenen Jahrhunderten bis hin zu modernen Designerstücken. Das Betrachten der figürlichen, mechanischen, erotischen, königlichen, aber auch der einfachen Modelle macht Spaß. Das älteste Stück stammt von 1780.

> **Info:**
> Korkenzieher-Museum, Sonnenbergstraße 9, 76829 Leinsweiler, Tel. 06345/8518. **Öffnungszeiten:** Montags bis mittwochs 16 bis 18 Uhr oder nach Vereinbarung. Winterpause von Dezember bis März. Führungen sind jedoch möglich. Homepage: www.korkenziehermuseum.de.

Stadt- und Festungsmuseum in Germersheim

Eines der größten Museen in der Südpfalz ist das Stadt- und Festungsmuseum Germersheim mit seinen 43 Räumen und einer Fläche von mehr als 1500 Quadratmetern im Gebäude des

Festungsmuseum in Germersheim.

historischen Ludwigstors der ehemaligen Festung. Dokumentiert werden vor allem die Stadtgeschichte, aber auch die Festung und die Garnison. Besonders großen Eindruck hinterlässt bei den Besuchern das Festungsmodell, das deutlich das neupreußische System der Festung - ein System, das sich vor allem durch kasemattierte Defensivwerke, die Grabenwehren (Kaponieren), auszeichnete - erkennen lässt.

Die Festung wurde 1920/1922 aufgrund der Bestimmungen des Versailler Vertrages geschleift. Germersheim war von 1834 an Festungsstadt, ist heute Militärstadt, was sich auch in den Exponaten widerspiegelt. Festungsbaupläne, alte Fotografien und Karten, Uniformen, Waffen, Orden und militärische Geräte sind zu sehen.

Wer sich weniger für die militärischen Dinge interessiert, kann sich bestens auch über die Aktivitäten aus dem zivilen Bereich informieren, bekommt Einblicke in altes Handwerk wie die Ziegelindustrie, die Berufsfischerei am Rhein, die Tabakverarbeitung, das Schnapsbrennen, die Schuhmacherei, die Druckerei, das Buchbinden. Infos gibt es ebenso über die lange Zeit in Germersheim angesiedelte Emailschilder-Fabrikation. Als Modell ist beispielsweise die Germersheimer Schiffsmühle zu sehen, die bis 1850 in Betrieb war, auch eine Sturmglocke, die bis 1945 auf dem alten Rathaus angebracht war. Interessant sind zwei alte funktionstüchtige Kirchturmuhren. An den Öffnungssonntagen werden durch den Historischen Verein Führungen durch die Anlage „Fronte Beckers" angeboten (11 und 15 Uhr, Treffpunkt Eingang Mittelpoterne).

Info:
Stadt- und Festungsmuseum, Im Ludwigstor, Ludwigsring 2, 76726 Germersheim, Tel. 0 72 74/96 02 20 oder 70 33 23 oder 12 53. **Öffnungszeiten:** April bis Dezember jeden 1. Sonntag im Monat von 10 - 17 Uhr, Mi 14 - 18 Uhr.

Deutsches Straßenmuseum in Germersheim

Straßenmuseum in Germerseheim.

Einzigartig in Deutschland ist das Deutsche Straßenmuseum im Zeughaus der ursprünglichen Festungsanlage in Germersheim. In ganz Europa gibt es nur drei Museen dieser Ausrichtung insgesamt, in denen in umfassender Weise über das Thema Straße informiert wird. Das Museum in der Rheinstadt zeigt Zusammenhang und Dimension der Kulturgeschichte auf, die sich im Laufe der Jahrhunderte durch und neben der Straße ereignet hat. 1989 wurde das Museum auf-

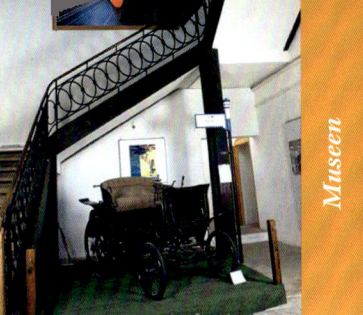

Straßenmuseum in Germerseheim.

grund der Privatinitiative einiger Straßenbau- und Verkehrs-
ingenieure gegründet. Auf einer Fläche von rund 5000 Qua-
drametern und einem mit Großgeräten bestückten Außenbereich kann sich der Interessent ein gutes Bild machen über
den Straßenbau bis zur Gegenwart.

Durch eine Vielzahl von Schenkungen und Leihgaben
und durch den intensiven Ausbau und die Sanierung des
unter Denkmalschutz stehenden Gebäudes ist die Einrichtung zu einem Kristallisationspunkt für die Geschichte des
Straßen- und Verkehrswesens in Deutschland geworden. Seit
1995 trägt sie die offizielle Bezeichnung „Deutsches Straßenmuseum". Das Thema Straße wird unter ärchäologischem,
volkskundlichem und konstruktivem Aspekt beleuchtet und
so wird ein Bogen gespannt vom Trampelpfad der Frühzeit
bis zur Hightech-Autobahn des 21. Jahrhunderts. Anhand von
Text- und Bildtafeln, Modellen und Nachbauten in Original-
größe, aber auch durch herausragende Exponate - wie zum
Beispiel ein altgermanischer Bohlenweg aus der Zeit um 800
vor Christus - wird übersichtlich und informativ dargestellt,
wie vielfältig Straßen sind, welche Bedeutung ihnen für die
Menschheit zukommt, welche Ingenieurkunst bereits in den
vergangenen Jahrhunderten erforderlich war, um zum heutigen Stand zu kommen.

Des Weiteren sind Verkehrszeichen in ihrer historischen
Entwicklung, Geräte und Fahrzeuge, die zum Bau von Straßen benötigt werden (Dampfwalzen und Straßenfertiger) zu
besichtigen. In diesem Museum haben zudem Landschafts-
pflege, Umweltschutz und Baustoffrecycling sowie Schutz
von Menschen und Tieren vor den Gefahren des Verkehrs
ihren Platz.

Info:
Deutsches Straßenmuseum im Zeughaus,
76726 Germersheim, Tel. 0 72 74 / 50 05 00
Homepage: www.deutsches-strassenmuseum.de
Öffnungszeiten: Di - Fr 10 bis 18 Uhr, Sa, So 11 bis 18 Uhr.
Täglich nach Voranmeldung Führungen für Gruppen, auch
in Fremdsprachen.

Terra-Sigillata-Museum in Rheinzabern

Im Wirtschaftsleben der römischen Zeit vom 1. bis 5. Jahrhundert nach Christus spielte Rheinzabern eine herausragende Rolle. Die Siedlung Tabernae war ein von Töpfereien und

Museen

Terra-Sigillata-Museum

Ziegeleien geprägter Ort. Hier lag, wie durch archäologische Forschungen festgestellt worden ist, der bedeutendste und größte Produktionsraum für die Keramikherstellung nördlich der Alpen. Die Spuren dieser großen Zeit sind an vielen Stellen in der Gemeinde erlebbar - besonders im Terra-Sigillata-Museum. Der Besucher, der es erforscht, „wandelt gewissermaßen auf den Spuren der ersten Großindustrie auf Pfälzer Boden", wie in einem Artikel zu lesen war.

Bis Ende des 4. Jahrhunderts wurde in Rheinzabern das „Porzellan der Römer" (Terra Sigillata) hergestellt. Über 600 Töpfer bzw. Werkstätten sind durch Namensstempel oder Fabrikmarken auf der bei Ausgrabungen gefundenen Keramik nachgewiesen. Bis zu eineinhalb Millionen Gefäße erreichten jährlich Kunden in Britannien, Skandinavien, Polen und dem gesamten Donauraum bis ans Schwarze Meer. In der 2007 auf 320 Quadratmeter Ausstellungsfläche erweiterten Einrichtung werden in vier klar gegliederten und wissenschaftlich bis ins Detail ausgearbeiteten Themenblöcken rund 1500 Exponate gezeigt, von denen nur eines nicht aus der Gemarkung Rheinzabern stammt: Alle mit dem typischen glänzend roten Überzug, der dadurch entstand, dass die Tongefäße vor dem

Terra-Sigillata-Museum

Brennen noch einmal durch feine Tonschlämme gezogen wurden.

Im ersten Stock des Museums werden unter dem Motto „Raum und Zeit" die römische Ortsgeschichte und archäologische Grabungen und die Lebenswelten im römischen Dorf („Der Alltag im Vicus") beleuchtet. Im Obergeschoss wird die Herstellung der Terra Sigillata im Manufakturbetrieb anhand von Originalfunden und nachgebauten Werkzeugen erklärt, und es wird gezeigt, welche weiteren Produkte erzeugt wurden und wie sie zu ihren Abnehmern fanden. In der Dauerausstellung zur Keramik-Produktion sind außerdem viele weitere Objekte zu sehen: Münzen, Tafelgeschirr, Werkzeuge, Wagen- oder Bootsteile. In einer Außenstelle neben dem Kindergarten werden Brennöfen gezeigt, und es wird antike Tonwarenherstellung erläutert.

Terra-Sigillata-Museum

Info:
Terra-Sigillata-Museum, Hauptstraße 35 und Faustina-straße 1 (Brennöfen), 76764 Rheinzabern, Tel. 0 72 72/95 58 93, **Homepage:** www.terra-sigillata-museum.de
Öffnungszeiten: Di - So 10 - 17 Uhr. Gruppen nach Vereinbarung mit museumspädagogischer Betreuung.

Ziegeleimuseum in Jockgrim

Die rund 100 Jahre alte Geschichte der Herstellung von Ziegeln und anderen Tonerzeugnissen der ehemaligen Falz-ziegelfabrik Carl Ludowici, dem einstigen Marktführer in Europa, wird im Jockgrimer Ziegeleimuseum beleuchtet. Dank der großen Tonvorkommen konnte sich der Ziegelpro-duzent etablieren, ehe Anfang der siebziger Jahre des vorigen Jahrhunderts nach einem Brand im Werk IV und angesichts der überlegenen Konkurrenz das Aus kam. Seit 1996 befindet

sich in einem wiederaufge-bauten Teil des Gebäude-komplexes das Museum, in dem man anhand von Textta-feln und Fotos einen Einblick in die Arbeit einer Ziegelei bekommt: vom Entwurf bis zum Endprodukt.

Ein Höhepunkt der Aus-stellung ist der teilweise er-haltene Ringofen, der

Ziegeleimuseum in Jockgrim.

ursprünglich einmal 90 Meter lang war. An einer Stelle be-kommt der Besucher sogar die zum Brennen aufgeschichteten Ziegel zu sehen und im Außenbereich außerdem einen Kamin, eine Revolverpresse und eine Farbmühle. Im Foyer ist ein Blick in die Dokumente zur Firmen- und Ortsgeschichte durchaus lohnenswert.

Info:
Ziegeleimuseum, Untere Buchstraße 22 a, 76751 Jockgrim, Tel. 0 72 71/52 895 oder 98 13 93,
Homepage: www.jockgrim.de (Gemeindeverwaltung)
Öffnungszeiten: So 14 - 16 Uhr. Führungen für Gruppen nach Vereinbarung möglich.

Heimatmuseum Fischerhaus in Leimersheim

Wie einst die in Diensten der Fischer und Bauern stehenden Tagelöhner wohnten, kann man anschaulich in einem Haus aus dem Jahre 1731 nachvollziehen, in dem sich in Leimersheim das Heimatmuseum Fischerhaus befindet. In dem vom Verein für Heimat- und Brauchtumspflege erworbenen und prächtig renovierten Fachwerkhaus sind die Stuben und Kammern nach altem Vorbild möbliert. In einem als Schlafkammer eingerichteten Raum sieht man, wie die Nachtwäsche für Mann und Frau früher aussah. In der Wohnstube stehen ein Glas- und Geschirrschrank mit tönernem Inhalt, ein Ecktisch sowie Stühle aus Pappelholz. Auch eine Milchkiste ist vorhanden, eine Sitzgelegenheit, in der die Milch zum Schutz vor Fliegen aufbewahrt wurde. In der Küche ist der Ziegelboden noch original. Eine offene Feuerstelle mit Rauchabzug und ein Backofen sind ebenfalls erhalten. Im Ofen wird bei Festen heute noch nach alter Väter Sitte Brot gebacken. Wer wissen will, wie Ende des 19. Jahrhunderts ein Waschtag aussah oder welche Handwerke bestanden, bekommt Antwort.

Die Fischerei war in Leimersheim bis in die sechziger Jahre des vorigen Jahrhunderts ein bedeutender und anerkannter Berufszweig, der heute weitgehend ausgestorben ist. In einem größeren Raum im Obergeschoss ist dem Thema „Rhein" eine eigene Ausstellung gewidmet. Wäsche, Bücher und Urkunden bereichern die Ausstellung zusätzlich.

Info:
Heimatmuseum Fischerhaus, Hauptstraße 42, 76774 Leimersheim, Tel. 0 72 72/67 64,
Homepage: www.fischerhaus-leimersheim.de
Öffnungszeiten: Keine festen Zeiten, Termine nach Vereinbarung (Tel. 0 72 72/26 24).

Schifffahrtsmuseum in Neuburg

Schifffahrtsmuseum in Neuburg.

Ein in einem alten Schiff untergebrachtes Museum gibt es nicht allzu häufig. In Neuburg ist dies der Fall. Das Schifffahrtsmuseum befindet sich im Bauch der „Lautermuschel", einem Kies- und Kohlenpott aus dem Jahre 1930. In einem Führer kann man die Sätze lesen: „Es ist schon ein besonderes Erlebnis, an Bord zu gehen und neugierig herumzuschnuppern - an Maschinen, Schiffszubehör, Kapitänspatenten, Fahnen, Flaggen etc. Manches riecht tatsächlich noch nach altem Öl." Die Exponate, die schon aus räumlichen Gründen begrenzt sind, führen den Besucher jedenfalls an einen fast vergessenen Berufsstand heran. In den Räumen über dem Deck befindet sich zudem ein kleines Lokal.

> **Info:**
> Schifffahrtsmuseum, Bruchloch 2 (an der Lautermündung am Rhein nordöstlich vor dem Ortseingang von Neuburg), 76776 Neuburg, Tel. 0 72 73/24 21
> **Öffnungszeiten:** Von Mai bis Oktober jeden ersten Sonntag im Monat von 14 bis 17 Uhr.

Glockenmuseum in Insheim

Wer einmal hören will, wie eine Schiffsglocke von einst auf dem Rhein verkehrenden Lastkähnen klingt oder wie eine Karussellglocke aussieht, die auf Volksfesten das Ende einer Reitschulrunde verkündete, sollte einmal das Glockenmuseum im Dachgeschoss des Rathauses von Insheim aufsuchen. Seit April 2010 lädt es zum Besuch ein. Mehr als 200 Exponate sind zu bestaunen: Kuh- und Schiffsglocken, Hand- und Uhrglocken, Karussell- und Schafsglocken, Türglocken und Totenglöcklein, aber auch prachtvolle Glockenbäume und Schellenmäntel von einst festlich geschmückten Pferden. Glocken gehören zu den ältesten Klanginstrumenten der Welt.

> **Info:**
> Glockenmuseum im Rathaus, Hauptstraße 15, 76865 Insheim. **Öffnungszeiten:** Jeden ersten Sonntag im Monat von 14 bis 17 Uhr. Führungen sind auf Anfrage auch sonst möglich. Ansprechpartner hierfür sind Gunter Gaubatz, Tel. 0 63 41/8 20 82 und Dieter Rühling, Tel. 0 63 41/8 46 01.

Viehstrichmuseum in Schaidt.

Viehstrichmuseum in Schaidt

Im Obergeschoss des ehemaligen Schaidter Schul- und Rathauses aus dem 18. Jahrhundert wurde eine umfangreiche Sammlung mit Gegen-

ständen der Lebensbereiche „Arbeiten und Wohnen" zusammengetragen. Gebrauchsgegenstände der Handwerksberufe und der Wald- und Forstwirtschaft führen den Besucher in fast vergessene Zeiten. Außerdem erzählt die Abteilung mit zahlreichen Dokumenten, Karten und Plänen aus den vergangenen Jahrhunderten. Im Nachbargebäude, in der ehemaligen Brauerei, befindet sich ein Bierkeller, der auf Anfrage besichtigt werden kann.

Info:
Viehstrichmuseum, Hauptstraße/Bürgerhaus, 76744 Wörth-Schaidt, Tel. 0 63 40/363
Öffnungszeiten: Keine festen Zeiten, Besichtigung nach Vereinbarung. Spezielle Führungen für Schulen und Studentengruppen sind möglich.

Galerie „Altes Rathaus" in Wörth

Seit dem Umbau 1986 beherbergt das „Alte Rathaus" in Wörth eine der größten Sammlungen bedeutender Werke des Impressionisten Heinrich von Zügel und seiner Schüler, zu denen unter anderen auch Max Bergmann gehört. Mit dieser Sammlung erinnert die Stadt an die Wörther Malschule, die zu den Wegbereitern des deutschen Impressionismus zählt. In der freien Natur rund um das damals bettelarme Fischerdorf Wörth wurde seinerzeit gemalt.

Galerie „Altes Rathaus" in Wörth.

Info:
Galerie „Altes Rathaus", Ludwigstraße 1, 76744 Wörth, Tel. 0 72 71/13 12 02.
Öffnungszeiten: Do 15 - 18 Uhr bei Wechselausstellungen außerhalb der Sommerferien, So 14 - 18 Uhr während des ganzen Jahres, ausgenommen die großen Ferien.

Rheinaue-Museum in Neuburg

Das heute südpfälzische Dorf Neuburg lag bis ins 16. Jahrhundert hinein auf der rechten (badischen) Rheinseite. Wegen eines zwischen 1592 bis 1595 erfolgten natürlichen Rheindurchbruchs gelangte es auf die pfälzische Seite. Neuburg wurde durch das Leben am und mit dem Strom nachhaltig geprägt. Im Rheinaue-Museum ist dies ausführlich dokumentiert. Die historische Schifffahrt von den Anfängen bis zur Dampfschifffahrt, die Fähren und die Zollstation, der Nebenerwerb der Schiffer und Lotsen als Fischer, Entenfänger, Ackersleute etc. - dies alles ist anhand von Modellen, Gegenständen und auf Schautafeln dargestellt.

Rheinaue-Museum in Neuburg.

Info:
Rheinaue-Museum, Hauptstraße 50 (Rathaus), 76776 Neuburg, Tel. 0 72 73/12 26 und 91 92 34.
Öffnungszeiten: Mai bis Oktober jeden ersten Sonntag im Monat von 14 bis 17 Uhr.

Pfiesterhaus-Museum in Rohrbach

Das Pfiesterhaus-Museum befindet sich im Ortszentrum in einem schön restaurierten Fachwerkhaus. Nach dem Zweiten Weltkrieg wurde in liebevoller Sorgfalt von Gottlieb Anton, einem Ur-Rohrbacher, alles gesammelt, was das Leben der Menschen im Ort vor rund 200 Jahren ausmachte. Im ehemaligen Bürgermeisterhaus wurde das Museum 1995 vom Förderverein in vielen Stunden Arbeit und mit Liebe zum Detail eingerichtet. Heute zeigen die verschiedenen Räume das damalige Alltagsleben in Rohrbach, die Schule, das Handwerk, die Landwirtschaft, die Kleidung, die Werkzeuge, die Töpferei (Erzeugnisse der im 19. Jahrhundert hier angesiedelten Steinzeugfabrikation), Münzen und vieles andere mehr.

Info:
Pfiesterhaus-Museum, Hauptstraße 11, 76865 Rohrbach, Tel. 0 63 49/12 59, **Homepage:** pfiesterhaus-rohrbach.de
Öffnungszeiten: Jeden ersten Sonntag im Monat von 14 bis 17 Uhr.

Der Landauer

KUTSCHENWAGEN MIT ABKLAPPBAREM VERDECK

Was ist ein Landauer? Richtig, ein Bürger der Stadt Landau. Aber „Landauer" ist auch der Name für eine Kutsche, und das seit rund 300 Jahren. Es handelt sich dabei um einen viersitzigen Kutschenwagen mit nach vorn und hinten abklappbarem Verdeck. Wann genau und durch wen dieses Gefährt seinen Namen bekam, ist bis heute nicht mit letzter Sicherheit geklärt. Aber eines steht fest: Der „Landauer" ist eine unbezahlbare Werbung für die „Hauptstadt" der Südpfalz und die ganze Region. Wer einmal auf eine ganz andere Art als üblich Landau und die Umgebung auf äußerst gemütliche und stressfreie Art kennen lernen möchte, sollte eine Fahrt im „Landauer" unternehmen. Entsprechende Touren werden angeboten.

Der „Landauer" heißt aber nicht so, weil er zuerst in Landau gebaut worden wäre. In dieser Hinsicht irrte selbst Johann Wolfgang von Goethe, der im ersten Gesang der Idylle „Hermann und Dorothea" den ersten Kaufmann eines Städtchens in der Rheinebene heimkutschieren ließ und zu dem „geöffneten Wagen" anmerkte: „Er war in Landau verfertigt." Der offene Wagen

hieß damals zwar schon „Landauer", aber er stammte aus Wien.

Professor Paul Jäger, früher Architekt in Landau und Dozent für Architektur an der Fachhochschule Karlsruhe, wollte es ganz genau wissen, stöberte in Archiven und wertete Veröffentlichungen aus, ging mit geradezu wissenschaftlicher Akribie auf Spurensuche und wurde fündig. In einem Buch mit vielen zeitgenössischen Abbildungen („Der Landauer - Ein europäischer Reisewagen") hat er seine Erkenntnisse festgehalten.

Jäger fand heraus, dass die Frage nach der Herkunft des „Landauers" in der Literatur verschieden beantwortet wird. In seinem Werk finden sich diese Sätze: „Die Versionen reichen von der Benennung nach dem Reiseort König Josephs I. Landau in der Pfalz, wobei sein Reisewagen entweder in Landau oder aber in Wien gebaut bzw. erfunden worden sein soll, bis hin zum angeblichen englischen Erfinder namens Landow und zur Behauptung einer sprachgeschichtlichen Herkunft aus dem Arabischen, dann Spanischen und Französischen." Mündliche und schriftliche Überlieferungen, die offensichtlich niemand auf ihre Zuverlässigkeit geprüft hat, scheinen die Grundlage für die Vielfalt der

Aussagen gewesen zu sein. In einem Konversationslexikon von 1839 stand: „Landauer, ein vier-sitziger Reisewagen, dessen Verdeck sich in der Mitte teilt und vorn und hinten niederschlagen lässt. Den ersten hatte Kaiser Joseph I., als er 1720 vor Landau zog und einen solchen Wagen fuhr." (Joseph I. war weder Kaiser noch fand seine Reise 1720, sondern 1702 statt).

Meyers Lexikon von 1927 verursachte weiteres Durcheinander mit der Erklärung: „Landauer - vierrädriger Luxuswagen mit niederschlagbarem Verdeck, zuerst vom Engländer Landow oder aber der Stadt Landau gebaut." Das „Kleine Lexikon deutscher Worte arabischer Herkunft" stellt fest: „Landauer. Dieser Wagen wurde nicht zuerst in Landau hergestellt... Auch die Behaup-tung, der Name Landauer gehe darauf zurück, dass Kaiser Joseph I. zum ersten Mal eine derar-tige Kutsche benutzt habe, als er 1702 zur Belagerung von Landau fuhr, ist unbegründet. Das Wort ist vielmehr arabischen Ursprungs."

Viele weitere, oft falsche Deutungen des Namens „Landauer" finden sich in Archiven. Was ist wirklich Sache? Professor Jäger kam nach jahrelangen Recherchen zu dem Ergebnis, dass die Per-son König Joseph I. die Schlüsselfigur zur Geschichte des „Landauers" ist. Als die Festung Landau während des Spanischen Erbfolgekrieges (1701 bis 1714) im Jahre 1702 belagert wurde, zog der damalige König Joseph I. als Oberbefehlshaber der deutschen Rheinarmee vom Wiener Hof ins Hauptquartier Impflin-gen. Diese Reise ging mit gro-ßem Pomp vonstatten. In 77 Wagen mit 192 Pferden waren rund 500 Personen 32 Tage un-terwegs. 1704 folgte dann eine zweite Reise auf einer etwas an-deren Route zum Hauptquartier, das sich inzwischen in Ilbes-heim befand.

Josephs Reisewagen wurde aber zu jener Zeit noch nicht unter dem Begriff „Landauer" geführt. Erst 1723 war erstmals von „Landauer Chaise" die Rede. Paul Jäger in seinem Buch: „Die Vermutung liegt nahe, dass in Erin-nerung an die Landau-Reisen Josephs I. am Kaiserhof in Wien der Name ‚Landauer' geprägt wurde, als Bezeichnung für den damals von Joseph I. benutzten Wagen. Diese Annahme wird da-durch noch erhärtet, dass die ‚Landauer Chaise' eine feste Tradition im kaiserlichen Wagenpark erhielt."

Der Name „Landauer", so hat Jäger bei seinen Studien festgestellt, errang mit der Zeit eine solche Popularität, dass er sich nicht mehr nur auf das historische Fahrzeug Josephs I. bezog, sondern zur Bezeichnung der gesamten Wagenklasse verwendet wurde, die als charakteristisches Unterscheidungsmerkmal das in der Mitte aufklappbare Verdeck besaß. In der Literatur werden Kutschen als „Landauer" bezeichnet, die schon lange vor der eigentlichen Prägung dieses Be-griffs fuhren.

1932 erschien in der Zeitung „Rheinpfälzer" ein Aufsatz, an dessen Ende sich ein Landauer Historiker so ausdrückte: „Unser verkehrstechnischer Ausdruck („Landauer") hat bekanntlich den Namen unseres Heimatortes weit über Deutschlands Grenzen hinaus bekannt gemacht." Daran hat sich bis heute nichts geändert.

Die Pfalz und ihre Geschichte

ANERKANNTES TEILSTÜCK DEUTSCHLANDS

Die Pfalz ist ein (relativ kleines) Herzstück in Europa, aber dank vieler herausragender Ereignisse in früherer und auch in jüngerer Vergangenheit ein anerkanntes Teilstück Deutschlands. Das hohe Lied auf die Pfalz wird immer wieder gesungen, am lautesten natürlich in der Pfalz selbst. Aber warum sollen wir Pfälzer in dieser Hinsicht anderen stolzen deutschen Landstrichen nachstehen? In diesem Buch steht nicht die Beschreibung im Vordergrund, was die Pfalz ausmacht, wie sich ihre Bewohner von anderen Deutschen unterscheiden. Es soll vielmehr eher stichwortartig aufgezeigt werden, wie sie sich entwickelt hat.

W o die Pfalz liegt, wird heute auch in entfernter liegenden deutschen Gegenden nur noch selten gefragt. Dass die Pfalz eine historische Landschaft zwischen Rheintal, Elsass und Saarland ist, lernen die Kinder (hoffentlich) schon in der Schule. Ob sie in den Schulen vor Ort auch erfahren, dass die Geschichte der heutigen Pfalz sich von der Geschichte anderer deutscher Regionen in vielen Punkten jedoch unterscheidet - beginnend von der Römerzeit, über die Frankenzeit, das Hochmittelalter bis zur Reformationsepoche, nicht zu vergessen die zwei Jahrzehnte, in denen das revolutionäre Frankreich tiefe Spuren rechtlicher und organisatorischer Art hinterlassen hat?

Der frühere Ludwigshafener Oberbürgermeister und Bezirkstagsvorsitzende Dr. Werner Ludwig hat festgehalten: „Überall in der Pfalz findet man die Zeugnisse, die uns an die vielfältigen Verknüpfungen unserer Heimat mit der nationalen deutschen Geschichte und darüber hinaus an die gemeinsame europäische Vergangenheit erinnern."

Das Hambacher Schloss bei Neustadt.

„Das Land am Rhein trägt nicht wie die Bayern den Namen seiner Bewohner, nicht den Namen einer herrschaftlichen Burg wie Württemberg, es bekam den Namen eines Amtes, einer Würde: des Pfalzgrafen. So ist die Geschichte der Pfalz zum einen die Geschichte des Pfalzgrafen bei Rhein." Der das so niedergeschrieben ist, ist - natürlich - ein Pfälzer: der gebürtige Landauer Journalist und Autor Peter Mayer.

Zug zum Hambacher Schloss am 27. Mai 1832.

Die Geschichte der Pfalz im Zeitraffer:

Um 700 vor Christus besiedeln die Kelten das Gebiet der heutigen Pfalz. Spuren finden sich um den Donnersberg, bei Kaiserslautern und Bad Dürkheim. In den Jahren 57 bis 55 v. Chr. erobern römische Legionen die Pfalz. 460 n. Chr. ziehen sie ab, die Alemannen treten die Nachfolge an. Nach dem Sieg König Chlodwigs 496 besiedeln die Franken die Pfalz. 1024 wird der Salier Konrad II. Kaiser des Heiligen Römischen Reichs und die Pfalz Zentrum der Reichsgewalt. Die Salier herrschen bis 1125.

1329 teilen die Wittelsbacher sich in eine bayerische und eine pfälzische Linie. Die pfälzischen Wittelsbacher werden 1355 Kurfürsten der Pfalz und residieren in Heidelberg. Im Dreißigjährigen Krieg 1618-1648 wird die Pfalz verwüstet. Schweden, Spanier und Kroaten hinterlassen ihre Spuren. Im Französischen Erbfolgekrieg von 1688-1697 beansprucht Frankreichs König Ludwig XIV. - dessen Bruder mit der Tochter des pfälzischen Kurfürsten verheiratet ist - die Pfalz für Frankreich. 1720 verlegen die pfälzischen Kurfürsten ihre Residenz von Heidelberg nach Mannheim. 1797 wird die Pfalz französisch, ihr südlicher Teil wird dem Departement Bas Rhin (Unterelsass), der nördliche Teil dem Departement Mont Tonerre (Donnersberg) zugeteilt.

Die Eingliederung der Pfalz ins Königreich Bayern erfolgt 1816. Um die 30.000 Menschen fordern 1832 beim Hambacher Fest auf dem Hambacher Schloss demokratische Rechte und die Vereinigung Deutschlands. 1947: Der Regierungsbezirk Pfalz kommt zum neuen Bundesland Rheinland-Pfalz.

Abschließend sei noch einmal Peter Mayer (Buch „Die Pfalz") zitiert: „Den Pfälzern ging es in allen Jahrhunderten ihrer Geschichte immer nur so gut, dass sie leicht ein größeres Wohlbefinden noch ertragen hätten, ohne übermütig zu werden. Die Größenordnungen ihrer Welt sind Morgen, die Pfälzer lesen zwischen den Zeilen des Wingerts." Der letzte Satz dürfte auch im Blick auf die Südpfälzer so formuliert worden sein...

251

Das Elsass

FÜR SÜDPFÄLZER FAST EINE ZWEITE HEIMAT

Es war vor vielen Jahren mitten in Weißenburg. Wir wollten nur ein Glas Wein trinken und ein Häppchen dazu essen und landeten in einem alten Restaurant. Beim Blick von außen durch die Scheiben hatten wir den Eindruck, es handele sich nicht gerade um eine von deutschen Gästen überlaufene Gaststätte. So war es denn auch. Am Tisch eines alten Herrn nahmen wir Platz und kamen beim Roten sehr bald miteinander ins Gespräch. Die Verständigung war überhaupt kein Problem, denn der Mann sprach den Dialekt seiner Heimat, dem Pfälzischen ja nicht unähnlich.

Das Rathaus von Hagenau.

Irgendwann stellten wir dem sicher schon auf die 80 zugehenden Einheimischen die Frage: „Fühlen Sie sich mehr als Deutscher oder als Franzose?" Der Mann zeigte sich nicht überrascht, seine Antwort kam schnell, weil er sie wahrscheinlich schon öfter so gegeben hatte: „Ich bin weder Deutscher noch Franzose, ich bin Elsässer!" Besser hätte er es nicht sagen können. Wir redeten noch lange über dieses und jenes, aber nicht über die Politik. Wir verabschiedeten uns wie alte Freunde. Leider haben wir ihn nie mehr wiedergesehen. Er lebt ganz sicher nicht mehr.

Das Elsass ist für viele Südpfälzer fast so etwas wie die zweite Heimat. Wer hinüberfährt, kommt nicht in eine fremde Welt. Aber die historische Vergangenheit dieser deutsch-französischen Grenzregion dürfte den Touristen und den Nachbarn, die kommen, in Details kaum bekannt sein. Dabei ist ein Blick in die Historie wirklich interessant. „Das Elsass und seine Geschichte gehören zum historischen Schicksal der Deutschen", sagt der Autor Hermann Schreiber. Er hat die elsässische Geschichte in einem dicken Buch verständlich beschrieben. „Wir müssen uns darüber klar sein, dass das Elsass in den Grenzen Frankreichs für uns nicht mehr so verständlich ist wie das Elsass, das Goethe (einst) besuchte... Die Jahrhunderte haben ihr Werk voll-

bracht, und es hat wenig Sinn, sich ihm zu verschließen."
Für ihn, den bekannten deutschen Publizisten, ist die Nähe
zum Elsass eine Herausforderung und eine Verpflichtung.

Das Elsass hat immer eine Mittelstellung eingenommen
zwischen Deutschland und Frankreich, zwischen romanischem und germanischem Kulturkreis, „und aus dieser Position resultiert seine kulturelle Kraft, aber auch manches Leid,
das seine Bewohner im Laufe der Jahrhunderte erfahren
mussten" (Hans Gercke, Reiseführer „Elsass"). Er verweist
auf die Spuren solcher Heimsuchungen (Soldatenfriedhöfe,
Bunkeranlagen, Festungen, Schlachtfelder, Burgruinen) als
Beweis für eine nicht gerade friedvolle Vergangenheit. Aber
immer wieder hat sich das Elsass von den Tiefschlägen der
Geschichte erholt. Und dann betont Gercke, als wäre er Oh-
renzeuge des eingangs geschilderten Gesprächs in einem Weißenburger Lokal gewesen: „Dass sich die Elsässer heute als
Bürger Frankeichs verstehen, ist keine Frage. In erster Linie
aber verstehen sie sich als Elsässer und als solche sind sie Eu-
ropäer in einem geradezu exemplarischen Sinn."

Das Rathaus von Weißenburg.

Das Elsass (französisch Alsace), so lesen wir im Lexikon,
ist ein fruchtbares Grenzland zwischen Deutschland und
Frankreich, erstreckt sich über das westliche Oberrheinische
Tiefland und den Vogesenkamm, im Nordwesten reicht es bis
in die Muschelkalklandschaft an der Saar. Die historische
Landschaft umfasst die beiden Départements Bas-Rhin und
Haut-Rhin. Das Elsass ist über 8200 Quadratkilometer groß
und zählt 1,7 Millionen Einwohner.

Ein paar wesentliche Daten aus der Geschichte des Elsass:

52 v. Chr.:	Julius Cäsar einverleibt Lothringen dem Römischen Reich.
58 v. Chr.:	Cäsar besiegt zwischen Altkirch und Thann als „Schutzherr der Kelten" den suevischen Heerführer Ariovist, das linksrheinische Gebiet gehört fortan zum Römischen Reich.
Um 300 n. Chr.:	Germanenstämme dringen ins Elsass ein, verwüsten das Land, gründen aber auch Siedlungen. Der Name „Elsass" entsteht.
Um 400:	Die Römer sind den zunehmenden Germaneneinfällen nicht länger gewachsen, geben die Rheingrenze auf und ziehen sich hinter die Vogesen zurück.

*Skulptur an der
Elsässischen Weinstraße.*

496:	Frankenkönig Chlodwig besiegt die Alemannen, bezieht das Elsass als Grenzmark in sein Land ein.
498:	Die Christianisierung beginnt im Elsass.
817:	Die Karolinger treten das Erbe des Frankenreichs an. Ludwig der Fromme, Sohn von Karl dem Großen, teilt es in drei Teile, spricht seinem ältesten Sohn Lothar das Elsass zu.
870:	Im Vertrag von Meersen wird das Zwischenreich nach Lothars Tod zwischen Karl und Ludwig aufgeteilt. Ludwig bekommt das Elsass, das fortan zum Deutschen Reich gehört und für 700 Jahre völlig von Frankreich getrennt lebt.
925:	König Heinrich I. vereinigt Elsass und Alemannien zum Herzogtum Schwaben.
1079:	Unter den Hohenstaufern wird das Elsass Kernland der kaiserlichen Hausmacht.
1268:	Nach dem Untergang der Staufer zerfällt das Elsass in zahlreiche Herrschaftsgebiete.
1439:	Söldnerheere aus Südfrankreich verwüsten das Land.
1469:	Die Habsburger verpfänden die Landgrafschaft Oberelsass an Herzog Karl den Kühnen von Burgund.
1477:	Befreiung des Elsass von burgundischer Herrschaft.
1618 - 1648:	Das Elsass hat im Dreißigjährigen Krieg vor allem unter den schwedischen Heeren zu leiden.
1648:	Die wichtigsten Teile des Elsass werden im Westfälischen Frieden Frankreich zugesprochen, die übrigen fallen an Deutschland.
1789:	Die Französische Revolution erstrebt die komplette Eingliederung des Elsass in den französischen Nationalstaat. Kulturell ergibt sich ein Bruch.
1870/71:	Im Deutsch-Französischen Krieg kommt das Elsass als Generalgouvernement zum Deutschen Reich.

1919:	Das Elsass kehrt nach blutigen Kämpfen im Ersten Weltkrieg im Versailler Vertrag wieder zu Frankreich zurück.
1939-45:	Deutsche Truppen besetzen im Zweiten Weltkrieg Elsass-Lothringen und unterstellen es dem Gauleiter und Reichsstatthalter von Baden.
1945:	Elsass-Lothringen fällt wieder an Frankreich, einzige Amtssprache ist Französisch.
1973:	Schaffung der „Région Alsace" im Zuge der von Charles de Gaulle angeordneten Dezentralisierung Frankreichs.
1976:	Das Elsass erhält kulturelle Autonomie.
2004:	Der Europarat in Straßburg verabschiedet die Europäische Verfassung.

(Zitiert nach dem Buch „Elsass" von Hans Gercke).

Weißenburg

Das Elsass war immer eine Kulturlandschaft im Spannungsfeld zweier Völker. Mit dem Rücken zur Wand kämpfen die Elsässer heute verzweifelt um ihren Dialekt, „weil dieser Kampf politisch weniger brisant ist als es der Kampf um das Deutschtum wäre" (Hermann Schreiber). Im Manifest von 1980 wurde bereits festgehalten: „Das Verschwinden des Dialekts würde das Auslöschen unseres kulturellen Erinnerungsvermögens bedeuten sowie den Zusammenbruch eines der beiden Stützpfeiler der elsässischen Zweisprachigkeit und somit unserer Fähigkeit, uns im europäischen Raum zurechtzufinden."

Weißenburg

„Gewiss, der Dialekt ist das Existenzminimum, ist jene Säuglingsmilch, die man eines Tages dann durch kräftigere Nahrung wird ersetzen können - sofern Verlangen nach ihr besteht, sofern sie das nachbarliche Deutschland anliefert. Und dies sollte möglich sein, ist doch seit Jahren die Rheingrenze so friedlich wie die zwischen der Schweiz und Liechtenstein...", meint Hermann Schreiber.

Universität Landau

MEHR ALS EINE „LEHRERBILDUNGSANSTALT"

Seit dem Jahr 1990 ist die bis dahin bestehende Erziehungswissenschaftliche Hochschule Landau (EWH) Universität. Diese nach jahrelangen Initiativen der Hochschulgremien schließlich per Landesgesetz getroffene Entscheidung hat sich als richtig erwiesen. Denn es setzte danach in allen Teilen der Bildungseinrichtung ein Entwicklungsprozess ein, der noch nicht am Ende ist. Wer die Situation vor Ort kennt, kann der Feststellung im Hochschulführer nur zustimmen, dass sich die Uni Landau „zu einem wichtigen Wirtschaftsfaktor für die Standortregion Südpfalz entwickelt" habe.

Vier Jahre nach Kriegsende (1949) begann in Landau die Ausbildung von Lehrern, möglich gemacht durch die Verlegung der Lehrerakademie Kirchheimbolanden in die Südpfalzmetropole. Das Lehramtsstudium steht nach wie vor im Vordergrund des universitären Angebots, aber

Landau ist dank zahlreicher weiterer Studienmöglichkeiten nicht mehr die „klassische Lehrerbildungsanstalt" früherer Tage. Sonst läge man nicht bei inzwischen um die 6000 Studenten.

Landau ist Teil der Universität Koblenz-Landau, der jüngsten Uni des Landes Rheinland-Pfalz. Das Charakteristikum der Hochschule ist ihre für die deutsche Universitätslandschaft außergewöhnliche Struktur mit drei Standorten auf einer Nord-Süd-Achse von 150 Kilometer. Unter einem gemeinsamen Dach wird an jeweils vier Fachbereichen in Koblenz und Landau gelehrt und geforscht. Organisatorisches Bindeglied ist das Präsidium in Mainz, wo

Hochschulleitung und zentrale Hochschulverwaltung angesiedelt sind. Diese Struktur ist das Resultat der spezifischen
historischen Entwicklung der Universität Koblenz-Landau.

Früher gab es in Rheinland-Pfalz Institute für Lehrerbildung und Pädagogische Akademien, die sukzessive zu sechs
Pädagogischen Hochschulen zusammengefasst wurden. Nach
der Neustrukturierung und
Neuausrichtung der Lehrerbildung in den sechziger Jahren gründete das Land die
Erziehungswissenschaftliche
Hochschule Rheinland-Pfalz
mit den Abteilungen Ko-
blenz, Landau, Mainz und
Worms und dem gemeinsa-
men Präsidialamt in Mainz.
Das Studienangebot erfuhr

über den Bereich der Lehrerbildung hinaus eine Ausweitung
(Diplomstudiengänge Informatik, Psychologie und Pädagogik). Als dann Ende der siebziger Jahre der Bedarf an Lehrern zurückging, erfolgte die Schließung der Abteilung
Worms, der Fachbereich Mainz wurde an die dortige Johannes-Gutenberg-Universität verlegt.

Die neuen Diplom- und Aufbaustudiengänge gewannen
an Bedeutung, die Bezeichnung „EWH" erwies sich zuneh-
mend als problematisch, weil sie dem erweiterten und diffe-
renzierten wissenschaftlichen Potenzial in Lehre und
Forschung nicht mehr gerecht werden konnte. Dann wurde
1990 aus der Erziehungswissenschaftlichen Hochschule die
Universität. Es konnten jetzt neue Fachbereiche, Institute,
Professuren und Studiengänge eingerichtet werden. Bereits
bestehende Forschungsschwerpunkte und Studiengänge wurden ergänzt und weiter differenziert. Heute prägen Informatik
und Psychologie zusammen mit den traditionellen erzie-
hungs-, geistes- und naturwissenschaftlichen Fachbereichen
das wissenschaftliche Profil der Universität.

Dass Landau heute für Studierende so attraktiv geworden
ist, hat neben dem breit gefächerten Studienangebot mit einigen weiteren „Pfunden" zu tun: Keine Massenuniversität wie
in deutschen Großstädten; kurze Wege zwischen den Institu-
ten; parallele Umsetzung von Studium, Forschung und Praxis;
persönlicher Kontakt zu den Dozenten; intensive Betreuung
durch das Lehrpersonal (auch dadurch kurze Studienzeiten);

angenehme Atmosphäre in Stadt und Umgebung; gute Integration der Studierenden in die Gesellschaft.

Wer als potenzieller Student Landau nicht kennt, dem wird die Stadt mit Worten schmackhaft gemacht, die von Werbefachleuten geprägt sein könnten: „Landau ist eine Stadt der kurzen Wege und eine Stadt, die vom Charme und der Gemütlichkeit einer ehemaligen französischen Garnisonstadt profitiert. Das sportliche und kulturelle Freizeitangebot in der Stadt und in der umliegenden Region ist groß."

Was kann man in Landau alles studieren? Hier eine Übersicht.

Grundständige Studiengänge: Diplomstudiengänge Erziehungswissenschaft, Psychologie, Sozialwissenschaften, Umweltwissenschaften. Magisterstudiengänge: Lehramtsbezogene Bachelorstudiengänge, lehramtsbezogene Magisterstudiengänge, Lehramt an Grund- und Hauptschulen, Lehramt an Realschulen, Lehramt an Sonderschulen. Zusatzstudiengänge: Kommunikationspsychologie/Medienpädagogik, Sprecherziehung. Weiterbildende Studiengänge: Psychologischer Psychotherapeut.

In allen Fächern, die in Landau studiert werden können, ist die Promotion möglich. Angeboten wird auch ein Gasthörerstudium und das Studieren ohne Abitur. Seit 2004 gibt es die Kinder-Uni (Vorlesungen für Kinder von acht bis zwölf Jahren). Bereits seit 1992 existiert die Zooschule, die unter Anleitung der Uni in einem Gebäude auf dem Gelände des Landauer „Tiergartens" Kindern die Tiere des Zoos vorstellt.

Der Campus der Universität Landau liegt in der Denkmalschutzzone des ehemaligen Forts mitten im Grünen. Weitere acht Standorte in der Stadt Landau sind vom Campus aus auch ohne öffentliche Verkehrsmittel gut zu erreichen. Ein Schmuckstück der Uni ist die seit 2001 bestehende neue,

moderne und anspruchsvoll gestaltete Bibliothek mit Lesesaal und Dachterrasse.

Nicht nur für die spätere Geschichtsschreibung interessant sind die folgenden Daten aus der Chronik der Universität Landau. **1960:** Aus der Pädagogischen Akademie wird die Pädagogische Hochschule. **1969:** Aus der Pädagogischen Hochschule wird die Erziehungswissenschaftliche Hochschule. **1970:** Die EWH erhält das Promotions- und Habilitationsrecht. **1971:** Einrichtung des Diplomstudiengangs Erziehungswissenschaft; Gründung des Zentrums für empirische pädagogische Forschung (Zepf). **1976:** Einrichtung des Diplomstudiengangs Psychologie. **1982:** Einrichtung des Studiengangs Lehramt an Realschulen. **1990:** Aus der EWH wird die Universität. **1993:** Einrichtung grundständiger Magisterstudiengänge. **1994:** Gründung des Instituts für Interkulturelle Bildung. **1996:** Vereinbarung der Rahmenplanung für den Ausbau des Campus zwischen Land, Stadt Landau und Universität. **1997:** Gründung des Instituts für regionale Umweltforschung und Umweltbildung. **1998:** Eröffnung des Zentrums für Weiterbildungsforschung und -management mit der Arbeitsstelle für die Weiterbildung der Weiterbildenden; Eröffnung des Frank-Loeb-Instituts - Forschungsstelle für Politikvermittlung und internationale Verständigung. **2001:** Einrichtung der Diplomstudiengänge Sozialwissenschaften und Umweltwissenschaften; Einweihung der neuen Bibliothek. **2007:** Einführung der lehramtsbezogenen Bachelor-Studiengänge im Rahmen der Reform der Lehrerbildung in Rheinland-Pfalz.

Ein echtes Vorzeigeprojekt der Uni ist die Zooschule, einst zur Verbesserung der universitären Lehramtsausbildung von Dr. Gudrun A. Hollstein gegründet. Hier findet, wie sich die rheinland-pfälzische Umweltministerin Margit Conrad ausdrückt, „interdisziplinäre Zusammenarbeit von Zoo, Kommune und Hochschule statt, wie sie in Deutschland einmalig ist". Gleichzeitig, fügt sie hinzu, würden hier Bildung, Forschung und Umweltschutz vernetzt.

Die Zooschule ist eine Kooperation von Uni Landau, Campus Landau und Zoo Landau. Organisatorisch gehört sie zum Institut für Bildung im Kindes- und Jugendalter der Uni, ist hier der Arbeits- und Forschungsstelle für Zoo- und Naturpädagogik zugeordnet. Ganzjährig bietet die Zooschule Unterricht für Kindergartenkinder und Schulklassen aller Schularten im Rahmen von 20 Unterrichtseinheiten an. Ein weiterer Schwerpunkt liegt auf der Organisation von Workshops, Kindergeburtstagen und Sonderveranstaltungen wie Zoosafari, Bilderbuchkino, Abendführung etc. Zudem gibt es spezielle Angebote für kranke und behinderte Menschen sowie für Erwachsene/Senioren. Regelmäßig werden auch Veranstaltungen zur Fort- und Weiterbildung von Lehrern durchgeführt.

In den Augen von Gründerin Hollstein ist die Zooschue „das ideale Umfeld, um intensiv zur grundschulbezogenen Umweltbildung zu forschen." Sie räumt ein, dass man die Entwicklung, wie sie sehr bald nach der Eröffnung 1992 eintrat, so nicht voraussehen konnte. Heute kommen 15.000 Schülerinnen und Schüler im Jahr. Aufgrund der großen Nachfrage müssen Klassen sogar abgewiesen werden.

FTSK Germersheim

STUDENTEN KOMMEN AUS DER GANZEN WELT

Seit über 60 Jahren werden in Germersheim Übersetzer(innen) und Dolmetscher(innen) ausgebildet. Viele tausend junge Männer und Frauen aus Deutschland und aus vielen Ländern der Erde haben in dieser Zeit am Fachbereich Translations-, Sprech-und Kulturwissenschaft (FTSK) der Universität Mainz ihr Diplom erworben. Der FTSK ist die traditionsreichste und weltweit größte Ausbildungsinstitution für Dolmetschen und Übersetzen und hat als eine von 24 universitären Ausbildungsstätten dieser Ausrichtung auf der Welt Aufnahme gefunden in die „Conférence Internationale Permanente d'Instituts Universitaires de Traducteurs et Interprètes" (C.I.U.T.I.).

Weltweit werden jährlich annähernd 300 Millionen Seiten übersetzt, Tendenz steigend. Allein in der Europäischen Union gibt es rund 20 Amtssprachen. Mit der Globalisierung geht eine Regionalisierung einher, was bedeutet, dass sich immer mehr Staaten untereinander in ihren Landessprachen verständigen, immer mehr Firmen mittels fremder Sprachen werben und kommunizieren. Das heißt in der Praxis: Eine umfassende akademische Ausbildung ist für die anspruchsvolle Tätigkeit der Sprach- und Kulturvermittlung zwischen Ländern und Regionen unumgänglich.

In der Seyssel-Kaserne in Germersheim, die einst Teil der geschleiften Festung war, werden den etwa 2400 Studenten Lehrveranstaltungen zu zwölf Sprachfächern (von Arabisch bis Spanisch, von Chinesisch bis Neugriechisch und Niederländisch) angeboten, dazu sind - je nach Bedarf - Zusatzqualifikationen in weiteren zehn Sprachen möglich. Die neunsemestrigen Studiengänge führen zum akademischen Grad Diplom-Übersetzer(in) und Diplom-Dolmetscher(in) in jeweils mindestens zwei Sprachen. In 14 Fachrichtungen ist die Promotion zum Dr. phil. möglich.

Die Ausbildung zum Übersetzer am FTSK besteht aus drei Komponenten: 1. Übersetzungs- und Sprachwissenschaft. 2. Kulturwissenschaft. 3. Vermittlung von Fachwissen. Denn: Professionelles Übersetzen ist ein intellektuell anspruchsvoller Prozess. Das Dolmetscherstudium ist kein „Sprachstudium". In der Ausbildung geht es vielmehr darum, die Techniken des simultanen und konsekutiven Dolmetschens zu erlernen und zu perfektionieren. Die Hochschule betont: „Dolmetscher sind zentrale Randfiguren,

denn sie stehen häufig in der Mitte, manchmal sogar im Mittelpunkt, ohne das zu wollen."

Wer in Germersheim sein Studium absolviert hat, hat beste Berufsaussichten. Etliche Ehemalige des FTSK arbeiten heute in Führungspositionen bei international tätigen Behörden und Wirtschaftsunternehmen. David Sawyer, Student in der Rheinstadt von 1988 bis 1996, ist zum Beispiel Dolmetscher im amerikanischen Außenministerium in Washington.

Die Ausbildungsstätte für Übersetzer und Dolmetscher in Germersheim gibt es seit 1947. Nach dem Zweiten Weltkrieg wurden durch die französische Besatzungsmacht in relativ kurzer Zeit vier Hochschulen in Rheinland-Pfalz und im Saarland eröffnet: Mainz 1946, Speyer und Germersheim am gleichen Tag, am 11. Januar 1947, und Saarbrücken 1948. Die Dolmetscherhochschule Germersheim war aber nur drei Jahre als Körperschaft des öffentlichen Rechts selbstständig, wurde dann in die Universität Mainz eingegeliedert, zunächst als direkt dem Rektor unterstelltes Institut, seit 1976 als Fachbereich Angewandte Sprachwissenschaft. Seit 2010 lautet der offizielle Name: Fachbereich Translations-, Sprech- und Kulturwissenschaft (FTSK).

Die Idee, für ihre Besatzungszone eine eigene Ausbildungsstätte für Dolmetscher zu schaffen, ist in der französischen Militärregierung offenbar schon im Sommer 1946 entwickelt worden. Germersheim als Standort der geplanten Hochschule tauchte zum ersten Mal in einem Bericht im September 1946 auf, den der Chef der Architekturabteilung bei der Militärregierung Hessen-Pfalz in Neustadt über die Tauglichkeit der Seyssel-Kaserne als Schul- und Internatsgebäude erstellte. Die Kaserne befand sich zu diesem Zeitpunkt im Eigentum der Stadt Germersheim. Der Plan, die Hochschule hier einzurichten, fand die Billigung der höchsten Stellen der Franzosen in Baden-Baden.

Obwohl die Seyssel-Kaserne in einem für die damalige Zeit guten Zustand war, mussten für den neuen Zweck doch viele Veränderungen vorgenommen werden. Das bereitete in der Notzeit große Schwierigkeiten. Die eigentliche Geburtsstunde der Hochschule schlug am 17. Januar 1947, als die entsprechende Verfügung im Amtsblatt des französischen Oberkommandos in Deutschland veröffentlicht wurde. Das erste Semester begann am 20. Januar 1947, war bereits im März beendet. Erst ab dem Sommersemester 1947 lief dann alles normal. Das ist bis heute so geblieben.

Freizeit-
einrichtungen

TIERE BEOBACHTEN, GOLF SPIELEN,
DRAISINE FAHREN

Wer freie Zeit hat und nicht so recht weiß, wie er sie sinnvoll ausfüllen soll, wer im Urlaub an kurzen Touren mit möglichst großen Erlebnissen „vor der Haustür" Interesse hat oder wer Besuch bekommt und nach einer alle überraschende Attraktion sucht, hat in der Südpfalz keine Probleme, etwas Passendes zu finden. Auf dem Sektor „Freizeiteinrichungen" ist viel vorhanden, was Spaß macht und der Kurzweil dient.

Wer Tiere beobachten will, hat seine Möglichkeiten (Landauer Zoo, Reptilium Landau, Wild- und Wanderpark Silz, Straußenfarm Rülzheim). Wer etwas für seine Gesundheit tun oder richtig Sport treiben will, kann aus einem Riesenangebot das für sich richtige auswählen (Fun Forest-Park Kandel, La Ola Landau, Moby Dick Rülzheim, Golfplatz Dreihof bei Essingen, Südpfalz-Therme Bad Bergzabern, zahlreiche Schwimmbäder und Baggerseen). Und dann wird einiges offeriert, was einfach dem Vergnügen dient: Sesselbahn zur Rietburg, Draisinenfahrten zwischen Bornheim und Lingenfeld, Kutschen- und Ballonfahrten. Wer sich den Sinn für die Natur bewahrt hat, dürfte auf einem der vielen Lehrpfade durch Weinberge und Wald, entlang von Bächen und von historischen Zeugnissen der Vergangenheit Entspannung finden.

Nachfolgend werden beispielhafte Freizeiteinrichtungen beschrieben. Es gibt sicher noch manches weitere Angebot, das in dieser Auflistung fehlt.

LANDAUER ZOO:
ÜBER 500 TIERE ZU BESICHTIGEN

Eine der bedeutendsten Stätten der Freizeitgestaltung und Erholung nicht nur in der Südpfalz, sondern in der

Pfalz insgesamt ist der Landauer Zoo. Bis zu 200.000 Besucher kommen jedes Jahr auf die vier Hektar große Parkanlage, um die gut 500 Tiere in über 100 exotischen Arten zu beobachten, aber auch um hier spazieren zu gehen, bei schönem Wetter die Sonne zu genießen oder im Restaurant oder dem Biergarten etwas die Seele baumeln zu lassen. Der Zoo entlang den historischen französischen Fortanlagen besteht seit über 100 Jahren, wird im Volksmund immer noch gerne „Tiergarten" genannt. Dabei ist er eine anerkannte, wissenschaftlich geleitete Einrichtung mit Augenmerk auf den umwelterzieherischen und umweltpädagogischen Bereich. (Über die Zooschule wird an anderer Stelle berichtet).

Es gibt einige Stars im Zoo, die bei den Besuchern besonderes Interesse finden, wie zum Beispiel die sibirischen Tiger, an die Stelle der alterbedingt gestorbenen Braunbären getreten sind. Oder die große Gruppe der Humboldt-Pinguine. Wer Löwen oder Elefanten sehen möchte, sucht in Landau vergebens danach. Dafür können ein gelbgebänderter Pfeilgiftfrosch oder eine Gabelracke, ein Pinselohrschwein oder ein Bantam-Zwerghuhn beobachtet werden. Zu den Tieren, die die größte Aufmerksamkeit erregen, gehören die Affen (weil sie den Menschen so ähnlich sind?). Es macht einfach Spaß, den Schimpansen und Weißhandgibbons, den Weißscheitelmangaben, Braunkopfklammer- und Totenkopfaffen, den goldgelben Löwen- und den Zwergseidenaffen zuzuschauen.

Aus der Fülle der vorhandenen Tiere seien nur ein paar herausgegriffen, die unter die Lupe zu nehmen sich lohnt: Roter Mausmaki, südamerikanischer Seebär, Jaguar, Reeves-Muntjak, Steppen- oder Korsakfuchs, Weißschwanzstachelschwein, Quessant-Schaf, Hartmann-Bergzebra, Erdmännchen, eurasischer Luchs, Fennek oder Wüstenfuchs, Zebramanguste, Dromedar, Guanako, Watussirind, Streifengnu, Bennettkänguru, Kurzohrrüsselspringer, Flamingo, Glattstirnkaiman, Madagaskar-Leguan.

Im Warmhaus und in den begehbaren Vogelhallen gibt es viel zu sehen. Bei den Kindern ganz hoch im Kurs steht der Streichelzoo. Auf dem Spielplatz locken interessante

Spielgeräte. Neben dem artenreichen Tierbestand verfügt der Zoo über eine Vielfalt an botanisch interessanten Baum-, Strauch- und anderen Pflanzenarten, die dem Gelände einen Parkcharakter geben.

Der Landauer Zoo hat sich zu einem regelrechten Natur- und Artenschutzzentrum entwickelt und erbringt, wie es Direktor Dr. Jens-Ove Heckel formuliert, „bedeutende Leistungen im öffentlichen und allgemeinen Interesse im Sinne der lokalen Agenda 21." Deren Motto „global denken - global handeln" wird mit greifbaren Ergebnissen umgesetzt. Für Heckel und seine Mitstreiter ist es ein besonderer Ansporn, das Tier- und Naturverständnis von Kindern und Jugendlichen zu fördern.

Als Partner des nationalen und internationalen Artenschutzes hat sich der Zoo durch die Beteiligung an einer zunehmenden Zahl koordinierter Erhaltungszuchtprogramme und Freilandschutzprojekte für bedrohte Tierarten einen guten Namen erarbeitet. Auf wissenschaftlichem Gebiet wurden die Kooperationen mit Forschungseinrichtungen erheblich ausgebaut. Die Aufnahme in den Weltverband der Zoos und Aquarien ist ein Beleg für die hohe Qualität der Einrichtung. Aus einem Heimattiergarten - als „Vogelheim" 1904 gegründet und nach und nach zur heutigen Bedeutung ausgebaut - ist schon lange ein zoologischer Garten mit hohem Anspruch geworden.

Info: Landauer Zoo, Hindenburgstraße 12 - 14, 76829 Landau; Tel. 0 63 41/89 82 29
Homepage: www.zoo-landau.de
Öffnungszeiten: Ganzjährig geöffnet, von März bis Oktober 9 bis 18 Uhr, November bis Februar 9 bis 16 Uhr.

REPTILIUM LANDAU:
GRÖSSTER TERRARIEN- UND WÜSTENZOO

Deutschlands größter Terrarien- und Wüstenzoo befindet sich seit dem Jahr 2004 in Landau: das Reptilium. Die Tiervielfalt, die den bis zu 60.000 Besuchern im Jahr geboten wird, ist enorm. Es sind über 700 exotische Reptilien aus Amerika, Australien, Afrika und Asien zu besichtigen. Auf Schildern liest man Namen, Herkunftsland und Eigenarten der einzelnen Tiere. Wenn vormittags Fütterung auf dem Programm steht, öffnen Tierpfleger die Terrarien und die Besucher dürfen ihren Lieblingen selbst Vitamin-Nachschub servieren. Wer ein bisschen mutig ist, darf ein ausgewähltes Tier anfassen.

Im Reptilium werden erstmals Rote Tejus, Gila-Krustenechsen und Schnabelbrustschildkröten in artgerecht gestalteten Lebensräumen gezeigt.
Verschiedenste Reptilienarten wurden vergesellschaftet und leben in den Terrarien zusammen. Zu sehen sind blaue Frösche und Schildkröten, Krokodile und Geckos, Wüsten- und Tropenwaldbewohner. In der Jungtier-Aufzuchtstation sieht man die Nachkommen seltener, ge-

schützter Reptilien aufwachsen, da sich das Reptilium an Nachzucht- und Artenschutzprogrammen beteiligt.

Der Besucher läuft durch feinen Sand und staunt über das nicht alltägliche „Drumherum" in Form bizarrer Felsformationen und mit echten meterhohen Palmen. Wie sich Reptilien in der freien Wildbahn verhalten, ist in den Terrarien auf Videozuspielungen zu erleben. Für Schulen, Kindergärten und interessierte Fachbesucher werden geleitete Führungen angeboten. Die Wüstenhalle kann man für Kindergeburtstage, Familien- und Betriebsfeiern sowie weitere Veranstaltungen diverser Art mieten.

Neu ist die Freiland-Terrarienanlage, in der einheimische Reptilien und Amphibien wie Sumpfschildkröte, Äskulapnatter, Grünfrosch, Kreuzotter, Smaragdeche oder Feuersalamander leben. Hintergrund ist die verstärkte Aufklärung und Information über diese Tiere.

Info: Reptilium, Werner-Heisenberg-Straße 1, 76829 Landau (am neuen Messeplatz); Tel. 0 63 41/51 000; **Homepage:** www.reptilium.de
Öffnungszeiten: Täglich von 10 bis 18 Uhr, ausgenommen der 24., 25. und 31. Dezember und der 1. Januar. Jeder erste Montag im Monat ist Seniorentag, jeder erste Mittwoch im Monat Studententag, jeder letzte Donnerstag im Monat Familientag.

WILD- UND WANDERPARK SÜW: NATURERLEBNIS BESONDERER ART

Ein Naturerlebnis der besonderen Art verspricht der 100 Hektar große Wild- und Wanderpark Südliche Weinstraße in Silz seinen Besuchern, die das ganze Jahr über auch von weiter her angereist kommen, um bei Rundgängen über 400 Tiere in 15 verschiedenen Arten kennen zu lernen. Fast acht Kilometer Wanderwege führen an den gepflegten Gehegen vorbei. Einzelne Tiere dürfen gefüttert und auch gestreichelt werden, so im Eingangsbereich die Hasen oder „draußen" Ziegen und Schafe. Von April bis Oktober kann täglich gegen 11 Uhr zugesehen werden, wie Wölfe ihr Futter bekommen.

Der im Eigentum des Landkreises SÜW stehende und privat gemanagte Park ist schon lange eine Attraktion. Dem Besucher wird empfohlen, sich mindestens zwei Stunden Zeit zu nehmen, wenn er möglichst viel sehen und erleben will. Die große Waldanlage ist fast ausschließlich frei und offen, lediglich Wisente, Wölfe und Wildschweine, Uhus, Steinmarder und Frettchen werden hinter sicherem Zaun gehalten. Aus zwei kleinen Schutzhütten heraus können Tiere besonders gut beobachtet werden, ohne dass man sie stört.

Einzelne Besucher kommen immer wieder im Herbst, um die Brunftschreie der Rothirsche zu hören. Wenn die stärksten und kampferfahrensten Hirsche um die Position des Platzhirschs streiten, tun sie dies mit lautem Gebrüll, großem

Imponiergehabe und Geweihkämpfen. Eine Hirschbrunft live zu erleben, ist allerdings selten, weil das Rotwild ausgesprochen scheu ist.

Wo bekommt man, wie hier, sonst noch Rot-, Schwarz- und Damwild, Wisent und Wolf, Polarfuchs und Mufflon, Bergziege und Wildschwein, Steinmarder und Frettchen, dazu Schnee-Eule und Uhu und Minipferde auf einem großen Areal zu Gesicht?

Für Kinder gibt es einen Abenteuerspielplatz. Hunger und Durst stillen kann man in der Wildpark-Gaststätte, deren Sonnenterrasse bei schönem Wetter sehr begehrt ist. Das ganze Jahr über werden spezielle Aktionen angeboten.

Die Grillhütte auf dem Grillplatz steht kostenlos zur Verfügung (Reservierung erforderlich).

Info: Wild- und Wanderpark Südliche Weinstraße, 76857 Silz; Tel. 0 63 46/55 88; **Homepage:** www.wildpark-silz.de **Öffnungszeiten:** Ganzjährig täglich geöffnet, vom 15. März bis 15. November ab 9 Uhr, vom 16. November bis 14. März ab 10 Uhr.

STRAUSSENFARM MHOU: FÜHRENDER ZUCHTBETRIEB EUROPAS

Wenn außerhalb der Südpfalz jemandem Fotos der Straußenfarm Mhou vorgelegt werden und der soll sagen, wo sich dieser Betrieb wohl befindet, lautet die spontane Antwort in der Regel: „Ganz klar, in Afrika." Falsch, Mhou (so nennen die Shona den größten Vogel der Welt nach dem Balzruf des Straußenhahns) liegt nicht jenseits des Mittelmeers, sondern in Rülzheim, „inmitten der Urwald-Landschaft der Rheinauen", wie es wörtlich in einem Prospekt heißt. Uschi Braun und Christoph Kistner haben das europaweit führende Brut- und Zuchtcenter auf einer Fläche von rund 130.000 Quadratmeter geschaffen. Um die 100.000 Besucher kommen inzwischen jedes Jahr, um sich umzusehen, sich zu informieren und Produkte vom Strauß zu kaufen.

Die beiden Inhaber, die 1993 in Deutschland ihre erste Straußenfarm außerhalb der Pfalz gründeten, ehe sie sich in Rülzheim niederließen, haben ihr Unternehmen deshalb „Mhou" genannt, weil ihre Blauhalsstrauße aus der Heimat der Shona, von drei Farmen im Südosten Zimbabwes, stammen. Mhou steht heute für artgerechte Straußenhaltung, aber auch für Produkte bester Qualität: Fleisch, Spezialitäten, Hautbalsam aus Straußenöl, kunstvoll gravierte Ei-Lampen, Schmuck aus der Ei-Schale, Lederwaren, Staubwedel. Im Farmladen kann aber auch Kunsthandwerkliches von drei Kontinenten erworben werden.

Große Grünflächen, auf denen die 70 Zuchttiere und die 500 Jungtiere ganzjährig weiden, garantieren das Wohlbefinden der Strauße, die ursprünglich aus Zentralasien stammen und noch während der letzten Eiszeit in weiten Teilen Europas heimisch waren. Braun und Kistner sagen nicht ohne Stolz: „Aufzuchterfolge weit über dem Ergebnis afrikanischer

Farmen bestätigen unser System der tiergerechten Weidehaltung im gemäßigten Klima Mitteleuropas." Und sie fügen hinzu: „Die Qualität unserer Zucht wird inzwischen in aller Welt geschätzt. Mit Mhou-Nachwuchs arbeiten heute Farmen in ganz Europa, in Asien und Amerika."

Die überwiegende Zahl der Küken, die jedes Jahr auf der Rülzheimer Farm schlüpfen, werden bis zum Spätsommer in modernsten Maschinen bebrütet und wachsen dann in der Obhut der Farmer auf. Für die Besucher ist auch dies ein faszinierender Anblick.

Inzwischen ist ein großes Gastronomie- und Eventgebäude mit Bier- und Weingarten entstanden. Der Bau einer Markthalle mit 800 Quadratmeter Verkaufsfläche ist geplant. Auf dem Freigelände soll einmal ein Bauernmarkt mit Direktvermarktern aus der Südpfalz und dem Rhein-Neckar-Raum stattfinden.

Info: Straußenfarm Mhou, Am See, 76761 Rülzheim; Tel. 0 72 72/93 050; **Homepage:** www.mhoufarm.de **Öffnungszeiten:** Ganzjährig täglich von 10 bis 18 Uhr geöffnet.

ABENTEUER-PARK KANDEL: DEM ALLTAG EINFACH DAVONKLETTERN

Für Junge und Junggebliebene, die einmal etwas höher hinaus und etwas anderes erleben wollen, ist der Abenteuer-Park „Fun Forest" in Kandel die richtige Adresse. Seit der Eröffnung an Ostern 2006 haben bereits Zehntausende die Freizeitattraktion besucht und - unter Anleitung professioneller Kletterexperten - ihre Kletterkünste erprobt und geprüft, ob sie schwindelfrei sind. 70.000 Quadratmeter groß ist das Gelände im Bienwald. 200 Kletterelemente wurden installiert. Die unterschiedlich schwierigen Seilparcours führen in vier bis 15 Meter Höhe durch lebende Bäume. Wer mitmacht und sich durch die Welt der Baumwipfel balanciert, genießt die Natur aus einer völlig neuen Perspektive.

Nach Erwerb der Eintrittskarte bekommt man einen Schutzhelm, Seile und Karabinerhaken ausgehändigt. Es folgen Erläuterungen über richtiges Vorgehen. Jeder Teilnehmer muss im Praxistest auf festem Boden zeigen, dass er die Hinweise verstanden hat. Dann geht es los. Wer einen der Parcours bewältigen will, muss klettern und ausbalancieren, sich durch eine Welt aus Tauen, Balken und Stahlseilen bewegen, über Brücken hangeln und sich über Hindernisse tasten. Volle Konzentration ist notwendig. Ein Führungsseil aus Stahl begleitet jeden Teilnehmer über die gesamte Strecke. Der Gurt ist im Seil eingeklinkt. Wer eine Station gemeistert hat, hängt erst einen Karabinerhaken in die nächste Station ein, dann in die zweite. So ist man immer gesichert.

Das Sicherheitskonzept ist vom TÜV geprüft. Der Parkbetreiber Matthias Hensel sagt: „Jeder Schulsport ist gefährlicher." Und wenn plötzlich ein Gewitter aufzieht? Alle, die unterwegs sind, werden rechtzeitig gewarnt. Der Park ist an ein Radarsystem der Flugplätze Baden-Baden und Zweibrücken angeschlossen. Wird von dort ein Gewitter in ein paar Kilometer Entfernung gemeldet, werden die Besucher von den Bäumen geholt. In einer Viertelstunde sind alle wieder auf der Erde. Maximal 500 Leute können sich auf einmal auf den Bäumen aufhalten. Der Park lockt mit den Worten: „Bei uns kann man dem Alltag davonklettern, Spaß, Sport, Abenteuer und Trainingserfolge erleben, Geschicklichkeit üben, Stress abbauen, Reaktionsvermögen und Abenteuer proben oder sich einfach vergnügen."

Info: Abenteuer-Park „Fun Forest", Badallee, 76870 Kandel; Tel. 0 72 75/61 80 32
Homepage: www.abenteuerpark-kandel.de
Öffnungszeiten: Von Mitte März bis Mitte Mai 9 bis 19 Uhr, von Mitte Mai bis Ende August 9 bis 20 Uhr, im September 9 bis 19 Uhr, Oktober bis Anfang November 9 bis 18 Uhr, von Mitte November bis Mitte Dezember nur an den Wochenenden von 9 bis 17 Uhr. (Genaue Zeiten im Internet nachlesbar).

WEINERLEBNISPFAD NUSSDORF: EIN RUNDGANG FÜR DIE SINNE

Eine Einmaligkeit für Deutschland stellt der 2007 eingeweihte Weinerlebnispfad Nußdorf in der Weinbergslage „Kaiserberg" des Landauer Stadtteils dar. Der Schwerpunkt liegt eindeutig auf „Erlebnis". Auf einem 1,8 Kilometer langen Rundwanderweg haben die Besucher aller Altersschichten die Möglichkeit, den Dreiklang Kunst, Kultur und Wein mit allen Sinnen zu erfahren.

Dieser Weinerlebnispfad ist mit einem herkömmlichen Weinlehrpfad nicht zu vergleichen. Was in Nußdorf durch

die örtliche Qualitätswein- bauvereinigung geschaffen wurde (und im Laufe der Zeit noch ergänzt wird), ver- folgt eine eigene Philosophie „mit neuen Ideen, Angebo- ten, Botschaften und Dimen- sionen in der Symbiose Kunst, Kultur und Wein" (so Rudi Eichhorn, Vorsitzender des Fördervereins). Auf einer in Material-, Farb- und Formensprache hochwertigen Informationsebene wird dem Besucher viel Wissenswertes über und um den Wein, seine Geschichte, seinen Anbau, seine ortstypischen Besonderheiten etc. vermittelt.

Die sinnliche und sinnorientierte Ebene bildet das Herz- stück des „Pfades". Der Schwerpunkt „Kunst und Klang" - in dieser Konzeption eine Nische im rheinland-pfälzischen Kulturangebot ausfüllend - gibt die Garantie für sicherlich anhaltendes Interesse. Der Einstieg in den Weinerlebnis- pfad ist von unterschiedlichen Punkten aus möglich. Über das Thema Wein hinaus werden interessante Besonderhei- ten der Flora und Fauna, der Geografie sowie der geschicht- lichen und kulturellen Verknüpfungen vermittelt. Stationen am Wegesrand laden zum Experimentieren und Ausprobie- ren ein. Hierbei wird dem Klangkonzept eine zentrale Rolle zugewiesen. Eine Beschilderung, die die besonderen Merk- male der unterschiedlichen Weingüter im Ort erwähnt und gemeinsam mit den jeweiligen Winzern entwickelt wurde, wirbt für die verschiedenen Nußdorfer Weine.

Der Südpfälzer Künstler Karlheinz Zwick war der Haupt- entwickler des Konzepts dieses Weinerlebnispfades. Minis- terpräsident Kurt Beck sieht darin einen weiteren Baustein, um die Weinlandschaften in Rheinland-Pfalz und die damit verbundene Kultur für die kommenden Generationen zu erhalten.

KAKTEENLAND STEINFELD: BLÜHENDE WINZLINGE, PRACHTVOLLE GIGANTEN

Hunderttausende von Kakteen aller Größen und anderen Sukkulenten (Pflanzen trockener Gebiete) in den schönsten Formen und Farben bietet das Kakteenland in Steinfeld den Besuchern. In den mächtigen, luftigen und hohen Gewächshäusern mit breiten Gängen sind neben diesen subtropischen Pflanzen aus mehr als 2000 verschiedenen Arten auch zahllose attraktive exotische Topfpflanzen zu sehen - und ebenfalls zu kaufen. Mehr als 100.000 Besucher kommen pro Jahr, um zu bummeln, zu entdecken und zu staunen. Hier blühen Winzlinge von kaum einem Zentimeter Durchmesser, dort stehen prachtvolle Kakteeen-Giganten mit üppigen Säulen.

Wer sich vor Ort näher informiert, erfährt, dass die oft bestechend schönen Kakteen recht anspruchslos sind und ohne großen Aufwand auch zu Hause gut gehalten werden können. Im Kakteenland bekommt der Kakteenliebhaber speziell gemischtes und abgepacktes Spezialsubstrat, die gleiche Erde, die im Betrieb verwendet wird. Außerdem hat der Besucher die Möglichkeit, unter fast 200 verschiedenen Mineralien und daraus gefertigten Schmuckstücken - vom schlichten Trommelstein als Handschmeichler bis zur anspruchsvollen Ketten- und Armbandkreation - zu wählen, was ihm gefällt.

SÜDPFALZ-DRAISINENBAHN: FREIZEITSPASS FÜR DIE GANZE FAMILIE

Auf Schienen durch die Südpfalz radeln - das ist möglich. Wo? Auf der 1998 endgültig stillgelegten Bahnstrecke der unteren Queichtalbahn, genau zwischen Bornheim und Lingenfeld. Man braucht sich nur eine Draisine zu mieten. Wo zwischen 1879 und 1938 noch Schnellzüge von Saarbrücken nach München verkehrten, fahren jetzt kleine pedalbetriebene Schienenfahrzeuge, so genannte Draisinen. Eine Draisine ist eine Mischung aus Fahrrad und ein bisschen Eisenbahnfahrzeug, erfunden 1717 vom badischen Forstmeister Freiherr von Drais als Laufrad. Später wurden andere Antriebe dafür entwickelt. Zu Anfang des Bahnbaus im 20. Jahrhundert wurden Draisinen noch per Handhebel betrieben und für die Bahnarbeiter als leichte Streckenwartungs-, Arbeits- und Inspektionsfahrzeuge eingesetzt. Heute dienen sie ausschließlich dem Vergnügen.

Am Startort Bornheim in Sichtweite des Baumarktes Hornbach kann man eine Familiendraisine für zwei Erwachsene und zwei Kinder oder eine Vereinsdraisine für sieben Personen buchen. Bei Ersterer wird links und rechts geradelt, in der Mitte finden zwei Mitfahrer Platz, auf der Plattform können ein Picknickkorb oder zwei Fahrräder abgestellt werden. Bei der anderen radeln vorne drei Personen, vier können hinten am runden Tisch sitzen. Platz für Gepäck, Flaschen und Picknickkorb ist vorhanden.

Die Strecke ist 13 Kilometer lang, die einfache Fahrt dauert etwa eineinhalb Stunden über Dreihof, Hochstadt, Zeiskam, Lustadt, Westheim nach Lingenfeld. An jedem der fünf Haltepunkte unterwegs kann die Draisine ohne großen Aufwand vom Gleis geschoben werden, um zu rasten oder das Dorf zu besichtigen. Um 14 Uhr geht es ab Lingenfeld wieder los, falls die Gesamtstrecke hin und zurück gebucht worden ist.

Beim Start gibt es Infos, was man unterwegs besichtigen und wo man einkehren kann. In Lingenfeld, am Endhaltepunkt etwa 400 Meter von der Ortsmitte entfernt, befindet sich ein Bistro im Original-Eisenbahnwaggon. Die Fahrt startet immer in Bornheim.

Info: Südpfalz-Draisinenbahn; Tel. 0 63 27/96 10 16
Homepage: www.suedpfalzdraisine.de
E-Mail: info@suedpfalzdraisine.de (Buchungen per Telefon,

Fax und übers Internet möglich).
Fahrtzeiten: Von Ende April bis Oktober 10 bis 17.30 Uhr.
Start zwischen 10 und 11.30 Uhr in Bornheim, Rückfahrt ab
14 Uhr in Lingenfeld. Rückgabe der Draisine bis 17.30 Uhr.

RIETBURG-SESSELBAHN:
FAHRT IN JEDER HINSICHT EIN GENUSS

„Die Fahrt mit der Sesselbahn zur Rietburg ist in jeder
Hinsicht ein Genuss: aufwärts und mit dem Gesicht zum
Berg, weil man dessen Steile im Auge hat und im Gedanken
an die Aufstiegsmühen der alten Rittersleut sich der Bequem-
lichkeit unseres Daseins erfreuen kann, abwärts und mit dem
Gesicht zur Rheinebene, weil man leise hinunterschwebend
noch einmal den prachtvollen Anblick des immer näher kommenden Rebenmeeres in sich aufnimmt. Auf der Sesselbahn-
terrasse unten wird ein Prosit den Abschied erleichtern.“

So schwärmerisch hat Fritz Renz in einem Büchlein über
Edenkoben beschrieben, was auf den Benutzer der einzigen
Sesselbahn in der Pfalz zukommt, wenn er am Startpunkt in
Sichtweite der Villa Ludwigshöhe bei Edenkoben Hin- und
Rückfahrt bucht. Die acht Minuten lange Fahrt in einem der
53 Doppelsessel hinauf zur Burgruine Rietburg ist ebenso
ein Erlebnis wie später die „Reise“ hinunter. Manche Leute
fahren nur aufwärts und gehen - nachdem sie den faszinie-
renden Ausblick von der Ruine auf das Südpfälzer Land
und bei guter Sicht bis zum Taunus, Odenwald und Hoch-
schwarzwald genossen haben oder ein bisschen spazieren
gegangen sind - zu Fuß zum Ausgangspunkt zurück. Dabei
ist aber ein wenig Vorsicht geboten.

Die Sesselbahn ist 560 Meter lang, überwindet einen
Höhenunterschied von 220 Meter. Pro Stunde können maximal 1100 Personen befördert werden. Ein kleiner Wildpark
nahe der Ruine mit Damwild darf zwar nicht betreten, aber
umrundet werden. Auf die Kinder wartet zudem ein Spielplatz. Vor der Rückfahrt kann man sich in der Burgschänke
noch etwas stärken.

Info: Tel. 0 63 23/18 00
Fahrtzeiten: Im März jeden Sonntag von 9 bis 17 Uhr, von
Karfreitag bis 1. November täglich von 9 bis 17 Uhr, an
Samstagen, Sonn- und Feiertagen von 9 bis 18 Uhr.

SCHWIMMEN UND SCHWITZEN: LA OLA, MOBY DICK UND SÜDPFALZ-THERME

Wer in der Südpfalz zu allen Jahreszeiten schwimmen will, findet ausreichend Angebote für sein Hobby. Einige attraktiv gestaltete öffentliche Saunen laden zum Schwitzen ein.

Moby Dick in Rülzheim.

Das La Ola in Landau ist die größte Wassererlebniswelt der Pfalz, zählt zu den führenden Wellness-Einrichtungen in Deutschland und wurde von Testinstituten zu einem der besten Freizeitbäder in der Bundesrepublik gekürt. Zur Wasserwelt gehört nicht nur das sportgerechte Schwimmbecken. Der Besucher kann wählen zwischen Vitalgarten, Wellenbecken und Whirlpool. Es werden Aqua-Fitness-Angebote, Schwimm- und Tauchkurse angeboten. Es gibt ein Beauty-Studio und ein Solarium. Und natürlich Massage. Ein gutes Dutzend Saunen steht zur Verfügung, darunter eine Meditationssauna, ein Tepidarium, eine Aromagrotte und ein Eisiglu.

Seit Ende 2010 ist das beliebte Sport- und Freizeitbad Moby Dick in Rülzheim aus wirtschaftlichen Gründen geschlossen. Die Gemeinde konnte das renovierungsbedürftige Bad mit dem 50 m-Becken nicht mehr unterhalten. Vorbei ist der Spaß mit Aquacycling, Kinderlandschaft und Riesenrutsche (60 m). Unberührt von der Schließung der attraktiven Freizeiteinrichtung von ehedem bleibt der Saunabereich mit zwei finnischen Saunen, Sanarium, Dampfbad, Tauchbecken, zwei Ruheräumen und einer Freilufterrasse weiter geöffnet, und auch die Kegelbahn kann unverändert genutzt werden. Das gilt ebenso für den Badesee mit Sandstrand, Dünenlandschaft und neuen Attraktionen einschließlich Campingplatz, Beachvolleyball-Feld und Nordic-Walking-Park.

Ein Ort zur Erholung und zur Entspannung, zur sportlichen Betätigung und zum Spaß haben - das ist die Südpfalz-Therme in Bad Bergzabern mit Sauna, Wellness und medizinischer Heilanwendung. „Die Südpfalz mit ihrem milden Klima, ihrer Urbanität und der Herzlichkeit ihrer Bewohner stand Pate bei der Namensgebung für die Therme", verkündet die Einrichtung. Die Verwendung typischer Materialien und warmer Farben wirkt sich angenehm aus. Das heilende Nass kommt aus einer Tiefe von 450 Meter. Das Wasser im Thermalbecken innen ist um die 32 Grad warm, im Außenbecken ist es im Sommer etwa 26 Grad und im Winter 30 Grad warm. Vorhanden sind eine großzügige Liegewiese, eine Gegenstromanlage, eine Wasserfontäne. Auch Sprudelliegen gibt es. Turbobräuner und Solarien gehören zum Angebot, auch ein Bewegungs- und Meditationsraum. Es wird ein Aqua-Aktiv-Programm offeriert. Zu den Kurangeboten zählen: Kalte und warme Packungen, Bewegungs- und medizinische Bäder, Thermalwannenbäder, Massagen, Kneipp-Anwendungen und vieles weitere mehr.

Freibäder bestehen in Annweiler, Bad Bergzabern, Bellheim, Billigheim-Ingenheim, Edesheim, Herxheim, Kandel, Landau, Maikammer, Offenbach, Steinfeld und Wörth. Fünf der 51 Baggerseen im Kreis Germersheim sind als Badeseen zugelassen. Dass der Rhein sich nicht zum Schwimmen eignet, dürfte allgemein bekannt sein.

Info:
La Ola: Horstring 2, 76829 Landau;
Tel. 0 63 41/55 115
Homepage: www.la-ola.de
Moby Dick: Am See 2, 76761 Rülzheim;
Tel. 0 72 72/92 840
Homepage: www.mobydick.de -
Südpfalz-Therme: Kurtalstraße 27, 76887 Bad Bergzabern;
Tel. 0 63 43/93 40 10
Homepage: www.suedpfalz-therme.de
Öffnungszeiten La Ola: Montag 14 bis 23 Uhr (in den Ferien 10 bis 23 Uhr), Dienstag bis Donnerstag 10 bis 23 Uhr, Freitag 10 bis 24 Uhr, Samstag 10 bis 23 Uhr, Sonntag 10 bis 21 Uhr. Damensauna: Montag 14 bis 23 Uhr.
Öffnungszeiten Südpfalz-Therme: Therme und Sauna täglich 9 bis 23 Uhr. Damensauna: Dienstag 16 bis 23 Uhr (außer an Feiertagen). Vitalis: Täglich 10 bis 20 Uhr.
Öffnungszeiten Sauna Moby Dick: Bad: Montag 15 bis 23 Uhr (gemischt), Dienstag 9.30 bis 22 Uhr (gemischt), Mittwoch 9.30 bis 22 Uhr (Damen), Donnerstag 13.30 bis 23 Uhr (Herren), Freitag 9.30 bis 23 Uhr (gemischt), samstags, sonntags und an Feiertagen 9.30 bis 20 Uhr (gemischt).

NORDIC-WALKING-PARKS: STRECKEN AUF SCHONENDEN NATURWEGEN

Nordic Walking, das Laufen mit Stöcken, ist als Freizeitbetätigung seit Jahren „in". Es dürfte nur eine Frage der Zeit sein, bis dieser Sport auch wettkampfmäßig ausgeübt wird - aber ist das gewollt? Eher nicht. Warum betreiben Menschen aller Altersklassen Nordic Walking? Weil dieser Sport den Körper kräftigt, weil er ideal ist für Anfänger und ältere Menschen, weil viele Kalorien verbraucht werden, weil die Schulter- und Nackenmuskulatur gelockert wird, weil die Sturz- und damit die Verletzungsgefahr gering ist, weil die Gelenke geschont werden und weil das Gewicht reduziert wird. Und weil er einfach fit hält und Spaß macht.

In der Süd- und Südwestpfalz gibt es 40 (durch den Deutschen Skiverband und die Nordic Walking Union) zertifizierte Nordic-Walking-Parks, in denen unter optimalen Voraussetzungen marschiert werden kann. Es wurden schonende Naturwege, die möglichst nicht asphaltiert sind, ausgesucht. Alle Touren sind in drei Schwierigkeitsgrade eingeteilt (leicht, mittelschwer und schwer) mit unterschiedlichen Anstiegen und bis zu 17 Kilometer lang. An den Start- und Einstiegspunkten stehen Übersichtstafeln, die über den Streckenverlauf und die Höhenprofile informieren, Hinweise zur Lauftechnik und für hilfreiche Übungen geben. In allen Parks werden Leihstöcke angeboten. Ausgebildete Trainer geben Kurse.

Parks zum Walken gibt es im Kreis Germersheim in Germersheim (Stadt), Wörth (Stadt, Maximiliansau, Büchelberg und Schaidt), Rülzheim, in den Verbandsgemeinden Lingenfeld, Bellheim, Jockgrim und Hagenbach, in der Bienwald-Region Kandel/Erlenbach, Kandel/Freckenfeld, Stadt Kandel, Kandel/Minfeld, Kandel/Steinweiler, Kandel/Vollmersweiler. - Kreis Südliche Weinstraße: Herxheim, Bad Bergzabern, Lindelbrunn/Vorderweidenthal, Leinsweiler/Eschbach, Rhodt/Edenkoben, Dernbach/Ramberg, Albersweiler, Annweiler, Rinnthal/Wernersberg/Annweiler, Silz/Gossersweiler-Stein. Südwestpfalz: Spirkelbach, Hauenstein, Wilgartswiesen, Hofstätten, Hinterweidenthal sowie Dahner Felsenland (Schindhardt, Dahn, Bruchweiler-Bärenbach, Rumbach, Fischbach, Nothweiler, Schönau, Fischbach-Petersbächel, Ludwigswinkel).

Eine Karte mit allen eingezeichneten Parks und Strecken ist bei den Tourismus-Büros und im Buchhandel für zwei Euro erhältlich.

Infos: Zentrale für Tourismus Südliche Weinstraße, Landau, Tel. 0 63 41/94 04 07.
Südpfalz-Tourismus Germersheim, Tel. 0 72 74/53 232.
Fremdenverkehrsbüro Hauenstein, Tel. 0 63 92/91 51 10.
Tourismus-Information Dahner Felsenland, Tel. 0 63 91/58 11.

PARKANLAGEN:
OASEN DER RUHE UND DER ENTSPANNUNG

Farbenfroh, idyllisch, eine Oase der Ruhe - das ist der Kurpark von Bad Bergzabern, in dem stets ein leichter Talwind weht, was vor allem in der heißen Jahreszeit von den Kurgästen und den Einheimischen als angenehm empfunden wird. Der nicht sehr große, aber gepflegte Park am Westrand der Stadt bietet dem Auge viel Grün und manchen besonderen Baum, manche nicht sofort einzuordnende Pflanze - was wiederum Stoff für Gespräche gibt. Der wahrscheinlich größte Baum der Südpfalz steht hier, eine kaukasische Flügelnuss. Auch andere Exoten warten auf Entdeckung und Beobachtung. Der Kurpark wurde ursprünglich als Landschaftspark angelegt. Der östliche Teil mit exotischen Bäumen, einem Kräutergarten und einem mediterranen Garten ist eingebettet in den Wonneberg und Liebfrauenberg, während der westliche Teil mit dem Philosophenweg, dem Erlenbach und dem Denkmal des berühmten Apothekers Tabernae Montanus eine waldige, erdige Atmosphäe ausstrahlt.

Landau ist die Stadt, die mehr Parkanlagen aufzuweisen hat als jede andere südpfälzische Kommune. Es sind im Prinzip deren acht mit einer Gesamtfläche von rund 30 Hektar. Die Parks entstanden im Zuge der Schleifung der ehemaligen Festung. Alle weisen reichen Pflanzenbestand und große Rasenflächen auf. Das weitverzweigte Wegenetz lädt zu Spaziergängen ein. Die Landauer streiten öfter, welche Anlage wohl die schönste sei. Aber auch hier gilt: Die Geschmäcker sind verschieden. Die einen lieben den Goethe- und Savoyenpark mit einem uralten Gingko-Baum, die anderen schwören auf den Schillerpark mit dem

Kurpark Bad Bergzabern.

Spionskopf am Westbahnhof. Der Ostpark mit dem durch Queichwasser gespeisten, 10.000 Quadratmeter großen Schwanenweiher ist mancher Bürger Favorit. Der Tiergarten (Zoo) wartet mit ansprechenden Freiflächen auf. Die Fortanlage mit dem Grünzug an der Hindenburgstraße (elf Hektar) ist die weiträumigste Parkanlage der Stadt. Am Deutschen Tor befindet sich eine repräsentativ gestaltete Schmuckgrünfläche.

Aus dem ehemaligen Truppenübungsplatz am Ebenberg in Landau ist ein Naturschutzgebiet erster Güte geworden. Dank engagierter Naturschützer kann hier die größte Versammlungsstätte des großen Abendseglers, einer Fledermausart, beobachtet werden. Seltene und bereits andernorts ausgestorbene Orchideenarten siedeln hier, wo früher über 100 Jahre das Militär den Zugang versperrte.

Ein beliebter Ort zum Verweilen und Entspannen ist auch die im Bindersbacher Tal von Annweiler liegende Markwardanlage. Zu ihr gehören ein kleiner See, schöne Spazierwege, ein Spielplatz, ein Wassertretbecken und eine Minigolfanlage, hier kann man Freischach und Tennis spielen. Gewidmet ist die Anlage dem ehemaligen pfälzischen Reichsministerialen Markward von Annweiler, der von 1140 bis 1202 lebte, Ratgeber von Kaiser Heinrich VI. war, der ihn zum Markgrafen von Ancona und Herzog der Romagna und von Ravenna ernannte und der nach Heinrichs Tod die Regentschaft im Königreich Sizilien ausübte.

GOLFANLAGE DREIHOF:
DAS GANZE JAHR KANN GESPIELT WERDEN

Wer in der Südpfalz Golf spielen möchte, kann das nur auf der 18 Loch-Anlage Landgut Dreihof. Der wunderschön in die Landschaft eingepasste und sehr gepflegte Platz am Ortsausgang von Essingen in Richtung Offenbach ist eine nicht nur von Spielern aus der Region regelmäßig angesteuerte Sportstätte, die allen Ansprüchen genügt. Praktisch kann rund ums Jahr gespielt werden, es sei denn, das Wetter macht den passionierten Golfern einen Strich durch die Rechnung.

Wer mit Eisen und Bällen noch seine Probleme hat, kann sich durch professionelle Golflehrer anleiten lassen. Auch Fortgeschrittene nehmen dieses Angebot gerne wahr, um ihr Handicap zu verbessern. Immer wieder werden so genannte Schnupperkurse angeboten, in denen Anfänger testen können,

ob ihnen diese Sportart Spaß macht und sie glauben, hierfür geeignet zu sein. Leihschläger und Übungsbälle werden zur Verfügung gestellt. Regelabende gehören ebenfalls zum festen Programm des Clubs. Im Restaurant „Tiramisu" ist jederzeit Gelegenheit gegeben, sich zu unterhalten, Termine zu vereinbaren und Neuigkeiten auszutauschen - und man kann hier zudem gut essen.

Info: Golfanlage Dreihof, Am Golfplatz 1, 76879 Essingen; Tel. 0 63 48/61 50 237;
Homepage: kontakt@golfclub-dreihof.de
Öffnungszeiten: April bis September täglich 8 bis 19 Uhr, März und Oktober täglich 8 bis 18 Uhr, November bis Februar 8.30 bis 17 Uhr.

PARADIES FÜR KINDER: RIESENKLETTERVULKAN UND SOFTMOUNTAIN

Ein Paradies für Kinder ist in Offenbach das "Tobolino". Hier können die 1- bis 15-Jährigen nach Herzenslust klettern, springen, rennen, spielen und toben. Vier Jahre lang befand sich in den früheren Tennishallen am Schwimmbad der erste Indoor-Spielplatz der Südpfalz "Meer4Kids", seit Juli 2010 betreiben die Geschwister Yvonne und Oliver Kroczek den von Anfang an gut angenommenen neuen Spielpark auf insgesamt 6000 qm Fläche drinnen und draußen. Viele Spielmöglichkeiten für Kids und Jugendliche sind vorhanden: Teufelsrad, Riesen-Klettervulkan, Softmountain (Hüpfburg), Bungee-Trampolin, Rollenrutschbahn. Es gibt einen abgetrennten Kleinkinderbereich. Draußen wartet ein Spielschiff darauf, von Mädchen und Jungen geentert zu werden. In einer Cafeteria und an einem Imbiss kann gegen Hunger und Durst etwas getan werden. Speisen und Getränke dürfen aber auch mitgebracht werden.

Info: Kinderpark Tobolino, Franz-Matt-Straße 13, 76877 Offenbach; Tel. 0 63 48/98 34 07; Homepage: www.tobolino-pfalz.de.
Öffnungszeiten: Montag bis Donnerstag 14 bis 18.30 Uhr, Freitag 14 bis 19 Uhr, samstags, sonntags, feiertags und in den Ferien 10.30 bis 19 Uhr.

Lehrpfade:
Wissensvermittlung in der freien Natur

Zahlreiche Lehrpfade in der ganzen Südpfalz dienen nicht nur der Information, sondern auch der Erhaltung der Vegetation. Weinlehrpfade gibt es u. a. in Edenkoben, Hochstadt, Gleisweiler, Maikammer, St. Martin, Siebeldingen, Schweigen, Walsheim und Niederhorbach (Lehrpfad „Wein und Natur"). Auf dem Geilweilerhof bei Siebeldingen kann man auf einem Rebenlehrpfad einiges lernen. Aus dem großen Angebot

Weinlehrpfad Edenkoben

seien weiter erwähnt: Der Waldlehrpfad von Eden-koben, der Walderlebnispfad von Ottersheim, der Bachlehrpfad von Billigheim-Ingenheim, der Naturlehrpfad von St. Martin, der Vogellehrpfad von Essingen sowie die Wasserlehrpfade in Edenkoben, Erlenbach, Frankweiler, Bad Bergzabern und Ilbesheim. Ein Tulpenbaumweg beginnt am Schützenhaus in Hördt.

Ballon-, Kutschen-, Boots- und Nachenfahrten

Seine Freizeit kann man auch mit Ballonfahrten, Kutschen- und Planwagenfahrten, geführten Kanu-Nachenfahrten auf dem Altrhein, Bootsfahrten oder Kart-Fahrten sinnvoll und angenehm ausfüllen. Entsprechende Anbieter sind vorhanden, die Tourismusbüros kennen ihre Namen und Adressen. Die Fahrten durch den Altrhein sind ein Angebot der Stadt Germersheim. Die erfahrenen Führer der Boote mit maximal zwölf Plätzen informieren über Fauna und Flora der Rheinarme sowie über die im Gestrüpp am flachen Ufer lebenden Vögel, Insekten und Fische. Da die Fahrten in einem Naturschutzgebiet stattfinden, ist ihre Zahl begrenzt. Nachenfahrten stehen vom 16. März bis 14. Oktober auf dem Programm (Infos und Anmeldungen unter Tel. 0 72 74 / 96 02 60).

RÖMERSTRASSE
IM KREIS GERMERSHEIM IM AUFBAU

Ein Projekt, das noch in den Anfängen steckt, das aber in einigen Jahren zu einer echten südpfälzischen Attraktion werden dürfte, befindet sich im Aufbau: die „Via Rhenana" (Römerstraße). Die 2000 Jahre alte, von der Unesco zum Welterbe ernannte Römerstraße bzw. der obergermanisch-raetische Limes (entlang des Rheins von den Alpen über Straßburg - Speyer - Mainz - Köln - Xanten bis zur Nordsee), ist im Bereich des deutsch-französischen Grenzraums von Nordelsass ab Straßburg bis in die Südpfalz und nach Speyer zu einem großen Teil in der Landschaft noch erhalten, wenn auch in einem schlechten Zustand. Die Straße soll archäologisch erschlossen und touristisch nutzbar gemacht werden.

Es ist daran gedacht, die Römerstraße in Teilen zur Nachverfolgung des Verlaufs für Wanderer und Radfahrer freizulegen. Vorgesehen sind archäologische Präsentationen, ein Museum am Wegesrand, die Darstellung der Geschichte der Straße und damit im Zusammenhang stehende herausragende Ereignisse. Einbezogen werden sollen die prähistorischen und späteren geschichtlichen Landschaftsdenkmäler und verschiedene Museen wie das Römermuseum in Rheinzabern und das Straßenmuseum in Germersheim. Gedacht ist an die Aktivierung von Vereinen und historischen Interessengemeinschaften, und es soll die Infrastruktur für Events geschaffen werden.

Die Römer zogen nach der verlorenen Schlacht im Teutoburger Wald im Jahre 9 nach Christus an den Rhein zurück. Entlang des Flusses entstanden kleinere Lager. Eine Straßenstation zur Versorgung dieser Lager wurde zwischen 10 und 20 nach Christus im heutigen Rheinzabern errichtet. Die Straße verlief immer dicht an der Hochuferkante parallel zum Rhein. In der Regel erfolgte der Straßenübergang über einen Bach durch eine Furt. Zwei Bachübergänge im Kreis Germersheim (Otterbach bei Jockgrim und Rottenbach bei Rülzheim) sind durch Inschriftensteine belegt. Bei Berg, Wörth und Jockgrim ist die Straße noch heute fast ohne Unterbrechung als Straßendamm erhalten. Nördlich von Kuhardt ist die Römerstraße im Gelände aber nicht mehr zu erkennen. Bis Hördt ist sie nur ganz vereinzelt archäologisch nachweisbar. Aus dem 3. und 4. Jahrhundert sind zahlreiche so genannte Leugensteine (Inschriftensteine, die an der Straße standen und die Entfernung zum Verwaltungssitz Speyer in „Leugen" angaben) erhalten, besonders im Bienwald bei Hagenbach, Wörth und Jockgrim.

Essen und Trinken

VOM SAUMAGEN BIS ZUM SCHLEMMER-MENÜ

Früher galt es in Kreisen mit dem nötigen Kleingeld als chic, zu allen möglichen Anlässen außerhalb des normalen Alltags zum Essen ins benachbarte Elsass zu fahren und sich dort nach allen Regeln der (Koch)Kunst verwöhnen zu lassen. Der vermeintliche Mann von Welt, der seiner neuen Flamme imponieren wollte, lud die Blondine zum Menü in eines der Restaurants mit gutem Namen in Grenznähe ein. Aber die Zeiten haben sich etwas geändert.

Natürlich fahren nach wie vor viele Freunde des gepflegten Schlemmens „hinüber", weil das für sie Tradition hat. Und sie werden nach wie vor bestens bedient. Aber immer mehr von ihnen bleiben in der Südpfalz, weil sie gemerkt haben: Hier isst man genau so exzellent wie bei den Franzosen, hier wird man genau so umsorgt wie in den bekannten Anlaufstationen für nicht alltägliche Speisen drüben, und der Rotwein (der weiße ohnehin) ist bei uns keinen Deut schlechter als die in elsässischen Weinbergen oder anderswo in Frankreich gewachsenen Tropfen. Wer in der Südpfalz ausgeht, spart zumindest eine größere Anfahrt. Und vielleicht auch noch manchen Euro.

> *„Die Pfalz lebt nicht vom Wein allein. Ebenso facettenreich wie die Landschaft präsentiert sich die kulinarische Landkarte. Noch gibt es die bodenständige Schoppengemütlichkeit mit den regional-typischen Gerichten wie Saumagen, Leberknödel und Hausmacher Wurst. Aber die Pfalz ist mehr als das Land des Saumagens, längst hat sie kulinarische Karriere gemacht. Meisterköche verzaubern auch verwöhnte Gaumen mit Köstlichkeiten voller Raffinesse" (aus dem Buch „Die kulinarische Pfalz").*

Die Aushängeschilder der südpfälzischen Gastronomie - die Sterneköche Karl-Emil Kuntz und Peter Steverding - stehen ihren prominenten Kollegen im Nachbarland in nichts nach. Aber man muss nicht unbedingt zu einem Mann mit (Koch)Sternen gehen, um etwas rundum Zufriedenstellendes auf den Teller zu bekommen. Die Garde der noch sternlosen in der Südpfalz hat längst Anschluss an die gastronomische Spitze gefunden. Und im Elsass hat auch nicht jeder

Küchenchef einen Stern oder eine Gabel oder welche Auszeichnungen sonst noch so vergeben werden.

Die Südpfalz wirbt völlig zu Recht mit ihren herausragenden kulinarischen Angeboten. Dem Fremden, der diese Region noch nicht gut kennt, wird klar gemacht: „Das gute Essen hat bei uns immer Saison. Unsere Gastronomen beweisen es gerne und locken zu den vier Jahreszeiten mit ganz besonderen Gerichten und Menü-Kreationen." Die Südpfalz - und wer wollte in diesem Punkt gegenüber den

> *„Ein Volk, das seine Wirte nicht ernähren kann, ist es nicht wert, eine Nation zu sein" (Wandspruch in einem südpfälzischen Lokal).*

Werbestrategen Protest anmelden - „ist eine Landschaft, die Appetit macht, weil sie alles in verschwenderischer Fülle gedeihen lässt, was man in der Küche wiederzufinden wünscht".

Damit keine Missverständnisse entstehen: Es wird nicht vom Essen im Elsass abgeraten. Warum auch? Es soll nur deutlich gemacht werden, dass auch die Region Südpfalz eine Region der exzellenten Küche ist. Auf den folgenden Seiten werden stellvertretend für die vielen hervorragenden gastronomischen Betriebe zwölf vorgestellt. Auch andere Restaurants wären es wert gewesen, in die Reihe aufgenommen zu werden.

Zur Krone, Herxheim-Hayna

VOM DORFGASTHAUS ZUM GOURMET-TEMPEL

In jedem ernst zu nehmenden deutschen Restaurantführer ist die „Krone" in Hayna vertreten. Meisterkoch Karl-Emil Kuntz zählt seit vielen Jahren zur deutschen Koch-Elite, seine kulinarischen Kreationen werden phantasievoll, aufwändig und handwerklich präzise zubereitet und kommen auch bei den verwöhntesten Feinschmeckern an. Die „Krone", die einst ein ganz normales Dorfgasthaus war und sich zum anerkannten „Gourmet-Tempel" gemausert hat, ist nach Einschätzung von Ministerpräsident Kurt Beck eines der gastronomischen Spitzenhäuser in Deutschland. Ihm gefällt besonders, wie auch anderen prominenten und „ganz normalen" Gästen, dass hier „pfälzische Gastfreundschaft und ausgezeichnete Gourmetküche in idealer Weise" miteinander verbunden werden.

D er unaufhaltsame Aufstieg begann zu Beginn der achtziger Jahre, als Karl-Emil Kuntz mit dem Meisterbrief in der Tasche und vielen neuen Ideen im Kopf in den elterlichen Betrieb zurückkehrte und die gastronomische Konzeption umkrempelte. Im Gourmet-Restaurant mit der begrenzten Platzzahl sind „die hinreißenden Kompositionen des Könners und Perfektionisten" zu erleben, wie es in einem Buch über die „Krone" heißt.

Info:
Zur Krone,
Hauptstraße 62 - 64,
76863 Herxheim-Hayna,
Tel. 0 72 76/50 80
Ruhetage:
Restaurant: Montag und
Dienstag;
Pfälzer Stuben: Dienstag

In den „Pfälzer Stuben" gibt es Regionalgerichte, aber auch hochgeschätzte bodenständige klassische Delikatessen im neuen zeitgemäßen Gewand. Zudem steht ein großer Saal für Gesellschaften und Tagungen zur Verfügung, wo auch überdurchschnittlich gut gegessen werden kann. Im Vier-Sterne-Hotel mit 100 Betten können zufriedene Gäste nach einem lukullischen Mahl mit ausgezeichneten Weinen in der Nacht träumend nachvollziehen, was ihnen am Abend alles geboten wurde. Und das ist immer allerhand!

Seniorchef Karl Kuntz sagt: „Es gibt viele hundert Krone-Gasthäuser und -Hotels in Deutschland, aber die ‚Krone' in Hayna gibt es nur einmal." Bisher hat ihm noch niemand ernsthaft widersprochen.

Steverdings Isenhof, Knittelsheim

ZAUBERER MIT DEM KOCHLÖFFEL VERWÖHNT

In einem Restaurant, in dem das Ambiente und das bauliche Drumherum stimmen, fühlt sich der Gast besonders wohl. Im Isenhof von Sternekoch Peter Steverding ist dies der Fall. Ehe das exzellente Essen mit einem Wein aus dem Lagervorrat von 200 verschiedenen Flaschen - vorwiegend aus der Pfalz - auf den Tisch kommt, „isst" das Auge bereits mit. Um die 500 Jahre alt ist das Fachwerkhaus in Knittelsheim, in dem der seit 1992 hier wirkende Meister eine nach eigenen Angaben „kreativ gewagte Küche mit ständig wechselndem, marktfrisch orientiertem Angebot" anbietet. Ein kleiner Kachelofen, der Boden aus gebrannten Ziegeln und natürlich die alten Balken verbreiten eine behagliche Atmosphäre.

Ein Künstler steht am Herd", ist in der Fachliteratur nachzulesen. „Ein Zauberer mit dem Kochlöffel" sei der Chef, der seit vielen Jahren einen Michelin-Stern hat, aber auch in den Gourmetführern Varta, Aral, Gault Millau und anderen hoch gelobt wird. Das Kombinieren und Experimentieren gehört zu den Stärken von Peter Steverding, und natürlich die Frische der Produkte, die er in der Küche verarbeitet. Täglich bekommt er vom Straßburger Markt Nachschub, um seine Gäste verwöhnen zu können.

Da es im Isenhof keine Massenabfertigung gibt, was schon aus räumlichen Gründen nicht möglich wäre und auch nicht der Philosophie des Hauses entspricht, ist nach der Bestellung etwas Ruhe gefragt, bis die einzelnen Gänge serviert werden. Im „Restaurantführer Pfalz" wird dazu angemerkt: „Dass der Genießer bereit ist, Zeit mitzubringen, wird seitens der Küche ebenso erwartet wie die Geduld bei der Planung des Besuchs des zumindest am Wochenende praktisch immer ausgebuchten Restaurants."

Als Steverding den Isenhof kaufte, erfüllte er sich einen Traum. Einen Traum erfüllen sich oft auch die Menschen, die - nicht nur aus der Südpfalz - kommen, um in aller Ruhe hervorragend zu speisen.

Info:
Steverdings Isenhof, Hauptstraße 15 a,
76879 Knittelsheim, Tel. 0 63 48/57 00
Ruhetage: Sonntag und Montag

Hier kocht
eine frühere Weltmeisterin

Einst war das Restaurant Schneider, das es seit 1884 unter dem unverändert erhalten gebliebenen Namen gibt und das sich in der vierten Generation im Familienbesitz befindet, eine kleine ländliche Fuhrmannsschenke. Heute ist es eine der ersten Adressen in der Südpfalz bei den Menschen, die überdurchschnittlich gut essen wollen - und das in einem ansprechenden Rahmen. Das „Schneider", seit 1988 geführt von Petra Roth-Püngeler und ihrem Mann Werner, ist mehr als ein „rustikaler Landgasthof", wie die Inhaber in fast übertriebener Bescheidenheit ihr Haus in Dernbach nennen. Vom rheinland-pfälzischen Wirtschaftsministerium wurde es mit dem Preis „Das beliebteste Tafelrunde-Landrestaurant 2007" ausgezeichnet.

Info:
Restaurant Schneider,
Hauptstraße 88,
76857 Dernbach,
Tel. 0 63 45/83 48
Ruhetage: Montag und
Dienstag (September und
Oktober nur Montag)

D as Sagen in der Küche hat die Hausherrin selbst, man merkt sehr schnell, dass sie ihr Handwerk versteht. Bereits in jungen Jahren fand ihr Können Anerkennung: 1987 wurde sie Weltmeisterin der „Chaîne des Rôtiseurs", einer international bekannten Vereinigung von Köchen. Dieser Ruhm ist ihr aber nicht zu Kopf gestiegen, sie hat sich kontinuierlich weiterentwickelt. Werner Püngeler ist zwar auch gelernter Koch, aber zudem Serviermeister und der ideale Ansprechpartner bei der Auswahl der Speisen und vor allem der dazu passenden Weine.

Zu den Spezialitäten der Restaurants gehören Fisch, Wild, Lamm und Geflügel. Kenner schnalzen mit der Zunge, wenn sie über die hausgemachte Gänseleberpastete reden. Dass es auch Pfälzisches gibt - nach alten, traditionsreichen Rezepten zubereitet - ist vor allem eine Verbeugung vor den fremden Gästen, die wissen wollen, was die Einheimischen lieben. Die vielen lobenden Anerkennungen für die gute Küche, ausgesprochen durch unangemeldet erscheinende Tester, zeugen von durchgängig bester Qualität des Gebotenen.

Zitat aus dem „Restaurantführer Pfalz": „Generell sind alle Portionen von einer Größe, die selbst den hungrigsten Wandersmann sättigen sollte. Da muss man schon klar mit seinen Kräften haushalten, wenn man es bis zum Dessert durchhalten möchte."

Landhaus St. Laurentius, Ramberg

GEHOBENE MEDITERRANE KÜCHE IM PFÄLZERWALD

Früher war der aus Apulien gebürtige Nicola Chinni in dem deutschlandweit bekannten Gourmet-Lokal „Da Gianni" in Mannheim tätig. Dann arbeitete er einige Jahre als Küchenchef im Edesheimer Schloss, wo das Restaurant seinen Namen trug: „Da Nico". 2006 wagte er sich in die Selbstständigkeit und führt in Ramberg sein eigenes Restaurant, den Sankt Laurentiushof. Da der Ort etwas abseits der Duchgangsstraßen liegt, muss Chinni schon Besonderes bieten, um Gäste anzulocken. Das gelingt ihm bestens. Nicht umsonst hat der „Restaurantführer Pfalz" ihn in die Ausgabe 2007 aufgenommen und gleich die Höchstpunktzahl (fünf Punkte) für Küche und Service vergeben.

D ass der Laden brummt, liegt nicht nur am Speisenangebot - Feinschmecker loben die sich durch Leichtigkeit auszeichnende, mediterran angehauchte Frische-Küche -, sondern auch daran, dass die Preise stimmen. „Ein besseres Preis-Leistungs-Verhältnis als hier wird man so schnell nicht entdecken", merkte ein Kritiker anerkennend an. Die Speisekarte wechselt monatlich mehrmals, für die Fischgerichte gilt dies, je nach Marktangebot, sogar täglich.

Als Appetithappen kann der Gast eine Terrine mit Taubenfleisch mit einer Marmelade aus roten Zwiebeln genießen. Danach bietet sich Knurrhahnfilet mit lauwarmem Graupensalat an. Lammkrone unter der Bärlauchkruste mit Olivengnocchi, Scampi mit Cannellini-Bohnen, Entenbrust mit Pfefferschaum und dazu Weine aus den besten Weingütern der Südlichen Weinstraße - da läuft einem schon beim Lesen das Wasser im Mund zusammen. Und was könnte man zur Abrundung zu sich nehmen? Vielleicht darf es ein Schokotörtchen mit Sauerrahmeis sein.

Das Restaurant bietet ein besonders angenehmes Ambiente. In den Sommermonaten lockt eine schöne Terrasse mit Blick auf den Pfälzerwald zum Schlemmen.

Info: Landhaus St. Laurentius und das Restaurant, Hermersbachstraße 4, 76857 Ramberg, Tel. 0 63 45/95 49 90 Ruhetag: Montag (außer Feiertage) www.landhaus-sanktlaurentius.de info@landhaus-sanktlaurentius.de

KLASSISCHE FRANZÖSISCHE KÜCHE

Schon der Name macht deutlich: Dieses Restaurant ist kein typisch deutsches. Inhaber Bruno Robichon ist Franzose, er kocht die klassische französische Küche von der Fischsuppe über provencalisches Lamm bis zu Crêpe mit Pflaumenmus und Armagnac. Aber auf der Speisekarte findet der Gast auch viele andere interessante Gerichte. Was der aus Orléans stammende Koch in seiner Küche mit hohem Können und viel Liebe zum Detail zubereitet, entzückt immer wieder seine von weit her anreisenden Gäste. Für den Service ist Ehefrau Hannelore zuständig.

Info:
Robichon,
Orenfelsstraße 31,
76833 Frankweiler,
Tel. 0 63 45/32 68
Ruhetage:
Montagabend, Dienstag

Der Franzose und die Südpfälzerin lernten sich in der Bretagne kennen. Er folgte ihr in die Pfalz, arbeitete zunächst bei Meurer in Großkarlbach. Eine Freundin des Ehepaares drückte den beiden eines Tages (1984) eine Anzeige in die Hand, mit der ein Pächter für eine Gaststätte in Frankweiler gesucht wurde. Die Robichons griffen zu, kauften dann 1999 das Anwesen und bauten es um. Von außen sieht es aus wie ein normales Wohnhaus, aber drinnen empfängt den Gast ein gemütliches, fast familiäres Ambiente.

Die Stammbesucher freuen sich jedes Jahr auf die Spezialitätenwochen mit Gerichten aus der Provence, der Bretagne oder dem Périgord. Jeden Monat gehört zum Angebot ein saisonales Menü. Das jede Woche wechselnde Business-Menü zur Mittagszeit besteht aus drei Gängen und ist sehr beliebt. Im Ausschank sind nur wenige offene Weine - um die Frische zu erhalten. Aber es muss nicht unbedingt eine Dreiviertelliter-Flasche Wein aus der Pfalz oder Frankreich sein, auch 0,375-Liter-Flaschen werden gereicht.

Das Restaurant ist nicht ganz leicht zu finden. Es ist ratsam, sich als mit den örtlichen Verhältnissen nicht vertrauter Gast einfach in die Höhe des Orts zu orientieren, dann kommt man schon irgendwie hin. Notfalls fragt man einen Passanten nach dem „französischen Lokal". In Frankweiler weiß dann sofort jeder, wer gemeint ist.

KREATIONEN
AUF HÖCHSTEM NIVEAU

„Hinter dem hohen Mauerwerk im Ortskern von Edesheim verbirgt sich ein Kleinod: ein verwunschener Park mit Weinbergen und Wasseranlagen und mitten drin eines der schönsten Schlosshotels in deutschen Landen." So beginnt ein Artikel in dem Buch „Die kulinarische Pfalz". Im Schloss gibt es ein Restaurant, das als gastronomisches Highlight mit südländischem Flair gepriesen wird. Die Betreiber bieten dem Gast in den behaglichen Räumen oder auf der angegliederten Park-Terrasse mediterrane Lebensart in stilvollem Ambiente.

Außerhalb der monatlich wechselnden Gourmetkarte mit Kreationen auf höchstem Niveau kann gewählt werden unter leichten, schmackhaften Gerichten mit marktfrischen Produkten. Für die ausgefallenen Kreationen zeichnet der aus Frankreich stammende Hervé Michel verantwortlich, der in so renommierten Häusern wie z.B. dem Vista Palace Hotel in Monaco oder dem Restaurant der Sterneköchin Lea Linster in Luxemburg gearbeitet hat.

Wer einmal so richtig schlemmen möchte, dem sei das sechs Gänge umfassende Schloss-Menü empfohlen. Selbst Vegetarier können es bestellen, weil die Fleisch- und Fischgerichte auf Wunsch ersetzt werden. Dass dazu Spitzenweine (aus der Pfalz und Italien) angeboten werden, ist selbstverständlich.

In einem Buch, in dem Restaurants vorgestellt werden, ist zu lesen, dass Anfang der neunziger Jahre der berühmte Michael Jackson das Schloss habe kaufen wollen, und wenn dies geklappt hätte, gäbe es das wunderbare Gourmet-Restaurant nicht. Dazu muss angemerkt werden: Der scheue amerikanische Sänger weiß wahrscheinlich bis heute nicht, dass es in Edesheim ein solches Juwel gibt, denn das angebliche, dicke Schlagzeilen produzierende Interesse war eine Erfindung des früheren Besitzers und sollte in erster Linie der Werbung für ein Haus werben, das mit seinem exzellenten Angebot für sich selbst wirbt und keinen Jackson braucht. Aber als Gast wäre er vielleicht willkommen...

Info:
Restaurant im Schloss
Edesheim,
Luitpoldstraße 9,
67483 Edesheim,
Tel. 0 63 23/94 240
Kein Ruhetag

Beat Lutz, Landau-Godramstein

KEIN FREUND „SPINNIGER" GERICHTE

Früher, bis 1999, war das Restaurant in Sichtweite zum kleinen Bahnhof von Godramstein schon eine beliebte Anlaufstelle für Leute, die gerne sehr gut essen und trotzdem nicht zu tief in den Geldbeutel greifen wollen. Damals hieß der Inhaber und Küchenchef noch Bernhard Keller, das Lokal trug seinen Namen. Als er das Anwesen Ende der neunziger Jahre zum Verkauf anbot, griff der aus Ravensburg stammende Koch Beat Lutz zu und machte da nahtlos weiter, wo sein Vorgänger aufgehört hatte.

Info:
Restaurant Beat Lutz,
Bahnhofstraße 28,
76829 Landau-Godramstein,
Tel. 0 63 41 / 60 333
Ruhetage: Montag und
Dienstag

Das Restaurant „Beat Lutz" wird von den Gästen vor allem auch wegen der leichten, eleganten, regionalen wie internationalen Gerichte gelobt. Auf der Weinkarte stehen fast ausschließlich Pfälzer Gewächse, passend zu jeder Speise. Wer nicht weiß, welcher Tropfen zu welcher Speise am besten passt, frage das kompetente Bedienungspersonal unter der „Regie" von Pamela Lutz, gelernte Hotelkauffrau aus Hamburg und Service-Verantwortliche.

In einem Interview hat Beat Lutz seine Richtung in der Küche in einem Satz beschrieben: „Gute Qualität, ordentlich zubereitet, nicht spinnig." Wer „spinnig" essen möchte, sollte sich besser ein anderes Lokal suchen. Wer aber Frische und saisonal aktuelle Zutaten schätzt, ist hier richtig. Und wer Fisch und Meerestiere liebt, erst recht. Eine Spezialität des Schwaben sind Maultaschen, die unter der Bezeichnung „Herrgottsbscheißerle" auf der Karte stehen und nach einem Rezept aus der Heimat des Wahl-Südpfälzers zubereitet werden. Warum diese „Taschen" so heißen, sollte man sich am besten vom Hausherrn selbst erklären lassen. Aber auch Saumagen ist - sicher nicht nur eine Verbeugung vor den Pfälzern - im Angebot.

Im Innern verfügt das Restaurant in zwei Räumen über zusammen 60 Plätze, im Freien sind es 40. Was angenehm auffällt, ist die Liebe des Inhabers und seiner Frau zur Kunst. Die an den Wänden hängenden Gemälde sind der sichtbare Beweis hierfür.

GEMÜTLICHER, FAMILIÄRER LANDGASTHOF

Ein klassisches Fisch-Restaurant ist das „Lamm" in Neupotz nicht, auch wenn dies manchmal angenommen wird, weil der Ort nur wenige Kilometer vom Rhein entfernt liegt. Natürlich gibt es auch Fisch, aber der Inhaber, Küchenchef Manfred Kreger („Ich bin ein Koch, der gediegen arbeitet"), bietet (fast) alles, was das Herz des Gourmets begehrt. Einst war das Haus, das seit mehr als hundert Jahren von der Familie Kreger geführt wird, eine gut bürgerliche Dorfwirtschaft. Als Manfred Kreger nach Arbeitsstationen in bekannten Restaurants Mitte der neunziger Jahre in seinen Heimatort zurückkehrte, änderte er das Angebot und darf sich heute zu den beliebtesten gastronomischen Adressen in der Südpfalz zählen.

Dass man im „Lamm" hervorragend essen kann, hat sich inzwischen weit herumgesprochen. Viele Gäste kommen auch aus dem Badischen, weil sie wissen, was der zur pfälzischen Kochelite gehörende Hausherr zu bieten hat. Das jeden Monat wechselnde besondere Menü kommt sehr gut an. Restaurantkritiker zollen dem zu den Stillen im Lande zählenden, aber so überaus kreativen Patron immer wieder Anerkennung für seine hohe Kochkunst. Mit handwerklichem Spitzenkönnen verwandele er die Gaben der Natur in kulinarische Köstlichkeiten, stellen die Experten fest.

Gemütlicher, familiärer Landgasthof mit feinen Köstlichkeiten aus Küche und Keller, von namhaften Restaurantführern empfohlen - diese Formulierung aus einer Restaurant-Übersicht der Südpfalz trifft für das „Lamm" wirklich zu. Einer, der gerne isst und auch noch darüber schreibt, lobt die küchentechnische Sorgfalt in diesem Haus und merkt an, so etwas finde man auf dem Lande selten. Die Leute, die immer wieder gerne zum Speisen kommen, interessieren solche Einschätzungen weniger, sie haben längst selbst erkannt, wie gut man hier in jeder Hinsicht bedient wird.

Info:
Zum Lamm,
Hauptstraße 7,
76777 Neupotz,
Tel. 0 72 72/28 09
Ruhetage: Sonntag und
Feiertage abends,
Dienstag

Zur Pfalz, Kandel

HIER HAT
GASTLICHKEIT TRADITION

Wenn der Küchenchef Koch heißt, muss er gut kochen können, nimmt der normale Gast an. Ob das immer so ist, sei dahingestellt. Im Fall von Werner Koch ist diese Annahme aber absolut richtig. Koch Koch ist ein sehr guter Koch. Wenn er das nicht wäre, würde sein Restaurant „Zur Pfalz" nicht den Zulauf finden, wie er seit Jahren die Regel ist. In diesem Haus „hat Gastlichkeit Tradition", attestiert ein Buch über Pfälzer Lokalitäten dem Kandeler Restaurant. Ein anderer Gastro-Kritiker hat einmal festgehalten: „In der ‚Pfalz' ist man beinahe zu jeder Tages- und Nachtzeit willkommen."

Info:
Zur Pfalz,
Marktstraße 57,
76870 Kandel,
Tel. 0 72 75/98 550
Ruhetag:
Montag bis 17 Uhr

Das Haus befindet sich seit 1860 in Familienbesitz. Aus der ehemaligen Brauerei wurde im Laufe der Jahrzehnte ein allen Ansprüchen genügendes Restaurant mit mehreren Räumen und einem gepflegten Hotel mit Sauna, Whirlpools, Solarium, Sonnenwiese und Fitnessgeräten.

Ehe Werner Koch in die Fußstapfen seines Vaters trat und durch die Verwirklichung eigener Ideen den bereits guten Ruf des Lokals mehrte, sammelte er nach der Lehre Erfahrungen in Südfrankreich, wollte in weiteren Spitzenhäusern Europas arbeiten. Das ließ sich jedoch nicht verwirklichen, er musste zurück in die Heimat. Aber auch ohne die geplanten weiteren Stationen bei namhaften Köchen hat sich Werner Koch zu einem überdurchschnittlichen Meister am Herd entwickelt. Sehr zur Freude seiner Gäste.

Viele Leute nehmen regelmäßig das Angebot eines preiswerten Mittagstischs wahr. Täglich stehen zwei Menüs zur Auswahl. Gerne wird den „Empfehlungen des Chefs" gefolgt. Die Pfälzer Spezialitäten sind ebenso beliebt wie die vegetarischen Gerichte. Werner Koch legt in der Küche großen Wert auf Frische, worauf er beim Einkauf der Produkte sehr achtet. Obst und Gemüse kauft er bei Bauern in der Umgebung. Die Gerichte werden von den passenden Weinen begleitet. Das Gartenrestaurant „Le Jardin" im ruhigen Innenhof mit Glyziniendach ist im Sommer beliebter Treffpunkt.

ERFÜLLUNG
KULINARISCHER ANSPRÜCHE

Auch wenn die Familie Küspert gerne sagt, ihre „Mühle" sei kein Gourmet-Restaurant im klassischen Sinne, so ist dies nur die halbe Wahrheit. Der Gast, der nicht alltäglichen Speiseangeboten auf der Spur ist, findet hier Dinge auf der Karte, die jedem „Esstempel" Ehre machen würden, wie zum Beispiel Ragout von Gänseherz und -Magen in Portwein-Schnittlauchsauce oder geschmortes Kalbsherz. Wichtig ist eben nicht die in der Werbung verwendete Bezeichnung, wie man aus Erfahrung weiß, sondern das, was auf den Tisch kommt. In einem Buch ist völlig zu Recht festgehalten, dass die Zeiskamer Mühle nicht nur wegen ihrer schönen Lage - zwischen Rhein und Reben gelegen, umgeben von Natur pur und fernab von lärmenden Straßen - so anziehend ist: „Sie erfüllt auch kulinarische Ansprüche."

D ie beiden Küchen-K beherrscht man hier schon seit längerem: Klassisch und kreativ wird gekocht, mal mehr das eine, dann wieder verstärkt das andere" ist im „Restaurantführer Pfalz" zu lesen. Die Autoren des Buches „Die kulinarische Pfalz" bescheinigen den Inhabern (dem Ehepaar Ernst und Ingrid Küspert sowie den beiden Söhnen Timo und Maik, Küchenchef der eine, Hotelchef der andere), sie hätten „den richtigen Mittelweg gefunden zwischen Althergebrachtem und Neuem, zwischen Deftigem und Raffiniertem".

Das Anwesen war wirklich einmal eine Mühle. Noch Anfang der siebziger Jahre fuhr der Müller das frisch gemahlene Mehl mit dem Pferdewagen zu den Bäckereien in der Umgebung, während in der einfachen Wirtschaft vor allem Gemüsebauern zur Brotzeit ein kühles Bier tranken. Ernst und Ingrid Küspert übernahmen das Lokal 1976, boten Hausmacher Spezialitäten an. Das Angebot verbreiterte sich, was „draußen" aufmerksam registriert wurde und so ging es immer mehr bergauf in Richtung von Häusern, die mit herkömmlichen Ausflugslokalen nichts mehr gemein haben. Die lobenden Erwähnungen in Restaurant-Führern nehmen zu.

Info:
Zeiskamer Mühle,
Hauptstraße 87,
67378 Zeiskam,
Tel. 0 63 47 / 97 400
Ruhetag: Donnerstag

Zur Einigkeit, Maximiliansau

BEKANNT FÜR
FRANZÖSISCH ANGEHAUCHTE KÜCHE

Seit drei Jahrzehnten ist Franz Klöfer in seinem Restaurant „Zur Einigkeit" im Wörther Stadt-teil Maximiliansau sein eigener Küchenchef. Viele Stammgäste können sich gar nicht vorstellen, wie es ohne ihn wäre. Sie lieben seine französisch angehauchten Gerichte. „Der Franz", wie sie ihn fast liebevoll nennen, verwöhnt seine Kunden auch mit Speisen auf der Basis regionaler saisonaler Zutaten. Zu denen, die sich gerne hier aufhalten im Gastraum mit dem „modernen, leicht eleganten Ambiente" (Guide Michelin), gehört ein in der Südpfalz in hoher Verantwortung stehender Mann, der fragte, als er von diesem Buchprojekt hörte: „Haben Sie auch die ‚Einigkeit' auf Ihrem Plan?" Als er hörte, dass dies der Fall sei, war er zufrieden.

Info:
Zur Einigkeit,
Karlstraße 16,
76744 Wörth-Maximiliansau,
Tel. 0 72 71/44 44
Ruhetage:
Samstag, Sonntag, Montag

Das laut „Schlemmer-Atlas" komfortable Restaurant mit der schönen Innenhof-terrasse ist gemütlich, hat viel Atmosphäre, der Gast fühlt sich in dem geschmackvoll de-korierten Haus sofort wohl. Nicht nur Gas-tro-Kritiker loben Qualität und Frische der Produkte, die Franz Klöfer verarbeitet. Der Restaurantführer „Pfalz" hat ihm für seine Küche, den Service und die Weine jeweils die Höchstpunktzahl fünf verliehen.

„Das Wichtigste ist das Produkt. Wenig daran machen, Saucen und Garnituren ge-konnt einsetzen", beschreibt Klöfer seine Philosophie. Da nur 40 Plätze zur Verfügung stehen, ist „Massenveröstigung" schon von den räumlichen Voraussetzungen her nicht möglich. Und wäre auch des Chefs Sache nicht. Er hat sein Handwerk von der Pike auf gelernt, das schmeckt man. Das Restaurant „Zur Einigkeit" wird von Kennern auf eine Stufe mit einigen Betrieben ge-stellt, deren Namen beispielgebend für die gute Gastronomie der Südpfalz stehen.

Wer gerne Wein trinkt, findet auf der Karte Hunderte von Spitzenweine aus aller Welt. Da fällt die Auswahl schon mal schwer. Was zum Rhein-Waller im Wurzelsud passt, muss nicht auch zu den Kalbskoteletts aus dem Backofen passen. Aber bisher wurde immer die richtige Lösung gefunden.

MEHR ALS EIN TYPISCHES AUSFLUGSLOKAL

Ein Waldgasthof mit viel Tradition, direkt am Flüsschen Lauter in Steinwurfweite zum Elsass gelegen, ist die seit über 50 Jahren von der Eigentümerfamilie Roth betriebene „Bienwaldmühle" im südpfälzischen Grenzort Scheibenhardt. Vor allem an den Wochenenden herrscht Betrieb, viele Ausflügler kehren ein. Aber ein typisches Ausflugslokal ist das Restaurant deshalb nicht. Es gehört auch nicht zu jenen, wo man zufällig vorbeikommt. Hier wird gezielt eingekehrt - weil die Leute wissen, dass sich der Besuch lohnt. Die Küche hat einen guten Ruf.

D er gelernte Metzger Ferdinand Roth kaufte das Anwesen 1956 in der richtigen Annahme, dass die idyllische Lage am nordwestlichen Rand des Bienwalds schnell Gäste anlocken würde. Sohn Werner Roth, der das Kochhandwerk gelernt hat, übernahm den Betrieb 1988 und steht selbst am Herd, während seine Frau Gerdi sich um den Service kümmert. Der gemeinsame Sohnemann Philipp ist die dritte Generation im Familienbetrieb, er hat seine Ausbildung unter anderem in der bekannten „Traube" in Tonbach, in gepflegten Häusern am Starnberger See und Mallorca erhalten.

Info:
Bienwaldmühle,
76779 Scheibenhardt,
Tel. 0 63 40/276
Ruhetage:
Montag und Dienstag

Geschätzt von den Gästen sind die Lammgerichte von Tieren aus eigener Zucht. Mancher kommt nur wegen des Lammrückenfilets mit würziger Knoblauchsauce von weit her. Das Wild liefern Jäger aus der Umgebung. Die Pilze werden quasi vor der Haustür im Bienwald gesammelt. Im Internet verbreiten die Roths ihre hauseigene Parole, an der sie sich messen lassen: „Kulinarische Höhepunkte haben immer Saison."

Im Kaminzimmer und im Wintergarten können sich die Gäste an fünf Tagen in der Woche verwöhnen lassen. Im Sommer ist die Gartenwirtschaft der Ort, wo sich ganze Familien wohlfühlen - vor allem auch die Kinder, weil es für sie einen Spielplatz gibt, wo sie sich vor den Augen der Eltern austoben können.

Ausgewählte Weinstuben

KLEINE PARADIESE FÜR GENIESSER

Weinstuben sind Orte der Begegnung und der Kommunikation, hier herrscht (meist) Lebensfreude pur. Hier kann man vorübergehend alle Sorgen des Alltags, den Stress des Berufes, den Ärger mit Familienangehörigen, Nachbarn oder Kollegen für eine gewisse Zeit in den Hintergrund drängen, vielleicht sogar ganz verdrängen. Die Weinstube ist der Ort, wo sich der passionierte Weintrinker besonders gerne aufhält und sein Schöppchen trinkt. Weil er hier Gleichgesinnte trifft, weil es da gemütlich zugeht und weil eine entspannte, oft lockere Atmosphäre herrscht. An der Südlichen Weinstraße gibt es Dutzende von Weinstuben. Ein Dutzend davon wird hier etwas näher vorgestellt.

WEINSTUBE BRAND, FRANKWEILER

Ein Haus, das mit seinem Speiseangebot mit jedem gehobenen Restaurant mithalten kann, ist die vom Ehepaar Christian (Koch) und Eva-Maria Knefler (Service) geführte

Weinstube Brand im ehemaligen Schweinestall eines aus dem 16. Jahrhundert stammenden bäuerlichen Anwesens. Aber hier bekommt man auch typisch Pfälzisches, wie den „Schiefen Sack" - bestehend aus Saumagen, Bratwurst, Leberknödel und Saumagen - oder Blut-/Leberwurststrudel. Die vorwiegend trockenen Weine, die angeboten werden, stammen von Winzern aus Frankweiler und Umgebung.

Nur sechs Tische stehen für die Gäste zur Verfügung. In der warmen Jahreszeit ist das Platzangebot allerdings größer, wenn der südlich angehauchte Innenhof mit einbezogen werden kann. In der guten Stube sorgen die dunkle Holzdecke, das Gemäuer aus Sandstein und die fackelähnlichen Leuchter für angenehm-rustikale Atmosphäre. „Klein, aber oho", sagen die Leute, die gerne hier einkehren. Wer allerdings ausgelassene Fröhlichkeit und ein Stimmungslieder singendes Publikum bevorzugt, ist in dieser Weinstube fehl am Platz.

Info: Weinstraße 19, 76833 Frankweiler,
Tel. 0 63 45/95 94 90
Öffnungszeiten: Mi ab 17 Uhr, Do - Mo 12 bis 14 Uhr,
18 - 22 Uhr, Di Ruhetag

WEINSTUBE „FÜNF BÄUERLEIN", LANDAU

Fünf Weinbauern, die unter dem Namen „Fünf Freunde" renommierte Weingüter betreiben, haben Ende der neunziger Jahre das traditionsreiche Gasthaus Bäuerlein am Alten Kaufhaus erworben, in „Fünf Bäuerlein" umgetauft und an ein Paar vom Fach verpachtet. Küchenchef Thomas Riemer erhielt schon bald nach seinem Start in Landau 2002 einen Kochlöffel für ambitionierte Küche im Schlemmer-Atlas. Der „Gault Millau" empfiehlt die Weinstube als „gute Adresse für Weinfreunde" und bescheinigt dem Koch, dass er sein Fach versteht. Für den Service zeichnet Gundula Grosse verantwortlich.

Im „Bäuerlein" treffen sich Menschen aus allen Gesellschaftsschichten, um die Weine der „Fünf Freunde" und auch Tropfen von deren Freunden aus anderen Weinbaugebieten zu trinken. Der „Wein des Monats" ist meist ein trocken ausgebauter „Südpfälzer". Eine klare, schnörkellose Küche bietet der Küchenchef, verzichtet bewusst auf das Pfälzer Nationalgericht Saumagen auf der Karte, weil es den überall gibt. Nationale und internationale Gerichte stehen zur Auswahl, auf einer Tafel ist das jeweilige Tagesgericht angezeigt.

Info: Theaterstraße 2, 76829 Landau, Tel. 0 63 41/20 746
Öffnungszeiten: Mo ab 17 Uhr, Di - Fr 11.30 - 14 Uhr und ab 17 Uhr, Sa 11.30 - 14 Uhr, So Ruhetag

WEINSTUBE MARIENHOF, FLEMLINGEN

Genau genommen ist der Marienhof von Georg und Sylvia Minges mehr als eine Weinstube, er ist ein allen Ansprüchen gerecht werdendes Restaurant, in dem der

„Weinstuben-Charakter" aber erhalten geblieben ist. Die Weine und Sekte aus dem hauseigenen Weingut - die Familie Minges betreibt seit über 700 Jahren Weinbau - harmonieren gut mit den Pfälzer Gerichten und den gehoben bürgerlichen Speisen. Dank mehrerer Räume ist das Platzangebot groß, so dass auch Gesellschaften gut unterzubringen sind.

Der Hauptraum mit viel altem Fassholz und Sandsteinen sowie einer von gutem Geschmack zeugenden Dekoration wird von den Gästen im Winter bevorzugt, weil aus dem Kaminofen wohlige Wärme kommt. Im Sommer laden in einer fast toskanisch anmutenden Atmosphäre im Freien einige Dutzend Sitzgelegenheiten zum Verweilen direkt an den Weinbergen ein. Der Gast hat die Wahl unter allein 30 offenen Weinen. Zehn Mal im Jahr findet ein Schlachtbüfet mit Musik statt, dann heißt das Motto: Essen so viel man will! Ein beliebtes Angebot ist das Gericht des Monats. Auch die Steak-Variationen finden Anklang.

Info: Bachstraße 16, 76835 Flemlingen, Tel. 0 63 23/50 09
Öffnungszeiten: Mo - So ab 11.30 Uhr durchgehend, kein Ruhetag

WEINSTUBE „BAUERNSTUBE", VENNINGEN

Wo früher Pferde gehalten wurden, ist heute ein Gewölbekeller. Aus einer ehemaligen Scheune ist durch Umbau die „Schlemmerscheune" geworden, deren romantisch-ländliches Ambiente auch schon in einem Buch besonders hervorgehoben wurde. Und dann steht noch ein überdachter Wintergarten zur Verfügung, der nicht von ungefähr „Sonnenresidenz" genannt wird. Wo immer der Gast auch Platz nimmt - er fühlt sich sofort wohl.

Was Rosemarie Bauer und ihre beiden Töchter Carina und Christin in ihrer „Bauernstube" bieten, stellt auch höhere Ansprüche zufrieden. Wer nur einen ganz normalen pfälzischen Saumagen möchte, findet ihn unter der Bezeichnung „Was de Helmut so gerne isst", nämlich der frühere Bundeskanzler

Dr. Helmut Kohl, der auch schon Gast war. Die Leberknödel heißen hier „Elwetritsche-Eier". Die Weine stammen ausnahmslos aus dem familieneigenen Weingut, das von der Chefin zusammen

mit Angestellten geführt wird. Die Speisekarte ist das Gemeinschaftswerk der drei Damen des Hauses. Wer nach dem Essen einen Schnaps zum Verdauen möchte, bekommt einen aus eigenem Obst gebrannten Tropfen.

Info: Altdorfer Straße 3, 67482 Venningen, Tel. 0 63 23/27 34
Öffnungszeiten: Jan. u. Febr. nur, wenn geschlossene Gesellschaften ab 30 Personen im Haus sind. März - Juli Sa, So ab 12 Uhr, Sept.- Nov. täglich ab 12 Uhr. An Advents-Wochenenden im Dez. Sa, So ab 12 Uhr

WEINSTUBE „ZUR BLUME", EDESHEIM

Eine Weinstube wie aus dem Bilderbuch ist die „Blume", einst über 100 Jahre lang eine traditionelle Dorfwirtschaft. Erst als Peter und Uschi Kreutz, die beiden Kölner, sich 2002 einen alten Traum verwirklichten und zu Wirten wurden, änderte sich alles. Wer groß gewachsen ist, sollte beim Betreten der gastlichen Stube den Kopf etwas einziehen, denn die Decke ist nur zwischen 190 und 220 Zentimeter hoch. Nicht zuletzt diese Tatsache veranlasste die Pächter, die erste rauchfreie Weinstube einzurichten, als sich noch kein allgemeines Rauchverbot abzeichnete.

Auch wenn Peter Kreutz, Musiker und Karnevalist aus Leidenschaft, aus einer Gegend stammt, wo vorwiegend Bier getrunken wird, versteht er viel vom Wein. Ein Blick auf die Karte zeigt das dem Kenner auf den ersten Blick. Im Winzerkittel schenkt er ein und ist gleichzeitig auch der „Oberkellner". Derweil steht seine Frau in der Küche und kocht leckere Sachen, die schmecken. Da sie alles frisch zubereitet, sollte der Gast bei Betrieb etwas Geduld haben. Dafür wird er bestens entschädigt. Weil hier die Gemütlichkeit zu Hause ist, kommt (fast) jeder wieder, der einmal da war.

Info: Ludwigstraße 100, 67483 Edesheim, Tel. 0 63 23/35 84
Öffnungszeiten: Do - So ab 17 Uhr, Mo, Di, Mi Ruhetage

WEINSTUBE „STERNE SEPP", HOCHSTADT

Der Vater des Weingutsbesitzers und Eigentümers des Gebäudes, Wolfgang Stern, hieß mit Vornamen Josef, war von Beruf Küfer und wurde im Ort nur „Sterne Sepp" genannt. Als Anfang der neunziger Jahre die Weinstube eröffnet

wurde, war der Name praktisch vorprogrammiert. Die originelle Anlaufstelle für Freunde eines guten Tropfens und gehobener Speisen (Saumagen, Bratwurst und Leberknödel sucht man auf der Karte vergeblich) ist schon lange eine Art Geheimtipp. Bei Wirt Wolfgang Mayer bekommen die Gäste (fast) alles, was ihr Herz begehrt - nur eben keine Pfälzer „Nationalgerichte".

In einem Satz fasst Mayer zusammen, warum er guten Zulauf von Leuten auch von weiter her hat: „Weil es ihnen schmeckt." Das gilt sowohl für die Speisen, die der gelernte Koch zubereitet, als auch für die Weine aus dem vielfach ausgezeichneten Weingut Stern, das im Übrigen auch köstliche Schnäpse brennt. 80 Prozent der Gäste sind Stammgäste - das findet man nur dort, wo sich die Leute wohlfühlen!

Info: Hauptstraße 104, 76879 Hochstadt, Tel. 0 63 47/72 55
Öffnungszeiten: Di - Sa ab 17 Uhr, So, Fei ab 10 Uhr, Mo Ruhetag

WEINSTUBE „ALTE KELTER", MÖRZHEIM

Wer sich fragt, warum die Weinstube im Landauer Stadtteil Mörzheim diesen Namen trägt, bekommt die Antwort spätes-

tens beim Betreten des Hofes. Denn da steht als Blickfang eine Kelter aus dem Jahre 1711, vom Vater des Inhabers Günther Becker vor langer Zeit vor dem Vernichten gerettet. Abends ist sie indirekt beleuchtet. Becker ist natürlich stolz auf dieses alte Stück, das theoretisch noch genutzt werden könnte. Und nicht ohne erkennbare Freude berichtet der Hausherr, dass er im Marco-Polo-Reiseführer Pfalz als Geheimtipp („urgemütliche Weinstube") geführt wird.

Dass die „Alte Kelter" nur an drei Tagen in der Woche geöffnet ist, hat einen besonderen Grund: Günther Becker ist Winzer, bewirtschaftet sechs Hektar Weinberge und hat auch die gesamte Kellerarbeit zu bewältigen, so dass wenig Zeit bleibt, dem Hobby Wirt zu frönen. Dass man nicht öfter in die originelle Stube mit der Holzdecke und den 400 Jahre alten, von einem abgerissenen Nebengebäude stammenden Balken gehen kann, ist schade. Denn der Chef schenkt einen ordentlichen Tropfen aus eigener Erzeugung aus und seine Lebenspartnerin bereitet in der Küche deftige Speisen zu.

Info: Haufenstraße 22, 76829 Landau-Mörzheim, Tel. 0 63 41/31 551. **Öffnungszeiten:** Fr, Sa ab 19 Uhr, So ab 18 Uhr (im Winter ab 17 Uhr)

WEINSTUBE FRITZ WALTER, NIEDERHORBACH

Die Weinstube trägt einen Namen, den jeder deutsche Fußballfreund kennt. Aber der geniale Kicker Fritz Walter vom Betzenberg hat mit dieser gastlichen Stätte nichts zu tun. Er hat sie nie besucht und auch deshalb nie die Weine aus dem familieneigenen Weingut und die das ganze Jahr über auf der Speisekarte stehenden Wildgerichte gekostet. Zweimal hatte er sein Kommen angesagt, jedes Mal kam etwas dazwischen. Und jetzt ist der „große Fritz" tot. Ganz sicher hätte es ihm in der rustikalen „Stube" seiner Namensvettern gefallen.

Anfang der achtziger Jahre entstanden durch Umbau des ehemaligen Kuh- und des Schweinestalls die gemütlichen Goburt chen Gasträume. Einer der beiden Brüder Walter (Fritz oder Eckhard), die auch gemeinsam den Wein „machen", ist immer da, um Gäste zu bedienen, Weinempfehlungen zu geben oder mit den auch in größerer Zahl aus dem Elsass kom-

menden Weinfreunden ein bisschen zu plaudern. Da beide auch passionierte Jäger sind, ist immer Wild im Angebot. Hausmacher Wurst und Bratwurst kommen aus der eigenen Wurstküche. Beliebt sind die Tagesgerichte von Freitag bis Sonntag.

Info: Landauer Straße 82, 76889 Niederhorbach, Tel. 0 63 43/93 65 50 **Öffnungszeiten:** Di - Fr ab 17 Uhr, Sa, So, Fei ab 11 Uhr, Mo Ruhetag

„REUTERS HOLZAPPEL", PLEISWEILER-OBERHOFEN

Eine Anlaufstelle für Leute, die einen guten Wein schätzen und dazu nicht unbedingt deftig-pfälzisch, sondern schon etwas gehoben essen möchten, ist das Lokal „Holzappel" des Ehepaares Ulrike und Wolf-

gang Reuter. Es nennt sich weder Weinstube noch Restaurant, ist so eine Art Zwischending, das mit dem Slogan „Essen und Wein" um Gäste wirbt. Es werden - von Sonderaktionen abgesehen - ausschließlich Weine von der Südlichen Weinstraße ausgeschenkt, die die Wirtin höchstselbst bei den SÜW-Weintagen aussucht. Da sie den Service besorgt, hat sie engen Kontakt mit den Leuten und gibt gerne Auskunft über die Tropfen.

Die Küche ist das Reich von Wolfgang Reuter, der aus dem Fränkischen stammt und Küchenmeister ist und den es nicht zufriedenstellen würde, wenn er nur Saumagen und Bratwurst auf den Tisch bringen dürfte. Er beweist ständig, was er gelernt hat und zeigt, dass er sein Handwerk beherrscht. Nicht von ungefähr kommen viele Stammkunden von weit her gefahren, um seine Köstlichkeiten zu genießen - bis hin zum geschmorten Lammhäxle oder Kartoffelpuffer mit Champignons. Im Sommer kann man auf dem Hof Platz nehmen.

Was sollte in einer Weinstube anders sein als in einer normalen Wirtschaft ? Die Antwort von Dr. Fritz Schumann, Ordensmeister der Weinbruderschaft der Pfalz: „Ich erwarte in einer Weinstube ein freundliches Ambiente, welches das Probieren von Wein und Gespräche zulässt. Stören würde mich eine noch vom Vortag herrührende verräucherte, dumpfe Atmosphäre oder überlaute Musik, die Unterhaltung verhindert. Stören würde mich auch eine kalte, ungemütliche Wartehallen-Atmosphäre."

Info: Hauptstraße 11, 76889 Pleisweiler-Oberhofen, Tel. 0 63 43/42 45. **Öffnungszeiten:** Di - Sa ab 17 Uhr, So, Fei 12 bis 15 und ab 17 Uhr, Ruhetage Mo (April - Okt.) bzw. Mo, Di (Nov. - März)

WEINSTUBE „ALTER WILHELM", PLEISWEILER-OBERHOFEN

Wilhelm Hey war Junggeselle und ein Oberhofener Original. Von ihm kaufte das Weingut Wilker das 1720 erbaute Bauernanwesen gegenüber, gestaltete es mit viel Fingerspitzengefühl um, eröffnete ein Landhaus und eine Weinstube. Und diese wurde in Erinnerung und zu Ehren des Vorbesit-

zers auf den Namen „Alter Wilhelm" getauft. Seit 2001 kommen die Gäste, um in einem der 20 komfortablen Zimmer ein paar Tage Urlaub mit Wein zu machen oder um sich in der Weinstube mit den Original- Sandsteinmauern und den alten Deckenbalken mit regionalen Speisen und guten Weinen verwöhnen zu lassen.

Dass auf der Karte nur Weine des auf die Erzeugung von Qualitäts- und Prädikatsweinen spezialisierten Weinguts der Hausherren stehen, ist selbstverständlich. Wer die „Nonnensusel" nicht kennt, sollte sie einmal versuchen: es handelt sich dabei um eine halbtrockene weiße Cuvee und erinnert an den bekannten Roman „Die Nonnensusel" von August Becker aus Klingenmünster. Aus der Küche kommen regionale, frische und saisonale Köstlichkeiten auf den Tisch bis hin zu Lachstatar mit Honig-Dill-Senfsoße auf Reibeküchle, Wildschwein, Hirsch und Lammfilet.

Info: Hauptstraße 31, 76889 Pleisweiler-Oberhofen, Tel. 0 63 43/70 07 00. **Öffnungszeiten:** Fr - Di ab 17 Uhr, So, Fei ab 11.30 Uhr, Mi, Do Ruhetage

WEINSTUBE JÜLG, SCHWEIGEN

Ein Restaurantführer hat einmal über das in einem ehemaligen Forsthaus eingerichtete Lokal geschrieben: „Eine Weinstube wie aus dem Bilderbuch". Die Familie Jülg übernahm das Anwesen mit der Betriebsgründung 1960 und hat daraus einen Anziehungspunkt für Pfälzer, Elsässer und Touristen gemacht, kurzum für alle, die einen guten Tropfen und ein gutes Essen schätzen. Im Internet heißt es: „Die Küche ist wie der Wein: kompromisslos, gut, solide und frei von modischem Schnickschnack, aber alles andere als langweilig. Wir kochen regional - herzhaft und mit viel Gefühl."

Wer's nicht glaubt, sollte einmal die Probe aufs Exempel machen. In drei Galaräumen kann man sich niederlassen, im Raum drei sitzt man zum Beispiel an blanken Holzti-

schen und auf abgenutzten Eckbänken. Ein großer Hof lädt in
der warmen Jahreszeit dazu ein, die je zur Hälfte auf südpfälzischem und Elsässer Boden gewachsenen Weine zu verkosten
oder zumindest die Bratkartoffeln zu versuchen, die nach den
Worten von Werner Jülg allein einen Besuch wert sind. Die Leberknödel und der Saumagen, die Wurst und die Schnitzel
stammen aus eigener Schlachtung.

Info: Hauptstraße 1, 76889 Schweigen, Tel. 0 63 42/91 90 90
Öffnungszeiten: Sa - Mi 11.30 bis 22 Uhr, Do, Fr Ruhetage

WEINSTUBE „ZUM ALTEN ZOLLBERG",
SCHWEIGEN

Keine südpfälzische Weinstube liegt Frankreich näher als der
„Zollberg". Das Elsass beginnt nur zwei Steinwürfe weiter. Von

der Terrasse aus blickt man
hinüber nach Weißenburg.
Auf französischem Boden
wachsen auch einige der
Weine des Weinguts Walter,
das dieses seit 1995 bestehende Lokal mit den freige-
legten Sandsteinmauern und
den alten Deckenbalken betreibt. Das Gebäude, in dem
sich in einer ehemaligen

Scheune die schon beim ersten Betreten den Gast einnehmende
„Stube" befindet, hat etwa 200 Jahre auf dem Buckel. Wohlfühlen kann man sich auch in der rustikalen Probierstube und bei
schönem Wetter auf der traumhaften Terrasse.

Heiko Walter und seine aus Frankreich stammende Ehefrau
Nadja bedienen die Gäste, bringen den Wein und die von einigen guter Geistern in der Küche wechselweise zubereiteten
Speisen. Wenn Gesellschaften kommen, steht ein elsässischer
Koch am Herd. Dass es neben Pfälzischem aller Art auch
Flammkuchen gibt, ist angesichts der Nähe zum Elsass fast
selbstverständlich. Wer nicht so recht weiß, was er aus dem großen Angebot hauseigener Weine trinken soll, wendet sich am
besten an den Wirt.

Info: Hauptstraße 49, 76889 Schweigen, Tel. 0 63 42/70 46
Öffnungszeiten: Do - Sa ab 17 Uhr, So, Fei ab 12 Uhr
durchgehend, Mo, Di, Mi Ruhetage

Wanderwege

Vom Spaziergang
bis zur Klettertour

„Wandern ist in unserer heutigen, von Technik vollgestopften Welt immer beliebter. Es ist für immer mehr Menschen eine Möglichkeit, dem Alltag zu entfliehen und Nähe zur Natur zu finden." Als Kurt Beck diese Feststellungen traf, war er „nur" Abgeordneter des Landtages und noch nicht Regierungschef von Rheinland-Pfalz. Aber seine Aussagen sind zeitlos, treffen heute zu und sicherlich auch morgen. Aber nicht nur die in den großen Städten wohnenden Menschen sind darauf angewiesen, sich in der unberührten Natur zu erholen, um ihre Gesundheit zu erhalten. Das gilt auch für alle anderen. Wenn im Zusammenhang mit dem Wandern vom sanften Natursport die Rede ist, kann eigentlich niemand widersprechen.

Wandern ist heute „in", ist zu einem echten Volkssport geworden, den man ausüben kann, ohne einem Verein angehören zu müssen. Wandern kann man allein oder zu zweit, am meisten Spaß aber macht es in der Gruppe. Das größte Problem in der Südpfalz lautet oft: Wohin soll es dieses Mal gehen? Denn das Angebot an Wanderwegen ist riesengroß, allein im Pfälzerwald gibt es 12.000 Kilometer markierte Strecken (dem Pfälzerwald-Verein sei Dank).

An guten Wanderbüchern mit ausführlichen Schilderungen der empfohlenen Touren durch Wasgau und Bienwald ist kein Mangel. Es gibt so viele dieser Werke, dass man fast den Überblick verlieren kann. Und dann ist noch eine Fülle von kostenlos erhältlichen Broschüren auf dem Markt. Wer angesichts dieses Angebots nicht den Wanderweg findet, der seinen Vorstellungen und seinen konditionellen Voraussetzungen entspricht, ist selbst schuld. Hilfreich sind oft auch Karten, die es ebenfalls in großer Zahl gibt - man muss sie nur zu lesen verstehen.

Es könnten jetzt 50 oder gar 100 Wandervorschläge unterbreitet werden. Aber das würde nicht in den Rahmen dieses Buches passen. Deshalb werden nur ein paar Wanderungen kurz vorgestellt.

Wanderweg Deutsche Weinstraße (insgesamt 100 km).
Wer von Schweigen bis Bockenheim die gesamte Strecke zurücklegen will, sollte sich vier oder gar fünf Tage Zeit nehmen. Aber man kann sich auch nur mit dem südpfälzischen Teil von Schweigen bis Maikammer begnügen und bei anderer Gelegenheit die zweite Etappe folgen lassen. Der Wanderweg entlang dem Pfälzerwald und durch die Weinberge ist gut ausgeschildert, man folge einfach dem Zeichen mit der stilisierten Traube auf weißem Grund.

Start ist direkt am Deutschen Weintor in Schweigen. Streckenverlauf: Vorbei an Rechtenbach und Oberotterbach nach Dörrenbach. Die weiteren Städte und Gemeinden wie Bad Bergzabern und Pleisweiler-Oberhofen, Gleishorbach und Gleiszellen, Eschbach und Leinsweiler, Ranschbach und Birkweiler, Albersweiler und Frankweiler, Gleisweiler und Burrweiler, Weyher und St. Martin werden meist rechts liegen gelassen oder nur kurz berührt. Wer in Maikammer abbrechen will, kann von St. Martin aus „hinunter" wandern. Wer aber weitergeht, muss hinaufklettern aufs Hambacher Schloss und über Oberhambach nach Neustadt marschieren und dann immer weiter nach Norden bis Bockenheim.

In dem Buch „Wandern und Einkehren" heißt es zusammenfassend: „Ein großartiger Weg, der dem Wanderer eine Fülle der verschiedenartigsten Eindrücke vermittelt, so stark, dass er sie sicher niemals vergessen wird."

(Faltblatt „Wanderweg Deutsche Weinstraße", u .a. erhältlich beim Pfälzerwald-Verein, Fröbelstraße 24, 67433 Neustadt/Weinstraße).

Burgenwanderweg des Pfälzerwald-Vereins (insgesamt 189 km). Auch dieses reizvolle Angebot führt von Schweigen bis Bockenheim, wobei empfohlen wird, die 189 Kilometer in zehn Etappen zurückzulegen. Herausgegriffen sei die 5. Etappe Ramberg - St. Martin über 22 Kilometer mit fünf Burgruinen. Sie stellt durchaus ein paar Anforderungen an den Wanderer, aber die Mühen werden durch das, was man zu sehen bekommt, mehr als wettgemacht.

Start ist in Ramberg. Streckenverlauf: Der roten Scheibe folgend geht es hinauf auf die in 444 Meter Höhe liegende Ramburg und mit der gleichen Markierung weiter zum Ramberger Waldhaus Drei Buchen. Der Weg zur Ruine Meistersel (492 m) und zurück ist ebenfalls ausgeschildert. Ab Drei Buchen wird (weiter rote Scheibe) der Parkplatz im Modenbachtal erreicht. Der Weg über die Amicitia-Hütte zur Ruine Frankenburg (557 m) und zum Kohlplatz ist ausgeschildert. Der blau-gelbe Balken weist dann ab Kohlplatz den Weg zum Ludwigsturm und zur Rietburg (526 m). Ab Villa Ludwigshöhe ist der rote Balken Wegweiser zur Kropsburg (die Kernburg ist für die Besichtigung nicht zugänglich) und zum Tagesziel St. Martin.

„Die Burgen gehören zweifellos zu den Anziehungspunkten von Jung und Alt, zumal die mitunter prächtige Aussicht zu stets neuen Entdeckungen führt... Der geheimnisvolle Zauber der Vergangenheit, der von den Burgruinen ausgeht, pflanzt sich von Generation zu Generation fort", heißt es im Begleittext des PWV zum Burgenwanderweg.
(Broschüre „Der Burgenwanderweg des Pfälzerwald-Vereins",
u. a. erhältlich beim Pfälzerwald-Verein, Fröbelstraße 24,
67433 Neustadt/ Weinstraße).

Pälzer Keschdeweg von Hauenstein über Annweiler nach Edenkoben (42 km). Start ist am Deutschen Schuhmuseum in Hauenstein. Dann wird gewandert in Richtung Lug aus dem Ort heraus mit der Markierung Nr. 25. Streckenverlauf: Ankers Kreuz - Jugendzeltplatz mit Schützenhaus - Lourdesgrotte - Deutsche Schuhstraße - Überquerung der Landstraße in Höhe des Luger Sportplatzes - ab Ortseingang Lug (Markierung Nr. 16) bis zur Kirche in der Ortsmitte - dann über die Geiersteine und Wernersberg oder über Völkersweiler nach Annweiler. Wer über die Geiersteine marschieren will, folgt den Markierungen Nr. 1 und Nr. 36 bis Wernersberg, dann Nr. 36 und 32 und ab Rödelstein Nr. 1 nach Annweiler. Wer die andere Route wählt, wandert mit dem blauen Kreuz aus Lug heraus, überquert die L 495 und gelangt auf dem Radweg nach Völkersweiler. Vorbei am St. Paulusstift und am Ebertsberg geht es zur Kletterhütte am Asselstein und

mit der Markierung Nr. 3 über Bindersbach zum Kurpark Annweiler und zur Naturfreundehaus Annweiler.
Auch für die weitere Strecke gibt es ab Albersweiler zwei Alternativen. 1. Naturfreundehaus Kiesbuckel - Orensfelsen - Dernbacher Haus - Landauer Hütte - Waldhaus Drei Buchen - Schweizer Haus. 2. St. Johann - Frankweiler - durchs Hain-

bachtal - Gleisweiler - St. Anna-Hütte bei Burrweiler - Schweizer Haus. Das letzte Stück führt vom Schweizer Haus (Markierung roter Balken) zur Rietania-Hütte und zum Schloss Villa Ludwigshöhe oberhalb von Edenkoben. Es ist ratsam, die Strecke in zwei Tagen zurückzulegen. Wer überlegt, den Keschdeweg zu gehen, dem wird die Entscheidung mit der Beschreibung schmackhaft gemacht: „Kastanienwälder mit schattigen Waldwegen, gewundene Bachläufe, sonniges Rebenland, herrliche Aussichten und Einkehrmöglichkeiten." *(Broschüre „SÜW-Wanderführer" mit Beschreibung des Keschdewegs, erhältlich u. a. beim Verein Südliche Weinstraße, An der Kreuzmühle 2, 76829 Landau).*

„Zieht selbst hinaus! Erwandert eure Heimat, erlebt den Wald, den Pfälzerwald, nehmt ihn auf mit allen euren Sinnen, so wie er euch aufnimmt in seine Höhen und Täler, Waldbestände und Wiesengründe, und euch Kraft und Erholung spendet, den Alltag zu meistern" (aus dem Buch „Kreis Landau in der Pfalz").

Südroute des Pfälzer Jakobswegs (insgesamt 137 km). Start ist in Speyer am Jakobspilger-Denkmal in Sichtweite des Doms. Streckenverlauf: Römerberg - Germersheim - Herxheim - Landau - Klingenmünster - Rumbach - Fischbach - Ludwigswinkel - Eppenbrunn - Kröppen - Hornbach. Wer nur den südpfälzischen Teil von Lingenfeld bis an die Grenze zum Landkreis Südwestpfalz zurücklegen möchte, muss sich auf knapp 70 Kilometer Strecke einrichten und dafür zwei Tage einplanen. Von Speyer bis Santiago de Compostela zu laufen und drei Monate unterwegs zu sein, ist nicht jedes Wanderers Sache.

Der Verein Pfalz-Touristik stellt in einer Broschüre fest: „Je schneller die Welt sich dreht, desto mehr wächst das Bedürfnis der Menschen nach Ruhe. Das gemächliche Wandern auf den historischen Pilgerpfaden verbindet Naturerlebnis und Meditation, es stillt die Sehnsucht des Individuums nach Tradition und Ursprünglichkeit. Vielleicht ist das der Grund, warum immer mehr Menschen Lust verspüren, zumindest für einige Zeit zum Pilger zu werden."

(Broschüre „Die Pfälzer Jakobswege", u. a. erhältlich bei Pfalz-Touristik e.V., Martin-Luther-Straße 69, 67433 Neustadt/Weinstraße).

Mönchsweg (12 km). Dieser Weg führt auf den Spuren der Zisterzienser über Wiesen- und Waldpfade, durch Weinberge und alte Gässchen. Nach dem Start am Kloster Eußerthal in Eußerthal folgt man dem Mönchs-Symbol und wandert mit dem Rundweg 6 über die Eußerthaler Wiesen. An der Wegkreuzung bei den Fischweihern geht es hinein in den Wald. Der weitere Streckenverlauf: Eselstränke - Franzosenkopf (274 m) - auf dem Rundweg 26 nach Gräfenhausen - Mönchsbrunnen - Richtung Annweiler (gelber Balken) - Plateau „Dreißig" - Danzigerbrunnen - Turnerheim - hinunter nach Annweiler und zurück nach Eußerthal. Wer gut zu Fuß ist, erreicht über die Rundwanderwege 4 und 5 (Markierung weißes Dreieck) die Burg Trifels (497 m). Rechts vom Kiosk am Parkplatz geht wieder hinunter nach Annweiler, auf dem Mönchsweg dann zum Turnerheim und mit der Markierung blau-weißer Balken über die Jungpfalzhütte nach Eußerthal (dann sind aber insgesamt 24 km zurückzulegen).

Über die Höhen beiderseits des Klingbachtals (15 km). Start ist in der Ortsmitte von Klingenmünster. Streckenverlauf: Klingenmünster (Markierung weiß-blauer Strich) - durch die Weinberge nach Gleiszellen-Gleishorbach - im Wald zum Karlsplatz (345 m, Schutzhütte) - Abtskopf - Katzeneiche - ohne Markierung den Hohlweg hinunter - mit der Nr. 23 nach Silz - Münchweiler am Klingbach - Burg Landeck - zurück nach Klingenmünster.

Durch den Mundatwald (14 km). Start ist am Deutschen Weintor in Schweigen. Streckenverlauf: Spaziergang durch den Ort (Markierung gelber Punkt) - mit der Markierung weißer Strich mit schwarzem Punkt durch die Weinberge und anschließend im Wald an der französischen Grenze ansteigend zur Wegscheid (377 m) - Schlossbrunnen (480 m) und zur Ruine Guttenburg (503 m) - ab Schlossbrunnen weiter mit dem gelbgrünen Strich durch das Otterbachtal und talabwärts nach Oberotterbach - durch welliges Rebgelände nach Rechtenbach und zurück zum Weintor.

Der Zabernweg (20 km). Start ist am Bahnhof in Rheinzabern, an dem der Bienwald-Berg-Rülzheim-Wanderweg direkt vorbeiführt. Streckenverlauf: Rheinzabern (Markierung schwarzer Punkt) - Straße „Am Bahndamm" Richtung Jockgrim - Überquerung der Kreisstraße 10 - weiter auf dem Zabernweg

(Markierung rote Raute) -
durch den Bienwald nach Kandel - vorbei am Kandeler Bahnhof - parallel zur Lauterburger
Straße aus dem Ort hinaus -
am Ortsausgang rechts in die
Elsässer Straße in Richtung
Bienwald einbiegen - durch
den Bienwald nach Schaidt.

**Wanderweg „Festung und Na-
tur" in Germersheim (6 km).**
Start ist am Weißenburger Tor.
Streckenverlauf: Arrestgebäude
und Provianthaus - Schwanen-
weiher - Ludwigstor - neues
Zentrum - Königsplatz - Hufei-
sen - Fronte Beckers - Park am Wasserturm - Tournuser Platz -
Fronte Lamotte - Grabenwehr - Stadtpark - Weißenburger Tor.
Die Stadt Germersheim will mit diesem Wandervorschlag Inte-
ressenten die Möglichkeit bieten, „das Zusammenwirken von
Zweckbauten (Festung) und der freien Natur zu erwandern." In
den erhaltenen Bereichen der geschleiften Festung hat sich ein
Grüngürtel gebildet, der teilweise naturbelassen und in anderen
Teilen parkähnlich angelegt wurde. Der Rundwanderweg zeigt
die historischen Gemäuer, die Wälder und Parkanlagen auf und
gibt einen Eindruck von der Bebauung innerhalb der früheren
Festungstadt.
*(Faltblatt „Die etwas anderen Wanderwege", u. a. erhältlich bei der
Stadt Germersheim).*

Von Kandel durch den Bienwald (13 km). Start ist am Bahnhof in Kandel. Streckenverlauf: Bahnhofstraße in Kandel (Markierung grüner Strich) - durch den Wald zum Wanderparkplatz
Langenberg (hier werden auf einer Infotafel fünf Rundwanderwege zwischen dreieinhalb und sieben Kilometer Länge empfohlen) - entlang den Pferdekoppeln bis zur Straßenkreuzung -
zwischen den Straßenabzweigungen nach Lauterburg und Minfeld auf den Holzwegweiser achten, der die Fortsetzung des
Weges anzeigt - Heilbrunnen - Weißes Kreuz - Überquerung der
Straße - Bienwaldmühle Scheibenhardt.
*(Faltblatt „Wandern und Radfahren mit Bus und Bahn - Rhein-
ebene", u. a. erhältlich bei den Tourismusbüros).*

Wanderwege im Bellheimer Wald (2,1 bis 11 km). Start jeweils am Abenteuerspielplatz beim Schützenhaus. Tour 1 (2,1 km): Spielplatz - Übungsgelände des Vereins für Deutsche Schäferhunde - durch den Wald zurück zum Spielplatz. - Tour 2 (4,4 km): Spielplatz - Fuß- und Radfahrweg Richtung Zeiskam - Parkplatz an den Holzwiesen - nach Südwesten zur Knittelsheimer Mühle - am Spiegelbach entlang zurück zum Spielplatz. - Tour 3 (5,5 km): Spielplatz - Knittelsheimer Mühle - Knittelsheim - am Tennisplatz und am Schwimmbad vorbei zurück zum Spielplatz. - Tour 4 (7,7 km): Spielplatz - Wüstung Jagdschloss Friedrichsbühl - Reitstadion Zeiskam - über den Fuß- und Radfahrweg Richtung Bellheim zurück zum Spielplatz. - Tour 5 (8,9 km): Spielplatz - Holzwiesen - Wüstung Jagdschloss Friedrichsbühl - durch den Hochwald zur Westheimer Straße und zurück zum Spielplatz. - Tour 6 (11 km): Spielplatz - durch Bellheim am Rathaus vorbei - entlang dem Spiegelbach - Wappenschmiedmühle - über eine erhaltene Schanze der Queichlinie - Schlangenpfad - Brandwiesen - Gut Altbrand - Bahnlinie - zurück zum Spielplatz. *(Faltblatt „Wandern im Bellheimer Wald", u. a. erhältlich bei der Orts- und der Verbandsgemeindeverwaltung Bellheim).*

„Wer den Pfälzerwald kennen lernen will, muss ihn erwandern. Und mag einer 10.000 Kilometer kreuz und quer zwischen Landau und Pirmasens, zwischen Eppenbrunn und Grünstadt, Schweigen und Landstuhl mit seinem Auto herumgefahren sein - er soll mir nicht sagen, er kenne den Pfälzerwald... Auch wenn besagter Autofahrer alle Namen der bizarren Felsen und romantischen Burgen im Wasgau, der idyllischen Dörfer im Pfälzerwald und sämtlicher Weinorte zwischen Schweigen und Bockenheim vorwärts und rückwärts aufsagen kann, so bewundere ich zwar sein Gedächtnis, aber ich bin sicher: vom Pfälzerwald weiß er dennoch nichts" (Professor Dr. Norbert Hailer, Forstmann aus Annweiler).

Vom Naturfreundehaus Kandel zum NF-Haus Annweiler (32 km). Start am Naturfreundehaus Bienwald in Kandel. Streckenverlauf: Kandel (Saarstraße, Wirtschaftsweg, über die Bahn, Landesstraße, Weiler Höfen) - über einen nicht markierten Wirtschaftsweg (am Erlenhof vorbei) nach Steinweiler - Windener Straße in Steinweiler (Markierung gelb-roter Strich) - durch Weinberge - vorbei an der Mülldeponie - Klingenmünster - Klingbachhof (170 m) - Ruine Landeck (304 m, Markierung weißes Dreieck) - Treitelsberg - Waldhambach - Ruine Scharfenberg (490 m) - Parkplatz Schlossäcker - Trifels (498 m) - abwärts nach Annweiler - über die Waldfriedenstraße und die Victor-von-Scheffel-Straße zum Naturfreundehaus Annweiler.

EINKEHR BEI
HAUSMACHER UND SCHORLE

Viele Menschen - wenn sie in großen Städten wohnen, wenn sie im Alltag Stress haben, wenn sie am Arbeitsplatz und am Wohnort unter Lärm leiden - sind darauf angewiesen, sich in der unberührten Natur zu erholen. Nur so erhalten sie sich ihre physische und seelische Gesundheit. Ihnen muss die Möglichkeit geboten werden, aus der bedrückenden Dunstglocke von Abgasen und aus der lauten Masse in die Stille von Wald und Feld zu finden.

In der Pfalz sind die Voraussetzungen hierfür in geradezu idealer Weise gegeben. Der Pfälzerwald, der Wasgau und der Bienwald laden zum Wandern ein. Aber wer wandert, will gerne einkehren. Auch auf diesem Gebiet gibt es vielfältige Angebote: von der ehrenamtlich bewirtschafteten Waldhütte bis zum professionell betriebenen Wanderheim. Aus der Fülle dieses Angebots haben wir zwölf Einkehrstationen ausgewählt und stellen sie etwas näher vor.

KALMITHAUS:
DIE URMUTTER ALLER PWV-HÜTTEN

Die erste bewirtschaftete Wanderhütte in der Pfalz war 1908 die in 673 Meter Höhe auf dem Gipfel der Kalmit bei Maikammer eröffnete Ludwigshafener Hütte, die heute noch diesen Namen trägt - aber alle Welt spricht nur von der Kalmithütte (auch „Urmutter aller PWV-Wanderhütten" genannt). Aus dem einstigen Blockhaus in beachtlicher Größe ist durch Umbauten ein Lokal geworden, das es mit jeder gutbürgerlichen Gaststätte aufnehmen kann - nur mit dem Unterschied, dass man hier nicht bedient wird, sondern sich das Essen und Trinken selbst holen muss.

Die Hütte auf dem zweithöchsten Berg der Pfalz befindet sich im Besitz der Ortsgruppe Ludwigshafen des Pfälzerwald-Vereins, bietet drinnen 160 und im Freien 100 Sitzplätze. Das Schöne ist: Man kann mit dem Auto nicht bis direkt vor den Eingang fahren, muss wenigstens zehn Minuten vom Parkplatz aus laufen. Wer Hunger und Durst hat, kann dagegen etwas tun, das Angebot an der Theke ist ausreichend. In der Kalmithütte ist Übernachtung nicht möglich, und man kann sie auch nicht für private Feste mieten.

Öffnungszeiten: Sa, So, Fei 9 bis 18 Uhr, vom 1. Mai bis 31. Oktober auch Mi, zudem am 2. Weihnachtsfeiertag, an Silvester und Neujahr.

LANDAUER HÜTTE: MEHRERE WEGE FÜHREN HINAUF

Dass die Landauer Hütte der PWV-Ortsgruppe Landau ein so beliebter Anlaufpunkt für Wanderer aller Altersklassen ist, hängt nicht zuletzt damit zusammen, dass man von verschiedenen Orten aus starten kann (u. a. Frankweiler, Dernbach) und sich dann hier bei einem kühlen Schorle oder einem Bier zum Ausruhen und Plauschen trifft. Es gibt Leute, die sich regelmäßig einfinden, weil der Anmarsch nicht allzu beschwerlich, dagegen die Aussicht, Bekannten zu begegnen, sehr groß ist. Und die Pfälzer gehen nun einmal dort besonders gerne hin, wo sie gleichgesinnte, aufgeschlossene, redselige und fröhliche Menschen wähnen.

In der warmen Jahreszeit keinen Platz im Schatten eines der alten Bäume zu finden, ist bei fast 400 Sitzplätzen fast unmöglich. In der Hütte selbst geht es öfter schon mal - trotz der 150 Plätze - sehr eng zu, und da ist man darauf angewiesen, dass die Einkehrer zusammenrücken. Das Speiseangebot ist hüttenüblich, hungrig ist noch keiner davongezogen. Kühle Getränke sind immer vorrätig. Immer am ersten Wochenende im September findet das Hüttenfest statt.

Öffnungszeiten: Sa, So, Fei 10 bis 18 Uhr (Winter bis 17 Uhr), zudem am 2. Weihnachtsfeiertag, an Silvester und Neujahr.

FRIEDENSDENKMAL: LOKAL MIT HÜTTENCHARAKTER

Keine klassische Wanderhütte, vielmehr ein „Lokal mit Hüttencharakter" (so der Wirt) ist die Waldgaststätte Friedensdenkmal auf dem Werderberg bei Edenkoben. Wer altersbedingt nicht so gut zu Fuß ist, kann mit dem Auto bis ganz dicht ranfahren und ist sogleich mittendrin im Geschehen. Bevor man sich in einem der Gasträume niederlässt und aus dem Angebot der vorwiegend pfälzischen Gerichte und aus der gut bestücken Weinkarte mit Tropfen aus dem Weingut der Besitzerfamilie Fruth das Passende aussucht (Selbstdienung!), sollte man das Siegesdenkmal ein wenig in Augenschein nehmen und die schöne Aussicht genießen.

Wo früher nur ein Kiosk stand, haben die Fruths Mitte der neunziger Jahre das heutige Gebäude errichtet, vorausahnend, dass diese Form der Gastlichkeit - rustikaler Rahmen, deftige Speisen, gute Weine, Spießbraten im Sommer, Schlachtfeste, Dampfnudeltage - ankommen würde. Die Rechnung geht weiter auf. Sogar Familienfeiern sind möglich, alles eine Frage der Absprache.

Öffnungszeiten: April bis Oktober täglich 11 bis 20 Uhr (außer montags), November bis März Mi, Sa, So, Fei 10 bis 18 Uhr.

HÜTTENBRUNNEN:
EINST NUR EIN UNTERSCHLUPF

Die sich im Eigentum der PWV-Ortsgruppe Edenkoben befindende Wanderhütte Hüttenbrunnen in exponierter Lage im Edenkobener Tal ist für viele Freunde des Waldes so etwas wie ein Geheimtipp. Sie fahren mit dem Auto an, werfen sich in ihre Wanderklamotten und gehen erst einmal auf Tour. Zum Beispiel lockt, neben anderen Möglichkeiten, ein zweieinhalb Kilometer langer, als Rundweg angelegter Waldlehrpfad, der viele Infos über den Wald, seine Funktionen, seine Fauna und Flora vermittelt. Erst nach der Rückkehr lassen sie sich dann gemütlich nieder - je nach Jahreszeit drinnen oder draußen -, ruhen sich aus und erfreuen sich an dem, was Küche und Keller hergeben.

Ursprünglich stand an dieser Stelle ein 1870 errichtetes Steinhaus, das Waldarbeitern und Beerensammlern Unterschlupf bot. 1929 erwarb der Pfälzerwald-Verein das Gebäude, erstellte einen Anbau mit Küche und kleinem Ausschank und bot lange nur das, was auch Straußwirtschaften bieten dürfen. Erst 1956 gelang es, Vollkonzession zu bekommen. Seitdem brummt der „Laden", die Gäste kommen von weit her, weil es hier so idyllisch ist. Beliebt ist das stets im Juli stattfindende Waldfest.

Öffnungszeiten: Täglich 10 bis 18 Uhr (im Winter ab 11 Uhr), dienstags ist Ruhetag.

FORSTHAUS HELDENSTEIN:
ALTE ZÖPFE ABGESCHNITTEN

„Heldenstein" war ein halbes Jahrhundert lang (von 1912 bis 1962) tatsächlich ein Forsthaus. Hier wohnte der zuständige Revierförster mit seiner Familie. Wie es früher Tradition war, betrieb die Frau des Hauses nebenbei eine kleine Wirtschaft und verköstigte die Leute, die sich hierher „verirrten". Viele landeten aber nicht durch Zufall hier, das ist heute nicht anders. Auch wenn keine Forstfrau mehr in der Küche oder hinter der Theke steht - ein geschätzter Ort der Gastlichkeit ist die Waldgaststätte geblieben. Die Forstbehörde hatte dies beim Verkauf des Gebäudes zur Auflage gemacht. Und das war gut so.

Uschi Kreutz, die in ihren Büchern die Wanderhütten im Pfälzerwald so liebevoll beschreibt, schwärmt vom Forsthaus Heldenstein: „Abgeschnitten sind die alten Zöpfe, der Muff der letzten Jahre ist (seit Besitzerwechsel und Sanierung) gründlich rausgekehrt... Auf viel Schnickschnack wurde verzichtet - keine gewollte Rustikalität... Man fühlt sich als Gast einfach gut aufgehoben." Das Angebot an Speisen kann sich sehen lassen („Man weiß, was die Gäste mögen"). Rund ums Jahr gibt es Wild aus heimischer Jagd.

Öffnungszeiten: Täglich ab 11 Uhr, montags ist Ruhetag.

NELLOHÜTTE:
IDYLL IN ABGESCHIEDENER WALDLAGE

Jedes Jahr, wenn der Weihnachtsbraten endgültig verdaut ist und es ganz langsam immer länger hell bleibt, zählen Wanderfreunde aus der ganzen Südpfalz die Tage, bis die Nellohütte im Modenbachtal wieder öffnet. Ist die winterliche Pause Mitte/Ende Februar vorbei, dann zieht es passionierte Wanderer an Sonn- und Feiertagen hinaus in Richtung Traditionshütte des Wanderklubs (mit „k") Nello Landau, um eine Suppe mit Wurst zu essen, einen Pfälzer Schoppen zu trinken und ein paar Sprüche in vertrauter Runde zu machen. Stößt ein Fremder dazu und fragt ohne Hintergedanken, was es mit dem Namen „Nello" eigentlich auf sich habe, bekommt er eine ihn in Erstaunen versetzende, aber wahre Antwort. Sie sei hier nicht vorweggenommen.

1923 errichtete eine kleine Wandergemeinschaft in der abgeschiedenen Waldlage eine Unterstandshütte, die zum Treffpunkt für gesellige Stunden wurde. 1953 folgte der Bau eines Hauses aus Stein, das inzwischen erweitert wurde. An und in der Nellohütte wird an jedem Pfingstmontag das äußerst beliebte Waldfest gefeiert. Dann geht's hier rund.

Öffnungszeiten: Von Mitte/Ende Februar bis vor Weihnachten sonn- und feiertags von 10 bis 17 Uhr.

WALDHAUS DREI BUCHEN: ZULAUF RUND UMS JAHR

Wer sein Auto auf dem Parkplatz Drei Buchen bei Ramberg abstellt, ist immerhin schon 403 Meter hoch. Ab hier gibt es eine Reihe von Möglichkeiten, Wanderungen zu unternehmen, die auch ältere Herrschaften kräftemäßig nicht überfordern. Wer partout keine Lust hat, ein paar Schritte zu laufen, kann sich unmittelbar ins Waldhaus Drei Buchen begeben und je nach Tageszeit Kaffee trinken und Kuchen genießen oder - wenn gerade Schlachtfest ist (immerhin vier Mal im Jahr) - Kesselfleisch oder Hausmacher Wurst „spachteln". Aber auch dann, wenn die aktiven Geister in der hauseigenen Wurstküche Pause haben, gibt es Deftiges zu essen.

Das Vereinsheim der PWV-Ortsgruppe Ramberg erfreut sich rund ums Jahr - nicht nur wegen seiner zentralen Lage - starken Besuchs, besonders in den Sommer- und Herbstferien, wenn täglich geöffnet ist. Dann haben die Hüttendienstler alle Hände voll zu tun, um die Hungrigen mit der beliebten „Hüttenkost" zu versorgen. Die getrocknete Mettwurst, „Wanderbeißer" genannt, eignet sich auch als Verpflegung für unterwegs. Am letzten Wochenende im Juli wird das Sommerfest gefeiert.

Öffnungszeiten: Sa 12 bis 19 Uhr, So, Fei 10 bis 19 Uhr (im Winter nur bis 18 Uhr), außerdem 2. Weihnachtsfeiertag, Ostern, Sommer- und Herbstferien (12 bis 19 Uhr).

Trifelsblick-Hütte:
Burgen und Berge zu sehen

Diese Hütte oberhalb von Gleisweiler macht ihrem
Namen alle Ehre. Denn von hier aus hat man einen herrlichen Blick auf den Trifels, die Nachbarberge und -burgen.
Wer sich etwas näher orientieren will, werfe einen Blick auf
die Übersichtstafel auf der Terrasse. Ob drinnen oder draußen - der Gast fühlt sich wohl. Uschi Kreutz gibt in ihrem
Buch „Hüttenzauber" Tipps, wo man sich niederlassen sollte,
wenn man richtig genießen will: „Am gemütlichsten sitzt es
sich vor der Hütte, wo man sich so schön an die Holzwand
lehnen kann - der allerschönste Platz ist zweifelsfrei die
kleine, überdachte Bank direkt vor der Küche. Wenn man
diese ergattern will, muss man früh aufstehen." Platzkarten
werden nämlich nicht ausgegeben...

Die Speisekarte ist nicht groß, aber mitten im Wald will ja
schließlich niemand schlemmen. Suppe, Wurst, Handkäse,
weißer Käse, Schwartemagen, Hausmacher - reicht dieses
Angebot nicht? Und wenn dann auch noch der Wein
schmeckt, ist der Pfälzer sehr zufrieden. Die Hütte wurde
1971 vom PWV Gleisweiler als Unterschutzhütte errichtet,
ehe ein Gastraum dazu kam und sie zum Wanderer-Treff
wurde. Jeden Pfingstmontag ist Berggottesdienst.

Öffnungszeiten: Sa, So, Fei 9.30 bis 18 Uhr. Von Mitte
Dezember bis Anfang Januar geschlossen.

Schleusenhaus:
Rhein nur wenige Meter entfernt

Anlaufstation nicht nur für Fuß-, sondern vor allem für Rad-
wanderer ist das Schleusenhaus des PWV Sondernheim. Es liegt
aber auch wirklich idyllisch - nur etwa 200 Meter vom Rhein
entfernt direkt am Hauptdeich des Flusses, und ein Altrheinarm
mit einem alten Pumpwerk grenzt unmittelbar an. Viele Radler
bedauern, dass sie in der warmen Jahreszeit bei ihren Touren
nicht täglich einen kühlen Trink nehmen und ein belegtes Bröt-
chen essen können. Aber ehrenamtlich wären Öffnungszeiten
wie in normalen Wirtschaften einfach nicht zu bewältigen.

Das Schleusenhaus war seit 1812 über viele Jahrzehnte hinweg ein Haus, in dem der Schleusenwärter wohnte und von wo

aus er alles im Blick hatte. Die Witwe des letzten Wärters zog 1994 aus. Die Pfälzerwäldler aus dem nahen „Sunnere" machten sich zwei Jahre danach an die Arbeit und richteten das Gebäude her, hauchten ihm neues Leben ein und freuen sich seitdem, dass sie so viel Zuspruch finden. Das Hüttenangebot an Speisen und Getränken ist überschaubar, aber ausreichend. Vor allem der kalte Hühnerteller hat es manchem angetan.

Öffnungszeiten: So, Fei ab 11 Uhr, Mai bis Oktober auch Mi ab 14 Uhr.

LOSCHTER HÜTTE:
WO MAN DEN HANDKÄS' RIECHEN KANN

Wer jemals beim traditionellen Handkeesfescht in Lustadt (Loscht) war, kennt die Hütte des Pfälzerwald-Vereins am Handkeesplatz draußen im Maiblumenwald. Wer das gemütliche Heim bisher als Gast noch nicht erlebt hat, sollte das Versäumnis bei nächster Gelegenheit nachholen.

Aber aufgepasst: Es ist nur an zwei Nachmittagen in der Woche geöffnet - mit Rücksicht auf andere örtliche Vereine, die an gleicher Stelle Hütten betreiben. Dieses Miteinander ist beispielhaft. Übrigens besteht die Möglichkeit, auch an anderen Tagen mit Gruppen zu kommen. Aber dann ist Voranmeldung unumgänglich. Erbaut wurde die Loschter Hütte in den achtziger Jahren, natürlich in Eigenleistung. Vorher trafen sich die organisierten Wanderfreunde in einer Baubaracke, die längst ausgedient hat, aber hinter der Hütte noch steht. Es ist sicherlich übertrieben zu behaupten, dass sich die Lustadter und ihre Freunde nur über das Thema „Handkäse" unterhalten, wenn sie sich hier treffen. Aber wer ein bisschen Glück hat, findet in der Runde jemanden, der ihm erklärt, wie der Kees „gedrickt" wird.

Öffnungszeiten: Di und Do 14 bis 20 Uhr und für Gruppen nach Vereinbarung.

VOGELHAUS SCHWEGENHEIM:
BELIEBTE WALDGASTSTÄTTE

Wer auf der Bundesstraße 272 Landau - Speyer fährt, die Abfahrt Schwegenheim nimmt und sich dann an der Kirche Richtung Gommersheim orientiert, muss auf der L 538 nur ein wenig die Augen aufhalten, dann entdeckt er problemlos ein

Hinweisschild an einer in den Wald führenden Straße. Das Vogelhaus des Vogelschutz- und Zuchtvereins Schwegenheim ist dann glcih erreicht. Im Sommer kommen viele Radler vorbei und nehmen ihren Erfrischungsdrink gerne im Freien. Drinnen brennt im Winter ein Kachelofen, an den Wänden hängen Bilder mit Vogelmotiven. Die Infotafeln mit Material über Waldvögel werden gerne von Naturfreunden studiert. Bis in die achtziger Jahre war das Vogelhaus lediglich eine kleine Hütte, in der sich Vereinsmitglieder zum Meinungsaustausch trafen. Erst seit dem Ausbau von 1984 bis 1986 ist mehr daraus geworden: eine gern besuchte Waldgaststätte. Der Hüttencharakter ist sehr zur Freude vor allem der Stammgäste erhalten geblieben, und auch die Preise für Speisen und Getränke halten sich im Rahmen. Tipp: An jedem ersten Sonntag im Mai wird eine fachlich geleitete Vogelstimmen-Wanderung angeboten.

Öffnungszeiten: Di - Fr ab 11.30 Uhr, So ab 10 Uhr, Sa Ruhetag, letzter So im Monat geschlossen.

FRONTE BECKERS:
WANDERHEIM MITTEN IN DER STADT

Ein Wanderheim mitten in der Stadt und nicht irgendwo im Wald gelegen - gibt es so etwas? Ja, in Germersheim. Dieser Treffpunkt in den Park- und Erholungsanlagen der ehemaligen Festung ist natürlich nicht das klassische „Haus der Wanderer", auch wenn er der örtlichen PWV-Gruppe gehört. Die Anlage heißt ganz korrekt „An Fronte Beckers", ist nach dem in Mußbach geborenen General von Beckers zu Westerstetten benannt und eine der erhalten gebliebenen Teile der Verteidigungsanlage von ehedem. Die Tatsache, dass das „Heim" ganz aus Stein gebaut wurde, ist in der warmen Jahreszeit für manchen Kühlung suchenden Menschen Grund für einen Besuch. Aber keine Angst, auch im Winter muss niemand frieren: dank Holzverkleidung und mehrerer Gasöfen. Da es drinnen recht eng zugeht, hat die Pächterin von Selbstbedienung angesehen, wie das in Hütten sonst üblich ist. Auf der Speisekarte sollte jeder etwas finden, auf das er Appetit hat. Es gibt auch Plätze draußen, aber nur in begrenzter Zahl.

Öffnungszeiten: Di - Do 10 bis 18 Uhr (auf Vorbestellung für Gruppen auch abends), Fr, Sa, So 10 bis 22 Uhr, montags Ruhetag.

Radwanderwege

Durch Felder, Weinberge und Auen

Wer gerne in der Freizeit oder im Urlaub mit dem Rad fährt, ist in der Südpfalz richtig. Die Region zwischen Haardtrand und Rhein hat sich zu einem Paradies für Radfahrer/-wanderer gemausert. Um die 1000 Kilometer ausgeschilderte Radwege gibt es - wo findet man im Südwesten oder Süden der Republik ein solches Angebot noch? Die Wege führen durch reizvolle Landschaften, durch Felder und Weinberge, Wälder und Auen, vorbei an malerischen Dörfern und manchmal auch mittendurch.

Die meisten südpfälzischen Strecken, die in Radwegekarten genau beschrieben sind (bei den Tourismusbüros und im Buchhandel erhältlich), sind auch für Radler geeignet, die nicht jeden dritten Tag im Sattel sitzen und strampeln und demnach über gute Kondition verfügen. Wer gerne Berge hinauffährt, sich ein wenig quälen will, kommt auf seine Kosten. Teilweise haben die vorgeschlagenen Strecken originelle Namen und sagen dem Benutzer, was ihn erwartet. Ein Tipp für alle, die gelegentlich ganz ohne Auto auskommen wollen: Die Bahn nimmt Radler und ihre „Drahtesel" gerne mit. Von diesem Angebot sollte Gebrauch gemacht werden. Es gibt eine Vielzahl von Radwegen in der Südpfalz. Zwölf sollen hier kurz vorgestellt werden.

Radwanderweg „Rheinaue" (45 km). Start am südlichen Ortsausgang von Lingenfeld. Streckenverlauf: Auf dem Radweg entlang der alten B 9 Richtung Germersheim - nach 900 m den Radweg verlassen - nach Osten unter der Bahnunterführung durch ins Industrie- und Hafengebiet von Germersheim - runter zum Rhein - auf dem Hauptdeich des Rheins durch das Naturschutzgebiet Hördter Rheinaue - Pumpwerk Wörth - Hafen - Scherpfer-Häusel - Hofgut Ludwigsau - Dammwachhaus - Daxlander Au - an der Lauterbrücke südlich von Neuburg nach Berg. Wer immer das Schild „Rheinhauptdeich" im Auge hat, verfehlt sein Ziel nicht.

Von Landau zur Rheinaue (23 km). Start in Queichheim.
Streckenverlauf: Auf dem Radweg der L 504 in Richtung Offenbach - Ottersheim - Knittelsheim - 200 m vor dem Ortseingang Bellheim abbiegen nach Norden - vorbei an den Ten-
nisplätzen und am Freibad bis zum Stadion - Ortsausgang am
Gewerbegebiet - ehemaliges Tanklager - nach der Kreuzung
des Bahnübergangs dritter Waldweg nach Süden bis zur Unterführung der Bahnlinie Germersheim-Bellheim - durch den
Bellheimer Wald zur Landstraße Sondernheim-Hördt - über
Sondernheim oder Hördt zum Radwanderweg „Rheinaue".

**Radrundwanderwege durch den Bienwald (25, 26 oder
30 km).** Start jeweils in Wörth am Parkplatz Kreisstraße
15/Buchstraße. Tour 1 (nördliche Route): Wörth - Schaidt -
Kandel - Wörth. Tour 2 (südliche Route): Wörth - Bienwaldmühle - Scheibenhardt - Büchelberg - Wörth. Tour 3 (östliche
Route): Wörth - Büchelberg - Scheibenhardt - Berg - Hagenbach - Wörth.

Tabak-Tour (36 km). Start an der Mehrzweckhalle Hayna
(Beschilderung: „Tabak-Tour"). Streckenverlauf: Herxheim -
Umgehungsstraße bis zur Fischerhütte - Wagner-Ranch -
Mörlheim - an der Mörlheimer Kirche links in die Offenba-
cher Straße - Wirtschaftsweg nach Ottersheim - Knittelsheim
- Bellheim - vor der Brauerei rechts ab - Rülzheim -
Herxheimweyher - Klingbach-Radweg bis Herxheim - Hat-
zenbühl - Hayna.

Queichtalweg Hauenstein - Germersheim (50 km). Start
in Hauenstein (Beschilderung: Weißer Schriftzug „Queich"
und Fahrradpiktogramm auf grünem Grund). Streckenverlauf:
Hauenstein - Wilgartswiesen - Rinnthal - Sarnstall - Annweiler - durch die Altstadt von Annweiler - Queichhambach - Albersweiler - Siebeldingen - entlang der Queich über Godramstein nach Landau - durch die Stadt zum Erlebnisbad La Ola -
Offenbach - Ottersheim - Knittelsheimer Mühle - Richtung
Bellheim - Landstraße Bellheim/Zeiskam überqueren -
Schützenhaus Bellheim - Holzmühle - durch den Wald bis
zur Unterführung der B 9 - Germersheim Richtung Osten bis
zum Rhein durchqueren - Radweg Rheinaue - Mündung der
Queich unterhalb der Rheinbrücke B 35.

Petronella-Tour (32 km). Start am Schloss in Bad Bergzabern (Beschilderung: Fahrrad und Fassboden Nr. 2 auf grünem Grund). Streckenverlauf: Durch die Kurstadt bis zum südlichen Ortsausgang - unter der B 38 durch nach Hergersweiler - durch das Tiefenthal - über den Klingbach - nach sechs Kilometern Billigheim-Ingenheim - am Ortsrand von Billgheim immer parallel zum Klingbach - Ingenheim - Klingen - Klingenmünster - Radweg Deutsche Weinstraße - Gleiszellen - Oberhofen - Gleishorbach - Pleisweiler - Bad Bergzabern.

Radwanderweg Deutsche Weinstraße (45 bzw. 85 km). Start in Schweigen am Deutschen Weintor (Beschilderung: Fahrrad und stilisierte Traube auf grünem Grund). Streckenverlauf: Oberotterbach - Bad Bergzabern - durch die Kurstadt - Pleisweiler-Oberhofen - Gleiszellen-Gleishorbach - Klingen-

münster - parallel zur Weinstraße nach Eschbach - Leinsweiler - Ranschbach - Birkweiler - Siebeldingen - Überquerung der Queich - vorbei am Geilweilerhof - Frankweiler - Gleisweiler - Burrweiler - Rhodt (Alternative: Steilerer Anstieg durch Weyher zur Rietania-Hütte und über die Theresienstraße nach Rhodt) - Edenkoben - Obere Ölmühle am Ortseingang Maikammer - Alsterweiler (Alternative: über St. Martin nach Alsterweiler) - Diedesfeld - Hambach - Neustadt. Bis hierher sind es 45 Kilometer. Wer bis Bockenheim weiterfahren möchte, muss weitere 40 Kilometer zurücklegen.

Südpfalzweg (50 km). Start in Kirrweiler (Beschilderung: Fahrrad auf grünem Grund und Bezeichnung „Südpfalz"). Streckenverlauf: Kirrweiler - Venningen - Großfischlingen - Kleinfischlingen - weiter nach Südosten - auf einem Wirtschaftsweg nach Hochstadt - am Hainbach entlang bis Essingen - auf einem Wirtschaftsweg nach Bornheim - Dreihof - vorbei am Golfplatz - Queichwiesen - Offenbach - L 542 überqueren und am Rathaus vorbei über die L 509 - auf gut ausgebauten Wirtschaftswegen nach Herxheim - Hayna - Hatzenbühl - Kandel - Bienwald - Büchelberg - Scheibenhardt.

Keschde-Tour (30 km). Start an der Buschmühle im Moden-bacher Tal bei Burrweiler. Streckenverlauf: Buschmühle - an der Gabelung L 506/K 6 links ab nach Ramberg - Dernbach - Eußerthal - auf der L 505 zurück nach Albersweiler - Birk-weiler - Siebeldingen - Frankweiler - Gleisweiler - Burrweiler - über die K 58 zurück zur Buschmühle.

Kleine Kalmit-Tour (25 km). Start am Geilweilerhof (Be-schilderung: Fahrrad und Fass-boden Nr. 4 auf grünem Grund). Streckenverlauf: Geil-weilerhof - Siebeldingen - Überquerung der Queichtal-bahn - Birkweiler - über die Deutsche Weinstraße nach Ranschbach - Leinsweiler

„Die Südpfalz ist in einer glücklichen Lage. Kann sie doch alles bieten, was das Herz eines Radfahrers höher schlagen lässt. Von Deutschlands größtem Strom zu Deutschlands größtem Waldgebiet radeln Sie auf Deutsch-lands abwechslungsreichstem Radwegenetz. Durch topf-ebene, bucklige oder felsige Landschaften. Überall finden Sie überschaubare Wege abseits der großen Straßen, kleine Ort-schaften und nette Menschen" (aus der Broschüre „Radtou-ren durch die Südpfalz").

(Abstecher zum Slevogthof möglich für trainierte Radler) - Leinsweilerhof - Eschbach - Ilbesheim - Arzheim - ab Orts-eingang/Sportplatz dem Ranschbach entlang nach Godram-stein - durch das Neubaugebiet nach Frankweiler - zurück zum Geilweilerhof.

Burgen-Tour (40 km). Start in Wilgartswiesen. Streckenver-lauf: Auf dem Queichtal-Radweg ab Wilgartswiesen Richtung Hauenstein - in der Ortsmitte von Hauenstein links ab nach Lug - ab Ortsausgang weiter Richtung Völkersweiler - durch das Kaiserbachtal nach Waldrohrbach und Waldhambach - Kaiserbachmühle - auf dem Radweg Deutsche Weinstraße nach Eschbach - Leinsweiler - Annweiler - Sarnstall - Rinn-thal - zurück nach Wilgartswiesen.

Gäu-Tour (30 km). Start in Edenkoben. Streckenverlauf: Edenkoben - Venningen - Altdorf - Böbingen - Freimersheim - Kleinfischlingen - Essingen - Knöringen - Walsheim - Rosch-bach - Hainfeld - Rhodt - Edenkoben. In einer Randwander-Broschüre wird für Fremde zu dieser Tour angemerkt: „Auf dieser Fahrt ist der Übergang von den Hügeln des Haardtge-birges in die Rheinebene zu erleben. Damit verbunden ist der Übergang von Weinbergen in Ackerland und Wiesen."

Mundart und Dialektausdrücke

„MER SCHILL'LEN UNSER KILL AUS"

Auf eine rund 170jährige Geschichte kann die (süd)pfälzische Mundart zurückschauen, wenn man sich an den Jahren 1838 bzw. 1839 orientiert, in denen Franz von Kobell erstmals selbstständige Ausgaben mit eigenen Mundarttexten erscheinen ließ, erfährt der Leser aus dem Buch „Ich redd mein Muddersprooch". Ihre volle Anerkennung als Literatursprache neben dem Hochdeutschen erreichte die Mundart erst im Rahmen der Sprachtheorie Wilhelm von Humboldts. Er schrieb 1795/96: „Die Sprache, und nicht bloss im Allgemeinen, sondern jede besondre, auch die ärmste und roheste, ist an und für sich ein des angestrengtesten Nachdenkens würdiger Gegenstand". In der pfälzischen Mundart gibt es keine feste Rechtschreibung wie in der hochdeutschen Sprache. Vor allem bei der Schreibweise gibt es Unterschiede in den verschiedenen Regionen der Pfalz.

Gerd Runck

Für das Südpfälzische gelten, wie es der Landauer Mundartdichter Gerd Runck eigens für dieses Buch zusammengefasst hat, einige Besonderheiten: der Rhotazismus (Umwandlung eines innerwörtlichen d und auch t in ein r; der Lamdazismus (Wandlung von d und t in ein l; die Wandlungen von o in ou, von ei, äu, eu und au in ä (ää); die Wandlungen von e und o in den Laut äi; die Wandlungen der Lautfolge ar und er in aij; die Wandlungen des i oder ie im Perfekt von Zeitwörtern in ein e.

Ein paar Beispiele belegen diese Feststellungen.
Rhotazismus: „Siedpälzer Mundart, Siedpälzer Leit, / Siedpälzer Frääd an de Gsellichkeit, / Siedpälzer Landschaft, Siedpälzer Wei' / laaren eich all in die Siedpalz ei."
Lamdazismus: „Wir schütten unsere Kittel aus = mer schill'len unser Kill aus".
Fleisch = Flääsch, **Träume** = Trääm, **Heu** = Hää, **Frau** = Frää.
Eine Mark = änn Maijk, **ein Werk** = e Waijk, **ein Sarg** = en Saijch, **ein Zwerg** = en Zwaijch.
Geschmissen = gschmesse, **gerissen** = geresse, **getrieben** = getrewwe, **geblieben** = geblewwe.

Gerd Runck: „Im Südpfälzischen sind die unbestimmten Artikel ein oder eine nur mit ä oder ää zu schreiben, wenn sie Zahlwörter darstellen, die die Zahl 1 ausdrücken: änn Mann, ää Frää, ää Känd - das ist jeweils nur eine Person, aber ansonsten muss es en Mann, e Frää, e Känd lauten." Der Landauer Mundart-Sprachkünstler betont weiter: „Im (Süd)Pfälzischen gibt es keinen Imperfekt (wird aber wie vieles andere oft nicht eingehalten), es gibt keinen direkten Genetiv (er wird stets umschrieben, z. B. der Hut des Mannes = dem Mann sein Hut oder der Hut vun dem Mann) und es gibt - von wenigen Ausnahmen abgesehen - kein Mittelwort der Gegenwart, also keinen leidenden Patienten, keine vermittelnde Stelle, kein weinendes Kind, sondern: en Patient, wu leire muss; e Stell, wu dich vermittelt; e Känd, wu heilt. Das sind die Hauptgrundregeln. Es gibt natürlich noch weitere."

Dass in der südpfälzischen Mundart viele Wörter im Plural genau so wie im Singular lauten, liegt nach Runcks Worten daran, dass die meisten Leute sich unbewusst an das Hochdeutsche anpassen. Schließlich gibt es im Südpfälzischen - außer in Eigennamen - kein ü und es gibt auch nur in wenigen Wörtern ein ö. Grundsätzlich steht anstatt ü ein i bzw. ie und an Stelle von ö ein e oder äi.

Die folgende Auswahl von speziell in der Südpfalz gesprochenen Wörtern oder Wortzusammenhängen ist ebenfalls Gerd Runck zu verdanken.

's esch wohr	es ist wahr	's batt nix	es nützt nichts
eß oder: eschs wohr?	ist es wahr?	's dimmelt	es donnert
numme, narr, narre, nurre	nur	dabber	schnell
ich ben	ich bin	Hember (Himber)	Hemde
mer hänn	wir haben	sticker	cirka, ungefähr
helf mar	hilf mir	Bettsäächersalat	Löwenzahn-salat
zunnerscht zewwerscht	zu unterst zu oberst	Atzel	Elster
keie, 's keit mich	reuen, es reut mich	Belle	Pappeln
deire (kurz gesprochen)	teure	kammerte, Kammert	Weinreben
deire (lang gesprochen)	deuten, hinzeigen	mache	anbinden
nääxel den Hund nit	reize den Hund nicht	Massik	Kopf, dicker Kopf
mitgeläätselt	mitgelockt	de Gori	Alkohol
er hot de Bollres	er hat einen starken Husten	dusma	ruhig, still
		machulle	bankrott
läächle, lääxle	leugnen	Affegiggel, Affegoogel	einer oder eine, der/die sich einbildet, gut auszusehen
hickle	hüpfen		
Grumbeerkritzich	Kartoffelabfall		
er knappt	er hinkt	Babbelarsch	jemand, der unaufhörlich unwichtiges Zeug redet
en Spukte getrewwe	Streich ausgeführt		
annegäih, naagäih	hingehen	Beereseckel	gerissener Kerl

Blouder	Blutblase	Knalldepp	Idiot hoch drei
Chreschkännel	Christkindel = übersensibles Frauenzimmer	Labbebibbel	Mensch ohne Zivilcourage
		Loll	Trunkenbold
Deerschlenkebutzer	Hausierer	Mudderbiewel	Muttersöhnchen
Doftel	doofer Kerl		
Drehbännel	dreigedrehter Mensch	Muhackel	begriffsstutziger Mensch
Druuschel	lahmseliges Weibsbild	Olwerdolwer	täppischer Kerl
eedaarm	schmächtig, einfältig	Pläbsdulle	Trottel, Dummkopf
Floot	Vielfraß	Ratschmanschee	leichtgläubiger Mensch
Tranfunzel	langweiliges Weibsbild	Rumliffer	Vagabundierender
		Sääler	Seile
Gschdeck	Weibsperson ohne weibliche Reize	Schäilzich	das Geschälte von Obst, Kartoffeln etc.
Göcklinger	Franzose(n)	Soorle	einfältiges Frauenzimmer
Goftel	Blödmann		
Hamdamdudel	ungeschickter Kerl	Specker	aalglatter Zeitgenosse
Hannebambel	nachlässiger Kerl	Schlappe	niederträchtiger Typ
Haselatsche	Hasenfuß, Angsthase	Schmouk	aufdringliches Weib
Hoidoi	täppischer Kerl	Schwittje	Luftikus
Holbrijan	unbeholfener Mensch	Uuscheer	ungestümer Mensch
Hoppschlodel	sich dumm anstellender Mensch	Weschweib	Klatschbase
		Wiehldeiwel	arbeitswütiger Mensch
Iddi	närrischer Kerl	Wolldouwe	unberechenbarer Typ
Itzegiggel	schlitzohriger Mensch		
		Wieschtel	Wüstling
Jochnachel	Geizhals	Zähweddel	Geizhals
Kamuffel	jemand, der schwer von Begriff ist	Zehpätz	geizige Weibsperson
		Zimberliß	schüchternes Weib
Keesmärredich	Einfaltspinsel		
Krutzer	Ausdruck für kleines Kind	Zwockel	Mensch aus Bayern

(Süd)Pfälzer Speisen

KUNSCHTHÄWWELFLÄÄSCH UND KREBBENETZE

Unzählige Menschen suchen auch des guten Essens wegen die Südpfalz auf. Sie kommen aus der Westpfalz oder dem Badischen oder woher auch immer, um eine Portion Saumagen oder Leberknödel zu genießen. Sie fahren im Urlaub gespannt und neugierig in jene Lokale, wo für die Region typische Speisen auf der Karte stehen. Verlangen sie nach einem echten südpfälzischen Gericht, dann herrscht manchmal ein wenig Ratlosigkeit. Natürlich gibt es „Südpfälzisches", das man andernorts in der Pfalz nicht oder nur selten bekommt (Kunschthäwwelflääsch, Nußdorfer Servela, Krebbenetze). Aber die meisten regionaltypischen Speisen sind gesamtpfälzisch. Die Südpfalz hat darauf keinen Ausschließlichkeitsanspruch.

Der geneigte Leser sollte dies berücksichtigen und beim Besuch einer Gaststätte in Landau, im Wasgau oder in der Nähe des Rheins nicht gleich meckern, weil er vielleicht auch in anderen Orten außerhalb der Südpfalz Himmelreich und Weinsuppe, „versoffene Schwestern" und Woigockel bestellen kann. Vielleicht sollte sich, wer zum Beispiel Braten mag und keinen mit der Zusatzbezeichnung „à la Südpfalz" findet, mit Wilhelm Busch trösten: „Es wird mit Recht ein guter Braten, / gerechnet zu den guten Taten... / Drum hab ich mir auch stets gedacht / zu Haus und anderwärts: / Wer einen guten Braten macht, / hat auch ein gutes Herz." Südpfälzer Köchinnen und Köche haben nicht nur bei der Bratenzubereitung „ein gutes Herz", was man sehr schnell schmeckt. Guten Appetit bei den nachfolgend kurz beschriebenen (süd)pfälzischen Speisen.

In einem Schlemmer-Brevier des Vereins Südliche Weinstraße wird im Blick auf Gäste und Touristen erklärend festgestellt: „Die urige Hausmannskost ist handfest, ehrlich und üppig, ohne welsche Raffinesse, jedoch von schmackhafter Eigenart. Und Wein gehört dazu. So ein kräftiges Mahl ist hierzulande ohne einen (bis mehrere) Schoppen reifer, vollmundiger Weine nicht denkbar."

Kunschthäwwelflääsch steht - mancher sagt sicher: leider - nicht allzu oft auf Speisekarten der Region. Dabei schmeckt es so gut. Wer es nicht wissen sollte, dem sei gesagt, dass es sich bei diesem Gericht um eine Art „Eintopf" handelt. Was die Zubereitung angeht, informiert der Ehrenobermeister der Fleischer-Innung Landau-SÜW, Klaus Wolf: In einem Tontopf werden Schweinekamm und -schulter mit Gemüse, mehreren Gewürzen und einem Schuss Wein langsam, bis zu drei Stunden, gegart. Dazu gibt es Pellkartoffeln. Die Entstehungsgeschichte des Kunsthäwwelflääschs ist kein Geheimnis. In bäuerlichen Haushalten wurde früher gepökeltes Fleisch aus dem Ständer genommen, mit einem Tuch umwickelt und in Lehm eingeschlagen. Das Garen erfolgte danach in der Glut von verbrannten Reben.

Was sind eigentlich **Krebbenetze**? Diese Frage wird oft gestellt, wenn diese Fleischspeise beim Metzger in der Auslage liegt oder im Lokal auf der Karte steht. Beim „Netz" handelt es sich um Netzgewebe, das beim Schwein die Verdauungsorgane umhüllt. Gefüllt wird es mit Bratwurstfüllsel, Hackfleisch mit Gewürzen oder einer Fleischmischung wie bei Frikadellen, nur ohne Brötchenzugabe. Kaufen kann man die Krebbenetze (französisch Crepinettes) im Rohzustand beim Metzger. Vor dem Verzehr müssen sie dann in der Pfanne gebraten werden.

Die Fleischer-Innung Landau-Südliche Weinstraße veranstaltet alle zwei Jahre einen internationalen Saumagenwettbewerb. Teilnehmen dürfen laut Ausschreibung Fleischerfachbetriebe, Gastronomen und Köche. Der Saumagen muss selbst gemacht oder im eigenen Betrieb hergestellt sein. Ziel der Veranstaltung, bei der um die 60 Juroren jeweils rund 200 eingereichte Saumagen verkosten und bewerten, ist es, die Popularität des Pfälzer Nationalgerichts weiter zu steigern und klarzumachen, „dass es sich um ein herausragendes Qualitätsprodukt mit großem Geschmackserlebnis handelt" (so die veranstaltende Innung). Chancen auf Pokale und Urkunden haben nur Hersteller, deren Produkte allen Kriterien standhalten: Gutes äußeres Aussehen, gleichmäßige Körnung der Zutaten, gute Verarbeitung („nicht zu fett, nicht zu mager, nicht zu trocken, nicht rissig"), gute Konsistenz und gut in Geruch und Geschmack.

Die **Nußdorfer Servela** wird von Metzgern „rund um Nußdorf" nach einem historischen Rezept aus dem Jahr 1848 hergestellt. Die Herstellung dieser wiederentdeckten Kochwurst erfolgt aus Rind- und Schweinefleisch, Speck und Gewürzen. Damit sie nicht platzt, darf sie nicht gekocht werden, sollte vielmehr - auch um ein Einschrumpfen zu vermeiden - in maximal 82 Grad warmem Wasser zubereitet werden. Die Servela schmeckt zu Kartoffelscheiben, -salat und -püree, sie kann in dünne Scheiben geschnitten und mit Essig, Öl, etwas Pfeffer und Zwiebeln angerichtet werden, sie mundet aber auch zu Sauerkraut und Bauernbrot.

Etwa um 1700 entstand der **Saumagen**, das Nationalgericht der (Süd)Pfälzer. Manch Uneingeweihter schreckt vor einer Bestellung im Lokal oder vorm Kauf beim Metzger nur wegen des Namens zurück. Erfunden wurde der in unzähligen Rezeptvariationen auf den Markt kommende „gefüllte Dudelsack" (wie ein prominenter Gourmet-Kritiker den Saumagen einmal abschätzig nannte, wahrscheinlich ohne ihn je gekostet zu haben) der Über-

lieferung zufolge im Westrich. So wie jeder Wein seinen eigenen Charakter hat, so hat auch jeder Saumagen seine eigene Note, je nach Hersteller. Aber was hinein kommt in den viele Stunden gewässerten Magen der Sau ist quasi vorgeschrieben: Ein Gemisch aus Rindfleisch, Schweine-nacken, Schinkenfleisch und gewürfelten Kartoffeln, dazu - ganz wichtig - neben Salz Naturgewürze wie Majoran, Muskatnuss, Pfeffer. Mundartdichter Paul Tremmel aus Forst schwärmt vom Saumagen: „Un mit vum Beschde - kammer saache, des is halt vun're Sau de Maache."

Dampfnudeln gehören zur regionalen Küche wie der Wein zum Keller. Duftig-locker und seidenhäutig müssen sie sein - und am Boden eine knusprige goldgelbe Kruste haben. In einer Rezeptsammlung wird dazu festgestellt: „Mit der Kunst, Dampfnudeln zu backen, fängt in der Pfalz die perfekte Hausfrau erst an." Man isst zu diesen „Nudeln", die von ihrer Form her so gar nichts mit normalen Nudeln gemein haben, Kartoffelsuppe, Weinschaumsoße oder Pflaumenkompott. Auch Gulasch schmeckt dazu.

Die **weiße Weinsuppe** ist eine gebietstypische Spezialität, deren Grundlage ein kräftig-würziger Wein wie Traminer oder Morio-Muskat sein sollte. Denn auch beim flüchtigen Aufkochen geht etwas von dem köstlichen Aroma verloren. Oder wie wäre es mit einer **Kastaniensuppe**? Die Kastanie ist eine sehr energiereiche Frucht und enthält besonders Stärke und Saccharose (Rübenzucker), aber auch verschiedene Vitamine, Kalium, Phosphor und Eisen. Wer etwas Leichtes essen will, kann sich ein **Wein-Omelette** zubereiten. Diese Eierspeise ist aber kein Dessert, vielmehr eine - wegen des Weinzusatzes - fein-weinige Hauptspeise aus dem Backofen. In der Spargelzeit bietet sich **Weinschaum-Spargel** an,

den man mit zartem Kartoffelpüree essen kann, auf das fein-
gewürfelter roher Schinken gestreut wird.

Zu den stammestreuesten, urigsten Kartoffelgerichten gehören seit alters her **hoorige Knepp** (Kartoffelklöße), die deshalb
„haarig" aussehen, weil die Kartoffeln von Hand gerieben werden. Dieses ebenso handfeste wie wohlschmeckende Gericht
passt gut zu Braten, Wild oder Schweinepfeffer. Wer lieber
grüne Knepp mag, muss sich dazu als Grundlage zum „Fär-
ben" frischen Spinat besorgen. Diese Klöße passen gut zu
Rindfleisch oder Bratwurst. Der originelle Name **„versoffene
Schwestern"** lässt nicht auf Anhieb erkennen, um welch eine
Speise es sich hier handelt: um mit dem Teelöffel ausgesto-
chene, in Butterschmalz gebackene Küchlein, die in einem heißen Sud aus Wein und Wasser „versaufen".

Pfälzer Bäckerofen ist die südpfälzische Variante des elsässischen „Bäckeoffe". Was im Nachbarland als „Coq au
Vin" auf der Karte steht, heißt in der Südpfalz **Woigockel**
und schmeckt bei richtiger Zubereitung (Grundlage sollte ein
frischer Hahn oder eine frische Poularde sein) mindestens
genau so gut wie im Elsass.

Die Geschmäcker sind bekanntlich verschieden - vor allem
beim Essen - , aber das ist in unseren Breiten kein Problem,
weil es eine Fülle von Gerichten gibt, die in anderen deutschen
Landschaften weitgehend unbekannt sind. Ein paar Beispiele:
Schüssel-Flääsch (aus dem Römertopf); **Grumbeer-Pann**;
Pilzflääsch (Grundlage ist Kalbfleisch aus der Keule); **Pälzer
Himmelreich** (Grundlage sind Bandnudeln); **Hackflääsch-
Pann** (Lieblingsgericht von Pfälzer Strohwitwern, weil keine
große Kochkunst gefragt ist); **Metzelsupp** (Grundlage ist
Wurstbrühe vom Metzger); **Schweinepfeffer** (schmeckt mit
und ohne Blut gut); **Kesselflääsch** (ist auch zu Hause gut zu-
zubereiten, wenn nicht gerade in der Nähe ein Schlachtfest
stattfindet); **Keschdegemies** (Grundlage sind Kastanien).

Die Reihe der regionalen Gerichte könnte unendlich fortgesetzt werden. Was im Hochdeutschen Kirschen-Michel genannt wird, ist bei uns **Kerscheplotzer**. **Rotwein-Kuchen** ist
oft die Abrundung eines deftigen Pfälzer Mahls. Es kann natürlich auch **Trauben-Kuchen** sein.

Wollte man zu den hier nur stichwortartig angesprochenen
Gerichten jeweils das ganze Rezept mitteilen und Hinweise
auf die Zubereitung geben, würde der Rahmen gesprengt.
Denn dieses Buch ist kein Kochbuch. Wer aber Lust auf die
eine oder andere erwähnte Speise bekommen hat, findet ganz
sicher Unterlagen, aus denen er Einzelheiten schöpfen kann.

POLIZEI

Notruf: 110
Landau: Polizeidirektion, Westring 23, Tel. 0 63 41/28 70
Annweiler: Wache, Hohenstaufenstraße 1 a, Tel. 0 63 46/96 46 19
Bad Bergzabern: Inspektion, Schlittstraße 12, Tel. 0 63 43/93 340
Edenkoben: Inspektion, Luitpoldstraße 61 b, Tel. 0 63 23/95 50
Germersheim: Inspektion, Königstraße 7, Tel. 0 72 74/95 80
Wörth: Inspektion, Hanns-Martin-Schleyer-Straße 2, Tel. 0 72 71/92 210
Wasserschutzpolizei: Station Germersheim, Alte Schiffbrückenstraße 1, Tel. 0 72 74/94 670

FEUERWEHR/NOTARZT/RETTUNGSLEITSTELLE

Notruf: 112

ROTES KREUZ

Krankentransport: 19 222 (ohne Vorwahl)

NOTFALLDIENSTZENTRALEN

Landau: Cornichonstraße 4 (Gebäude der Kinderklinik des Vinzentius-Krankenhauses),
Tel. 0 63 41/19 292
Landau: Kinderärztlicher Notfalldienst, Cornichonstr. 4, Tel.: 0 63 41 / 19 292 (Sa. + So 9-11 Uhr)
Bad Bergzabern: Danziger Straße 25 (Klinik), Tel. 0 63 43/19 292
Germersheim: An Fronte Karl 2 (Asklepios-Klinik), Tel. 0 72 74/19 292
Kandel: Luitpoldstraße 14 (Asklepios-Klinik), Tel. 0 72 75/19 292

KRANKENHÄUSER

Landau: Klinikum Landau-Südliche Weinstraße, Bodelschwinghstraße 11, Tel. 0 63 41/90 80
Landau: Vinzentius-Krankenhaus, Cornichonstraße 4, Tel. 0 63 41/170
Annweiler: Klinik Annweiler des Klinikums Landau-Südliche Weinstraße,
Georg-Staab-Straße 3, Tel. 0 63 46/97 00
Bad Bergzabern: Klinik Bad Bergzabern des Klinikums Landau-Südliche Weinstraße,
Danziger Straße 25, Tel. 0 63 43/95 00
Germersheim: Asklepios-Klinik, An Fronte Karl 2, Tel. 0 72 74/50 40
Kandel: Asklepios-Klinik, Luitpoldstraße 14, Tel. 0 72 75/710
Klingenmünster: Pfalzklinikum für Psychiatrie und Neurologie, Weinstraße 100,
Tel. 0 63 49/90 00

ÄRZTE/THERAPEUTEN
LANDAU/KREIS SÜW

ALLGEMEINMEDIZINER

Albersweiler: Dr. Hubertus Espenschied, Hauptstraße 74, Tel. 0 63 45/30 60

Albersweiler: Dr. Hans-Dieter und Dr. Anette Reutter, Martina Wettstein, Kirchstraße 19, Tel. 0 63 45/91 90 80

Albersweiler: Dr. Rolf und Dr. Sabine Schäfer, Hauptstraße 39, Tel. 0 63 45/72 00

Albersweiler: Dr. Volker Seligmann, Dr. Rudolf Jäger, Dr. Jochen Wagner, Kirchstraße 2 a, Tel. 0 63 45/27 32

Altdorf: Dr. Hartwig J. Neumann, Hauptstraße 78, Tel. 0 63 27/97 980

Annweiler: Dr. Hans Bourdy, Hauptstraße 37, Tel. 0 63 46/21 27

Annweiler: Joachim Nöske, Burgstraße 14 a, Tel. 0 63 46/84 60

Annweiler: Dr. Corinna Sties, Burgenring 3, Tel. 0 63 46/96 480

Annweiler: Dr. Hans-Peter Wendl, Bahnhofstraße 14, Tel. 0 63 46/33 13

Annweiler: Dr. Regina Wettstein-Klein und Dr. R. Wibbing, Bahnhofstraße 15, Tel. 0 63 46/89 39

Annweiler: Stefan Wurm, Hauptstraße 62, Tel. 0 63 46/83 04

Bad Bergzabern: Dr. Michael und Dr. Ulrike Becker, Marktstraße 22, Tel. 0 63 43/20 27

Bad Bergzabern: Dr. Fouad Felfeli, Petronellastraße 25 a, Tel. 0 63 43/23 04

Bad Bergzabern: Dr. Georg Fickinger, Woodbachweg 2, Tel. 0 63 43/93 95 50

Bad Bergzabern: Dr. Rolf Grimm, Zeppelinstraße 14, Tel. 0 63 43/47 00

Bad Bergzabern: Dr. Achim Krell, Kurtalstraße 25, Tel. 0 63 43/37 33

Bad Bergzabern: Dr. Luise Christine Roth, Weinstraße 68 c, Tel. 0 63 43/22 33

Bad Bergzabern: Dr. H. Saalabian, Kurtalstraße 25, Tel. 0 63 43/37 33

Bad Bergzabern: Liselotte Walle, Tabernae-Montanus-Straße 9, Tel. 0 63 43/93 96 22

Billigheim-Ingenheim: Dr. Kurt Georg Becker, Am Gänsberg 5, Tel. 0 63 49/53 50

Billigheim-Ingenheim: Dr. Thomas Rother, Andrea Rosenthal, Birkenstraße 19, Tel. 0 63 49/67 37

Burrweiler: Dr. Peter Maiwald, St. Anna-Straße 14, Tel. 0 63 45/16 07

Edesheim: Dr. Mathias Pottmeyer, Am Rosengarten 2, Tel. 0 63 23/98 91 14

Edesheim: Michael Pres, Eisenbahnstraße 1, Tel. 0 63 23/21 45

Edenkoben: Ulrich Dumont, Weinstraße 111, Tel. 0 63 23/98 16 93

Edenkoben: Dr. Thomas Gönner, Privatstraße 6, Tel. 0 63 23/21 78

Edenkoben: Dr. Michael Heymanns, Weinstraße 77, Tel. 0 63 23/71 41

Edenkoben: Dr. Heinrich Müller, Weinstraße 79, Tel. 0 63 23/51 51

Essingen: Dr. Michael Feldbaum, Spanierstraße 6, Tel. 0 63 47/91 91 66

Frankweiler: Dr. Clemens Breitenbach, Weinstraße 39, Tel. 0 63 45/36 39

Gleiszellen-Gleishorbach: Dr. Petra Wendel, Im Altengarten 19, Tel. 0 63 43/93 99 88

Göcklingen: Dr. Roland Munzinger, Schulplatz 2, Tel. 0 63 49/91 050

Gosserweiler-Stein: Dr. Harald Lerch, Dr. Albert Schwarz Birkenstraße 8, Tel. 0 63 46/90 130

Herxheim: Dr. Georg Ernst, Im Geiersching 21, Tel. 0 72 76/57 86

Herxheim: Dr. Rolf Heilmann, Dr. Jolanda Eva Heilmann, Dr. Philipp Schwebius, Untere Hauptstraße 165, Tel. 0 72 76/98 890

Herxheim: Turhan Wolfgang Kunt, Untere Hauptstraße 127, Tel. 0 72 76/66 67

Herxheim: Dr. Hans-Josef Werner, Napoleonsgasse 5, Tel. 0 72 76/91 92 12

Herxheim: Joachim Wilhelmi, Leonhard-Peters-Straßc 1, Tel. 0 72 76/85 33

Hochstadt: Dr. Friederike Walter-Portz, Hauptstraße 141, Tel. 0 63 47/97 320

Ilbesheim: Dr. Klaus und Dr. Albrecht Diehl, Arzheimer Straße 73, Tel. 0 63 41/93 91 53

Insheim: Dr. Werner Zaucker, Sandweg 27, Tel. 0 63 41/84 819

Kirrweiler: Dr. Ralf Glanz, Hauptstraße 8, Tel. 0 63 21/95 750

Klingenmünster: Dr. Klaus Gaffka, Steinstraße 78, Tel. 0 63 49/92 93 96

Klingenmünster: Dr. Albrecht Müller, Poststraße 4, Tel. 0 63 49/18 25

Klingenmünster: Dr. Inge Sommer, Steinstraße 78, Tel. 0 63 49/92 93 96

Landau: Ortwin Bitzer, Poststraße 1, Tel. 0 63 41/83 021

Landau: Dr. Thomas Brummer, Queichheimer Hauptstraße 31, Tel. 0 63 41/95 02 24

Landau: Sherif Darwish, Rheinstraße 2, Tel. 0 63 41/85 599

Landau: Dr. Frank Fleischer, Dr. Friedrich Fleischer, Dr. Ulrike Hage, Max-Planck-Straße 1, Tel. 0 63 41/98 77 60

Landau: Andreas Flörchinger, Industriestraße 9, Tel. 0 63 41/89 73 73

Landau: Dr. Thomas Gerau, An 44, Nr. 39, Tel. 0 63 41/92 930

Landau: Dr. Rainer Hübner, Westring 20, Tel. 0 63 41/84 051

Landau: Dr. Christel Kern-Thorn, Marienring 20, Tel. 0 63 41/8 00 11

Landau: Dr. Susanne Kuntz, Industriestraße 9, Tel. 0 63 41/89 73 73

Landau: Dr. Arvid Lepère und Dr. Angelika Schoppe-Mungai, Godramsteiner Hauptstraße 114, Tel. 0 63 41/96 01 87

Landau: Dr. Bernhard Mertens, Ostbahnstraße 31, Tel. 0 63 41/45 44

Landau: Dr. Gertraud Migl, Ostring 16, Tel. 0 63 41/20 333

Landau: Dieter Ritzenhöfer, Lindenbergstraße 5, Tel. 0 63 41/60 181

Landau: Dr. Karl-Gerhard Schulze, Queichheimer Hauptstraße 31, Tel. 0 63 41/96 98 39

Landau: Dr. Kai Peter Spengler, Heinrich-Heine-Platz 2, Tel. 0 63 41/84 455

Landau: Dr. Brigitte Wagner, Industriestraße 7 b, Tel. 0 63 41/80 000

Landau: Dr. Frank Weyandt, Queichheimer Hauptstraße 31, Tel. 0 63 41/95 02 24

Landau: Rita Wickert, Friedrich-Ebert-Straße 9, Tel. 0 63 41/86 867

Landau: Dr. Gabriele Zinßmeister, Arzheimer Hauptstraße 110, Tel. 0 63 41/37 85

Maikammer: Dr. Hans Böhrer, St. Martiner Straße 1, Tel. 0 63 21/59 491

Maikammer: Dr. Annegret Frenzel, Weinstraße Süd 2, Tel. 0 63 21/59 808

Maikammer: Dr. Ulrich Kluger und Dr. Jürgen Cherdron, Marktstraße 43, Tel. 0 63 21/56 80

Offenbach: Michael Schaaf und Dr. Matthias Ernst, Hauptstraße 5, Tel. 0 63 48/246 + 93 055

Oberotterbach: Dr. Matthias Haag, Weinstraße 20, Tel. 0 63 42/91 90 97

Rhodt: Angelika Völker, Weinstraße 97, Tel. 0 63 23/94 410

Rohrbach: Dr. Bernd Schade, Hauptstraße 50, Tel. 0 63 49/64 40

St. Martin: Dr. Dieter Schneeganß, Tanzstraße 6, Tel. 0 63 23/98 98 35

Schweigen-Rechtenbach: Dr. Volker Grimm, Kirchstraße 32, Tel. 0 63 42/279

Steinfeld: Dr. Helmut Breuner, Alte Landstraße 2 a, Tel. 0 63 40/53 55
Steinfeld: Karol Grodecki, Obere Hauptstraße 2 a, Tel. 0 63 40/788
Waldhambach: Dr. Hans Tölkes, Am Wingertsberg 6, Tel. 0 63 46/67 61

INTERNISTEN

Bad Bergzabern: Dr. Wieland Hassinger, Weinstraße 13, Tel. 0 63 43/93 91 38
Edenkoben: Dr. Klemens Trauth, Landauer Weg 2, Tel. 0 63 23/41 10
Edenkoben: Dr. Brigitte Walter-Bopp, Spitalstraße 25, Tel. 0 63 23/23 30
Edesheim: Dr. Gabriele Flory-Seebohm, Ruprechtstraße 32, 0 63 23/28 58
Herxheim: Dr. Joachim Mantel, Richard-Flick-Straße 1, Tel. 0 72 76/72 60
Landau: Dr. Anke Böttger, Industriestraße 9, Tel. 0 63 41/55 69 77
Landau: Dr. Reinhard Riede, Martin-Luther-Straße 40, Tel. 0 63 41/86 553
Landau: Dr. Bangert, Dr. Hoffmann, Dr. Johann, Bornbachstraße 18, Tel. 0 63 41/96 77 12
Landau: Dr. Norbert Bräutigam, Ostbahnstraße 7, Tel. 0 63 41/43 45
Landau: Roman Herzhauser, Südring 8, Tel. 0 63 41/86 524
Landau: Dr. E. und Dr. K. Huntenburg, Bornbachstraße 18 a, Tel. 0 63 41/51 060
Landau: Dr. Mathias Loll, Königstraße 34, Tel. 0 63 41/87 865
Landau: Dr. Stefan Meier, Industriestraße 12 b, Tel. 0 63 41/92 750
Landau: Dr. Dorothea Reichert und Dr. Valeria Hinck, Am Großmarkt 4,
Tel. 0 63 41/14 66 60
Landau: Christian Schönefeld, Ostbahnstraße 28 a, Tel. 0 63 41/87 445
Landau: Dr. M. Spielberger und Dr. R. Lösbröck, Südring 7, Tel. 0 63 41/40 34
Landau: Dr. Ralph Seitz, Rathausplatz 2, Tel. 0 63 41/83 522
Landau: Dr. Michael Stille und Dr. Reinhold Pollert, Bodelschwinghstraße 11,
Tel. 0 63 41/94 270
Landau: Dr. Thomas Adolf Wagner, Danziger Platz 1, Tel. 0 63 41/95 91 80
Landau: Jens Wappler, Pestalozzistraße 1, Tel. 0 63 41/86 536
Maikammer: Dr. Andreas Hecke, Marktstraße 43, Tel. 0 63 21/5 83 52
Maikammer: Dr. Claus Wagner, St. Martiner-Straße 1, Tel. 0 63 21/59 491
Offenbach: Dr. Stefan und Dr. Martina Pister, Hauptstraße 85 a, Tel. 0 63 48/98 310

KINDERÄRZTE

Annweiler: Dr. Michael Lieb, Altenstraße 5, Tel. 0 63 46/92 90 10
Bad Bergzabern: Dr. Peter Berlin, Kurtalstraße 21, Tel. 0 63 43/93 000
Edenkoben: Dr. Wolfram Sternfeld, Spitalstraße 30, Tel. 0 63 23/50 81
Herxheim: Dr. Kasten Jünger, Augustastraße 5, Tel. 0 72 76/62 62
Landau: Mechthild Ammermann-Riede, Martin-Luther-Straße 40, Tel. 0 63 41/86 553
Landau: Dr. Maria und Dr. Norbert Blandfort, Marktstraße 35, Tel. 0 63 41/80 029
Landau: Dr. Christiane Höfer, Xylanderstraße 7, Tel. 0 63 41/86 704
Landau: Dr. Hans-Hellmuth Ullmann, Xylanderstraße 8, Tel. 0 63 41/44 84
Offenbach: Dr. Martina Pister, Hauptstraße 85 a, Tel. 0 63 48/98 310

Schweigen-Rechtenbach: Dr. Siegfried Simmet, Gartenstraße 3, Tel. 0 63 42/62 38

CHIRURGEN

Bad Bergzabern: Dr. Kurt Adolph, Zeppelinstraße 44, Tel. 0 63 43/82 83
Edenkoben: Michael Rödel, Rappenstraße 19, Tel. 0 63 23/20 56
Herxheim: Efthimios Kefalas, Im Gäxwald 1 a, Tel. 0 72 76/91 88 88
Landau: Cyrus Bakhtari, Kramstraße 17 a, Tel. 0 63 41/87 814
Landau: Dr. Karl-Heinz Höfer, Marktstraße 66, Tel. 0 63 41/89 94 35
Landau: Dr. Barbara Jöckle-Kretz und Dr. Andreas Hülsenbeck, Nordring 17 - 19,
Tel. 0 63 41/83 088
Landau: Dr. Willy Sebastian und Ulrike Wilhelm, Annweilerstraße 1, Tel. 0 63 41/93 95 93

GYNÄKOLOGEN

Annweiler: Dr. Marliese Busch, Saarlandstraße 6, Tel. 0 63 46/ 36 73
Annweiler: Dr. Anja Greve-Hauptreif, Burgstraße 1, Tel. 0 63 46/92 81 81
Bad Bergzabern: Christian Dimpfl, Weinstraße 68, Tel. 0 63 43/93 65 880
Bad Bergzabern: Thorsten Gruhn, Danziger Straße 25, Tel. 0 63 43/95 03 671
Bad Bergzabern. Dr. Silvie Kohlmann, Danziger Straße 25, Tel. 0 63 43/95 03 651
Bad Bergzabern: Dr. Fred-Holger Ludwig, Weinstraße 35, Tel. 0 63 43/93 630
Edenkoben: Dr. Margit Mayer, Weinstraße 45, Tel. 0 63 23/36 37
Herxheim: Dr. Thomas Löffler, Untere Hauptstraße 103, Tel. 0 72 76/66 61
Klingenmünster: Gabriele Walter, Bahnhofstraße 6, Tel. 0 63 49/96 30 993
Landau: Dr. Amir Bagheri, Kronstraße 26, Tel. 0 63 41/52 01 80
Landau: Dr. Katharina Geisler, Zeppelinstraße 10, Tel. 0 63 41/ 83 949
Landau: Dr. Hartmuth Heckert, Marktstraße 35, Tel. 0 63 41/80 900
Landau: Dr. Frank Hereth, Industriestraße 12 b, Tel. 0 63 41/14 48 99
Landau: Dr. Ulrich Löwer, Max-Planck-Straße 1, Tel. 0 63 41/20 539
Landau: Dr. Michael Reitz, Kapuzinergasse 3, Tel. 0 63 41/80 858
Landau: Dr. Ingrid Sebastian-Sehr und Ingrid Underwood, Marktstraße 66,
Tel. 0 63 41/87 464
Landau: Dr. Kerstin Renner, Zeppelinstraße 10, Tel. 0 63 41/83 949
Maikammer: Dr. Manfred Eckert, Bahnhofstraße 9, Tel. 0 63 21/95 26 30

HNO-ÄRZTE

Annweiler: Dr. Dorette Rabus und Dr. Georg Müller-Jensen, Hauptstraße 18, Tel. 0 63 46/71 07
Landau: Dr. Rüdiger Bergmann, Ostbahnstraße 29, Tel. 0 63 41/86 929
Landau: Dr. Hartwig Peukert, Dr. Daniela Fischer, Xylanderstraße 23, Tel. 0 63 41/40 48
Landau: Dr. Volker Thorn, Marienring 20, Tel. 0 63 41/80 011
Landau: Dr. Günter Walter, Marktstraße 35, Tel. 0 63 41/83 535

HAUTÄRZTE

Bad Bergzabern: Dr. Michael Klein, Herzog-Wolfgang-Straße 4, Tel. 0 63 43/93 90 93

Edenkoben: Dr. Hans Weigl, Friedhofstraße 1, Tel. 0 63 23/98 14 22

Herxheim: Torsten Stern, Untere Hauptstraße 127, Tel. 0 72 76/91 88 19

Landau: Dr. Klaus Fritz, Dr. Bernard Biewer, Dr. Dario Uhlig, Reduitstraße 13, Tel. 0 63 41/2 00 04

Landau: Dr. Hans-Werner Höfer, Xylanderstraße 7, Tel. 0 63 41/86 704

Landau: Dr. Jutta Sebastian-Stadler, Marktstraße 35, Tel. 0 63 41/20 073

Landau: Dr. Lothar Wagner, Industriestraße 7 b, Tel. 0 63 41/82 042

AUGENÄRZTE

Annweiler: Dr. Eva Axt-Gschwind, Bahnhofstraße 11, Tel. 0 63 46/25 97

Annweiler: Dr. Sabine Paulig, Bahnhofstraße 21, Tel. 0 63 46/30 02 53

Bad Bergzabern: Dr. Volker Scherer, Weinstraße 77, Tel. 0 63 43/75 96

Edenkoben: Dr. Klaus Kapper, Luitpoldstraße 3 - 9, Tel. 0 63 23/20 88

Herxheim: Dr. Evi Gleibs, Am Rathaus 6, Tel. 0 72 76/91 95 56

Landau: Dr. Ulrich Atzler, Max-Planck Straße 1, Tel. 0 63 41/86 767

Landau: Dr. Martin Hoffmann, Dr. Birgit Wehrle, Dr. Klaus Jörg, Martin-Luther-Straße 35, Tel. 0 63 41/20 969

Landau: Dr. Hans, Dr. H. Christian, Dr. Carola Pfeiffer, Ostbahnstraße 30, Tel. 0 63 41/40 45

Landau: Dr. Harald Spies, Rathausplatz 2, Tel. 0 63 41/86 633

Rülzheim: Dr. Thomas Libera, Mittlere Ortsstraße 89, Tel. 0 72 72/76 707

ORTHOPÄDEN

Bad Bergzabern: Dr. Thomas Maurer, Weinstraße 39, Tel. 0 63 43/93 490

Edenkoben: Joachim Bammel, Weinstraße 86, Tel. 0 63 23/94 290

Landau: Dr. Gerd Allmeier, Ostbahnstraße 18, Tel. 0 63 41/89 87 89

Landau: Patrick Finkbeiner, Industriestraße 9, Tel. 0 63 41/92 450

Landau: Dr. Klaus J. Jäger, Stadthausgasse 5, Tel. 0 63 41/88 822

Landau: Dr. Peter Leydecker, Waffenstraße 24, Tel. 0 63 41/87 666

Landau: Dr. Reiner Spägele, Industriestraße 2, Tel. 0 63 41/94 87 10

Maikammer: Dr. Klaus Hochreuter, Johannes-Damm-Straße 9, Tel. 0 63 21/57 68 77

UROLOGEN

Bad Bergzabern: Dr. Andreas Schlichter und Dr. Maryam Parviz, Danziger Straße 25, Tel. 0 63 43/46 30

Landau: Dr. Peter Endmann, Weißenburger Straße 1, Tel. 0 63 41/94 96 86

Landau: Dr. Klaus Klocke, Michael Bruch, Max-Planck-Straße 1, Tel. 0 63 41/80 566

RADIOLOGEN

Landau: Dr. Thomas Schreyer, Dr. Udo Bühring und Dr. Olaf Brandt, Bodelschwinghstraße 11, Tel. 0 63 41/89 465

MUND-, KIEFER-, GESICHTSCHIRURGEN

Landau: Dr. Dr. Michael Neuner, Ostring 19, Tel. 0 63 41/92 350

NEUROLOGEN/PSYCHIATER

Bad Bergzabern: Dr. Joachim Gemmel, Bismackstraße 4, Tel. 0 63 43/80 05
Klingenmünster: Dr. Monika Bär-Degitz, Heidenschuhstraße 2, Tel. 0 63 49/92 87 10
Landau: Dr. Irene Berlin, Westbahnstraße 13, Tel. 0 63 41/86 079
Landau: Dr. L. Le Lam, Poststraße 5, Tel. 0 63 41/85 225
Landau: Jochen Meyer, Weißenburger Straße 8, Tel. 0 63 41/92 94 90
Landau: Dr. Marcus Michel, Weißenburger Straße 8, Tel. 0 63 41/92 94 90
Landau: Dr. Lothar Nagel, Rathausplatz 2, Tel. 0 63 41/86 611
Landau: Dr. Cordula von der Porten, Merowingerstraße 6, Tel. 0 63 41/96 78 79
Landau: Dr. Barbara Seitz, Südring 5, Tel. 0 63 41/91 92 04

ANÄSTHESISTEN

Bad Bergzabern: Dr. Silvia Maurer, Weinstraße 39, Tel. 0 63 43/93 490
Edenkoben: Dr. Jutta Burkhardt, Luitpoldstraße 3, Tel. 0 63 23/93 82 28
Landau: Petra Mertel, Max-Planck-Straße 1, Tel. 0 63 41/80 808
Rhodt: Dr. Renate Tretzel, Weinstraße 30 b, Tel. 0 63 23/81 329

PSYCHOTHERAPEUTEN

Annweiler: Dr. Bernd Alrich, Hohenstaufenstraße 17, Tel. 0 63 46/92 87 73
Annweiler: Rainer Himpel, Berwartsteinstraße 19, Tel. 0 63 46/33 31
Annweiler: Prof. Dr. Horst-Dieter Kroppenberg, Am Klingelberg 2, Tel. 0 63 46/35 87
Bad Bergzabern: Dr. Martina Artinger, Pestalozzistraße 17, Tel. 0 63 43/36 51
Bad Bergzabern: Elke Stinshoff-Drath, Karl-Popp-Straße 8, Tel. 0 63 43/61 337
Billigheim-Ingenheim: Ulrike Kreuznacht, Kreutzmühle 1, Tel. 0 63 49/78 49
Edenkoben: Claudia Lauer, Luitpoldstraße 3 - 9, Tel. 0 63 23/98 04 00
Edenkoben: Dr. Dagmar Lückel-Werner, Bahnhofstraße 148, Tel. 0 63 23/66 94
Edenkoben: Dr. Hans Lieb, Luitpoldstraße 3 - 9, Tel. 0 63 23/98 04 00
Edenkoben: Gerlinde Minges, Bahnhofstraße 145, Tel. 0 63 23/98 78 38
Edenkoben: Elke Neuschwender-Hess, Bahnhofstraße 148, Tel. 0 63 23/98 01 83
Herxheim: Manfred Werner, Sebastiansring 1 c, Tel. 0 72 76/91 86 60
Heuchelheim-Klingen: Dr. Walter Böbinger, Klingbachstraße 8, Tel. 0 63 49/58 83
Heuchelheim-Klingen: Roswitha Wehn, Klingbachstraße 31, Tel. 0 63 49/99 03 70

Klingenmünster: Dr. Angelika Roth, Im Steinacker 25, Tel. 0 63 49/65 74
Klingenmünster: Dr. Helmut Walter, Weinstraße 1 a, Tel. 0 63 49/69 20
Landau: Gisela Ahrens, Lazarettgarten 18, Tel. 0 63 41/94 44 75
Landau: Dr. Ingeborg Altherr, Westbahnstraße 12, Tel. 0 63 41/83 422
Landau: Dr. Gerd Bayrhoffer, Spitalmühlweg 3, Tel. 0 63 41/91 92 63
Landau: Regine Bayrhoffer, Steingasse 8, Tel. 0 63 41/96 09 55
Landau: Luise Dellwo, Max-Planck-Straße 1, Tel. 0 63 41/91 92 07
Landau: Susanne Doppler, Lazarettgarten 10, Tel. 0 63 41/76 68 091
Landau: Susanne Follenius-Büssow, Ostring 33, Tel. 0 63 41/83 317
Landau: Joachim Graf, Pestalozzistraße 15 a, Tel. 0 63 41/91 91 48
Landau: Ulrich Hammerschmidt, Nordring 37, Tel. 0 63 41/89 80 90
Landau: Marion Jaspers, Südring 3, Tel. 0 63 41/20 201
Landau: G. Leitmeyer und S. Trauth, Königstraße 75, Tel. 0 63 41/88 651 oder 82 253
Landau: Michaela Müller, Industriestraße 2, Tel. 0 63 41/86 06 85
Landau: Wolfgang Müller, Rupprechtstraße 1, Tel. 0 63 41/53 613
Landau: Isolde Reich, Lazarettgarten 10, Tel. 0 63 41/94 41 40
Landau: Dr. Otto Rieger, An 44, Nr. 7, Tel. 0 63 41/84 834
Landau: Anja Seibert-Schleich, Rappoltsweilerstraße 22, Tel. 0 63 41/97 82 01
Landau: Axel Seitz, Südring 5, Tel. 0 63 41/91 92 04
Landau: Gerhard Sofsky, Helmbachstraße 26, Tel. 0 63 41/95 98 35
Landau: Ruth Sommer, Rappoltsweilerstraße 22, Tel. 0 63 41/49 42
Landau: Jörg Stiehl-Werschak, Reiterstraße 3 - 5, Tel. 0 63 41/84 744
Landau: Dr. Herwig Widlak, Moltkestraße 14, Tel. 0 63 41/86 898
Landau: Helga Zumpf, Adolf-Keßler-Straße 61, Tel. 0 63 41/64 259
Siebeldingen: Alfred Kappauf, Pfarrgasse 3, Tel. 0 63 45/91 92 66

ÄRZTE/THERAPEUTEN
KREIS GERMERSHEIM

ALLGEMEINMEDIZINER

Bellheim: Dr. Rainer Fang, Hauptstraße 109, Tel. 0 72 72/74 940
Bellheim: Dr. Alexander und Dr. Carmen Gellner, Postgrabenstraße 29 a, Tel. 0 72 72/85 20
Bellheim: Dr. Klaus Sarnecki, Schulstraße 47, Tel. 0 72 72/81 60
Berg: Dr. Hallermann und Dr. Andreas Wehefritz, Ludwigstraße 96, Tel. 0 72 73/794
Freckenfeld: Dr. Günther Hay, Kirchstraße 1, Tel. 0 63 40/51 11
Germersheim: Dr. W. Blender und Dr. Ursula Schackert-Blender, Friedrich-Ebert-Straße 8, Tel. 0 72 74/49 89
Germersheim: Hüseyin Celik, Königstraße 21, Tel. 0 72 74/24 41
Germersheim: Marcus Dauser, Bahnhofstraße 7, Tel. 0 72 74/70 190
Germersheim: Dr. Heinrich Esswein, Pfarrer-Lang-Straße 4, Tel. 0 72 74/16 66

Germersheim: Jörg Hartmann, Ludwig-Erhard-Straße 2, Tel. 0 72 74/76 396

Germersheim: Dr. Ruth Schneider, Ludwigstraße 7, Tel. 0 72 74/76 132

Germersheim: Dr. Marion Stein, Hauptstraße 23, Tel. 0 72 74/76 482

Hagenbach: Dr. Edith Blüm, Franz-Schubert-Straße 1, Tel. 0 72 73/25 88

Hagenbach: Dr. Günther Ebert, Gräfensteinstraße 21, Tel. 0 72 73/29 29

Hagenbach: Dr. Iris Przewalla, Habsburger Allee 40, Tel. 0 72 73/33 22

Hatzenbühl: Dr. Hans Gartner, Luitpoldstraße 148, Tel. 0 72 75/95 730

Hördt: Dr. Gottfried Fiala, Mühlweg 29 a, Tel. 0 72 72/57 11

Jockgrim: Dr. Mechthild Löw-Sturm, Untere Buchstraße 21, Tel. 0 72 75/34 41

Jockgrim: Maria Atienza Rubio, Buchstraße 1, Tel. 0 72 71/50 445

Jockgrim: Stefan Scherer, Hatzenbühler Straße 4, Tel. 0 72 71/51 425

Jockgrim: Bernd Schweder, Untere Buchstraße 21, Tel. 0 72 75/34 41

Kandel: Karl Heinz Ecker, Marktstraße 55, Tel. 0 72 75/95 800

Kandel: Dr. Traude Löwer, Scheffelstraße 5, Tel. 0 72 75/21 81

Kandel: Dr. Peter und Dr. Anita Maier, Gartenstraße 20, Tel. 0 72 75/51 51

Kandel: Dr. Andrea Rosenthal und Dr. Thomas Rother, Schillerstraße 2, Tel. 0 72 75/48 48

Kandel: Werner Weishaupt, Elsässer Straße 42, Tel. 0 72 75/80 63

Kuhardt: Manuela Neuschl, Römerstraße 2, Tel. 0 72 72/23 82

Leimersheim: Dr. Ekkehard Pilz, Otterbachstraße 3, Tel. 0 72 72/22 08

Lingenfeld: Harry Faust, In den Bellen 4, Tel. 0 63 44/86 35

Lingenfeld: Eduard Hübner, Kirchstraße 5, Tel. 0 63 44/51 66

Lingenfeld: Dr. Rainer Wütscher, Berliner Straße 58, Tel. 0 63 44/33 83

Neuburg: Dr. Theo Hoffmann, Dammstraße 36, Tel. 0 72 73/12 30

Neupotz: Dr. A. Kern, U. Geißert-Kern und Dr. K. Anthes, Hauptstr. 23, Tel. 0 72 72/92 800

Ottersheim: Dr. Hartmut Kaufmann, Lange Straße 78, Tel. 0 63 48/64 00

Rheinzabern: Dr. Joachim Bürstner, Ralf Vorpahl, Reingard Walter-Eifler, Dr. Ariane Barth, Faustinastraße 4, Tel. 0 72 72/74 072

Rülzheim: Dr. Elmar Birk, Dr. Klaus Blasum, Schulstraße 9, Tel. 0 72 72/20 01

Rülzheim: Dr. Franz Janka, Raiffeisenstraße 17, Tel. 0 72 72/65 55

Rülzheim: Dr. Wolf und Dr. Christiane Scharfe, Helle Eichen 5, Tel. 0 72 72/88 50

Schwegenheim: Harald Feuerstein, Hauptstraße 88 a, Tel. 0 63 44/24 02

Weingarten: Georg Weiß, Am Neugraben 7, Tel. 0 63 44/93 90 01

Winden: Artur Szewc, Kirchstraße 2, Tel. 0 63 49/89 00

Wörth: Dr. Heinz Dibos, Im Bögel 11, Tel. 0 72 71/41 781

Wörth: Dr. Wolfgang und Rainer Fritz, Ottstraße 7, Tel. 0 72 71/70 86

Wörth: Dr. Roland Jenisch, Hauptstraße 134, Tel. 0 63 40/90 430

Wörth: Zita Lukas, Bahnhofstraße 17 - 19, Tel. 0 72 71/31 31

Wörth: Dr. Eberhard Riedel, Marktstraße 3, Tel. 0 72 71/92 380

Zeiskam: Dr. Stefan Franta, Jahnstraße 25, Tel. 0 63 47/326

INTERNISTEN

Bellheim: Dr. C. und Dr. A. Beck, Trifelsring 51, Tel. 0 72 72/91 94 46
Bellheim: Dr. Valeria Drees und Dr. Roland Philipp, Postgrabenstraße 12, Tel. 0 72 72/92 740
Germersheim: Dr. Hans Döppenschmidt, Tournuser Platz 2, Tel. 0 72 74/70 090
Germersheim: Dr. Jürgen Prokoph, An Fronte Karl 8, Tel. 0 72 74/26 22
Germersheim: Dr. Bernhard und Dr. H. Michael Schneider, Ludwigstraße 7, Tel. 0 72 74/76 132
Germersheim: Dr. Reinald Walter, An der Lünette 12, Tel. 0 72 74/25 42
Germersheim: Dr. Rainer Westphal, Tournuser Platz 2, Tel. 0 72 74/91 91 10
Jockgrim: Dr. Walburga Riebensahm, Ludwigstraße 153, Tel. 0 72 71/98 10 50
Kandel: Dr. Thomas Dambach, Rheinstraße 22, Tel. 0 72 75/80 81
Kandel: Dr. Frank Lendle und Gabriele Reuter, Marktstraße 51, Tel. 0 72 75/95 600
Lustadt: Dr. Rolf und Dr. Barbara Stahlheber, Bahnhofstraße 19, Tel. 0 63 47/97 260
Minfeld: Dr. Peter Nienhaus, Gemeindeplatz 1, Tel. 0 72 75/94 094
Rheinzabern: Dr. Ali Brisam, Rülzheimer Straße 1, Tel. 0 72 72/20 25
Rülzheim: Dr. Stephan Heyd, Mittlere Ortsstraße 69, Tel. 0 72 72/95 94 93
Rülzheim: Dr. Wolf Scharfe, Helle Eichen 5, Tel. 0 72 72/88 50
Wörth: Dr. Torsten Drescher, Hermann-Quack-Straße 4, Tel. 0 72 71/41 471
Wörth: Dr. Anne Hämmerlin-Schulz und Dr. Uta Müller-Klemm, Marienstraße 23,
Tel. 0 72 71/41 775
Wörth: Awad-Ali Mahmoud, Ottstraße 9 a, Tel. 0 72 71/70 07
Wörth: Dr. Erdmute Reusch-Seydel, Burgstraße 2, 0 72 71/84 11
Wörth: Dr. Konstantin Rössler und Dr. Michael Höflich, Rabenweg 1, Tel. 0 72 71/68 00
Zeiskam: Dr. Oliver Franta, Bahnhofstraße 29 a, Tel. 0 63 47/69 69

KINDERÄRZTE

Bellheim: Dr. Gabriele Mandery, Hauptstraße 233, Tel. 0 72 72/74 007
Germersheim: Dr. Barbara und Dr. Joachim Bartak, Dr. Thomas Fabian, August-Keiler-
Straße 10, Tel. 0 72 74/94 870
Germersheim: Dr. Isabella Werling-Gregotsch, An Fronte Karl 12, Tel. 0 72 74/91 90 24
Kandel: Dr. Wilm-Dieter Jach, Bahnhofstraße 33, Tel. 0 72 75/50 91
Wörth: Wolfgang Dupuis, Richard-Wagner-Straße 63 a, Tel. 0 72 71/62 15

CHIRURGEN

Germersheim: Arnd Frese, Mozartstraße 34 b, Tel. 0 72 74/14 14
Germersheim: Dr. Ulrich Glatzel, An Fronte Karl 10, Tel. 0 72 74/17 94
Kandel: Dietmar Kohler, Dr. R. Meister, Dr. Karin Wegener, Gartenstraße 2,
Tel. 0 72 75/91 89 20
Kandel: Hans-Wendel Maurer, Burgenring 6, Tel. 0 72 75/91 89 20
Schwegenheim: Dr. Bernd-Dietrich Grimm, Hauptstraße 88, Tel. 0 63 44/50 80 800
Wörth: Dr. Rudolf Müller, Mozartstraße 1, Tel. 0 72 71/25 23

GYNÄKOLOGEN

Bellheim: Dr. Kerstin Rutschke, Hintere Straße 43, Tel. 0 72 72/95 96 96
Germersheim: Dr. Harald Bauknecht, August-Keiler-Straße 10, Tel. 0 72 74/85 84
Germersheim: Dr. Ewa-Maria Maciejewski, Marktstraße 18, Tel. 0 72 74/48 58
Germersheim: Dr. Joachim und Dr. Maria Zehrfeld, An Fronte Karl 8, Tel. 0 72 74/91 92 33
Jockgrim: Dr. Alexandra Kuhn, Untere Buchstraße 29 a, Tel. 0 72 71/50 55 70
Kandel: Karl August Küppers, Bismarckstraße 11, Tel. 0 72 75/91 32 27
Kandel: Milan Linhart, Im Pfirsichgarten 3, Tel. 0 72 75/33 63
Rülzheim: Dr. Alexander Hoffmann, Gutenbergstraße 6, Tel. 0 72 72/73 637
Wörth: Dr. Irmtraud Dahm, Marktstraße 6, Tel. 0 72 71/93 330
Wörth: Dr. Elisabeth Ermel, Marktstraße 6, Tel. 0 72 71/93 330
Wörth: Alexander Wilhelms, Im Bergfeld 41, Tel. 0 72 71/63 70
Wörth: Dr. Marius Nölting, Marktstraße 6, Tel. 0 72 71/ 93 330

HNO-ÄRZTE

Germersheim: Dr. Ulrike und Dr. Peter Oboril, August-Keiler-Straße 10, Tel. 0 72 74/25 21
Kandel: Alexander Mensch, Zeppelinstraße 3, Tel. 0 72 75/34 71
Wörth: Dr. Philip Haubold, Ottstraße 9 a, Tel. 0 72 71/33 58

HAUTÄRZTE

Bellheim: Dr. Kerstin Sögding-Beck, Hintere Straße 43, Tel. 0 72 72/97 27 22
Germersheim: Dr. Hubert Rieger, Ludwigstraße 16, Tel. 0 72 74/72 60
Kandel: Dr. Karin-Johanna Scherer, Marktstraße 5, Tel. 0 72 75/91 35 55
Wörth: Dr. Klaus Jäger, Schwanenweg 6, Tel. 0 72 71/62 06

AUGENÄRZTE

Germersheim: Dr. Hans-Jürgen Pintz, Dr. Klaus Curschmann, Dr. Jochen Curschmann, Siebzehner Straße 9, Tel. 0 72 74/15 83 und 30 49
Germersheim: Dr. Gerhard und Dr. Marion Stein, Hauptstraße 23, Tel. 0 72 74/76 482
Kandel: Dr. Angelika Engler, Gartenstraße 20, Tel. 0 72 75/61 525
Rülzheim: Dr. Hans Scheurlen, Mittlere Ortsstraße 89, Tel. 0 72 72/76 707
Wörth: Dr. Harald Haus, Am Rathausplatz 2, Tel. 0 72 71/67 66

ORTHOPÄDEN

Germersheim: Dr. Bernd Neidthardt und Holger Werner, An Fronte Karl 23, Tel. 0 72 74/41 41
Kandel: Dr. Werner Steinleitner und Dr. Blecher, Gartenstraße 2, Tel. 0 72 75/61 100
Wörth: Prof. Dr. Werner Lochner (Unfallchirurg), Am Rathausplatz 1, Tel. 0 72 71/28 23
Wörth: Dr. Michael Piehl und Dr. Rüdiger Block, Am Rathausplatz 1, Tel. 0 72 71/28 23

UROLOGEN

Germersheim: Berthold Amend, Jakobstraße 17, Tel. 0 72 74/91 99 95
Kandel: Bernhard Matthias Muckel, Luitpoldstraße 14, Tel. 0 72 75/98 96 98
Wörth: Dr. Jürgen Dahm, Marktstraße 6, Tel. 0 72 71/93 330

NEUROLOGEN/PSYCHIATER

Germersheim: Dr. Günter Müller und Dr. Bettina Schork-Müller, Tournuser Platz 2,
Tel. 0 72 74/77 88 30
Germersheim: Dr. Brigitte Schuster-Jung, Klosterstraße 16, Tel. 0 72 74/94 214
Kandel: Dr. Holger Paschen, Dr. Sylke Schlemilch-Paschen, Dr. Bernd Röckel,
Dr. Beate Gerhrlein, Luitpoldstraße 10, Tel. 0 72 75/95 119
Lustadt: Dr. Manfred Nowak, Waldstraße 263, Tel. 0 63 47/70 09 13

ANÄSTHESISTEN

Hatzenbühl: Michael Mészàr, Luitpoldstraße 148, Tel. 01 76/41 09 28 64

PSYCHOTHERAPEUTEN

Freisbach: Reinhold Eberl, Hauptstraße 34, Tel. 0 63 44/10 26
Germersheim: Peter Baader, Ludwigstraße 20, Tel. 0 72 74/89 20
Germersheim: Doris Chakraborty, Tournuser Platz 2, Tel. 0 72 74/77 143
Germersheim: Raffaella Micheletto-Schneider, Bismarckstraße 6, Tel. 0 72 74/76 689
Germersheim: Betty Hartmann-Utz, Ludwig-Erhard-Straße 6, Tel. 0 72 74/70 30 360
Jockgrim: Dr. Charles Banfield, Untere Buchstraße 35, Tel. 0 72 71/50 51 41
Kandel: Gabriela Braun, Am Wasserturm 18, Tel. 0 72 75/91 81 87
Kandel: K. Rudi Huber, Marktstraße 51 b, Tel. 0 72 75/91 81 94
Kandel: Dr. Gabriele Kuntz, Rheinstraße 22, Tel. 0 72 75/98 83 80
Kandel: Dr. Julia Moritz, Gartenstraße 20, Tel. 0 72 75/98 94 911
Kandel: Marlies Wildberg, Marktstraße 51 b, Tel. 0 72 75/43 07
Knittelsheim: Achim Deiner, Hauptstraße 13, Tel. 0 63 48/97 24 34
Ottersheim: H. Wünschel und C. Heusel, Lange Straße 64, Tel. 0 63 48/94 01 52
Winden: Susanne Stümer, Nachtweide 6, Tel. 0 63 49/92 80 42
Wörth: Marianne Bergmann-Stübinger, Kalmanstraße 1, Tel. 0 72 71/62 87
Wörth: Brigitta Sitzenstuhl, Herderstraße 1, Tel. 0 72 71/12 78 18
(Nur vertragsärztliche Praxen. Stand: Frühjahr 2011. Quelle: Bezirksärztekammer Pfalz und Internet. Keine Gewähr für Vollständigkeit).

ZAHNÄRZTE

LANDAU/KREIS SÜW

Albersweiler: Steffen Butz, Kirchstraße 2, Tel. 0 63 45/16 30

Albersweiler: Dr. Thomas und Dr. Catherine Eimer, Weinstraße 75, Tel. 0 63 45/85 95

Annweiler: Dr. Ullrich und Dr. Anne Ducke, Am Osterbächel, 23, Tel. 0 63 46/83 13

Annweiler: Dr. Rolf Nolting, Zum Honigsack 28, Tel. 0 63 46/71 22

Annweiler: Knut Paulig, Hauptstraße 56, Tel. 0 63 46/96 49 90

Annweiler: Dr. Christian Pfistner, Altenstraße 67, Tel. 0 63 46/30 28 38

Annweiler: Dr. Manfred Runck, Bahnhofstraße 21, Tel. 0 63 46/89 36

Annweiler: Dr. Franz-Josef Schwarz, Altenstraße 48, Tel. 0 63 46/23 77

Bad Bergzabern: Theodor Bachmann, Danziger Straße 1, Tel. 0 63 43/12 30

Bad Bergzabern: Dr. Heinz Eckelmann, Weinstraße 68, Tel. 0 63 43/93 96 80

Bad Bergzabern: Dr. Maximilien Hagen, Woodbachweg 15, Tel. 0 63 43/93 83 60

Bad Bergzabern: Dr. Hans und Dr. Irmtraud Halbgewachs, Zeppelinstraße 24,
Tel. 0 63 43/36 89

Bad Bergzabern: Günter Horn, Landauer Straße 7, Tel. 0 63 43/28 04

Bad Bergzabern: Andreas Lindner, Rötzweg 5, Tel. 0 63 43/23 05

Bad Bergzabern: Dr. Christine Lindner, Rötzweg 5, Tel. 0 63 43/23 05

Bad Bergzabern: Armin Pfeiffer, Herzog-Wolfgang-Straße 7, Tel. 0 63 43/93 11 77

Bad Bergzabern: Dr. Veit Rohde, Herzog-Wolfgang-Straße 7, Tel. 0 63 43/93 11 77

Bad Bergzabern: Dr. Eva Szarzynski, Herzog-Wolfgang-Straße 7, Tel. 0 63 43/93 11 77

Billigheim-Ingenheim: Dr. Marcus Braun, Klingener Straße 46, Tel. 0 63 49/99 06 22

Billigheim-Ingenheim: Dr. Doris Peters-Kerth, Hauptstraße 20, Tel. 0 63 49/92 95 44

Billigheim-Ingenheim: Dr. Kurt Peters-Kerth, Hauptstraße 20, Tel. 0 63 49/92 95 44

Billigheim-Ingenheim: Josef Schuhmacher, Gleisbergstraße 8, Tel. 0 63 49/75 61

Edenkoben: Dr. Bernhard Braun, Weinstraße 100, Tel. 0 63 23/15 00

Edenkoben: Dr. Reinhold Fried (Oralchirurg), Luitpoldstraße 3 - 9, Tel. 0 63 23/63 47

Edenkoben: Dr. Klaus Müller, Weinstraße 60 a, Tel. 0 63 23/93 88 00

Edenkoben: Dr. Paul und Dr. Julia Rau, Poststraße 2, Tel. 0 63 23/28 93

Edenkoben: Dr. Christian und Dr. Sandra Zimmermann, Rappen 19, Tel. 0 63 23/93 434

Edesheim: Dr. Gerd Neubauer, Eisenbahnstraße 18, Tel. 0 63 23/18 78

Essingen: Michael Wolf, Am Turnplatz 6, Tel. 0 63 47/10 02

Gommersheim: Axel Jäger, Kropsburgstraße 2, Tel. 0 63 27/34 40

Herxheim: Dr. Klaus-Ph. Berdel, Obere Hauptstraße 107 a, Tel. 0 72 76/91 80 24

Herxheim: Dr. Jörg Manfred Dähne (Oralchirurg), Obere Hauptstraße 107 a,
Tel. 0 72 76/91 92 89

Herxheim: Dr. Viktoria Fuchs, Richard-Flick-Straße 1, Tel. 0 72 76/88 99

Herxheim: Dr. Dietrich Hause, Obere Hauptstraße 13, Tel. 0 72 76/91 92 91

Herxheim: Johannes Krebs, Am Kleinwald 40, Tel. 0 72 76/91 80 76

Herxheim: Dr. Manfred Lechner, Obere Hauptstraße 6, Tel. 0 72 76/95 033

Hochstadt: Dr. Thomas Weber, Hauptstraße 145, Tel. 0 63 47/97 350

Insheim: Dr. Thilo Peters, Hauptstraße 13, Tel. 0 63 41/85 252

Kirrweiler: Dr. Willi Ulrich Gensheimer, Hauptstraße 100, Tel. 0 63 21/51 35

Klingenmünster: Gerhart Breitenbruch, Landeckstraße 57, Tel. 0 63 49/61 21

Klingenmünster: Dr. Helmuth Keßler, Im Stift 12, Tel. 0 63 49/10 74

Klingenmünster: Alexander Zitzer, Im Stift 12, Tel. 0 63 49/10 74

Landau: Dr. Thomas Bals, Langstraße 7a, Tel. 0 63 41/87 291

Landau: Dr. Steffi Blauth, Reiterstraße 29, Tel. 0 63 41/14 44 84

Landau: Oliver Boeing, Westring 17, Tel. 0 63 41/91 93 00

Landau: Dr. Volker Bonatz, Trifelsstraße 14, Tel. 0 63 41/31 241

Landau: Dr. Barbara Brocker, Badstraße 12, Tel. 0 63 41/49 38

Landau: Sanitätsrat Dr. Hans-Joachim und Holger Closhen, Horstraße 53, Tel. 0 63 41/83 180

Landau: Dr. Sebastian Eickhoff (Kieferorthopäde), Obertorplatz 4, Tel. 0 63 41/92 500

Landau: Dr. Michael Espenschied, Ostring 15, Tel. 0 63 41/83 031

Landau: Dr. Ehrenfried Engler (Kieferorthopäde), Ostbahnstraße 7, Tel. 0 63 41/87 948

Landau: Angelika Ensenbach, Stiftsplatz 5, Tel. 0 63 41/87 404

Landau: Dieter Förster, Fortstraße 10, Tel. 0 63 41/92 250

Landau: Dr. Christina Götze, Rheinstraße 14, Tel. 0 63 41/85 199

Landau: Dr. Thierry Goldstein (Kieferorthopäde), Marienring 14, Tel. 0 63 41/20 666

Landau: Dr. Andreas Gramlich, Glacisstraße 18, Tel. 0 63 41/83 471

Landau: Dr. Ulrich Heck, Ostbahnstraße 26, Tel. 0 63 41/86 271

Landau: Dr. Anne Kärgel, Luise-Meitner-Straße 20, Tel. 0 63 41/55 75 70

Landau: Dr. Brigitte Kandler, Martin-Luther-Straße 39, Tel. 0 63 41/20 490

Landau: Dr. Katrin Kliem, Luise-Meitner-Straße 20, Tel. 0 63 41/55 75 70

Landau: Dr. Hermann Koch (Oralchirurg), Westbahnstraße 17, Tel. 0 63 41/40 11

Landau: Dirk Lang, Queichheimer Straße 2, Tel. 0 63 41/98 730

Landau: Stefan F. F. Lang, Marienring 11, Tel. 0 63 41/94 94 84

Landau: Lothar Leistner, Ostbahnstraße 31, Tel. 0 63 41/45 01

Landau: Dr. Mark Lugenbühl, Godramsteiner Straße 5, Tel. 0 63 41/96 91 15

Landau: Dr. Wolfgang Mann, Bismarckstraße 8, Tel. 0 63 41/44 34

Landau: Dr. Karl-Heinz Marquardt, Queichheimer Hauptstraße 53, Tel. 0 63 41/53 020

Landau: Dr. Wolfgang Müller, Badstraße 12, Tel. 0 63 41/49 38

Landau: Dr. Dr. Michael Neuner (Mund-, Kiefer- und Gesichtschirurg), Ostring 19, Tel. 0 63 41/92 350

Landau: Dr. Michael Paul, Westbahnstraße 3, Tel. 0 63 41/44 70

Landau: Dr. Kristin Rubel (Kieferorthopädin), Obertorplatz 4, Tel. 0 63 41/92 500

Landau: Dr. Jürgen Schega, Marktstraße 40 a, Tel. 0 63 41/84 845

Landau: Michael Spengler, Heinrich-Heine-Platz 2, Tel. 0 63 41/81 903

Landau: Dr. Katrin Vogt, Max-Slevogt-Straße 1, Tel. 0 63 41/96 95 12

Landau: Dr. Michael Vonderlin, Westbahnstraße 3, Tel. 0 63 41/44 70

Landau: Gerlinde Werling, Queichheimer Hauptstraße 53, Tel. 0 63 41/53 020

Landau: Dr. Elke Wissing, Mozartstraße 39, Tel. 0 63 41/46 00

Maikammer: Dr. Kati Busam, St. Martinerstraße 9, Tel. 0 70 32/91 03 03

Maikammer: Norbert Faul, Weinstraße Süd 31 a, Tel. 0 63 21/95 25 09

Maikammer: Dr. Wolfgang Mack, Weinstraße Nord 2, Tel. 0 63 21/59 556

Maikammer: Dr. Detlef Manewald, Weinstraße Süd 31 a, Tel. 0 63 21/92 94 44

Offenbach: Katrin Blechschmidt, Konrad-Adenauer-Straße 9, Tel. 0 63 48/97 220

Offenbach: Matthias Haupt, Europaallee 2, Tel. 0 63 48/338

Offenbach: Dr. Klaus Werling, Konrad-Adenauer-Straße 9, Tel. 0 63 48/97 220

Offenbach: Dr. Carmen Werling (Kieferorthopädin), Konrad-Adenauer-Straße 9, Tel. 0 63 48/97 220

Rohrbach: Dr. Michael Fuchs, Hauptstraße 50, Tel. 0 63 49/77 87

Schweigen-Rechtenbach: Eleonora Novak, Hauptstraße 26, Tel. 0 63 42/61 35

Steinfeld: Dr. Sven Böttiger, Bahnhofstraße 3, Tel. 0 63 40/51 44

Steinfeld: Henning Schulte-Derne, Bahnhofstraße 3, Tel. 0 63 40/51 44

KREIS GERMERSHEIM

Bellheim: Elvi Jantzer-Möller, Schubertstraße 1 a, Tel. 0 72 72/82 50

Bellheim: Dr. Andreas Meyer, Schubertstraße 1 a, Tel. 0 72 72/82 50

Bellheim: Dr. Bernd Theimann, Hintere Straße 2, Tel. 0 72 72/10 16

Bellheim: Dr. Gerhard Werling, Hauptstraße 172, Tel. 0 72 72/10 40

Bellheim: Ursula Werling, Hauptstraße 172, Tel. 0 72 72/10 40

Bellheim: Dr. Christian Wittig, Schulstraße 16 a, Tel. 0 72 72/40 45

Bellheim: Eva Wittig, Schulstraße 16 a, Tel. 0 72 72/40 45

Berg: Christian Rupp, Römerring 6, Tel. 0 72 73/42 42

Germersheim: Dr. Thomas Adam (Kieferorthopäde), Königstraße 15, Tel. 0 72 74/94 230

Germershem: Dr. Barbara Bauer-Grone (Kieferorthopädin), Tournuser Platz 2, Tel. 0 72 74/28 32

Germersheim: Gisela Bumiller-Kochendörfer, Königsplatz 1, Tel. 0 72 74/22 33

Germersheim: Dr. Dr. Kai Darius Haschemian, August-Keiler-Straße 7, Tel. 0 72 74/24 46

Germersheim: Dr. Susanne Johann-Hamburger, Marktstraße 1, Tel. 0 72 74/26 96

Germersheim: Dr. Damian Lawnik (Oralchirurg), Hauptstraße 12, Tel. 0 72 74/46 48

Germersheim: Allard van Lunteren, Pfarrer-Lang-Straße 1, Tel. 0 72 74/73 73

Germersheim: Alistair Marshall, Königsplatz 6, Tel. 0 72 74/69 96

Germersheim: Rita Piry-Khanghah, Ludwig-Erhard-Straße 2 a, Tel. 0 72 74/94 242

Hagenbach: Hermann Fried, Kolpingstraße 24, Tel. 0 72 73/23 19

Hagenbach: Dr. Uwe Fuhrmann, Barbarossaplatz 5, Tel. 0 72 73/33 33

Hagenbach: Dr. Gerhard Jochem, Friedenstraße 7, Tel. 0 72 73/23 19

Hagenbach: Dr. Tobias Lässig, Barbarossaplatz 5, Tel. 0 72 73/33 33

Hatzenbühl: Dr. Karl Herbert Dreier, Gartenstraße 36, Tel. 0 72 75/23 40

Jockgrim: Peter Jud, Am Pechgraben 14, Tel. 0 72 71/52 803

Jockgrim: Gustav Rapp, Hatzenbühler Straße 5, Tel. 0 72 71/51 565

Jockgrim: Dr. Klaus Schleifer, Daimlerstraße 6, Tel. 0 72 71/52 921

Kandel: Dr. Dirk Friedrich, Schillerstraße 1 b, Tel. 0 72 75/12 22

Kandel: Dr. Dieter Gehrig, Bismarckstraße 26, Tel. 0 72 75/13 37

Kandel: Dr. Holger Gehrig, Bismarckstraße 26, Tel. 0 72 75/13 37

Kandel: Dr. Ulf Hanig, Marktstraße 51 b, Tel. 0 72 75/95 880

Kandel: Dr. Fritz Herrmann, Bismarckstraße 14, Tel. 0 72 75/12 94
Kandel: Dr. Walter Herrmann, Bismarckstraße 14, Tel. 0 72 75/12 94
Kandel: Dr. Philipp Kußmaul, Rheinstraße 3, Tel. 0 72 75/91 96 90
Kandel: Dr. Wolfhard Schulze-Moebius, Röntgenstraße 2, Tel. 0 72 75/29 81
Kuhardt: Dr. Reinhard Dietze, Ringstraße 30, Tel. 0 72 72/73 318
Leimersheim: Marius Alexander Andruszko, St. Gertrudis-Straße 15 a, Tel. 0 72 72/93 030
Lingenfeld: Dr. Thilo Jahn, Germersheimer Straße 144, Tel. 0 63 44/22 50
Lingenfeld: Dr. Theo Stehle, Am Hirschgraben 3, Tel. 0 63 44/87 00
Lustadt: Dr. Stephen Azar, Obere Hauptstraße 178, Tel. 0 63 47/17 71
Neuburg: Dr. Klaus Kupper, Blumenstraße 21, Tel. 0 72 73/30 00
Neuburg: Franz Rebstock, Blumenstraße 21, Tel. 0 72 73/30 00
Neupotz: Waldemar Pflaumer, Hinterstraße 19, Tel. 0 72 72/16 19
Rheinzabern: Dr. Christian Hermann, Rappengasse 5, Tel. 0 72 72/49 73
Rheinzabern: Franz Raschka, Rappengasse 12, Tel. 0 72 72/74 077
Rülzheim: Dr. Brigitta Hartenstein, Mittlere Ortsstraße 95, Tel. 0 72 72/28 11
Rülzheim: Dr. Ludger Koch, Schulstraße 3, Tel. 0 72 72/82 89
Rülzheim: Jens Rutschke, Beethovenring 23, Tel. 0 72 72/37 35
Schwegenheim: Dr. Kerstin Bienroth, Moritz-Walther-Weg 3, Tel. 0 63 44/61 91
Schwegenheim: Dr. Emil Hailfinger, Westheimer Straße 10, Tel. 0 63 44/57 67
Wörth: Dr. Gudrun Ehmer, Lessingstraße 6, Tel. 0 72 71/92 030
Wörth: Dr. Günter Ehmer, Lessingstraße 6, Tel. 0 72 71/92 030
Wörth: Dr. Peter Ehmer, Lessingstraße 6, Tel. 0 72 71/92 030
Wörth: Dr. Werner Ertel, Robert-Koch-Straße 1, Tel. 0 72 71/42 000
Wörth: Dr. Christian M. Felten, Ottstraße 5, Tel. 0 72 71/79 405
Wörth: Dr. Fritz Günther, Hanns-Martin-Schleyer-Straße 4, Tel. 0 72 71/82 44
Wörth: Dr. Cordelia Knoll, Marktstraße 3, Tel. 0 72 71/29 97
Wörth: Dr. Steffen Merz, Kronenstraße 5, Tel. 0 72 71/41 111
Wörth: Jürgen Nitsche, Hauptstraße 67, Tel. 0 63 40/87 51
Wörth: Dr. Sonni Turban-Nitsche, Hauptstraße 67, Tel. 0 63 40/87 51
Wörth: Dr. Michael Seeland (Kieferorthopäde), Ottstraße 7, Tel. 0 72 71/33 23
Wörth: Notburga Siebert, Tullastraße 11, Tel. 0 72 71/43 20
(Stand: Frühjahr 2011. Quellen: Dental-Adressbuch Rheinland-Pfalz und Saarland und Internet.
Keine Gewähr für Vollständigkeit).

APOTHEKEN

Albersweiler: Löwenstein-Apotheke, Weinstraße 87, Tel. 0 63 45/35 01
Albersweiler: Neue Apotheke, Hauptstraße 45, Tel. 0 63 45/95 34 95
Annweiler: Bahnhof-Apotheke, Bahnhofstraße 15, Tel. 0 63 46/15 16
Annweiler: Kur-Apotheke, Hauptstraße 62, Tel. 0 63 46/89 46
Annweiler: Trifels-Apotheke, Hauptstraße 9, Tel. 0 63 46/96 380
Annweiler: Filiale der Trifels-Apotheke im Wasgau-Center, Landauer Straße 37,
Tel. 0 63 46/30 88 30

Bad Bergzabern: Adler-Apotheke, Marktstraße 35, Tel. 0 63 43/25 43

Bad Bergzabern: Löwen-Apotheke, Weinstraße 33, Tel. 0 63 43/47 98

Bad Bergzabern: Markt-Apotheke, Marktstraße 22, Tel. 0 63 43/93 550

Bad Bergzabern: Südpfalz-Apotheke, Weinstraße 72, Tel. 0 63 43/25 94

Bellheim: Löwen-Apotheke, Hauptstraße 118, Tel. 0 72 72/82 83

Bellheim: Sonnen-Apotheke, Schulstraße 45, Tel. 0 72 72/74 488

Berg: Wieslauter-Apotheke, Lukasstraße 11, Tel. 0 72 73/91 92 64

Billigheim-Ingenheim: Pelikan-Apotheke, Marktstraße 20, Tel. 0 63 49/81 66

Bornheim: Apotheke im Hornbach-Zentrum, Hornbachstraße 17, Tel. 0 63 48/61 08 10

Edenkoben: Brunnen-Apotheke, Weinstraße 68, Tel. 0 63 23/60 16

Edenkoben: Apotheke Luckenbach, Tanzstraße 12, Tel. 0 63 23/21 40

Edenkoben: Obere Apotheke, Weinstraße 71, Tel. 0 63 23/45 49

Edesheim: Franziskus-Apotheke, Speyererstraße 10, Tel. 0 63 23/ 35 03

Edesheim: Ritter-Apotheke, Speyererstraße 4, Tel. 0 63 23/29 46

Essingen: Löwen-Apotheke, Am Turnplatz 5, Tel. 0 63 47/23 15

Germersheim: Ludwig-Apotheke, Ludwigstraße 16, Tel. 0 72 74/94 780

Germersheim: Neue Apotheke, Bismarckstraße 2, Tel. 0 72 74/10 81

Germersheim: Rhein-Apotheke, August-Keiler-Straße 10, Tel. 0 72 74/80 01

Germersheim: Tulla-Apotheke, Langgewannstraße 7, Tel. 0 72 74/23 39

Gossersweiler-Stein: Birken-Apotheke, Birkenstraße 8, Tel. 0 63 46/61 71, 98 90 02

Hagenbach: St. Michael-Apotheke, Ludwigstraße 12, Tel. 0 72 73/23 50

Hagenbach: Marien-Apotheke, Marienstraße 2, Tel. 0 72 73/12 24

Hatzenbühl: St. Wendelin-Apotheke, Luitpoldstraße 98, Tel. 0 72 75/86 21

Herxheim: Alte Apotheke, Obere Hauptstraße 1, Tel. 0 72 76/85 78

Herxheim: Marien-Apotheke, Obere Hauptstraße 18, Tel. 0 72 76/98 830

Herxheim: Sonnen-Apotheke, Untere Hauptstraße 127, Tel. 0 72 76/91 97 44

Hochstadt: Linden-Apotheke, Hauptstraße 175, Tel. 0 63 47/24 43

Insheim: Apotheke Insheim, Zeppelinstraße 1, Tel. 0 63 41/83 515

Jockgrim: Apotheke am Rathaus, Zeppelinstraße 3, Tel. 0 72 71/51 665

Jockgrim: Fröschel-Apotheke, Siemensstraße 31, Tel. 0 72 71/52 524

Jockgrim: Römer-Apotheke, Stettiner Straße 2, Tel. 0 72 71/51 075

Kandel: Apotheke an der Passage, Hauptstraße 79, Tel. 0 72 75/91 98 91

Kandel: Bienwald-Apotheke, Hauptstraße 59, Tel. 0 72 75/12 04

Kandel: St. Georgs-Apotheke, Hauptstraße 95, Tel. 0 72 75/13 50

Klingenmünster: Reben-Apotheke, Weinstraße 40, Tel. 0 63 49/16 77

Kuhardt: Pfalz-Apotheke, Ringstraße 12 - 16, Tel. 0 72 72/31 31

Landau: Adler-Apotheke, Rathausplatz 2, Tel. 0 63 41/86 654

Landau: Apotheke am Südring, Xylanderstraße 8, Tel. 0 63 41/82 777

Landau: Apotheke im Med-Zen, Max-Planck-Straße 1, Tel. 0 63 41/14 660

Landau: Apotheke im Weingut, Godramsteiner Hauptstraße 97, Tel. 0 63 41/64 93 88

Landau: Apotheke Queichheim, Queichheimer Hauptstraße 31, Tel. 0 63 41/95 96 00

Landau: Bahnhof-Apotheke, Ostbahnstraße 18, Tel. 0 63 41/87 162

Landau: Beethoven-Apotheke, Marktstraße 108, Tel. 0 63 41/44 74

Landau: Elfenau-Apotheke, Danziger Platz 11, Tel. 0 63 41/95 95 59
Landau: Engel-Apotheke, Marktstraße 90, Tel. 0 63 41/86 661
Landau: Farma-plus Apotheke, Dammühlstraße 11, Tel. 0 63 41/55 64 30
Landau: Horst-Apotheke, Horststraße 49 a, Tel. 0 63 41/80 770
Landau: Löwen-Apotheke, Ostbahnstraße 41, Tel. 0 63 41/80 568
Landau: Markt-Apotheke, Marktstraße 35, Tel. 0 63 41/88 508
Landau: Nord-Apotheke, Thomas-Nast-Straße 40, Tel. 0 63 41/62 100
Landau: Park-Apotheke, Westbahnstraße 1, Tel. 0 63 41/52 00 90
Landau: Ring-Apotheke, Rheinstraße 2, Tel. 0 63 41/86 979
Landau: Rosen-Apotheke, Königstraße 34, Tel. 0 63 41/44 36
Landau: Schwanen-Apotheke, Rathausplatz 12 - 14, Tel. 0 63 41/87 001
Landau: West-Apotheke, Drachenfelsstraße 9, Tel. 0 63 41/32 621
Lingenfeld: Apotheke Lingenfeld, Germersheimer Straße 110, Tel. 0 63 44/94 560
Lustadt: Andreas-Apotheke, Mozartstraße 5, Tel. 0 63 47/97 30 00
Maikammer: Kurpfalz-Apotheke, Weinstraße Nord 6, Tel. 0 63 21/56 46
Maikammer: Marien-Apotheke, St. Martiner Straße 1, Tel. 0 63 21/50 61
Neuburg: Damm-Apotheke, Dammstraße 20, Tel. 0 72 73/42 82
Offenbach: Engel-Apotheke, Landauer Straße 4, Tel. 0 63 48/349
Offenbach: Mozart-Apotheke, Raffeisenstraße 7, Tel. 0 63 48/98 220
Rheinzabern: Rats-Apotheke, Hauptstraße 28, Tel. 0 72 72/93 09 15
Rohrbach: Klingbach-Apotheke, Hauptstraße 50, Tel. 0 63 49/73 70
Rülzheim: Kreuz-Apotheke, Mittlere Ortsstraße 123, Tel. 0 72 72/83 52
Rülzheim: Mauritius-Apotheke, Mittlere Ortsstraße 88, Tel. 0 72 72/80 81
Schwegenheim: Hainbach-Apotheke, Hauptstraße 106, Tel. 0 63 44/16 67
Schweigen-Rechtenbach: Steinbühl-Apotheke, St. Urban-Platz 2, Tel. 0 63 42/70 40
Steinfeld: Viehstrich-Apotheke, Obere Hauptstraße 79, Tel. 0 63 40/10 88
Weingarten: Schwanen-Apotheke, Hauptstraße 16, Tel. 0 63 44/56 17
Wörth: Apotheke im Maximilian-Center, Maximiliansau, Maximilianstraße 1,
Tel. 0 72 71/97 97 80
Wörth: Dorschberg-Apotheke, Am Bienwald 5, Tel. 0 72 71/67 80
Wörth: Olympia-Apotheke, Marktstraße 6, Tel. 0 72 71/76 020
Wörth: Zügel-Apotheke, Ottstraße 7, Tel. 0 72 71/70 55
Wörth: Rhein-Apotheke, Maximiliansau, Eisenbahnstraße 30 a, Tel. 0 72 71/41 745
Wörth: Tulla-Apotheke, Maximiliansau, Tullastraße 3 a, Tel. 0 72 71/41 448
Wörth: Maximilian-Apotheke, Schaidt, Hauptstraße 28, Tel. 0 63 40/81 49
Zeiskam: Birken-Apotheke, Jahnstraße 24, Tel. 0 63 47/86 86

GIFTNOTRUF

Telefon 0 61 31/19 240 oder 0 61 31/23 24 66

TELEFONSEELSORGE

Telefon 11 61 23 (rund um die Uhr, gebührenfrei, vertraulich, die Telefonnummer des Anrufenden wird nicht angezeigt)

SOZIALSTATIONEN

Landau: Max-Planck-Straße 1, Tel. 0 63 41/92 130
Edenkoben/Herxheim/Offenbach: Käsgasse 15, Herxheim; Tel. 0 72 76/98 900
Germersheim: Bismarckstraße 12, Tel. 0 72 74/70 450 oder 0170/91 38 202
Klingenmünster: Steinstraße 1, Tel. 0 63 49/92 92 42
Rülzheim: Kuhardter Straße 37, Tel. 0 72 72/91 91 77
Wörth: Arthur-Nisio-Straße 23, Tel. 0 72 71/76 080

FRAUEN IN NOT

Frauenhaus Südpfalz: Landau, Tel. 0 63 41/89 626 (Aufnahme Tag und Nacht möglich)
Aradia: Notruf für von Vergewaltigung und sexuellem Missbrauch betroffene Frauen und Mädchen, Landau, Tel. 0 63 41/83 437
Interventionsstelle gegen häusliche Gewalt Südpfalz: Information, Beratung und Hilfe bei häuslicher Gewalt, Opferschutz und Täterarbeit, Selbsthilfegruppen, Landau, Nordring 15 c, Tel. 0 63 41/38 19 22

JUGEND IN NOT

Kinder- und Jugendtelefon: 0800/11 10 333 (gebührenfrei), Montag bis Freitag 15 bis 19 Uhr, Samstag 11 bis 16 Uhr
Kinderschutzdienst: Fachdienst bei Misshandlung und sexuellem Missbrauch, Landau, Tel. 0 63 41/14 14 20, Montag bis Freitag 9 bis 15 Uhr; Germersheim, Tel. 0 72 74/35 09, Dienstag und Donnerstag 9 bis 10 Uhr
Jugendberatungsstelle des Internationalen Bundes: Germersheim, Glacisstraße 9, Tel. 0 72 74/70 25 32
Beratungstelefon für Kinder und Jugendliche: Kreisjugendamt Germersheim, Tel. 0 72 74/53 270 (persönlich, anonym und vertraulich), werktags 8 bis 17 Uhr

ELTERN IN NOT

Kinderschutzbund: Landau/Südliche Weinstraße: Rolf-Müller-Straße 5, Landau, Tel. 0 63 41/ 14 14 14; Germersheim: An Fronte Karl 9, Germersheim, Tel. 0 72 74/88 47
Elterntelefon: 0800/11 10 550
Hotline Essstörungen der Kinder- und Jugendpsychiatrie des Pfalzklinikums Klingenmünster: Tel. 0 63 49/90 03 333, Montag bis Donnerstag 15 bis 16 Uhr

DROGENHILFE

Beratungsstelle Sucht und Drogen, Sucht und Abhängigkeitsketten des Diakonischen Werkes: Landau, Westring 3 a, Tel. 0 63 41/40 93, Montag bis Freitag 9 bis 11 Uhr

Suchtberatung des Kreuzbundes: Germersheim, Kontakt Tel. 0 72 72/30 77, 0 72 74/34 66, 0 72 72/47 869, 0 72 74/21 90; Kandel, Kontakt Tel. 0 72 71/52 130, 0 72 73/29 30, 0 72 73/22 89; Wörth, Kontakt Tel. 0 72 72/87 51, 0 72 73/35 40; Hagenbach, Kontakt Tel. 0 72 75/18 51 oder 0 72 71/52 352; Alkoholhilfe Sondernheim, Kontakt Tel. 0 72 74/77 74 25 oder 0 72 72/71 072; Suchtkrankenhilfe Germersheim, Tel. 0 72 74/25 63; Suchtkrankenhilfe Wörth, Tel. 0 72 71/34 21

Anonyme Alkoholiker: Kontaktnummer 06 21/19 295

Faba: Beratung von Alkoholkranken und Mitbetroffenen: Tel. 0 63 45/91 95 83

Drogen-Infotelefon des Pfalzklinikums: Legale Drogen (Alkohol, Medikamente etc.) Tel. 0 63 49/90 02 555, illegale Drogen (Haschich, Heroin etc.) Tel. 0 63 49/90 02 525, Montag, Mittwoch und Freitag 14.30 bis 16 Uhr

Jugend- und Drogenberatungsstelle Germersheim: Trommelweg 11 b, Tel. 0 72 74/91 93 27

Therapiezentrum Ludwigsmühle: Lustadt, Tel. 0 63 47/70 090 (Patiententelefon 0 63 47/70 09 96, Sozialdienst Tel. 0 63 47/70 09 98, Eingangshaus Tel. 0 63 47/67 44)

Villa Maria des Therapiezentrums Ludwigsmühle: Billigheim-Ingenheim, Tel. 0 63 49/99 690 (Außenhaus Mörlheim Tel. 0 63 49/99 69 320, Patiententelefon Außenhaus 0 63 49/99 69 321, Sozialdienst Tel. 0 63 49/99 69 345)

WEITERE HILFSDIENSTE

Aids-Hilfe: Landau, Weißenburger Straße 2 b, Tel. 0 63 41/19 411 oder 88 688

Aids-Beratung bei Gesundheitsämtern: Anonyme Informationen und Beratung, HIV-Antikörper-Test: Landau, Tel. 0 63 41/94 06 20; Germersheim, Tel. 0 72 74/53 349

Weißer Ring: Hilfe für Kriminalitätsopfer, Landau/SÜW/Germersheim, Tel. 0 63 41/34 79 05

Pro Familia: Soziale Beratung gemäß § 219, finanzielle Beratung bei Schwangerschaft, Verhütungsberatung, psychologische Einzel- und Paarberatung, Landau, Zeppelinstraße 31 a, Tel. 0 63 41/82 424, Montag bis Freitag 10 bis 12 Uhr, Donnerstag 16 bis 18 Uhr

Sozial- und Lebensberatung, Schwangeren- und Konfliktberatung: Diakonisches Werk, Landau, Westring 3 a, Tel. 0 63 41/48 26, Dienstag und Freitag 9 bis 11 Uhr, Montag und Mittwoch 14 bis 16 Uhr

Donum Vitae: Schwangeren- und Schwangerschaftskonfliktberatungsstelle, Kontakt Tel. 0 63 41/34 80 62

Psychosozialer Dienst: Fachdienst für begleitende Hilfen im Arbeitsleben, Landau, Westring 3 a, Tel. 0 63 41/20 099; Sprechstunden auch in Germersheim und Kandel nach Vereinbarung

Selbsthilfetreff Pfalz: Edesheim, Speyerer Straße 10, Tel. 06 323/98 99 24

Psychologische Beratungsstelle für Ehe-, Familien- und Lebensfragen: Landau, Königstraße 42, Tel. 0 63 41/20 918

Psychologische Beratung bei Partnerschaftsproblemen, familiären Schwierigkeiten und persönlichen seelischen Problemen: Tel. 0 631/20 918

Psychologische Beratungsstelle für Erziehungsfragen: Landau, Badstraße 10, Tel. 0 63 41/14 160

Beratungs- und Koordinierungsstelle für Hilfe suchende kranke und behinderte Menschen und deren Angehörige: Landau, Röntgenstraße 54, Tel. 0 63 41/94 58 43

Beratungsstelle für behinderte Menschen und ihre Angehörigen: Landau, Godramsteiner Straße 48, Tel. 0 63 41/14 41 81

Sozialpsychiatrischer Dienst: Beratung, Vermittlung und Unterstützung für psychisch Kranke, Suchtkranke, alte Menschen, Menschen in Konfliktsituationen und deren Angehörige, Tel. 0 63 41/94 06 12, vormittags von 8.30 bis 12.30 Uhr, donnerstags von 14 bis 18 Uhr

Leere Wiege: Hilfe und Beratung bei Verabschiedung und Bestattung, Begleitung für Eltern, die ein Kind durch Fehl-, Früh-, Totgeburt oder bis ein Jahr nach der Geburt verloren haben: Tel. 0 63 47/455

Letzter Fünfer: Therapeutisch begleitete Gruppe für Spielsüchtige, Kontakt Tel. 0 63 41/96 02 96

Fachdienst für Migration und Integration: Germersheim, An Fronte Beckers 10, Tel. 0 72 74/12 48 und 63 00 sowie Maximiliansau, Tullastraße 30 (Pestalozzi-Haus), Tel. 0 72 71/42 234, Dienstag von 14 bis 16 Uhr

Jugendmigrationsdienst: Beratungsstelle des Internationalen Bundes für junge Migranten von 12 bis 27 Jahre, Germersheim, Glacisstraße 9, Tel. 0 72 74/70 25 35, Montag bis Freitag 10 bis 17 Uhr

Jugend- und Familienberatung des Kinderschutzbundes: Landau, Tel. 0 63 41/14 14 14, Montag bis Freitag 9 bis 15 Uhr, Beratung insbesondere nach Trennung und Scheidung

Erziehungsberatung: Germersheim, Königstraße 25 und Außenstelle Wörth, Mozartstraße 5, Tel. 0 72 74/37 99

Schulpsychologische Beratung: Germersheim, Bellheimer Straße 18, Tel. 0 72 74/28 02, täglich von 8 bis 11.30 Uhr

Sozial- und Lebenberatungsstelle des Diakonischen Werkes: Germersheim, An Fronte Beckers 10, Tel. 0 72 74/12 48 oder 63 00; Kandel, Schulgasse 2, Tel. 0 2 75/12 97; Wörth, Tullastraße 30, Tel. 0 72 71/42 234

Zentrum für seelische Gesundheit: Kontaktstelle für Menschen mit psychischen Problemen, Germersheim, Friedenstraße 9, Tel. 0 72 74/70 740

Beratungsdienste des Caritasverbandes: Allgemeine Sozial- und Lebensberatung, Beratung in Schwangerschaftsfragen, Beratung für Kur- und Sozialwesen, Beratung von Alleinerziehenden, Germersheim, Bellheimer Straße 17, Tel. 0 72 74/94 910

Schuldnerberatung der Arbeiterwohlfahrt: Landau, Karl-Sauer-Straße 8, Terminvereinbarung unter Tel. 0 63 41/83 613 (Sprechstunden in verschiedenen Orten)

TECHNISCHE HILFE

ADAC: Geschäftsstelle in Landau, Nordring 7, Tel. 0 63 41/94 26 110

ADAC: Pannenhilfe 0180/22 22 222; Information: 0180/51 01 112

Technisches Hilfswerk: Bad Bergzabern: Steinfelder Straße 42, Tel. 0 63 43/93 96 36;

Germersheim: Heilbronner Straße 2, Tel. 0 72 74/87 61; Landau: Landkommissärstraße 21, Tel. 0 63 41/95 95 66

TIERÄRZTE

Annweiler: Deborah Kunz, Hauptstraße 64, Tel. 0 63 46/20 07

Bad Bergzabern: M. Greiner-Bohl, Auf dem Viertel 5, Tel. 0 63 43/61 510

Bad Bergzabern: Sabine Zimmermann, Schlittstraße 10, Tel. 0 63 43/78 77

Bellheim: Dr. Bernhard Roth, Hördter Straße 47, Tel. 0 72 72/73 439

Billigheim-Ingenheim: Dr. Andreas Lichtenstein, Marktstraße 30, Tel. 0 63 49/99 03 31

Böchingen: Doris Dühr-Bien, Godramsteiner Straße 9, Tel. 0 63 41/96 99 99

Bornheim: Gabriele Schuster, Waldstraße 5, Tel. 0 63 48/94 02 45

Edenkoben: Dr. Ursula Peitgen, Weinstraße 49, Tel. 0 63 23/98 11 05

Freimersheim: Dr. Friedrich Roth, Aussiedlerhof, Tel. 0 63 47/80 80 444

Germersheim: Dr. Arnulf Klasen und Dr. Martina van Suntum, Konrad-Adenauer-Straße 33, Tel. 0 72 4/82 80

Hagenbach: Dr. Anne Witte-Gareis, Am Hochufer, Tel. 0 72 73/91 99 50

Herxheim: Dr. Gabriele Eichenlaub, Am Kleinwald 33 a, Tel. 0 72 76/98 74 37

Herxheim: Burkhard Prill, Alzheimer Weg 1 a, Tel. 0 72 76/65 14

Kandel: Dagmar Schlegel, Händelstraße 1, Tel. 0 72 75/25 00

Landau: Franz Brunck, Danziger Platz 1, Tel. 0 63 41/50 113

Landau: Dr. Helmut Hofbauer, Hindenburgstraße 33, Tel. 0 63 41/20 306

Landau: Susanne Lanzet und Dr. G. Eichenlaub, Westring 1, Tel. 0 63 41/86 440

Landau: Praxis im Tierheim „Maria Höffner", Rodenweg 1, Tel. 0 63 41/62 409

Landau: Praxis und Tierklinik im „Futterhaus" (Henning Wilts), Otto-Hahn-Straße 2, Tel. 0 63 41/14 14 490

Maikammer: Kirsten Drechsel, Maxburgstraße 18, Tel. 0 63 21/57 52 90

Offenbach: Dr. Bernhard Roth, Böhlweg 38, Tel. 0 63 48/95 90 75

Rülzheim: Ute Marquardt, Gutenbergstraße 12, Tel. 0 72 72/93 34 42

Schwegenheim: Dr. Andreas Groh, Hauptstraße 66, Tel. 0 63 44/56 20

Venningen: Dr. Ingrid Seelig, Hauptstraße 22, Tel. 0 63 23/67 67

Völkersweiler: Alexander Weinert, In den Heidenäckern 5, Tel. 0 62 46/50 50

Weingarten: Dr. Christopher Frede, Hauptstraße 104 a, Tel. 0 63 44/56 54

Wörth: Dr. Le Tu Long, Birkenstraße 8, Tel. 0 72 71/30 59

Wörth: Dr. Dagmar Schlegel, Händelstraße 1, Tel. 0 72 71/33 23

BEHÖRDEN

Landgericht Landau: Marienring 13, Tel. 0 63 41/220

Amtsgericht Germersheim: Gerichtsstraße 6, Tel. 0 72 74/95 20

Amtsgericht Kandel: Landauer Straße 19, Tel. 0 72 75/98 510

Amtsgericht Landau: Marienring 13, Tel. 0 63 41/220

Amtsgericht Bad Bergzabern: Weinstraße 46, Tel. 0 63 43/93 710

Arbeitsgericht Landau: Reiterstraße 16, Tel. 0 63 41/26 344

Staatsanwaltschaft Landau: Marienring 13, Tel. 0 63 41/220

Gesundheitsamt Landau: Arzheimer Straße 1, Tel. 0 63 41/94 00

Gesundheitsamt Germersheim: Hauptstraße 25, Tel. 0 72 74/53 346

Finanzamt Landau: Weißquartierstraße 13, Tel. 0 63 41/91 30

Finanzamt Germersheim: Königsplatz 8, Tel. 0 72 74/95 00

Amt für soziale Angelegenheiten: Landau, Reiterstraße 16, Tel. 0 63 41/261

Institut für Hygiene und Infektionsschutz: Landau, Bodelschwinghstraße 19, Tel. 0 63 41/43 31 00

Arbeitsagenturen in der Südpfalz: Landau, Tel. 0 63 41/95 80; Annweiler, Tel. 0 63 46/96 320; Bad Bergzabern, Tel. 0 63 43/93 380; Germersheim, Tel. 0 72 74/94 770; Kandel, Tel. 0 72 75/95 500

Forstamt Annweiler: Friedrich-Ebert-Straße 7, Tel. 0 63 46/30 01 0

Forstamt Bienwald: Bahnhofstraße 28, 76870 Kandel, Tel. 0 72 75/98 930

Forstamt Haardt: Westring 6, 76829 Landau, Tel. 0 63 41/92 780

Forstamt Rheinauen: Am Hasenspiel 33, 76756 Bellheim, Tel. 0 72 72/92 780

Veterinäramt Landau: Tel. 0 63 41/94 03 61

Veterinäramt Germersheim: 0 72 74/53 305

KINOS

Annweiler: Kurlichtspiele, Landauer Straße, Tel. 0 63 46/80 39

Germersheim: Regina Cinema, Sandstraße 12 a, Tel. 0 72 74/43 65

Landau: Filmwelt, Albert-Einstein-Straße, Tel. 0 63 41/52 052

Landau: Universum Kinocenter, Königstraße 50, Tel. 0 63 41/92 87 920

TOURISMUSBÜROS

Annweiler: Büro für Tourismus, Postfach 1346, 76851 Annweiler, Tel. 0 63 46/22 00, www.trifelsland.de

Bad Bergzabern: Touristinformation Bad Bergzaberner Land, 76887 Bad Bergzabern, Kurtalstraße 27, Tel. 0 63 43/98 96 60, www.bad-bergzaberner-land.de

Bellheim: Südpfalz-Tourismus für die Verbandsgemeinde, Schubertstraße 18, 76756 Bellheim, Tel. 0 72 72/70 08 331, www.suedpfalz-tourismus-vg-bellheim.de

Edenkoben: Büro für Tourismus, Poststraße 23, 67480 Edenkoben, Tel. 0 63 23/95 92 22, www.garten-eden-pfalz.de

Germersheim: Südpfalztourismus Landkreis Germersheim, Luitpoldplatz 1, 76726 Germersheim, Tel. 0 72 74/53 232, www.suedpfalz-tourismus.de

Germersheim: Tourist-Information, Kolpingplatz 3, 76726 Germersheim, Tel. 0 72 74/96 02 60

Hagenbach: Südpfalz-Tourismus für die Verbandsgemeinde, Ludwigstraße 20,

76767 Hagenbach, Tel. 0 72 73/94 100, www.vg-hagenbach.de

Herxheim: Büro für Tourismus, Rathaus, 76863 Herxheim, Tel. 0 72 76/50 11 15, www.herxheim.de

Jockgrim: Tourist-Info bei der Verbandsgemeinde, Untere Buchstraße 22, 76751 Jockgrim, Tel. 0 72 71/59 90, www.vg-jockgrim.de

Kandel: Tourismusbüro Bienwaldregion, Georg-Todt-Straße 2 a, 76870 Kandel, Tel. 0 72 75/61 99 45, www.suedpfalz-tourismus-kandel.de

Landau: Büro für Tourismus für die Stadt Landau, Marktstraße 50, 76829 Landau, Tel. 0 63 41/13 181 und 13 182, www.landau.de

Landau: Zentrale für Tourismus für den Kreis Südliche Weinstraße, An der Kreuzmühle 2, 76829 Landau, Tel. 0 63 41/94 04 17, www.suedlicheweinstrasse.de

Landau: Büro für Tourismus für die Verbandsgemeinde Landau-Land, Hauptstraße 4, 76829 Leinsweiler, Tel. 0 63 45/35 31, www.ferienregion-landau-land.de

Lingenfeld: Tourist-Info bei der Verbandsgemeinde, Hauptstraße 60, 67360 Lingenfeld, Tel. 0 63 44/50 90, www.vg-lingenfeld.de

Maikammer: Büro für Tourismus, Johannes-Damm-Straße 11, 67487 Maikammer, Tel. 0 63 21/95 27 68, www.maikammer.de

Offenbach: Büro für Tourismus, Konrad-Lerch-Ring 6, 76877 Offenbach, Tel. 0 63 48/98 61 80, www.offenbach-queich.de

Rülzheim: Südpfalz-Tourismus für die Verbandsgemeinde, Am Deutschordensplatz 1, 76761 Rülzheim, Tel. 0 72 72/70 02 16 42, www.ruelzheim.de

St. Martin: Büro für Tourismus, In der Alten Kellerei, 67487 St. Martin, Tel. 0 63 23/53 00, www.maikammer.de

Wörth: Tourist-Info bei der Stadtverwaltung, Mozartstraße 2, 76744 Wörth, Tel. 0 72 71/13 10, www.woerth.de

HOTELS

Annweiler: L' Antica Ruota (Zum alten Wasserrad), Am Storchentor 8, Tel. 0 63 46/93 344

Annweiler: Landhaus Trifels, Kurhausstraße 25, Tel. 0 63 46/30 03 00

Albersweiler: Traube, Trifelsring 11, Tel. 0 63 45/95 95 280

Albersweiler: Annahof, Schloßstraße 36, Tel. 0 63 45/94 94 50

Bad Bergzabern: Pfälzer Wald, Am Schwanenweiher, Tel. 0 63 43/98 91 90

Bad Bergzabern: Seeblick, Kurtalstraße 71, Tel. 0 63 43/70 40

Bad Bergzabern: Wasgau, Friedrich-Ebert-Straße 21, Tel. 0 63 43/84 01

Bad Bergzabern: Petronella, Kurtalstraße 47, Tel. 0 63 43/70 01 11

Bad Bergzabern: Panorama, Tabernae-Montanus-Straße 12, Tel. 0 63 43/93 92 90

Bellheim: Braun, Luisenstraße 14, Tel. 0 72 72/23 59

Bellheim: Braustübl, Hauptstraße 78 1/2, Tel. 0 72 72/75 500

Bellheim: Lindner, Postgrabenstraße 52 - 54, Tel. 0 72 72/97 20 60

Böllenborn-Reisdorf: Waldeslust, Hauptstraße 2, Tel. 0 63 43/24 79

Burrweiler: Weinhotel Kienle, Am Schloßberg 1, Tel. 0 63 45/94 94 20

Dernbach: Haus Dernbachtal, Am Berg 3 a, Tel. 0 63 45/95 440

Edenkoben: Gutshof Ziegelhütte, Luitpoldstraße 79, Tel. 0 63 23/94 980

Edenkoben: Pfälzer Hof, Weinstraße 85, Tel. 0 63 23/29 41

Edenkoben: Parkhotel, Unter dem Kloster 1, Tel. 0 63 23/95 20

Edenkoben: Boller's Hotel, Ludwigsplatz 23, Tel. 0 63 23/94 09 29

Edesheim: Schloss Edesheim, Luitpoldstraße 6, Tel. 0 63 23/94 240

Edesheim: Wein-Castell, Staatsstraße 21, Tel. 0 63 23/93 89 428

Herxheim-Hayna: Zur Krone, Hauptstraße 62 - 64, Tel. 0 72 76/50 80

Germersheim: Germania, Klosterstraße 9, Tel. 0 72 74/77 99 80

Germersheim: Kurfürst, Oberamtsstraße 1, Tel. 0 72 74/95 10

Germersheim: Germersheimer Hof, Josef-Probst-Straße 15 a, Tel. 0 72 74/50 50

Gleiszellen-Gleishorbach: Zum Lam, Winzergasse 37, Tel. 0 63 43/93 92 12

Gleiszellen-Gleishorbach: Südpfalz-Terrassen, Winzergasse 42, Tel. 0 63 43/70 000

Impflingen: Zum Alten Ochsen, Hauptstraße 10, Tel. 0 63 41/34 85 33

Jockgrim: Zum Elefanten, Bahnhofstraße 2, Tel. 0 72 71/51 836

Kandel: Zum Riesen, Rheinstraße 54, Tel. 0 72 75/34 37

Kandel: Pfälzer Hof, Saarstraße 149, Tel. 0 72 75/91 90 00

Kandel: Zur Pfalz, Marktstraße 57, Tel. 0 72 75/98 550

Kandel: Zum Rössel, Bahnhofstraße 9, Tel. 0 72 75/50 01

Landau: Brenner, Linienstraße 16, Tel. 0 63 41/20 039

Landau: Di Prima, Ostbahnstraße 27, Tel. 0 63 41/80 942

Landau: Soho, Marie-Curie-Straße 9, Tel. 0 63 41/14 19 60

Landau: Kurpfalz, Horstschanze 8, Tel. 0 63 41/45 23

Landau: Französisches Tor, Reiterstraße 11 - 13, Tel. 0 63 41/40 50

Landau: Parkhotel, Mahlastraße 1, Tel. 0 63 41/14 50

Leimersheim: Zum Anker, Hauptstraße 9, Tel. 0 72 72/22 30

Leinsweiler: Castell, Hauptstraße 32, Tel. 0 63 45/94 210

Leinsweiler: Leinsweiler Hof, Weinstraße, Tel. 0 63 45/40 90

Leinsweiler: Rebmann, Weinstraße 8, Tel. 0 63 34/95 400

Lingenfeld: Zur Rose, Humboldtstraße 24 - 26, Tel. 0 63 44/41 51

Lingenfeld: Treffpunkt, In den Bellen 1, Tel. 0 63 44/95 10

Maikammer: Waldhaus Wilhelm, Kalmitstraßen 6, Tel. 0 63 21/58 044

Maikammer: Zum Goldenen Ochsen, Marktstraße 4, Tel. 0 63 21/58 101

Maikammer: Immenhof, Immengartenstraße 26, Tel. 0 63 21/95 50

Offenbach: Krone, Hauptstraße 4, Tel. 0 63 48/61 020

Pleisweiler-Oberhofen: Landhaus Wilker, Hauptstraße 31, Tel. 0 63 43/70 07 00

Ramberg: St. Laurentius, Hermsbacherstraße 4, Tel. 0 63 45/95 49 90

Ramberg: Zum Bürstenbinder/Schloßberg, Schloßbergstraße 3, Tel. 0 63 45/94 94 90

Ramberg: Zum goldenen Lamm/Sonnenberg, Hauptstraße 19, Tel. 0 63 45/82 86

Rhodt: Alte Rebschule, Theresienstraße 200, Tel. 0 63 23/70 440

Rhodt: Waldkirch, Weinstraße 53, Tel. 0 63 23/70 53

Rülzheim: Südpfalz, Schubertring 48, Tel. 0 72 72/80 61

Rülzheim: Eulenburg, Mittlere Ortsstraße 68, Tel. 0 72 72/50 07, 22 67 oder 92 99

Schweigen-Rechtenbach: Am Deutschen Weintor, Bacchusstraße 1, Tel. 0 63 42/73 35

Schweigen-Rechtenbach: Schweigener Hof, Hauptstraße 2, Tel. 0 63 42/92 50
Siebeldingen: Sonnenhof, Mühlweg 2, Tel. 0 63 45/33 11
Siebeldingen: Königsgarten, Bismarckstraße 1, Tel. 0 63 45/51 29 und 39 79
Silz: Zur Linde, Hauptstraße 41 - 43, Tel. 0 63 46/51 21
Vorderweidenthal: Goldenes Lamm, Wiesenstraße 1/Hauptstraße 19, Tel. 0 63 98/99 30 66
Weyher: Zum Kronprinzen, Josef-Meyer-Straße 11, Tel. 0 63 23/70 63
Wörth: Zum Hirsch, Luitpoldstraße 9, Tel. 0 72 71/76 000
Wörth-Maximiliansau: Vater Rhein, Eisenbahnstraße 4, Tel. 0 72 71/94 880
Zeiskam: Zeiskamer Mühle, Tel. 0 63 47/97 400

Restaurants/Gaststätten

Stadt Landau

Landau: Parkhotel, Mahlastraße 1, Tel. 0 63 41/14 54 05
Landau: Landhaus Lang, Wollmesheimer Höhe 5, Tel. 0 63 41/93 99 81
Landau: Zur Blum, Kaufhausgasse 9, Tel. 0 63 41/89 76 41
Landau: Brauhof, Industriestraße 10, Tel. 0 63 41/85 009
Landau: Zum Augustiner, Königstraße 26, Tel. 0 63 41/64 98 58
Landau-Arzheim: Friesenstube, Rohrgasse 2, Tel. 0 63 41/93 25 81
Landau-Dammheim: Zum Schwanen, Speyerer Straße 26, Tel. 0 63 41/95 670
Landau-Queichheim: Provencal, Queichheimer Hauptstraße 136, Tel. 0 63 41/95 25 52
Landau-Queichheim: Lee's Garden, Max-Planck-Straße 1, Tel. 0 63 41/55 90 599
Landau-Nußdorf: Landhaus Herrenberg, Lindenbergstraße 72, Tel. 0 63 41/60 205

Kreis Südliche Weinstrasse

Albersweiler: Annahof, Schloßstraße 36, Tel. 0 63 45/94 94 50
Annweiler: Wirtshaus im Fronhof, Queichtalstraße 40, Tel. 0 63 46/92 91 76
Annweiler: Landhaus Trifels, Kurhausstraße 25, Tel. 0 63 46/30 03 00
Bad Bergzabern: Wilder Mann, Weinstraße 19, Tel. 0 63 43/98 87 44
Bad Bergzabern: Zum Engel, Königstraße 45, Tel. 0 63 43/93 48 43
Birkweiler: St. Laurentiushof, Hauptstraße 21, Tel. 0 63 45/94 21 94
Bornheim: Lehrer Lämpel, Hauptstraße 67, Tel. 0 63 48/91 99 85
Burrweiler: Grafen von der Leyen, Weinstraße 18, Tel. 0 63 45/36 20
Burrweiler: Buschmühle, Modenbachtal, Tel. 0 63 23/45 98
Burrweiler: St. Annaberg, Tel. 0 63 45/32 58
Burrweiler: Ritterhof zur Rose, Weinstraße 6, Tel. 0 63 45/40 73 28
Edenkoben: Gutshof Ziegelhütte, Luitpoldstraße 79, Tel. 0 63 23/94 980
Edenkoben: Hotel Prinzregent, Unter dem Kloster 1, Tel. 0 63 23/95 20
Edenkoben: Pfälzer Hof, Weinstraße 85, Tel. 0 63 23/29 41
Edesheim: Wein-Castell, Staatsstraße 21, Tel. 0 63 23/93 89 40
Eschbach: Haus am Schlossberg (Meindl), Weinstraße 64, Tel. 0 63 45/86 59

Eußerthal: Birkenthaler Hof, Taubensuhlstraße 2, Tel. 0 63 45/14 41

Gleisweiler: Zickler, Badstraße 4, Tel. 0 63 45/93 139

Gleiszellen-Gleishorbach: Südpfalz-Terrassen, Winzergasse 42, Tel. 0 63 43/70 000

Gleiszellen-Gleishorbach. Zum Lam, Winzergasse 37, Tel. 0 63 43/93 92 12

Großfischlingen: Nudelholz, Hauptstraße 43 und 45, Tel. 0 63 23/57 19

Hainfeld: Am Dorfbrunnen, Weinstraße 28, Tel. 0 63 23/98 07 34

Herxheim: Bayrischer Hof, Obere Hauptstraße 14, Tel. 0 72 76/91 92 80

Heuchelheim-Klingen: Mühlengrund, Untermühle 1, Tel. 9 63 49/81 74

Impflingen: Zum Alten Ochsen, Hauptstraße 10, Tel. 0 63 41/34 85 33

Kirrweiler: Zum Schwanen, Hauptstraße 3, Tel. 0 63 21/58 068

Kirrweiler: Zum Erwin, Gartenstraße 6, Tel. 0 63 21/59 806

Leinsweiler: Leinsweiler Hof, Weinstraße, Tel. 0 63 45/40 90

Leinsweiler: Rebmann, Weinstraße 8, Tel. 0 63 45/95 400

Leinsweiler: Castell, Hauptstraße 32, Tel. 0 63 45/94 210

Maikammer: Waldhaus Wilhelm, Kalmitstraße 6, Tel. 0 63 21/58 044

Maikammer: Immenhof, Immengartenstraße 26, Tel. 0 63 21/95 50

Maikammer: Mayers Eck'l, Schulstraße 2, Tel. 0 63 21/95 195

Offenbach: Krone, Hauptstraße 4 - 6, Tel. 0 63 48/61 020

Offenbach: Fuchsmühle, Neumühle 11, Tel. 0 63 48/309

Ramberg: Zum Bürstenbinder, Schloßbergstraße 3, Tel. 0 63 45/94 94 90

Ramberg: Zum goldenen Lamm, Hauptstraße 19, Tel. 0 63 45/82 86

Rhodt: Alter Kastanienhof, Theresienstraße 79, Tel. 0 63 23/81 752

Rhodt: Alte Rebschule, Theresienstraße 200, Tel. 0 63 23/70 440

Rhodt: Zum Sesel, Theresienstraße 200, Tel. 0 63 23/93 87 93

Schweigen-Rechtenbach: Deutsches Weintor, Weinstraße 4, Tel. 0 63 42/92 27 888

St. Martin: Haus am Weinberg, Oberst-Barrett-Straße 1, Tel. 0 63 23/94 50

St. Martin: St. Martiner Castell, Maikammerer Straße 2, Tel. 0 63 23/95 10

St. Martin: Bellachini, Einlaubstraße 64 - 66, Tel. 0 63 23/94 430

Vorderweidenthal: Goldenes Lamm, Wiesenstraße 1/Hauptstraße 19, Tel. 0 63 98/99 30 66

Wernersberg: Trifelsblick, Hauptstraße 27, Tel. 0 63 46/92 91 93

KREIS GERMERSHEIM

Bellheim: Braustübl, Hauptstraße 78 1/2, Tel. 0 72 72/75 500

Bellheim: Lindner's Restaurant, Postgrabenstraße 52 - 54, Tel. 0 72 72/97 20 60

Bellheim: Zum Löwen, Blumenstraße 3, Tel. 0 72 72/74 494

Berg: Zur alten Schmiede, Ludwigstraße 11 d, Tel. 0 72 73/38 96

Berg: No Name, Kandeler Straße 10 a, Tel. 0 72 77/82 77

Billigheim-Ingenheim: Pfeffermühle, Hauptstraße 30, Tel. 0 63 49/10 66

Freisbach: Da Stefano, Jahnstraße 19, Tel. 0 63 44/94 38 88

Germersheim: Stadtgarten, Tournuser Platz 3, Tel. 0 72 74/70 97 46

Germersheim: Rhenania, Werftstraße 1, Tel. 0 72 74/25 22

Germersheim: Germersheimer Hof, Josef-Probst-Straße 15 a, Tel. 0 72 74/50 50

Germersheim-Sondernheim: Zur Rose, Kirchstraße 57, Tel. 0 72 74/25 27
Hagenbach: Stadtbrauhaus, Schwarzwaldstraße 5 - 9, Tel. 0 72 73/80 07 65
Hagenbach: Stobers Landgasthaus, Industriestraße 24 a, Tel. 0 72 73/52 59
Hördt: Landhaus zum Karpfen, Wörthstraße 11, Tel. 0 72 72/77 336
Jockgrim: Restaurant-Café am Rathaus, Maximilianstraße 41, Tel. 0 72 71/56 62
Jockgrim: Gasthaus am Bahnhof, Bahnhofstraße 70, Tel. 0 72 71/51 536
Kandel: Naturfreundehaus Bienwald, Am Oberkandeler Deich, Tel. 0 2 75/26 32
Kandel: Adams-Hof, Rheinzaberner Straße 1, Tel. 0 72 75/98 900
Kandel: Pfälzer Hof, Saarstraße 149, Tel. 0 72 75/91 90 00
Knittelsheim: Knittelsheimer Mühle, Tel. 0 63 48/83 66
Lingenfeld: Zur Rose, Humboldtstraße 24 - 26, Tel. 0 63 44/41 51
Lingenfeld: Zum Bahnhof, Bahnhofstraße 1, Tel. 0 63 44/23 45
Lustadt: Alte Post, Bahnhofstraße 24, Tel. 0 63 47/70 06 67
Neuburg: Zum Stern, Rheinstraße 7, Tel. 0 72 73/12 53
Neupotz: Zur Pfalz, Hauptstraße 34, Tel. 0 72 72/81 11
Neupotz: Zum Karpfen, Hauptstraße 1, Tel. 0 72 72/21 98
Rheinzabern: Goldenes Lamm, Hauptstraße 53, Tel. 0 72 72/73 01 02
Rheinzabern: Römerbad, Jockgrimer Straße 1, Tel. 0 72 72/20 47
Rülzheim: Zur Krone, Mittlere Ortsstraße 67, Tel. 0 72 72/83 89
Rülzheim: Zum Birkenhof, Mittlere Ortsstraße 1, Tel. 0 72 72/81 32
Schwegenheim: Schwegenheimer Hof, Hauptstraße 27, Tel. 0 63 44/96 97 98
Weingarten: Schwanen, Hauptstraße 80, Tel. 0 63 44/85 78
Wörth-Maximiliansau: Vater Rhein, Eisenbahnstraße 4, Tel. 0 72 71/94 880
Wörth-Schaidt: Zur Linde, Hauptstraße 104, Tel. 0 63 40/81 36
Zeiskam: Zur Zwewwel, Bahnhofstraße 38, Tel. 0 63 47/74 21

WEINSTUBEN

Altdorf: Litty und Vinetum, Hauptstraße 39/Raiffeisenstraße 4, Tel. 0 63 27/29 07
Annweiler: s'Reiwerle, Flitschberg 7, Tel. 0 63 46/92 93 62
Billigheim: Schneiderfritz, Marktstraße 9, Tel. 0 63 49/64 16
Billigheim-Mühlhofen: Dyck, Oberdorfstraße 2, Tel. 0 63 49/12 41
Birkweiler: Keschdebusch, Hauptstraße 1, Tel. 0 63 45/94 99 88
Böchingen: Übel, Frankweiler Straße 2, Tel. 0 63 41/62 900
Burrweiler: Gutsausschank Burrweiler Mühle, Tel. 0 63 23/98 07 51
Dörrenbach: Altdeutsche Weinstube, Hauptstraße 14, Tel. 0 63 43/15 05
Edenkoben: Alte Kanzlei, Weinstraße 120, Tel. 0 63 23/39
Edenkoben: Edel-Brauch, St. Martiner Straße 30, Tel. 0 63 23/25 55
Edesheim: Im Alten Posthof, Staatsstraße 17, Tel. 0 63 23/98 01 23
Edesheim: Charlys Weinstube, Eisenbahnstraße 7, Tel. 0 63 23/98 86 38
Flemlingen: Zechpeter, Maxstraße 12, Tel. 0 63 23/98 93 73
Flemlingen: Bentz, Hainfelder Straße 5, Tel. 0 63 23/43 31

Gleisweiler: Zur alten Küferei, Bergstraße 12, Tel. 0 63 45/94 97 97

Gleisweiler: Kost, Hainbachtalstraße 3, Tel. 0 63 45/30 00

Hainfeld: Räwehäsl, Roschbacher Straße 3, Tel. 0 63 23/98 82 93

Hainfeld: Gutsausschank Bernhard Koch, Weinstraße 1, Tel. 0 63 23/27 28 oder 98 97 28

Heuchelheim-Klingen: Zwillingshof, Hauptstraße 32, Tel. 0 63 49/16 64

Impflingen: Hoppeditzel, Hauptstraße 26, Tel. 0 63 41/86 529

Kapellen: Hopfestubb, Obere Hauptstraße 8, Tel. 0 63 43/82 45

Kirrweiler: Edelhof, Kirchstraße 18, Tel. 0 63 21/91 85 844

Kirrweiler: Gutsausschank Hermann Zöller, Marktstraße 16 a, Tel. 0 63 21/55 00

Klingenmünster: Zum Fuchsbau, Weinstraße 48, Tel. 0 63 49/96 38 39

Klingenmünster: Mathis, Weinstraße 66, Tel. 0 63 49/17 86 oder 55 76

Knöringen: Amselnest, Hauptstraße 4, Tel. 0 63 41/93 24 82

Landau: Raddegaggl-Stubb, Industriestraße 9, Tel. 0 63 41/87 157

Landau: Zur Blum, Kaufhausgasse 9, Tel. 0 63 41/89 76 41

Landau-Arzheim: Hahn, Hauptstraße 50, Tel. 0 63 41/33 144

Landau-Mörzheim: Weinkontor, Mörzheimer Hauptstraße 18, Tel. 0 63 41/94 54 85

Leinsweiler: Zum Kirchhölzel, Trifelsstraße 8, Tel. 0 63 45/28 47

Leinsweiler: Zehntkeller, Weinstraße 5, Tel. 0 63 45/30 75

Maikammer: Alt-Maikammer, Weinstraße Nord 35, Tel. 0 63 21/95 28 64

Maikammer: Wilhelm, Weinstraße Nord 1, Tel. 0 63 21/59 429

Minfeld: Uff de Bach, Eichstraße, Tel. 0 72 75/86 81

Niederhorbach: Fritz Walter, Landauer Straße 82, Tel. 0 63 43/93 65 50

Oberotterbach: Otto Hey, Weinstraße 7, Tel. 0 63 42/70 23

Ottersheim: MundArt-Stube Quetschkommod, Germersheimer Straße 4, Tel. 0 63 48/52 52

Ranschbach: Braun, Weinstraße 81, Tel. 0 63 45/12 56

Ranschbach: Zum Seligmacher, Weinstraße 43, Tel. 0 63 45/91 97 45

Ranschbach: Zum Woidächel, Weinstraße 68, Tel. 0 63 45/10 41

Rhodt: Waldkirch, Weinstraße 53, Tel. 0 63 23/70 53

Rhodt: Zum Schuhmacher, Weinstraße 49, Tel. 0 63 23/61 47

Rohrbach: Jede, Insheimer Straße 34, Tel. 0 63 49/82 15

Siebeldingen: Faßschlubber, Bismarckstraße 1, Tel. 0 63 45/94 98 36

St. Martin: Christmann, Edenkobener Straße 50, Tel. 0 63 23/37 13

St. Martin: Weinhäusel, Hornbrücke 2, Tel. 0 63 23/98 13 87

Steinweiler: Weinstube Frank Bohlender, Obergasse 1, Tel. 0 63 49/92 94 10

Weyher: Rebwaldblick, Hübühl 7, Tel. 0 63 23/98 18 69

WOHNMOBILSTELLPLÄTZE

Altdorf: Wein & Sektgut Spelzenhof, Hauptstraße 77, Tel. 0 63 27/845

Appenhofen: Obst- und Weinbau Hoffmann, Kaiserbachstraße 16, Tel. 0 63 49/76 89

Bad Bergzabern: Weingut Hitziger, Liebfrauenberg 3, Tel. 0 63 43/17 10

Bellheim: Am Tennisplatz, Tel. 0 72 72/58 63 oder 0172/723 32 59

Billigheim-Ingenheim: Gästehaus Fischer, St. Georgenhof, Tel. 0 63 49/18 58

Burrweiler: Winzerhof Eberle, Am Schloßberg 3, Tel. 0 63 45/24 31

Hainfeld: Beim Haus der Gemeinde im Ortskern, Tel. 0 63 23/57 85

Hainfeld: Weingut und Gästehaus Eberle, Böchinger Straße 3, Tel. 0 63 45/91 92 45

Edenkoben: Stadt Edenkoben, Kirchbergplatz, Tel. 0 63 23/95 92 79

Edenkoben: Weingut Herbert Schäfer, Rhodter Straße 24, Tel. 0 63 23/59 23

Edenkoben: Gutshof Ziegelhütte, Luitpoldstraße 79, Tel. 0 63 23/94 980

Edesheim: Weinstube Claudia Wolf, Ruprechtstraße 20, Tel. 0 63 23/62 84 oder 18 59

Edesheim: Weingut Rodach, In den Neunmorgen 18, Tel. 0 63 23/39 73

Edesheim: Weingut Rainer Boos, Ludwigstraße 150, Tel. 0 63 23/22 88

Eschbach: Weingut Gebhard Wind, Weinstraße 3 u. 5, Tel. 0 63 45/23 42 oder 16 17

Flemlingen: Weingut Sonnenhof Konrad Bieth, Maxstraße 23, Tel. 0 63 23/39 34

Flemlingen: Obstbrennerei Markus Braun, Maxstraße 13, Tel. 0 63 23/57 83

Flemlingen: Weingut Eichhorn, Maxstraße 21, Tel. 0 63 23/18 11

Germersheim: Stadt Germersheim, An der Carnot'schen Mauer, Rudolf-von-Habsburg-Straße, Tel. 0 72/74/96 02 60

Gleisweiler: Weingut Argus, Hauptstraße 23, Tel. 0 63 45/91 94 24

Gleisweiler: Weingut u. Weinstube Kost, Hainbachtalstraße 3, Tel. 0 63 45/30 00

Gleisweiler: Winzerhof am Teufelsberg, Hainbachtalstraße 23, Tel. 0 63 45/21 18

Gleiszellen-Gleishorbach: Weingut Rehm und Söhne, Im Woog 2, Tel. 0 63 43/22 88

Gleiszellen-Gleishorbach: Ecovin-Betrieb Klaus Hohlreiter, Hauptstraße 33, Tel. 0 63 49/92 92 50

Herxheim: Wagner-Ranch, Nordring 25, Tel. 0 72 76/58 88 oder 64 17

Heuchelheim-Klingen: Weingut & Gästehaus Kuhn, Hauptstraße 2, Tel. 0 63 49/17 19

Heuchelheim-Klingen: Wein- und Sektgut Junghof, Hauptstraße 21, Tel. 0 63 49/18 81

Ilbesheim: Weingut Bittighöfer, Leinsweilerstraße 17, Tel. 0 63 41/32 381

Ilbesheim: Amanda Hauck, Leinsweilerstraße 27, Tel. 0 63 41/33 531

Insheim: Weingut Heinz Bus & Sohn, Bacchushof, Tel. 0 63 41/83 653

Kandel: Direkt am Adams-Hof

Kirrweiler: Weingut Albert Götz, Bordmühlweg 32, Tel. 0 63 21/53 08

Kleinfischlingen: Weingut Winfried Becker, Hauptstraße 42, Tel. 0 63 47/81 79

Landau-Mörzheim: Weingut und Gästehaus Stentz, Hauptstraße 47, Tel. 0 63 41/30 121

Landau-Nußdorf: Weingut Hans-Martin Hochdörffer, Lindenbergstraße 79, Tel. 0 63 41/61 598

Landau-Wollmesheim: Karl Schmitt, Hauptstraße 41, Tel. 0 63 41/31 700

Leinweiler: Gästehaus Wacholderhof Brigitte Erlenwein, Tel. 0 63 45/91 93 70

Maikammer: Weingut Paul & Felix Schädler, Hartmannstraße 62, Tel. 0 63 21/54 25

Maikammer: Gemeinde Maikammer, Parkplatz an der Sporthalle Kalmit, An der Steinmühle,

August Becker: „Die Pfalz und die Pfälzer", Pfälzische Verlagsanstalt, Landau

Beckmann, Jürgen; Kliewer, Heinz-Jürgen (Herausgeber): „Ich redd mein Muddersprooch - Anthologie Pfälzer Mundartliteratur", Pfälzische Verlagsanstalt, Landau

Blinn, Hans (Herausgeber): „Thomas Nast", Verlag Pfälzer Kunst, Landau

Blinn, Hans (Herausgeber): „Knepp un Schnitz", Verlag Pfälzer Kunst, Landau

Blinn, Hans: „Max Slevogt und seine Wandmalereien", Verlag Pfälzer Kunst, Landau

Blinn, Hans; Frien, Hartmut: „Künstler der Pfalz", Verlag Pfälzer Kunst, Landau

Carl, Viktor: „Lexikon der Pfälzer Persönlichkeiten", Arwid Hennig Verlag, Edenkoben

CDU Landau: „Landau und seine Stadtteile", Eigenverlag

Cronauer, Jürgen: „Pfalzlexikon", Verlag Arbogast, Otterbach

Dauth, Ursula: „Die Geschichte von Hornbach"

Deege, Heiner; Werner, Günter: „Deutsche Weinstraße - Leute und Landschaft", Verlag Pfälzer Kunst, Landau

Diehl, Wolfgang: „Konrad Krez - Freiheitskämpfer und Dichter in Deutschland und Amerika", Pfälzische Verlagsanstalt, Landau

Diehl, Wolfgang: „Heimatliebe - Heimattrauer", Pfälzische Verlagsanstalt, Landau

Diel, Armin; Payne, Joel: „Gault Millau - Wein-Guide Deutschland 2008", Christian Verlag, München

Falk, Theo; Kerth, Johannes (Herausgeber): „100 Jahre Justizgebäude - 100 Jahre Justiz im Gebäude", Selbstverlag der Herausgeber

Faßbender, Wolfgang (Herausgeber): „Restaurantführer Pfalz", Meininger Verlag, Neustadt

Geiger, Michael; Preuß, Günter; Rothenberger, Karl-Heinz (Herausgeber): „Der Rhein und die Pfälzische Rheinebene", Verlag Pfälzische Landeskunde, Landau

Geiger, Michael; Preuß, Günter; Rothenberger, Karl-Heinz: „Die Weinstraße - Porträt einer Landschaft", Verlag Pfälzische Landeskunde, Landau

Geiger, Michael; Rothenberger, Karl-Heinz (Herausgeber): „Landau in der Pfalz - Stadtporträt und Führer", Pfälzische Verlagsanstalt, Landau

Gercke, Hans: „Elsass", ADAC-Verlag, München

Handbuch der Städte, Gemeinden und Kreise von Rheinland-Pfalz, Gauweiler Verlag, Heidelberg

HB-Bildatlas „Pfalz", HB Verlag, Ostfildern

Heimatbrief der Stadt Germersheim, Ausgabe 45/Dezember 2005

Jäger, Paul; Wackernagel, Rudolf; Fritz, Albert: „Der Landauer - Ein europäischer Reisewagen", Pfälzische Verlagsanstalt, Landau

Kreutz, Uschi: „Hüttenzauber in der Pfalz" (Teile 1, 2, 3), Höma-Verlag, Offenbach

Kunstkreis Viersen: „Gernot Rumpf und der Remigiusbrunnen in Viersen", Eigenverlag

Lauer, Monika; Schmeckenbecher, Karlheinz: „Bad Bergzabern", Pfälzische Verlagsanstalt, Landau

Löbell, Gertrud und Eberhard: „Zur Krone - Die Perle der Pfalz", Neuer Umschau Verlag, Neustadt

Löbell, Gertrud und Eberhard: „Die kulinarische Pfalz", Neuer Umschau Verlag, Neustadt

Lott, Heinz; Pfaff, Franz: „Taschenbuch der Rebsorten", Fachverlag Fraund, Mainz

Mallmann, Walter: „Olympischer Marathon", Sport und Medien Verlag, Mainz

Mangold, Matthias F.: „Die Pfalz im Glas", Höma-Verlag, Offenbach

Marco Polo, „Pfalz - Reisen mit Insider-Tipps", Verlag Mairdumont, Ostfildern

Martin, Michael: „Kleine Geschichte der Stadt Landau", G. Braun Buchverlag, Karlsruhe

Mathäß, Jürgen: „Die Weine der Pfalz", Falken-Verlag, Niedernhausen

Mayer, Peter: „Die Pfalz", DuMont Kunst-Reiseführer, DuMont Buchverlag, Köln

Moersch, Karl: „Geschichte der Pfalz", Pfälzische Verlagsanstalt, Landau

Neuland - Das Wirtschaftsmagazin der Regionen: „Die Südpfalz", Heft Oktober 2007, brand eins Verlag, Hamburg

Pemöller, Adalbert: „Landkreis Landau-Bad Bergzabern", erschienen im Verlag der Kreisverwaltung

Raithel, Klaus; Schmeckenbecher, Karlheinz: „Germersheim", Verlag K. F. Geißler, Edenkoben

Renz, Fritz: „Edenkoben", Falken Verlag, Niedernhausen

Scheib, Asta; Klinger, Thomas; Müller, Gerhard Ludwig; Röhmel, Winfried: „Erzbischof und Kardinal: Friedrich Wetter", Verlag Sankt Michaelsbund, München

Schmidt, Franz: „Edenkoben", Werkstatt Geschichte, Edenkoben

Schmitt, Michael H.: „Wandern von der Weinstraße in den Westrich", Höma-Verlag, Offenbach

Schmitt-Burk, Eberhard: „Pfalz mit Kindern", Peter Meyer Verlag, Frankfurt am Main

Schreiber, Hermann. „Das Elsass und seine Geschichte", Weltbild Verlag, Augsburg

Schunk, Peter: „Dokumente zur Geschichte der Dolmetscherschule Germersheim aus den Jahren 1946-1948", Heft 7 der Schriften der Johannes-Gutenberg-Universität Mainz

Schwarz, Wolfgang: „Landau zum Lob", herausgegeben von der Stadt Landau

Schwarzmüller, Theo; Garthe, Michael (Herausgeber): „Die Pfalz im 20. Jahrhundert", Rheinpfalz-Verlag, Ludwigshafen

Schweikard, Claudia; Stelzig, Matthias: „Spitzenweingüter Deutschlands", Neuer Umschau Verlag, Neustadt

Statistisches Landesamt Rheinland-Pfalz: „Amtliches Gemeindeverzeichnis" (Band 393)

Übel, Rolf u.a.: „Rebellen, Reformer, Revolutionäre in der Südpfalz", Verein zur Förderung von Kunst und Kultur an der Südlichen Weinstraße, Landau

Weber, Wilhelm: „Max Bergmann - Leben und Werk", Verlag Pfälzer Kunst, Landau

Werner, Günter: „Kleine Paradiese in der Pfalz" (Teile 1 und 2), Höma-Verlag, Offenbach

DANKE

Wer ein so umfangreiches, mit Fakten gespicktes Buch schreibt wie dieses, braucht Menschen im Hintergrund, die Fragen beantworten, ohne zu murren; die an ihrem reichen Schatz an Wissen und Erfahrungen teilhaben lassen; die Tipps und Ratschläge geben; die auf Literatur aufmerksam machen; die Bücher ausleihen; die auf Fehler aufmerksam machen; kurzum: die den Autor auf allen Ebenen unterstützen. Viele aufgeschlossene Menschen, auch solche, die ich bisher nicht persönlich kannte, haben mir geholfen, das Material für dieses Werk über die Südpfalz zusammenzutragen.

Mein herzlicher Dank gilt allen Unterstützern in Archiven und Verwaltungen, in Ämtern und Behörden, auch den Privatpersonen ohne amtliche Funktion, die mir zuliebe ihr Gedächnis anstrengten, wenn es notwendig war. Ohne diese vielseitige Hilfe wäre es schwieriger gewesen, das Buch in relativ kurzer Zeit zu vollenden. **G.W.**

DER AUTOR

Günter Werner, Jahrgang 1939, aufgewachsen in Neustadt/Weinstraße, seit Jahrzehnten in der Südpfalz berufstätig. Nach der Schulzeit zwei Jahre Volontariat beim „Pfälzer Tageblatt" in Neustadt und Landau, vom 1. April 1960 bis 30. September 1971 Redakteur beim „Pfälzer Tageblatt" in Landau, ab 1965 Chefreporter dieser Zeitung. Vom 1. Oktober 1971 bis 30. September 2003 Redakteur in den Redaktionen Neustadt (sechs Jahre) und Landau (26 Jahre) der „Rheinpfalz". Heute freier Journalist mit Wohnsitz in Knöringen. Autor mehrerer Bücher.

Sparkasse Südliche Weinstraße –
über 170 Jahre Verantwortung für Mensch und Region

446 Sparkassen sind in deutschen Gemeinden, Städten und Landkreisen fest in Wirtschaft und Gesellschaft verwurzelt. Eine davon ist die Sparkasse Südliche Weinstraße, die 1990 durch die Fusion der ehemaligen Kreis- und Stadtsparkasse Landau in der Pfalz, der Kreissparkasse Annweiler-Bad Bergzabern und der Kreis- und Stadtsparkasse Edenkoben gegründet wurde.

Mit der Aufgabe, der Verarmung der Bevölkerung vorzubeugen, minder bemittelte Bevölkerungsteile vor Not und Elend zu schützen sowie den Sparsinn zu wecken und zu fördern, wurden bereits zu Beginn des 19. Jahrhunderts in Hamburg und Göttingen die ersten Sparkassen gegründet. Nachdem sich das Prinzip der kommunalen Sparkassen nach und nach durchzusetzen begann, empfahl die Königlich Bayerische Regierung im Jahr 1836 auch ihren Gemeinden die Einrichtung einer Sparkasse. Noch im gleichen Jahr wurde die Kreis- und Stadtsparkasse Landau gegründet, ein Jahr später die Kreis- und Stadtsparkasse Edenkoben und in den Jahren 1854 und 1855 dann die „Distrikts-, Spar- und Hülfskassen" in Annweiler und Bad Bergzabern. Sechs Währungen haben diese ehemaligen vier Sparkassen im Laufe der Zeit erlebt, die teilweise auch die geschichtlichen Abschnitte widerspiegeln. Im Jahr 1873 löste die Mark als erste gesamtdeutsche Währung des neu gegründeten Deutschen Reiches die Gulden-Währung ab. 1923 kamen dann die Jahre der Renten- und Reichsmark bis zum Jahre 1948, anschließend die Deutsche Mark-Währung und schließlich ab dem 1. Januar 2002 der Euro.

Wie die Historie zeigt, gelang es den Sparkassen schnell, in der Bevölkerung Gunst und Vertrauen zu gewinnen. Noch heute übernimmt kein anderes Kreditinstitut soviel Verantwortung und engagiert sich mit Nachdruck für die Steigerung der regionalen Lebensqualität wie die Sparkasse Südliche Weinstraße. Die Gründung der Sparkassen-Bürgerstiftung und der Sparkassenstiftung Südliche Weinstraße haben dafür ein deutliches Zeichen gesetzt. Die Bürgerstiftung verfolgt das Ziel, Bürgerinnen und Bürger in der Region zum Stiften und Spenden anzustiften. Die Sparkassenstiftung, deren Stiftungskapital inzwischen fünf Millionen Euro beträgt, hat den Schwerpunkt, gemeinnützige, mildtätige und kirchliche Zwecke dauerhaft zu fördern.

Die Geschäftsentwicklung der einzelnen Sparkassen war von einer rasanten Entwicklung geprägt. Zum Ende des ersten Geschäftsjahres verwaltete die Sparkasse Bad Bergzabern beispielsweise gerade mal 4.152 Gulden und hatte 17 Sparbücher ausgestellt. Heute ist die Sparkasse Südliche Weinstraße mit einer Bilanzsumme von 2,8 Milliarden Euro (Stand: 31.12.2007) ein modernes Finanz- und Dienstleistungsinstitut, das der mittelständischen Wirtschaft, den Kommunen und ihren Privatkunden als verlässlicher Finanzpartner in allen finanziellen Fragen kompetent zur Seite steht. Mit ihrem flächendeckenden Geschäftsstellennetz lebt die Sparkasse nach wie vor die persönliche Nähe vor Ort und ist dadurch fest mit der Region und den dort lebenden Menschen verbunden. Sechs Niederlassungen, 30 Geschäftsstellen und elf Selbstbedienungs-Geschäftsstellen auf modernstem technischen Niveau stehen den Sparkassenkunden der Region zur Verfügung. Somit kann man heute wie vor 170 Jahren konstatieren:

 Sparkasse Südliche Weinstraße – Gut für die Region

Sparkasse Germersheim-Kandel –
seit über 100 Jahren Qualität rund ums Geld

Am 3. August 1895 beschloss der Gemeinderat die Gründung der öffentlichen Sparkasse der Gemeinde Kandel mit dem Zweck, „den Einwohnern und insbesondere auch den Dienstboten der Gemeinde Kandel und Umgebung Gelegenheit zur sicheren und verzinslichen Anlage von Ersparnissen, sowie auch von Mündelgeldern zu geben".

Seither hat sich viel bewegt. Im Jahr 1996 feierte die Sparkasse Germersheim-Kandel ihren 100. Geburtstag. Heute bietet sie als größtes Kreditinstitut im Landkreis Germersheim mit einer Bilanzsumme von rund 1,5 Mrd. Euro und über 400 Mitarbeiterinnen und Mitarbeitern in 26 Geschäftsstellen Qualität rund ums Geld. Ob Girokonto, Geldanlagen, Kredite, Immobilien, Existenzgründung, Auslandsgeschäft oder Leasing – die Kunden erhalten zu einem fairen Preis-Leistungsverhältnis alles direkt aus einer Hand. Um kurze Wege zu gewährleisten, stehen in acht Beratungscentern im Geschäftsgebiet Spezialisten zur Verfügung. Modernste Technik sorgt in allen Geschäftsstellen und Online rund um die Uhr für die Versorgung mit Bargeld und Finanzdienstleistungen.

Vom großen Erfolg der Sparkasse profitiert auch die Bevölkerung im Landkreis Germersheim, denn die Geschäftsphilosophie schließt neben Geld und Zinsen nicht nur den Service und die Qualität ein. Im vergangenen Jahr stellte die Sparkasse über 1.000.000 Euro für die Unterstützung gemeinnütziger Arbeit im Landkreis zur Verfügung. Kulturelle Veranstaltungen für Jung und Alt sowie spezielle Angebote für Schulen runden das Engagement der Sparkasse für die Region ab.

Zusammen mit dem Produktspektrum ihrer leistungsstarken Verbundpartner bietet die Sparkasse Germersheim-Kandel ein zeitgemäßes, wettbewerbsfähiges Angebot in alle Finanzdienstleistungssparten.

 Sparkasse Germersheim-Kandel

Hotel zur Pfalz
+RESTAURANT+

St. Georgsturm Kandel

Das Haus der gepflegten Gastlichkeit an der Pforte zur weinfrohen Pfalz.

In einzigartig schöner Lage, in der bekannten, südlich gelegenen, sonnigen Bienwald- Stadt Kandel, liegt das eindrucksvolle Hotel- Restaurant Zur Pfalz.

Schon beim Betreten des gepflegten Hauses spürt man die freundliche, einladende Atmosphäre, die nicht nur Urlaubern, sondern auch Geschäftsreisenden und Einheimischen ein willkommenes Gefühl vermittelt.

Die unterschiedlich gestalteten Zimmer bieten Komfort vom Feinsten. Ob im neuen geräumigen Superior Zimmer mit Dusche / Badewanne, TV, Telefon, Klimaanlage, Internetzugang, Pay-TV, Balkon und Minibar oder im Standard Zimmer der 3-Sterne-Kategorie mit Dusche / Bad, TV, Telefon und Minibar.

Verschiedene Zimmer sind behindertengerecht eingerichtet. Auch Allergiker können sich speziell Zimmer vorbereiten lassen, um einen angenehmen Aufenthalt zu genießen und auf Wunsch stehen natürlich auch Nichtraucher Zimmer zur Verfügung.

Für Familienfeiern, Bankette oder Vereinsfeiern bietet sich das stilvolle Kaminzimmer mit seinem offenen Kamin an.

Für Tagungen stehen Ihnen entsprechende Räumlichkeiten mit neuester Technik zur Verfügung.

Im Restaurant kümmert sich Küchenchef Werner Koch, dessen Name wohl schon Berufung war, mit Sorgfalt um seine Gäste. Auf die Frische und die regionale Herkunft der Produkte legt er besonderen Wert und kauft auch das Obst und Gemüse bei Bauern der Umgebung.

Die Küche bietet alle Nuancen. Von gut bürgerlich und dennoch fein bis hin zu den anspruchsvollsten Menüs der Extra- Klasse.

Pfälzer Spezialitäten genauso wie Gerichte für den kleinen Hunger, vegetarische Schmankerl oder die verlockende Empfehlung des Küchenchefs laden zum Schlemmen ein.

So richtig entspannen und die Seele baumeln lassen, kann man im Wellnessbereich Casa Vita. In dem erholsamen Saunabereich, bei Aroma- Dampfbädern, der Sonnenwiese und dem Solarienbereich kann jeder auf seine Art relaxen. Auf Wunsch besteht die Möglichkeit eine wohltuende Massage zu buchen.

Die optimale Lage des Hauses eignet sich hervorragend für Ausflüge und vielerlei Freizeitaktivitäten in der schönen Pfalz, wie auch im nahe gelegenen Elsass.

Hotel zur Pfalz
Inhaber Werner Koch
Marktstr. 57
76870 Kandel
Tel. 07275/98 55-0   www.hotelzurpfalz.de
Fax 07275/98 55-496   info@hotelzurpfalz.de

DEUTSCHES WEINTOR

Bei den Genossen wird bald wieder genossen

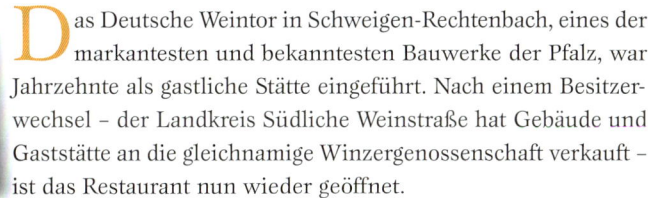

Das Deutsche Weintor in Schweigen-Rechtenbach, eines der markantesten und bekanntesten Bauwerke der Pfalz, war Jahrzehnte als gastliche Stätte eingeführt. Nach einem Besitzerwechsel – der Landkreis Südliche Weinstraße hat Gebäude und Gaststätte an die gleichnamige Winzergenossenschaft verkauft – ist das Restaurant nun wieder geöffnet.

Unter der Leitung von Volker Krug, der als Geschäftsführer für den Restaurantbetrieb fungiert, wird dem Gast ganzjährig eine moderne Pfälzer Küche geboten, deren Qualität durch die im wahrsten Sinne des Wortes „ausgezeichneten" Weintor-Weine unterstützt wird. Mit seiner leichten, kreativen Küche, die sich an jeweils saisonalen Produkten orientiert, will Krug kein Wirtshaus üblichen Stils betreiben, sondern dem Gast das ganz Besondere bieten.

Deutsches Weintor eG
An der Ahlmühle 1
76831 Ilbesheim
Tel: 06341 38150
Fax: 06341 381569

eMail: info@weintor.de
www.weintor.de

Probierstuben:
Vinothek an der Genossenschaft in Ilbesheim:
Mo. - Fr. 9 bis 12 Uhr
und 13 bis 17 Uhr
Sa. 9 bis 12 Uhr
Vinothek am Deutschen Weintor:
Täglich 10 bis 19 Uhr
(auch Sonn- und Feiertags)

Deutsches Weintor

So schmeckt meine Pfalz

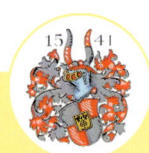

WEINGUT
WERNER ANSELMANN

Im Herzen der Südpfalz liegt das traditionsreiche Weingut Werner Anselmann. Mit Behutsamkeit und Realitätssinn, aber auch großen Zukunftsvisionen, haben die Geschwister Gerd, Ralf und Ruth den seit mehr als 450 Jahren bestehenden Betrieb zu einem der größten privaten Weingüter Deutschlands ausgebaut. Neben den weißen Rebsorten, legen die Winzerbrüder besonderes Augenmerk auf rote Trauben. Aus ihnen wird im Barriquefass hochwertiger und lagerfähiger Rotwein gewonnen, tiefrot und kraftvoll. Das Weingut Anselmann zählt in Deutschland zu den wenigen Betrieben, die den Rotweinausbau im Barrique in großem Stil betreiben.

Die hohe Qualität der Anselmann-Weine belegen zahlreiche nationale und internationale Prämierungen. **Weine des Edesheimer Gutes wurden bei den Olympischen Spielen 2000 in Sydney, 2004 in Athen und 2008 in Peking im Deutschen Haus ausgeschenkt.**

Besucher des Weinguts können die Pfälzer Gastlichkeit im behaglichen Degustationsraum oder am großzügig gestalteten Weinprobierstand genießen. Von Mai bis Oktober bietet die Straußwirtschaft Brunnenterrasse mediterranes Flair. Die Inhaber sowie kompetente und freundliche Mitarbeiterinnen nehmen sich Zeit für die Gäste und beraten fachkundig. Betriebsbesichtigungen und Weinproben für größere Gruppen werden auf Anfrage durchgeführt.

WEINGUT ANSELMANN
Staatsstr. 58 – 60, 67483 Edesheim
Tel.: 0 63 23 / 94 12-0,
Fax: 0 63 23 / 94 12-19
Mail: info@weingut-anselmann.de
Internet: www.weingut-anselmann.de
Öffnungszeiten:
Montag - Samstag: 8:00 - 20:30 Uhr
Sonntag:
9:00 - 20:30 Uhr

Marienhof
FLEMLINGEN

Der Marienhof ist mehr als eine Weinstube; er ist ein allen Ansprüchen gerecht werdendes Restaurant, in dem der „Weinstuben-Charakter" erhalten geblieben ist. Die Weine und Sekte aus dem hauseigenen Weingut – die Familie Minges betreibt seit über 700 Jahren Weinbau – harmonieren bestens mit Pfälzer Gerichten und den gehobenen bürgerlichen Speisen.

Seit 1996 gehört zum Weingut die Restauration, die von Familie Minges in rustikaler und warmer Sandstein-Bauweise errichtet wurde und die sich wie eine mediterraner Finca präsentiert.

Im Inneren bietet die „Stube" mit sieben gemütlichen Gasträumen genügend Platz für Familienfeste und Betriebsfeiern.

Ein herrlicher Außenbereich mit Blick auf das Rebenmeer lädt bei schönem Wetter zum Genießen ein.

Küchenchef Markus König versteht es , mit einem saisonal wechselnden Speisenangebot die Gäste zu verwöhnen. Anspruchsvolle Steak-Fans können sich auf das Angebot an zarten Blockhouse-Steaks, 180 bis 450 g schwer, freuen.

Ein halbjährlich erscheinender Kulinarischer Kalender informiert über besondere Highlights; wie z.B. Spargelbüffet im Frühsommer, Schlachtfest-Büffet mit deftigen Pfälzer Spezialitäten im Herbst und, Gänsebüffet im Winter. Eine rechtzeitige Reservierung ist notwendig, da speziell zu diesen Terminen die Weinstube oft bis auf den letzten Platz besetzt ist.

Inh.: Sylvia Minges
Bachstr. 16
D-76835 Flemlingen
Fon: 06323-5009
Fax: 06323-6318
info@weingut-marienhof.de
www.weingut-marienhof.de

Öffnungszeiten:
Täglich ab 11:30 Uhr
durchgehend warme Küche
Hunde erlaubt!

VR Bank SÜW -
Auf vielen Wegen für Sie erreichbar.

- **Service und Beratung**
  Persönlicher Service und **kompetente Beratung** in allen unseren Geschäftsstellen.

- **KundenServiceCenter**
  Ihre Bankgeschäfte bequem von zu Hause aus? Ganz einfach!
  Rufen Sie unser KundenServiceCenter an! Telefon 06343 945-0

- **VR-Networld**
  Ob unterwegs, zu Hause oder im Büro. Mit dem PC zu Ihrem Konto oder Depot unter
  www.vrbank-suew.de.

- **SB-Banking**
  Kontoauszugdrucker und Geldautomaten in unseren Geschäftsstellen **rund um die Uhr**.

VR Bank
Südliche Weinstraße
BadBergzabern-Billigheim-Annweiler

Hotel Dernbachtal   **Restaurant Schneider**

Die ideale Kombination:

das   Gour   es t   met-R
r   hn   eider S und   das   da bete
Der   ht   nbac   in
Idel.   ven   im   Pfälzer

*Hier kann sich der Gast
verwöhnen lassen und
mit allen Sinnen genießen!*

Hotel Dernbachtal
Am Berg 3a
76857 Dernbach
Tel. 06345/9 54 40
Fax 06345/95 44 44
www.schneider-dernbach-
tal.de

Restaurant Schneider
Hauptstr. 88
76857 Dernbach
Tel. 06345/83 48
Fax 06345/95 44 44
www.schneider-dernbach-
tal.de

Landhaus
St. Laurentius

Nicola Chinni verwöhnt seine Gäste mit einer leichten mediterranen Küche, die entweder im stilvollen Ambiente der Gasträume oder in den Sommermonaten auf einer wunderschönen Terrasse mit Blick auf den Pfälzerwald genossen werden kann.

Abseits von Hektik und Lärm warten zudem 14 gemütliche, rustikal eingerichtete Gästezimmer, ausgestattet mit Du/WC und Balkon

Landhaus St.Laurentius
und das Restaurant***Superior
Hermersbachstr. 4
76857 Ramberg
Tel. 06345/95 49 90
Fax 06345/95 49 97 7
www.landhaus-sanktlaurentius.de
info@landhaus-sanktlaurentius.de

„HüttenZauber in der Pfalz, Teil 1-3"

Diese Bücher gibt es im Buchhandel oder
Sie können sie direkt bei
höma-Verlag
Im Schlangengarten 56, 76877 Offenbach
bestellen. Kein Porto.
Tel. 06348 959391, Fax 06348 959392
info@hoema-verlag.de

Ich bitte um Milde

Da haben sich zwei gesucht und gefunden. Der eine, Bernd Lütz-Binder,
ein genialer Erzähler, der andere,
Armin Hott, ein ebenso genialer
Zeichner und Illustrator. Und wenn
so zwei zusammentreffen entsteht ein
Buch wie dieses, bei dem der Leser
und Betrachter aus dem Schmunzeln
nicht mehr herauskommt. Köstlich,
wie der angesehene Rechtsanwalt
Lütz-Binder so manche Blüte aus dem
Gerichtssaal auf die Schippe nimmt,
ohne aber dabei auch nur im gerings-

Geschichten
aus dem Justizalltag
illustriert von Armin Hott

ten verletzend zu wirken. Unterstützt wird die Wirkung seiner Worte durch
die treffenden Karikaturen des weit über die Grenzen der Pfalz hinaus bekannten Armin Hott. Dieses Buch ist etwas für genussvolle Stunden und für
Genießer, die sich der Justiz verbunden fühlen und die herzhaft lachen können. Aber alle Geschichten, die man nicht schöner hätte erfinden können,
beruhen auf tatsächlichen Begebenheiten. Mancher wird sich deshalb in
diesem Buch wieder finden, mancher aber wird so verschwommen bleiben,
dass man ihn nicht erkennen kann. Und das ist in der einen oder anderen
Geschichte auch gut so.

Das Buch gibt es im Buchhandel oder Sie können es direkt bei

höma
V E R L A G
Im Schlangengarten 56, 76877 Offenbach, Tel. 06348 959391,
Fax 06348 959392 portofrei bestellen. info@hoema-verlag.de
ISBN-Nr. 978-3-937329-23-9 / 12.80 Euro

„Die Pfalz im Glas"

MATTHIAS F. MANGOLD

Die Pfalz im Glas
Der Führer zu den besten Weinlagen und
in die Keller der Region.

mit Fotos von Björn Kray Iversen

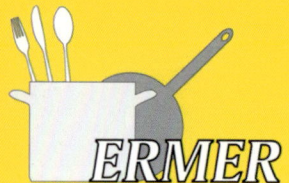